广东省普通高校人文社科重点研究基地——海洋经济与管理研究中心、广东海洋大学经济管理学院
广东省哲学社科规划办、省科技厅、省海洋与渔业局项目经费资助成果

南海综合开发系列丛书

雷州半岛暨广东海洋经济发展研究

顾　问：刘赐贵　徐少华

主　编：朱坚真　吕彩霞

副主编：王　锋　许　浩　苏静怡

编著者：朱坚真　吕彩霞　王　锋　许　浩　刘汉斌
　　　　苏静怡　龙　俊　尚图强　许国炯　陈　超
　　　　袁月逃　杨岁岁　黄丹丽　吕金静

经济科学出版社

图书在版编目（CIP）数据

雷州半岛暨广东海洋经济发展研究/朱坚真，吕彩霞主编.
—北京：经济科学出版社，2012.8
（南海综合开发系列丛书）
ISBN 978 - 7 - 5141 - 0696 - 1

Ⅰ.①雷…　Ⅱ.①朱…②吕…　Ⅲ.①海洋经济 - 区域
经济发展 - 研究 - 雷州半岛②海洋经济 - 区域经济发展 -
研究 - 广东省　Ⅳ.①P74②F127.65

中国版本图书馆 CIP 数据核字（2012）第 185669 号

责任编辑：高进水　于庆昭
责任校对：曹　力
版式设计：代小卫
责任印制：李　鹏

雷州半岛暨广东海洋经济发展研究
主编　朱坚真　吕彩霞
经济科学出版社出版、发行　新华书店经销
社址：北京市海淀区阜成路甲 28 号　邮编：100142
总编部电话：88191217　发行部电话：88191537
网址：www. esp. com. cn
电子邮件：esp@ esp. com. cn
北京欣舒印务有限公司印装
787×1092　16 开　18 印张　360000 字
2012 年 8 月第 1 版　2012 年 8 月第 1 次印刷
ISBN 978 - 7 - 5141 - 0696 - 1　定价：38.00 元
（图书出现印装问题，本社负责调换。电话：88191502）
（版权所有　翻印必究）

《南海综合开发系列丛书》编辑委员会

殷克东（中国海洋大学教授）

张效莉（上海海洋大学教授）

冯达才（广东省哲学社会科学规划领导小组办公室主任）

陈万灵（广东外语外贸大学国际贸易研究中心主任、教授）

容景春（中共广东海洋大学委员会副书记、研究员）

索庆华（广东海洋大学继续教育学院副院长、高级工程师）

白福臣（广东海洋大学海洋经济与管理研究中心研究员）

张　莉（广东海洋大学海洋经济与管理研究中心研究员）

唐志军（广东海洋大学海洋经济与管理研究中心研究员）

王建廷（广东海洋大学海洋经济与管理研究中心研究员）

许　浩（广东海洋大学海洋经济与管理研究中心副主任、副教授）

巩建华（广东海洋大学台湾研究所所长、教授）

《南海综合开发系列丛书》总序

全国政协副主席　张梅颖

南海在我国经济社会发展、资源开发、对外贸易、海域安全等多方面具有十分重要的战略意义。21 世纪，在我国继续实施沿海开放战略、西部大开发战略、中部崛起战略的基础上，必须进一步实施南海综合开发战略，并将海洋产业发展战略与东中西部产业转移有机结合在一起，作为国家发展战略通盘考虑，这关系到我国未来经济社会发展的后劲与空间。

一、南海的现实价值与潜在价值

南海濒临中国大陆，东临菲律宾群岛，南部是大巽他群岛，西部是马来半岛和中南半岛。南海南北长约 1 600 海里，东西宽约 900 海里，面积约 350 万平方千米，平均水深 1 212 米，最大深度 5 559 米。南海是相当大的深海盆，大陆架以西南部最宽。主要海湾有北部湾、泰国湾等，主要入海河流有珠江、红河、湄公河、湄南河等。

中国南海有四大群岛，分别是东沙群岛、中沙群岛、西沙群岛和南沙群岛。北自北卫滩、南至曾母暗沙，南北跨纬度 17°，东西跨经度逾 11°，由暗滩、暗礁、沙洲和岛屿组成，总面积约 12 万平方千米。南沙群岛是分布范围最广、岛礁数量最多的一组大群岛，有些外文图书称其为"斯普拉特利群岛"。东沙群岛是南海诸岛中位置最北和最小的群岛，位于汕头市以南约 260 千米、珠江口东南方约 315 千米，属广东省管辖的群岛。东沙群岛为西太平洋和南海航海路径所经之地。中沙群岛在南海诸岛中位置居中，主要部分由隐没在水中的暗沙、滩、礁和岛组成，长约140千米，宽约60千米，中沙被利用为航行辨别航道的标志，附近海域是南海重要渔场。西沙群岛是南海诸岛中最西部的群岛，从东北向西南延伸，略呈椭圆形，西沙是南海重要渔场，扼南海航运要冲，因此是南海诸岛政治、经济中心。南沙群岛是南海诸岛中位置最南、岛礁最多、散布最广的群岛，群岛海域广大，约82.3万平方千米，南沙群岛南北宽约150千米、面积9万平方千米以上，处于南海航运枢纽地位；中沙群岛、西沙群岛和南沙群岛都属海南省三沙市管辖。

南海的海洋生物资源主要包括海洋植物、海洋动物、海洋微生物。有经济价值的主要是鱼类、藻类、甲壳类和海兽类。南海水温分布具有明显的热带深海特征，物种资源极其丰富，已记录的物种数达2 800多种。据调查，中远海渔业资源量大约为2.25吨~3.92吨/平方千米，南海中上层区的鱼年产量1.4吨/平方千米，深海区0.7吨/平方千米。如果按350万平方千米计算，年总产量可达945万吨，最大持续渔获量为472万吨。

南海的石油天然气资源。南海与东海等组成的亚洲大陆架是与波斯湾、墨西哥湾、北海等地区齐名的世界四大海底储油区之一。据初步调查，南海有11个含油盆地，250多个油气田，其中天然油气田72个，气田63个；其中南海北部28个油气田。据专家保守估计，仅南沙油气储量就超过200亿吨，占整个南海油气资源的一半以上，有"第二个海湾"之称。

南海的港口资源。以广西、粤西和海南岛4 845千米的大陆和岛屿岸线为例，共分布着11个海港和港口，其中适宜建设中等以上泊位的港址有8处，可建万吨级以上码头的港口有钦州港、防城港、铁山港、洋浦港等处。

南海的矿产资源。在濒临南海的海南省、广西壮族自治区及广东湛江沿海，滨海沙矿资源非常丰富，主要有钛铁矿、锆英石、独居石、玻璃石英砂。其中钛铁砂矿、锆英石矿探明储量分别为1 429万吨（占全国的76%）和145万吨，在全国占有重要地位。

南海的可再生能源。蕴藏在南海的可再生能源有潮汐能、波浪能、海流能、温差能、盐差能等。从技术经济上综合分析，潮汐能利用现实可行，其次是波浪能。据调查计算，南海潮汐能资源蕴藏量装机容量为846.4千瓦，年潮汐总能量为217.3亿千瓦时，分别占全国的7.7%和7.9%。

南海的旅游资源。当今国内外旅游者所喜爱的阳光、海水、沙滩、绿色和空气五大要素，构成了南海极富魅力的热带滨海旅游特色。与其他海区相比，南海沿海的大陆及海南环岛海岸带属季风气候区，兼有热带向亚热带过渡的特征。夏不极热，冬不甚寒，是我国"天然大温室"，可建成避寒冬泳旅游度假胜地。

南海的其他资源。南海的广西、广东沿海及海南省海岸带土地面积超过2.62多万平方千米，其中潮间带的滩涂约2 900平方千米。海洋水体中含有丰富的化学物质，主要有氯化钠（海盐），其余有氯化钾、氯化镁、溴、碘、铀、重水等。

南海海域众多的岛、礁、沙滩面积小，分布范围广，且多为珊瑚礁，这些礁本身开发的价值并不大。但根据《联合国海洋法公约》，1个远离大陆的珊瑚礁或小岛，至少可以成为拥有1 543平方千米的领海和43万平方千米的专属经济区海域的合法依据，因而海域的任一岛或礁超越了它本身的价值所在。据测算，整个南海断续国界线内的面积约为210万平方千米。

南海海域蕴藏着大量的矿藏资源，其中油气资源尤为丰富。据权威部门初步估计，南海油气储量约500多亿吨，按目前世界市场最低价格估计约合15 000亿美元；南海北部的天然气水合物储量达到我国陆上石油总量的一半左右。据测定，1立方米天然气水合物可释放200立方米甲烷气体，其能量密度是煤的10倍，是常规天然气的2～5倍。另外，南海中的铀、氚等海洋核能储量也非常可观。随着世界石油储量日渐减少，南海丰富的油气资源，其战略价值越来越为人们所重视。南海海盆附近还蕴藏着丰富的多金属结核，它是现代电子、航天、精密机械工业所需的高级原材料。东沙、西沙和南沙历来是我国重要的海洋渔业产区。

　　南海地处沟通太平洋和印度洋、连接亚洲和大洋洲的"十字路口"位置，其东北部的台湾海峡和西南端的马六甲海峡，横扼太平洋与印度洋两端的出口，有着极为重要的政治、军事战略价值。世界经济、科技全球化趋势越来越明显，国际经济关系日趋多极化，国际经济贸易集团化、区域化趋势明显增强，各类经济集团化组织遍及世界各地，对国际经济贸易发展产生了多方面的影响。在复杂的国际背景下，亚太地区正在形成东北亚、中亚、南亚及东南亚等经济合作圈的态势。其中连结东盟、东南亚国家的南海海域在 21 世纪国际经济合作中具有日益重要的战略作用，是中国西部尤其是西南地区重要的出海通道和市场空间。

　　南海与其附近的群岛，一起构成了对亚洲大陆的包围圈。它既是陆地国家争夺海权的必由之路，也是海洋国家争夺陆权的战略基点。南海空间广阔、深邃，军事力量在海洋中易于实施突然袭击，隐蔽防御。南海的军事利用价值包括屯兵、练兵、武器实验和作战四个方面。岛屿可以控制海洋交通线及其附近海域，还可以屯驻大量兵力，成为不沉的航空母舰；荒岛荒礁可以用于武器试验；海湾可以屯驻兵力，进行各种补给、维修。此外，南海海域兼有陆、海、空多维空间性，海洋的军事利用也兼有陆战、海战和空战的综合性特征。

　　南海是沟通太平洋与印度洋，连接亚洲、美洲、大洋洲、欧洲、非洲的重要国际海上通道，是当今世界经济热点"东南亚经济圈"、"华南经济圈"的直接辐射和影响范围。它是世界政治经济地理结构的一个重要环节，是全球政治经济运转的通道。在经济全球化的背景下，世界各国的物质生产活动紧密相连，原材料和最终产品的运输，越来越多地需要跨洲进行，海洋运输有很多优越性，如连续性强，费用低，适合大宗货物运输等，成为各国经济交流的主要通道。我国进口的石油中 80% 通过南海航线运送。此外，我国工业所用的大量初级产品的进口、加工产品的出口、工程承包劳务输出、国际旅游等都依赖于南海航线的通畅。以南海航线中的马六甲海峡为例，每年通过马六甲海峡的船只高达 8 万艘，平均每天有将近 50 艘船只通过。这些船只运载了世界进出口物资的 25%，世界原油的 50%、天然气的 66%。日本每年从非洲和中东地区进口的90%的石油及其他大量的原材料经过此处运输。因此，日本把马六甲海峡航路称为日本的"海上生命线"。韩国石油进口的79%主要来自于中东地区，其能源安全对南海航线的信赖程度相当高。除亚太国家外，世界其他国家经济发展与南海航线的关系也相当密切。以世界经济最发达的美国为例，美国从东南亚进口的天然橡胶等战略物资大部分都由此通过，每年经由印度洋穿越马六甲海峡进入南海和太平洋的石油贸易量有100万吨之多。如果考虑到美国国内市场对中国和亚太其他国家商品的需求以及庞大的中美贸易总量，美国经济与南海地区航线的关系也非常密切。

二、南海开发在我国经济发展中的地位

20世纪80年代以来，中国经济保持30多年持续高速的发展。各地区按照中央的统一部署，根据自身客观条件，采取有力措施加快发展，区域经济保持了持续、快速发展的良好态势，形成了经济发展的基本规模，促进了区域内的产业在经济结构、地区结构、城乡结构调整方面，呈现出多层次和全方位的对外开放格局，一些经济集聚区基本形成，推动了地区之间的经济发展，提高了国民经济的市场经济化程度。但是，中国区域经济在非均衡发展过程中，地区间的经济差异也日益扩大。主要表现为沿海和内地、东部与中西部的差距扩大。从经济增长速度来看，西部虽然增长很快，但与东中部还有很大差距。从人均生产总值、城镇居民人均可支配收入等指标来看，差距不但很大而且还有扩大的趋势；西部农民人均纯收入的状况更为严重，不到东部农民人均纯收入的一半；从经济发展外向程度来看，西部外贸依存度明显低于全国平均水平，且在利用外资上表现出很大的差距。尽管区域经济发展的差异性始终客观存在，但区域经济发展差距过大将给经济社会带来许多负面影响。针对中国区域经济技术转移、扩散、产业升级的要求，为了进一步消除发展中的障碍，中国区域经济的整合已是必然趋势。

为此，党中央、国务院开始着手从总体上解决东部与中西部地区的关系，并制定了相应的区域倾斜与产业倾斜政策，在继续发挥东部地区

增长优势的同时，逐步促进中西部地区的发展。在"八五"期间，沿海地区在继续发挥其增长优势的同时，国家加快了对中西部的开发开放，并先后开放了沿江、沿边、沿黄、沿陇海线等内陆地区，使我国的区域经济发展进入了新的格局。从 2000 年实施西部大开发战略以来国家不断加大对西部基础设施建设的投入，在中央转移财政支付、信贷、税收政策等方面，制定并实施了一系列旨在促进西部地区经济社会发展的优惠政策。这些政策的实施，对西部地区吸引资金、推进产业结构调整发挥了重要作用。但由于自然地理位置的差异，中西部和东部地区的区位差别明显，表现为因远离海港而带来的对外贸易运输成本的逐渐提高，高运输成本的存在使得区际贸易的范围相对缩小，运输费愈高交易的数量愈少，从而导致整个生产成本的上升。而成本收益法是市场配置资源的基本法则，对于以追逐利润为天性的资本和企业来说，当中西部地区难以提供和东部沿海地区同样的机会，甚至存在更大的不确定性风险时，它们不可能进入。这种区位条件限制了中西部地区从商业起步、加速积累资本、优先进入工业化经济的外部市场条件，导致很难在中西部地区形成良好的经济发展态势。

毋庸置疑，能源对经济增长的作用是不可忽视的。我国从 1994 年变为石油净进口国以来，石油消费量不断飙升，石油对外依存度逐年提高，成为全球第二大石油进口国。我国能源增长不能满足国民经济发展的需求，能源消费总量明显地受到储存量的约束，能源短缺与高能耗的粗放经济增长方式以及由能源消费所带来的环保影响，成为国民经济发展的"瓶颈"，能源的稀缺性明显体现。中西部资源丰富，但是相对于承接东部产业转移所需的能源而言，仍有很大的差距。开发南海的石油、天然气资源，可以有效地弥补中部、中南和西南能源缺乏的问题，增强中西部地区整体承接产业转移的资源比较优势，同时可以带动其相关产业的投入，促进东部产业转移的进程。

在架构以运输体系为主、通信、能源体系为辅对外开放型的通道体系中，通过结构要素的有机组合，以干线为主，支线为辅，进行分流，形成网络，大幅度提高运能；建立水、陆、空相结合的立体运输结构。

长途运输以铁路、水路为主,中短途运输以公路为主,高附加值运输以空运为主;加强通道本身及各项配套基础设施的建设,如港口、码头、泊位、仓库、房地产、商储、金融、旅游设施等硬件建设,其规模应与腹地开发规划、物资流量及支撑港口的运输体系的通过能力相适应,大体保持同步发展或略有超前。扩大通道的兼容性。采取主流与分流货运相结合,外贸物资与内贸物资运输相结合,转口物资与出口物资运输相结合。优先发展邮电通信网络建设,狠抓能源配套基础建设,保证通道本身和沿线经济开发的能源需要。

南海沿海的越南、缅甸、老挝和柬埔寨等国属于农业国,拥有一些初级水平的工业,但是总体来说工业非常不发达,产业类型主要是资源型产业;泰国、印度尼西亚、菲律宾的工业化程度也不高。西部地区比较低的收人水平决定了其需求结构必然与中国较大贸易伙伴(欧盟、美国、日本、东盟、韩国、俄罗斯、澳大利亚和加拿大等)的需求结构有着很大差异,与东盟国家的产业结构类似,两者的产业差距与西部和东部之间的差距相比,大大缩小,容易发生贸易。尤其是中部和中南部地区,工业基础条件好,运输通道的建立,可以有效地缩短路途时间、改善运输条件,减少运输成本,为中部及中南部地区开拓东盟市场、吸引区位经济组织创造了有利条件。

在改革开放条件下,国内联系和外国联系的格局是由若干个以沿海发达地区为核心的沿海——内陆互动的子系统组成,立足沿海前沿地带,国外联系和国内联系在沿海海港高度同构,并且有同构性不断提高的趋势。因此,我国西部地区要改变落后面貌,赶上沿海地区,必须从过去内向型、封闭式发展战略向外向型开放式发展战略转变,即向沿海转移,向铁路线、国道公路线、大江边转移,以资源为基础,以建设出海大通道为纽带,加快区域各省区的合作和优势互补,大力发展外向型经济,奔向海洋、走出亚洲、走向世界。

以"通道"、"港通",促进外向型经济大发展为目标,使大西南、中南部分地区和我国的南海地带,变资源优势为外向型的商品经济优势,以适应与国际市场接轨的需要。要确立三大观点:即应把大通道建设理解为"大交通、大流通、大市场"建设，以建设高度国际化、信息化、社会化、现代化、市场化的区域经济，使之对大西南乃至西部地区产生较大的辐射力和吸引力，有效地疏导整个西部的物资流、资金流、信息流、人才流，促进西部地区经济共同走向繁荣。大通道不仅是大西南的通道，而且是湘西、鄂西地区乃至西北部分地区联合起来走向海洋、走向世界的大通道。大通道不仅包括硬环境建设，而且包括软环境建设。要下大力气发展基础产业，以四通（交通、通信、流通和资金融通）起步，打好基础，以道路兴港口，以港口兴城市，道港同步，建设全方位、多功能、多层次、多渠道的立体型、网络型、效益型的出海出境的通道系统，以开放促开发。

当中西部地区与东部沿海的产业结构同构化程度提高时，产业自身运转所需要的各种要素包括资金、能源、人力、信息等形成聚集。同时产业的配套设施也会形成聚集，从而以点到线，以线到面依托运输通道形成一定规模的生产力聚集后，由于规模效应和积聚效应的作用，每个聚集的节点将可能产生更大的吸引力和排斥力，形成更大生产力组织聚集与扩散。中西部地区对外经济通道由于其很大的集疏能力和开放性，区域内的配套企业与东部产业资本之间耦合程度不断深化，这样一方面能够更好地吸引国际产业资本转移，为东部产业资本的发展提供有力的支撑；另一方面，区域内的配套企业通过与东部产业资本深度耦合，纳入东部产业资本的生产体系，获得专业化的分工收益和溢出效应。这会对东部沿海地区的企业产生极大的吸引力，也是吸引东部产业资本把根留住的基础，从而促进东部企业组织向中西部转移。

南海沿海地带的开发对周围地区存在一个"力场"，有吸引作用。轴线附近的社会经济客体则产生一个向心力，这个力不只指向轴线上的一个点（城镇），而是若干个点或一条线。轴线上集中的社会经济设施通过产品、信息、技术、人员、财政等，对附近区域有扩散作用。中西部地区必须具备抓住这种发展机会的条件，迅速积累起相对稀缺的生产要素并与区域的要素相结合，形成新的生产力，推动社会经济的发展。

三、编辑出版《南海综合开发系列丛书》的主要目的

南海是 21 世纪中华民族的核心利益。我们必须抓住机遇、迎接挑战，改变长期对我国严重不利的南海海洋局势。

实施南海综合开发战略，是近年来我国政府顺应国际潮流的重要政策和举措，可以为我国合理开发和保护海洋资源，发展海洋产业，建设海洋强国提供政策支持；加速海岸带、海岛、海湾、大陆架等海洋区域及海洋动物、植物、环境与海洋生态系统的开发和保护，统筹我国海陆产业经济发展，加快东中西产业转移和生产力合理配置；可以提高中国人民对海洋权益、海洋产业及海洋经济地位与作用的认识，普及海洋资源开发与保护、海域安全、海洋利益等基本理念和意识；处理与南海周边国家海域、海洋权益关系，建立环南海海洋产业协作体系和国际经济新秩序；全面落实《全国海洋经济发展规划纲要》，更好地体现发展是执政兴国的第一要务，将海洋优势转化为经济优势，促进我国海洋经济跨上一个新台阶。

改革开放以来，我国的传统海洋产业稳步发展，新兴产业迅速崛起，海洋经济已成为国民经济发展中重要的、强劲的、新的经济增长点。但从世界范围来看，我国可以说是一个海洋经济大国，但还不是海洋经济强国。今后我国社会经济发展必然越来越多地依赖海洋，海洋必将对国民经济做出越来越大的贡献。可以预见，通过实施南海综合开发，加强南海维权，促进南海海洋经济在未来 20 年持续快速发展，必将使我国逐步成为海洋经济强国。

广东海洋大学、中国太平洋学会、中国海洋发展研究中心、农业部南海区渔政渔港监督管理局、国家海洋局南海分局、广东省海洋与渔业局等单位经过多年筹备，联合组织有关专家学者编写《南海综合开发系列丛书》，作为进一步贯彻落实我国南海综合开发战略，向广大群众尤其是涉海专业的大学生、研究生普及海洋开发与管理知识，激发他们从事南海综合开发与管理的热情，满足广大专家学者迫切需要了解南海综合开发与管理前沿成果的愿望，让中国人民了解南海海洋方面的情况，

从而增强对南海问题的认识，重视蓝色国土的价值。

本套丛书的编写注意"理论性"与"实践性"的合理结合。首先，本套丛书以具有重要影响的南海综合开发与管理研究的学术带头人领衔，国内有关专家学者参与的方式形成较强的学术阵容，注重海洋开发与管理学科发展的最新动向，站在 21 世纪的学术前沿反映海洋开发与管理学科的新成果。此外，本套丛书还邀请了各级海洋管理部门中从事海洋开发与管理的实际工作者参加编写，注重与海洋开发管理实践的有机结合。

希望通过《南海综合开发系列丛书》的出版发行，进一步加强广东海洋大学、中国太平洋学会、中国海洋发展研究中心、农业部南海区渔政渔港监督管理局、国家海洋局南海分局、广东省海洋与渔业局等涉海单位和部门的合作及交流，有效地提升涉海管理部门的影响力和知名度，增强高校和涉海管理部门在南海综合开发与管理中的作用，培养一批能担当未来重任的中青年学术骨干，造就一支高效的南海综合开发与管理研究团队。与此同时，《南海综合开发系列丛书》的出版发行，对推进南海综合开发与管理工作，维护我国海洋权益，实现可持续发展战略，都具有十分重要的理论与现实意义。

2012 年 9 月于北京

《雷州半岛暨广东海洋经济发展研究》序

中共广东省委常委、副省长　徐少华

　　人类社会发展到今天，海洋的战略地位与作用日益明显。21世纪是海洋资源开发利用与保护的世纪。海洋主宰着全球气候，为人们提供了丰富的物质和能量。海洋是国际交通要道，为人类提供经济便捷的运输方式。海洋是沿海国家经济、政治、社会、文化发展和生态环境保护的重要空间，合理开发和有效保护海洋已成为关系到全球生存发展的重大战略问题。

　　21世纪以来，随着国际经济政治形势的变化和我国综合国力的增强，发展海洋事业的重要性与紧迫性日益凸显。我国是发展中的人口大国，经济社会发展对资源的需求不断扩大，但陆地空间和资源日显不足。如长期以来我国能源及其他重要资源短缺，空间战略布局不合理，已成为限制我国经济社会可持续发展的主要瓶颈。我国是一个陆地大国，也是个海洋大国，拥有350万平方公里的海域，海洋在接替和补充陆地空间及资源不足方面存在着巨大潜力，开发利用海洋可以缓解陆地经济发展带来的巨大压力。中共中央、国务院明确提出发展海洋经济、壮大海洋产业，是我国"十二五"期间重要的战略选择。我国已进入海洋开发的时代，海洋事业将日益在我国经济、社会和政治发展中发挥越来越重要的作用。其中，海洋中的岛屿——海岸线是人类开发海洋的基地和支点，是构建南海海洋经济综合开发试验区的主轴。

　　雷州半岛位于广东省西南部，地处我国东中西过渡带和粤桂琼三省交汇地，南与海南省隔琼州海峡相望。西临北部湾，东、南濒南海，拥有中国大陆通往东南亚、澳洲、非洲、欧洲和大洋洲航程最短的深水航道，在中国与东盟自由贸易区建设，连接太平洋与印度洋，保卫南海和北部湾，建设海南国际生态旅游岛和广西北部湾经济区两个国家级发展规划等重大活动中，在全国开展国际贸易与经济合作过程中，都具有独特的海陆桥头堡的主开发轴的自然地理区位优势。

在经济全球化特别是加快中国与东盟自由贸易区建设的背景下，雷州半岛作为中国通往世界门户的重要地位逐渐凸显，是我国和世界各地经济技术文化往来的重要节点。如中东原油和非洲战略物资经马六甲海峡进入我国距离最近的深水港就是湛江港，澳大利亚、巴西的铁矿石进入中国最近的港口也是湛江。雷州半岛既集中了上百条国际经济航线，又是原油、铁矿石等重要战略资源的输入口，是中国经济向南扩张、强化中国与东盟经贸关系的战略枢纽。我国有海陆统筹发展基础好的三大半岛，相对辽东半岛和胶东半岛，雷州半岛尚未得到大规模的开发利用。从 21 世纪经济全球化和南海形势分析，抓紧规划开发雷州半岛具有非常突出的国家战略意义，对我国掌握南海乃至印度洋、太平洋的军事主动权和全球物资定价权至关重要。所以，开发雷州半岛，振兴粤西经济带，将成为沟通中国东部、中部、西部三大经济地带的中介纽带，其合作开发必然带来港口城市群的大发展，促使中国东部、中部、西部三大经济地带与东盟各国丰富的自然资源、各具特色的货物的大流通，产生互通有无、互补短长的经济互动。这有利于将西南出海大通道建设与西部大开发战略有机结合，使中国西部大开发战略落到实处，实现我国东中西三大地带生产力转移，为中国经济快速、持续发展提供新的增长源。

21 世纪以来海洋资源开发和海洋经济发展已成为经济全球化、信息化的有机组成部分，沿海各国加快海洋资源和权益的竞争，加速调整海洋开发战略，国际海洋竞争日益激烈。一些主要沿海国家将"海洋战略"提升为"国家战略"。如日本提出将海洋纳入国家大战略和全球视野；韩国、澳大利亚提出以发展海洋产业为核心，实现海洋经济发展战略；美国、俄罗斯提出以海洋经济和海洋安全为核心的海洋战略。爱尔兰、澳大利亚、新西兰等很多国家都先后发布了海洋经济发展的报告。

党中央、国务院高度重视海洋工作，党和国家领导人就如何做好海洋工作多次发表重要讲话、进行专门批示。在新制定的《国民经济和社会发展"十二五"规划纲要》中专门辟出一章对海洋事业进行阐述。为了探索发展海洋经济的路径，2010 年国务院决定将山东、浙江、广东三省作为全国海洋经济发展试点省份，在中央引领下海洋开发纷纷成为沿海各省（市、区）的 21 世纪战略工程。辽宁、山东先后提出建设"海上辽宁"、"海上山东"，浙江提出建设"浙江海洋经济大省"，江苏、福建、广西也加快了海洋开发步伐，共同掀起了一场"海洋运动"。广东省委、省政府高度重视海洋经济工作，连续六次召开海洋工作会议，2010 年 6 月份召开"首届海洋工作论坛"，2010 年 12 月又在湛江召开了海洋经济博览会。

改革开放 30 多年来，广东取得了举世瞩目的成就，但同时面临资源枯竭、生态环境恶化等矛盾和问题。这些问题的出现和积累，与广东传统的以陆地为轴心的发展理念、发展模式有关。"十二五"及今后一个很长时期，广东必须开拓视野，通过半岛产业转移到向富饶的海洋寻找出路，拓展生存发展的空间，实施可持续发展。随着东盟自由贸易区的建设，南海综合开发战略的实施，广东也将通过"半岛及海岛开发战略"成为南海综合开发战略的主要承载者。广东应该充分发挥优越的区位、产业及半岛优势，以中国与东盟自由贸易区产业、经贸合作为突破口，与国家南海综合开发战略对接，力促"10 + 1"合作重心由陆地转向海洋，打通雷州半岛与东盟协作的海上通道，确立雷州半岛在东南亚地区经济发展的核心地位。同时，围绕"国家南海开发的桥头堡和支援基地"的定位，全面铺开广东现代海洋产业体系的构建，打造"深蓝广东"。

要以科学发展观统领雷州半岛开发与广东海洋经济发展，以建设海洋经济强省为目标，以"集约布局、协调发展、海陆联动、生态优先"为基本思路，以"宽视野"、"大时空"、"高目标"的海洋战略意识，以雷州半岛开发为轴线，以南海海洋资源开发与保护为核心，以"科技兴海"为引领，以"港城一体化"为载体，以"科技和人才"为支撑，以"蓝色海洋"为方向，坚持海陆产业联动，引领广东从"陆地"走向"海洋"，从"珠江时代"迈向"海洋时代"，不断提高海洋经济的综合竞争力和可持续发展能力，构建广东发展的蓝色引擎，实现"蓝色崛起"。继续保持海洋经济在全国领先的地位，促进广东海洋事业全面协调发展，建设具有国际领先水平的蓝色经济区和新兴产业集聚区，成为推进海洋强国建设的主力省。

是为序。

目　录

第一章

中国三大半岛的比较分析与区域协调

区域差异是中国经济发展的客观现象，诸多研究则把目光聚焦在以三大经济地带、三大经济圈及省际系统为地域单元的区域层次差异上。本章通过视角转换，从中国三大半岛比较研究来探讨中国区域发展的差序格局，为中国区域经济发展做战略基点选析，以推动中国区域经济的有序性协调发展。通过论证以雷州半岛为轴的北部湾开发在中国政治、经济、军事中的重要战略地位和意义，阐述其对广东及北部湾中国段各省区经济腾飞的现实价值。

第一节 问题的提出

区域经济差异，已成为中国经济与社会发展中备受政府、学术界和社会各界关注的重大议题。区域经济发展严重失衡，必将成为中国未来经济发展的重要障碍和发展过程中潜在的不稳定因素。然而，区域发展差异不仅是经济发展过程的必然现象，而且是近现代经济发展的客观规律。世界上任何国家或地区因其资源禀赋、要素结构等诸方面的差异及历史机遇不同，必然导致其经济和社会发展沿着不同轨迹递延。

研究区域发展差异，就是要探究其内发生和演变的规律，防止区域经济差异过大干扰国家整体经济社会的可持续发展。张敦富教授认为，区域差异的本质并不在于差距的本身，而是其背后所隐含的深层次的东西，那就是区域之间的利益格局变化。[①] 区域经济差异的存在和变化反映了不同区域在国家利益格局中的方位，而在学术上对于区域差异的研究取向主要源于四个方面：一是对地域单元的选取；二是对成因要素指标的提炼；三是对分析时点的选择；四是区域差异测度方法。从地域

---

① 朱坚真：《环北部湾区域经济合作的模式、方向与建议》，载于《创新》2008 年第 4 期，第 49 页。

单元的选取上，大多数学者进行的是东、中、西三大地带和三大经济圈的差异研究，以及31个省市区或27个省区的省域差异研究。早期的学者们最多关注的是东、中、西这三大经济地带，并以此为基点从不同的角度、不同时期来描述区域差异的全景图，对成因进行了诠释。

杨开忠（经济研究，1994）以地带和省区系统为单元，使用变异系数以国民收入来反映区域间的差异。[①] 林毅夫（经济研究，1998）仍选取了三大地带对中国经济转型时期的地区差距进行分析，认为三类地区之间发展水平和收入水平的差距表现在利用市场和发展机会的差距上。[②] 吴殿廷（地域研究与开发，2001）对中国三大地带经济增长差异的系统分析，认为三大地带之间的差距明显，造成三大地带经济增长差异的原因，除了历史基础和自然条件以外，首先是投入强度，其次是出口能力和经济体制、产业结构和社会文化因素。[③] 高志刚（当代财经，2002）则认为改革开放以后，实行的"向东倾斜、梯度推进"的区域非均衡发展战略使东中西部地区迅速扩大差距。[④] 贺灿飞等（管理世界，2004）的研究表明中国区域经济差异随时间波动明显，省际差异呈现U形变化，地带间差异持续上升，东部和西部省区差异较大，中部省区差异较小，改革开放政策、参与全球化程度、市场化程度以及城市化进程等是导致中国区域经济差距时空变化的显著原因。[⑤] 后期的一些区域研究则转向三大经济圈各方面的比较研究，近几年逐渐形成了环渤海经济圈、长三角经济圈和珠三角经济圈被经济学家称做是未来中国经济的脊梁。陈耀（前线，2005）从总体水平、体制机制、结构效应、空间组织、前景展望等五个方面进行了对比，揭示出影响区域差别状况变化的原因，三大经济圈已占全国6.3%的国土面积和24.2%的人口，生产总值占国内GDP48.3%，认为三大经济圈的发展不平衡，京津冀经济圈发展相对于长三角和珠三角而言显得滞后。[⑥]

东、中、西三大地带的差异是一种全局性的差异，而未来中国经济的高速发展必然是区域的协调发展。但缩小三大地带的差距却是一个相当长期的过程，需要找到一个有效的突破口。三大经济圈协调发展无疑是中国未来经济的发动机，有利于缩小东部沿海区域经济发展的不平衡，发挥东部的示范效和带动力，但对整个中国的中、西区域辐射的半径是有限的，而且路径不畅。要突破整个区域差异，推动中

① 张瑞梅：《环北部湾旅游产品一体化研究》，载于《学术论坛》2011年第4期。
② 姚余雪：《环北部湾经济圈的合作开发研究》，载于《中国地质大学》2006年。
③ 朱坚真、师银燕、贺赟：《大力发展环北部湾海洋经济主导产业的思路与建议》，载于《经济研究参考》2008年第11期。
④ 周映萍、朱坚真：《北部湾滨海生态旅游业发展战略探讨》，载于《海洋开发与管理》2009年第7期。
⑤ 朱坚真、乔俊果、师银燕：《环北部湾滨海旅游产业发展与滨海旅游体系建设研究》，载于《桂海论丛》2008年第2期。
⑥ 陈耀：《京津冀经济圈与长三角、珠三角比较分析》，载于《前线》2005年第11期。

国区域经济的整体协调发展的战略基点，却恰恰应是落在东、中、西部的结合点上。本书力图在已有研究的基础上，对中国区域差异研究的地域单元的选取上和分析的角度上提供一种新的视角，从中国的三大半岛（山东半岛、辽东半岛、雷州半岛）的比较来探讨区域差异。张争胜（学术研究，2007）通过实证方法从经济地理区位、国家资金投入、人力资源赋存状况、区域产业发展政策等方面对三大半岛经济发展的区域差异开展过研究，认为雷州半岛在经济发展的规模和水平、产业结构变化、经济发展速度和发展效果等方面与辽东半岛、山东半岛存在着较大的差距，① 而其他的目前关于这方面的研究成果仍不多见。对中国三大半岛的研究有利地结合了三大地带和三大经济圈的研究，同时又兼容了省际和都市圈的研究。三大半岛占据了优异的地理区位，辽东半岛隶属环渤海经济圈，山东半岛处于长三角经济圈，雷州半岛处于泛珠三角经济圈和环北部湾经济圈结合处；辽东半岛是贯通东北和大西北的结合点，是东北老工业基地振兴的核心区域；山东半岛是贯通东部和中部的最便捷通道；而雷州半岛是连贯东部、中部和西部的大结合点，辽东半岛和雷州半岛都拥有出海出边的重要大通道，军事战略位置也相当显要。同时三大半岛经济体也几乎包含了中国经济发展势头最强劲的几大城市体，三大半岛的协调发展不但有利缩小东部沿海本身的区域差异，对中国经济起"固本强基"的作用，而且更有利于以东、中、西部结合点的半岛为基点缩小三大经济带的区域差异，可以"立足基点、推东西进"。在投资有限的情况下，遵循"非均衡、逐级递进、突出重点、兼顾一般"的原则，② 由东向西南、由东向中部、由东向西北打通出海通道与出边通道，从而通过点轴的梯度层级开发贯通东中西，达到优势互补，协调共进来缩小三大经济地带的区域差异的目的，而不仅仅是"抽肥补瘦"。21 世纪的西部大开发战略意味着区域经济发展已不是单纯的解决东、西的差异，而开始走进了东、中、西部地区协调发展的新时代，这就需要在三大地带结合处寻找有势能差的战略基点作为突破口，半岛城市群的崛起，将使东部沿海区域经济带发展进入快速车道。尤其是加速雷州半岛城市群的发展将是缩小三大经济带间差异和沿海五大经济圈③的桥头堡之一，雷州半岛的开发对广东省和北部湾经济圈，对整个国家的经济、政治和军事发展都具有相当突出的战略及战备意义。这也是对三大半岛经济、对三大半岛开发和对三大半岛协调发展研究的迫切性、重大战略意义和现实价值所在。

---

① 张争胜、周永章、张林英：《中国三大半岛经济发展的区域差异研究》，载于《学术研究》2007 年第 2 期。

② 朱坚真、高世昌：《论西部出海出边通道建设的若干关系》，载于《开发研究》2003 年第 5 期。

③ 本书把环渤海经济圈、长三角经济圈、珠三角经济圈及后兴起的北部湾经济圈及海峡西区经济圈列为东部沿海的五大经济圈。

第二节　中国三大半岛的差异分析

一、对中国三大半岛的基本认识

一般说来，半岛是指一面同大陆相连，其余三面被水包围，伸入海洋或湖泊的陆地。世界主要的半岛都在大陆的边缘地带，大的半岛主要受地质构造断陷作用而成。世界上最大的半岛是亚洲西南部的阿拉伯半岛，面积达 300 多万平方公里，有将近 1/3 个中国大。我国大的半岛有 3 个：一个是位于山东省东部、胶莱谷地以东的山东半岛，面积大约 39 000 平方公里，伸入渤海与黄海之间；一个是位于辽宁省东南部、辽河与鸭绿江口连线以南的辽东半岛，面积约 29 400 平方公里，伸入渤海与黄海之间；还有一个就是位于广东省西南部的雷州半岛，由琼州海峡断裂下陷而成，因多雷暴而得名，面积约 8 500 平方公里，伸入北部湾和雷州湾之间。

我国这三大半岛的海岸线总长 4 000 多公里，占了大陆海岸线的 1/4。山东半岛是我国目前最大的半岛，岸线由险峻的花岗岩岬角、新月形的海湾和绵延的沙滩组成。小山东半岛指的是胶莱河以东的胶东半岛，大山东半岛是寿光小清河口和日照的绣针河口两点连线以东的部分。山东半岛城市群包括济南、青岛、烟台、淄博、威海、潍坊、东营、日照等 8 个城市，土地面积近 7.4 万平方公里，人口4 244 万人，是山东省经济发展的重心，城市群 GDP 总量约占山东省总量的 2/3，青岛、烟台、威海为核心的胶东半岛一直是山东半岛区域的核心城市。山东半岛突出于黄海、渤海之间，隔渤海与辽东半岛遥遥相对。山东半岛历史文化悠久，经济也开发较早，公元前 8 世纪的春秋时代，渔盐业、冶铁业和丝麻纺织已有较高水平。

辽东半岛位于辽宁省南部，是由千山山脉向西南延伸入海的陆地所构成，辽东半岛经济区以沈阳、大连为中心，包括沈阳市、大连市、鞍山市、抚顺市、本溪市、丹东市、锦州市、营口市、辽阳市、盘锦市、铁岭市和葫芦岛 12 市及所辖 22个县（市），区域总面积 6.7 万平方公里，占全省土地总面积的 45.3%；常住人口2 969 万人，占全省的 70.4%，形成了以大连为前沿，营口、丹东为两翼，以沈阳等中部城市为腹地。辽东半岛地区内总人口约为 3 000 万人，占地 8.5 万平方公里辽东半岛经济区以大连为主要出海口，它集中了辽宁省大部分大中型企业和近70%的城市人口，经济总量占辽宁省的 85%，是辽宁省经济发展的核心区域。辽东半岛经济区处于环渤海经济带的北端，以沈大高速和哈大铁路为主干线，以京沈线和沈丹线为辅线，地处东北亚的中心，东临日本、韩国，并与朝鲜接壤，是承接日韩产业转移的重要区域。

雷州半岛地处广东省西南，介于南海和北部湾之间，突出于南海之中。北依岭南丘陵，南隔琼州海峡与海南岛相望，西濒北部湾，南北长约140公里，东西宽约60多公里。湛江市是雷州半岛主要的城市，包括雷州市、廉江市、吴川市3个县级市和徐闻、遂溪2个县，以及赤坎、霞山、坡头、麻章区4个区，总人口745万人，雷州半岛地处泛珠三角地区，又是广东在环北部湾经济圈的桥头堡，硬基础较为优越，但与山东半岛和辽东半岛相比无论是经济总量还是经济发展速度都相对较弱。

二、对中国三大半岛经济增长差距的探源

考察区域经济差异变化的过程会很自然把目光放在其形成因素上，区域经济差异的成因往往是见人见智，没有比较统一的认识。本书立足于经济、社会、资源、环境四大系统，以基础、动力、竞争力三个比较基点共18个指标体系对区域差异变化影响进行分析比较。基础由硬基础（自然基础（X_1）、区位条件（X_2））和软基础（社会基础、经济基础）两部分组成；社会基础主要是考察人口总量（X_3）、文化生产力（X_4）；经济总量主要考察 GDP（X_5）、固定资产（X_6）、经济结构（X_7）；动力由投资（X_8）、政策体制（X_9）、技术进步（X_{10}）和要素流动（X_{11}）四部分组成；竞争力由核心竞争力（产业竞争力（X_{12}）、政府管理（X_{13}）、人力资本（X_{14}）、城市群竞争力（X_{15}））和辅助竞争力（对外贸易（X_{16}）、金融体系（X_{17}）、生态环境（X_{18}））。在比较范围的选择上主要是通过对三大半岛的核心城市群的比较，城市群是区域经济一体化的重要载体和空间布局，它对区域经济的贡献度最大，由核心城市群所形成的都市圈决定了区域经济的发展格局。山东半岛选取青岛、烟台、威海、潍坊为核心城市群，以济南为支撑腹地，核心城市群的腹地关联度（R_1）；辽东半岛选取大连、营口、丹东为核心城市群，以沈阳为支撑腹地，核心城市群的腹地关联度（R_2）；雷州半岛主要选取湛江、茂名为分析城市群，以广州为支撑腹地，核心城市群的腹地关联度（R_3）。本章主要是基于对三大半岛比较研究的理论探讨，实证部分将另作论述。

任何事物的形成和发展必然与其原有的基础有关，区域不同的基础直接影响区域的发展，发展基础是考察一个区域差异很重要的变量。由于传统文化的积淀不同，资源禀赋和区位条件差异，同时要素的空间分布上的不一。区域发展的早期，内部的经济发展水平差异不很显著，有集聚需求的经济体或组织就会选择区位、基础条件好的地方发展，使该区域获得良好的发展机会而形成增长极。[1] 从三大半岛所在的省区发展的自然基础来看（见表1-1），自然资源的拥有量上三大半岛是各有所长，山东

---

[1] 高洪深：《区域经济学》，中国人民大学出版社2002年版，第201页。

半岛相对平均,耕地与气候占优势;辽东半岛的矿产资源相对丰富,经济一直是以资源型产业为主导;广东的水资源相对富足,但湛江市历史上却水旱灾害发生频繁,尤以旱灾最为严重,对雷州半岛的经济发展形成障碍。自然条件好农业发展快,有利于提高国民的综合素质,同时支持其他产业尤其是工业的发展,形成良性循环。

表1-1　　　　　　　　　各省区自然资源拥有量占全国的比重　　　　　单位:%

区域	水资源	能源	矿产	可利用土地	耕地与气候
山东	1.25	2.45	2.97	2.23	8.03
辽宁	1.34	1.12	15.44	2.11	3.30
广东	7.92	0.12	1.77	3.12	4.40

　　资料来源:国务院农研中心,《国民经济新成长阶段的区域问题》,载于《管理世界》1987年第4期。

　　硬基础是一个区域发展的重要前提和载体,软硬基础形成一个区域发展的基本骨架和脉络,尤其软基础是区域可持续发展的一个重要体现和必然要求。从地理区位条件来看,辽东半岛与雷州半岛的区位都稍优于山东半岛,都有沿海沿边通道。但山东半岛的经济发展却明显快于其他两个半岛,山东半岛传承了几千年中国文化的沉淀,有悠久的人文历史,人力资源总量和质量均都占优,社会底蕴非常足,具有强劲的文化生产力,区域的文化水平对区域的经济增长有正向的促进作用,山东半岛经济的快速发展就是得益于其良好的软基础。而其他两个半岛的软硬基础都没有充分发挥出来,尤其是雷州半岛。从表1-2看,山东半岛GDP占山东的2/3以上,其核心城市群竞争力强,基本处于一种均势发展。辽东半岛经济区集中了辽宁省90%的大中型骨干企业、近70%的城市人口和固定资产,创造了辽宁省85%的经济总量。[①] 辽东半岛将作为全国重点开发的主体功能区,是东北老工业基地振兴的核心区域、国家新型产业基地和新的重要增长区域。雷州半岛在古时地处偏远,为南蛮之地,文化一直不发达,民众的素质相对偏弱。此外,雷州半岛也没有从其强大的支撑腹地得益,因为腹地的辐射半径有限,核心城市群的腹地关联度(R_3)远小于其他两个半岛。在硬基础相差不大的情况下,其软基础明显偏弱,作为广东西翼的城市群竞争力(X_{15})并没能得到提升,GDP(X_5)占广东还不足7%,而其中主要的原因还是由于动力(X_8、X_9、X_{10}、X_{11})不足而导致的竞争力不强,没有充分规划和激发出其发展潜能。未来对西翼的雷州半岛开发显然作为广东的另一个增长极意义重大,也将是广东作为经济强省东西两翼缺位的一块硬伤,是广东经济可持续发展和补充后劲力的必然选择。

---

　　① 新沈大:《鞍山经济发展的黄金路》,载于《鞍山日报》2004年第3期。

表1-2　　　　　　　　　　三大半岛城市群人口及 GDP 指标

城市	人口总量（万人）	GDP（亿元）	城市	人口总量（万人）	GDP（亿元）
青岛	838.67	3 786.52	鞍山	350.20	1 343.54
烟台	699.45	2 879.96	沈阳	709.80	3 221.15
威海	279.96	1 583.45	湛江	744.99	892.56
潍坊	883.61	1 720.88	茂名	604.68	1 024.60
济南	657.15	2 562.81	广州	1 004.58	7 109.18
大连	578.20	3 130.68	山东	9 367.00	25 965.91
营口	232.50	570.11	辽宁	4 298.00	11 023.49
丹东	242.90	464.02	广东	9 449.00	31 084.40

资料来源：由山东、辽宁、广东三省 2008 年《统计年鉴》及 2008 年《中国统计年鉴》整理而得。

国家或区域的政策体制（X_9），对一个地区的发展也是至关重要的。政策本身就是一种稀缺资源，它的派生性和关联度都很大。倾斜的政策面明显加剧了改革开放后中国三大经济地带的差异。政策有利于吸引要素的流动，政策会形成环境势差，会带来高收益预期，从而推动要素（尤其是资本和劳动力）从要素收益率低的区域向高收益区域流动，产生"收益示范效应"，强化了地区吸引力，加大区域差异的形成，诸如沿海的民工潮和人才的"孔雀东南飞"就是如此。虽然国家对东部沿海实行了普惠性的政策，但由于区域本身的"体质"不一样，也导致对政策的吸收能力上的差异。雷州半岛地处泛珠三角洲，湛江是首批 14 个沿海开放城市之一，并没有充分汲取"政策养分"，山东半岛、辽东半岛则对政策源的吸收和消化能力较强，从而形成了三大半岛发展上的差序。

第三节　从三大半岛发展差序探索中国区域协调发展之路

区域的经济基础是影响区域差异变化的基本因素之一，任何一个区域的发展必然要受制于原有经济基础，总量规模的差异唯有通过发展的速度来弥补：$V_{落后} \geq (GDP_{发达}/GDP_{落后}) \times V_{发达}$。欠发达地区的增长速度必须以大于发达地区增长速度（$GDP_{发达}/GDP_{落后}$）的幅度发展才有可能赶追上，从缩小相对差异到进一步缩小绝对差异。山东半岛的发展步伐上已明显快于其他两个半岛，山东半岛城市群是中国沿海最具活力的经济区域之一，山东已将加快这一经济区域的发展作为山东走向经济强省的重要步骤。2007 年山东省推出了《山东半岛城市群总体规划（2006～

2020 年)》，山东半岛城市群将致力于成为黄河流域的经济中心和龙头带动区域，与京津冀、辽中南地区共同构筑中国经济发展增长极。根据规划，山东半岛将形成石化和医药产业带、电子信息产业带、家电制造产业带、汽车制造产业带、纺织服装产业带和海洋产业带等六大产业集聚带。山东半岛的发展得益于核心城市群的发展，同时核心城市群与支持腹地的关联性相对也比较强。辽东半岛的支持腹地沈阳的经济发展较优，但牵动力仍不强，与其核心城市群的互动力不足，削弱了辽东半岛经济的整体竞争力，区域经济一体化程度低。但近年来，国家把振兴东北三省，打开西北大通道的重任落在了辽东半岛经济区上，加强了对辽东半岛的开发。而雷州半岛无法很好得益于珠三角的短辐射半径，再加上雷州半岛本身的"硬基础效应"在中国经济高速发展过程已呈边际递减，随着三大半岛的差序发展，雷州半岛将成为中国东部沿海一个尚未被充分重视，而又急需、迫切、重点开发的战略要地。

三大半岛的发展由于各种因素的相互作用存在一定的发展差序。在 20 世纪 70 年代末以沿海地区优先发展为目标的沿海发展战略转向以促进西部地区快速发展为核心的西部大开发战略，这是全国区域经济发展的一个影响深远的历史性转变。传统思维的区域发展战略可以分为均衡和非均衡战略，可是从中国区域经济的发展实践和中国三大半岛发展的差序来看，实行均衡战略，区域差异在扩大——如东部差异；实行非均衡战略，区域的差异也在扩大——如三大地带差异；也有学者提出了"优区位"开发战略，反对无差别的普惠性区域政策倾斜，认为"非优区位"对政策的吸收力不大，对缩小区域差异的贡献率低，开发的意义不大。有时发展的战略本身就是"差异源"所在，西部大开发是中国区域发展的一项伟大举措，但实施的效果却不尽如人意。因此，必须跳出这些传统解决区域差异的思维，用新的视野寻找一条有效的中间路径——"有序性协调发展"，那就是必须同时关注解决区域差异的目标和过程，实行"结点潜力区位"的增长极式开发战略来实现区域的协调发展。区域的协调发展不等于均衡发展，区域经济发展的本身就具有不平衡性，要知道所谓区域发展的短期均衡是由一系列非均衡的发展形成的，协调发展某种程度上是一种"有序的非均衡"。对于三大经济地带区域差异的破局，不在于均衡而在于"有序性协调发展"。当然，这是必须基于"结点潜力区位"的有序协调或协整。要实现区域的持续增长就必须在合理的效度内创造短期的不平衡，依靠战略基点区域来促进具有一定"位差"的整体区域协调。辽东半岛和雷州半岛都是具有高关联度势能的"结点潜力区位"，对推动中国区域经济的协调发展具有重大的战略意义。

调控区域经济差异是必要的，区域的差异必须控制在一个合理的范围内，使其不超越区域承载力（包括经济的和社会的）。差异扩大会直接导致区域间的经济关系扭曲，误导区域行为主体而导致整个区域形成落差、无序化发展，引发区域或国民经济的波动和社会的不稳定，也会进一步强化欠发达地区的不利地位，削弱其发展能力。发达区域也最终会因欠发达区域的发展不足或缺位而受牵制，广东未来的发展就必然受制于东西两翼的牵制。欠发达区域往往会由于经济上发展的差异而使自身的发展"惰化"和弱化，从而导致整个区域的社会发展迟缓，这也有悖于国家或区域和谐发展大局。三大半岛均处在不同的经济圈，拥有不同的城市群，战略基点位置明显，研究三大半岛的差序发展，对破解中国区域经济的差异问题有着不可估量的作用。

区域经济差异是国家区域间利益分配格局变动的风向标，传统思维的区域协调有两种情况：要么欠发达地区的经济增长与发达地区同步，要么就是要比发达地区快。协调发展首先要肯定绝对差异是必然存在的，缩小的是相对差异。区域的协调发展并不是"抽肥补瘦"的均衡发展，区域发展的战略基点没选好，非但"瘦的肥不起来"，就连"肥"的也变"瘦"了，也就削弱了国家或区域的整体发展效率。有学者提出在中国广大的西部地区，应当克服中心辐射和梯度推进两种理论的缺点，把两者结合起来，提出了中心城市联网辐射理论。[①] 笔者认为中心城市联网辐射理论具有地区的适用性问题，辐射的半径和能量传递在欠发达地区是有限的，中心城市这个基点就不好选取，网就形不成，没办法实现多级多层次辐射，而且全局性也不足。本章立足于中心城市联网辐射理论的基础，认为区域差异的缩小应是基于"结点战略区位"下的"核心城市群梯度网轴辐射"开发战略，充分发挥核心城市群与都市圈的作用，点的极化效应和面的扩散效应相结合，实施点网辐射、线网辐射、"面网辐射"[②] 三位一体的梯度推进战略。与此同时还必须加强辐射媒介（良好的交通基础设施、信息传递手段、市场机制）的建设，这是辐射有效进行的根本保证。否则核心城市群的经济能量传递会边际递减，次城市群又无法出现返流，长期的发展就导致了整个区域竞争力削弱。从三大半岛的差序来看，雷州半岛的发展滞后很大程度上是由于其辐射媒介建设的投入不足，点、轴、网、面都无法有序形成，对于其支持腹地及周边辐射的吸收能力极其有限。

第四节　环北部湾经济圈发展的战略基点选择

一、环北部湾经济圈范围的基本界定

北部湾位于中国南海西北部，湾顶（北面）是广西，东南为广东雷州半岛和海南，西面是越南，总面积近13万平方公里。从行政区划上看，环北部湾经济合作圈包括中国沿海的广东、广西和海南三个省区，以及越南北部的广宁省、海防

---

① 厉以宁：《区域发展新思路》，经济日报出版社2000年版，第29页。
② 本处所指面网辐射是核心城市群与多级次核心城市群的联网。

市、太平省和清化省；从地理上看，包括围绕北部湾海域的中国广东省雷州半岛、海南省西部、广西南部沿海和越南的北部沿海地区。环北部湾的城市组群主要有广东的湛江市，海南的海口市、三亚市，广西的北海市、钦州市、防城港市，越南的下龙市、海防市等。北部湾中国段的城市发展，在中国西部开发战略与西南出海大通道建设中的作用日益重要。北部湾沿海地区经济腹地广阔，由港口际域、周边省区、中国西南地区、西部与南部结合部，以及通过航线可以连接的东南亚等多个层次区域；同时还有以云、贵、川为主的西南内陆腹地和以广东、海南及东南亚为主的海洋腹地，形成两个大扇面。其地理区位的优越性是不言而喻的。且自然资源丰富，但目前开发程度相对较低，经济发展相对滞后，要作为华南新兴经济圈的中心地域和立足于亚太经济圈仍有相当大的差距。因此，对于环北部湾经济圈的建设必须立足于全局，从中国整体的区域协调发展出发进行有效的战略基点的选析。

二、以雷州半岛为轴的北部湾开发的战略意义

北部湾经济圈的区域，是由围绕北部湾海域的广西、广东、海南三省区的沿海地区和越南北部所构成的经济区。其中湛江和北海、防城港、海口背靠大西南、面向东南亚的优势，都应在这两大地带之间发挥辐射带动作用，是环北部湾中国段最重要的四个沿海城市，分属粤桂琼，地理区位、气候、经济、资源和人文等方面都有一定的共通性，经济发展状况和模式也有相似之处。但由于内部行政区划的分割，往往各自为政，缺少有效统一协调的合作机制，主要城市之间存在着恶性竞争。在21世纪中国沿海经济发展战略格局中，北部湾经济圈是重要的一环，但与环渤海经济圈、长江三角洲、闽南三角洲和珠江三角洲几个经济区相比，却是最薄弱的一环。中国应将环北部湾地区建成继环渤海湾、长江三角洲、珠江三角洲之后的又一个新的经济增长极。然而对于环北部湾的发展必须是一种协调性的有序发展，战略基点要选对和选准。在北部湾的开发中一直以广西唱"主角"，环北部湾的各大城市也都想争当区域中心，而区域性中心城市都必须是区域性工业中心和物资集散中心，第一、第二、第三产业和基础设施较齐全，人力资本充裕，消费集中而且需求量大，交通与信息较发达，具有很强的集聚、散发和辐射能力。这里选取广州作为广东北部湾城市群的支撑腹地，南宁作为广西北部湾城市群的支撑腹地。从综合素质来看（见表1-3），湛江、北海、钦州、海口这几个城市的综合实力都不强，均无法承担起作为单一的增长极核的重任。而相对整体城市群和支撑腹地而言，广东的综合经济实力、城市发展规模水平、科技教育文化水平、交通运输能力、区位优势、人口与消费力等因素均有较大的优势，环北部湾的建设需要广东积极的参与，而雷州半岛恰是广东参与北部湾建设的桥头堡，其建设和开发价值就显而易见了。依靠广东庞大的经济总量，以广州为支撑腹地的雷州半岛经济体（或

城市群）只要充分激发其自身所具有的区位、地理、港口、交通、海洋与生态等
优势，是完全有可能成为环北部湾经济圈的区域中心和增长极，将其独特的区位优
势可转化为巨大的辐射力。

表1-3　　　　　　　　　环北部湾中国段各城市的 GDP 及人口

省/市	GDP (亿元)	人口 (万人)	省/市	GDP (亿元)	人口 (万人)	省/市	GDP (亿元)	人口 (万人)
广东	46 013.06	10 440.94	广西	9 569.85	5 159	海南	2 064.5	896.08
广州	10 748.28	1 270.96	南宁	1 800.26	686.84	海口	617.19	160.44
湛江	1 405.06	700.38	北海	401.41	161.75	三亚	242.21	57.01
茂名	1 492.09	582.64	钦州	520.67	379.11	东方	73.58	44.29
阳江	639.84	242.53	防城港	320.42	86.01			

资料来源：由广东、广西、海南 2011 年统计年鉴整理而得。

中国沿海各大经济圈的发展中北部湾经济圈的发展是滞后，虽然这几年有了很
大的提升，但总体的实力仍不强，远远不及其他几大经济圈。中国与东盟的交汇区
域因经济相对落后致使东亚环太平洋带出现断裂，环北部湾经济圈恰恰能连接起断
裂的东亚环太平洋经济带，从而使中国经济能更广泛地融入世界经济当中，雷州半
岛地区作为低端发展带，正处于两条高端发展带东盟国家与港澳台地区之间。从国
家的层面来看雷州半岛内联三南，外通五洲，有着特殊的重要战略地位。它是中国
大陆沿海通往非洲、欧洲、中东、东南亚、大洋洲海上航程最短的出海口岸，处于
亚太经济圈中转枢纽港位置，有条件成为亚太经济圈中新的经济增长点和增长极。
雷州半岛处于东、中、西结合部，是突出"结点潜力区位"，以雷州半岛为轴的
"核心城市群梯度网轴辐射"开发战略，可以发挥缩小东部沿海经济圈差异和贯通
东、中、西三大地带的多重效应，三大地带、大西南经济圈、泛珠三角经济圈、环
北部湾经济圈、东亚环太平洋经济带融汇的"大泵站"。面对东南亚华人资本投资的
新动向，作为包括港、澳、台、粤、闽、桂、琼三地四省在内的华南经济圈西轴的雷
州半岛经济体，应充分利用由来已久的地缘人缘关系，加强与华人资本合作，不断寻
求新的聚合力和辐射力，成为海外华人资本竞相进入的一个黄金区域。① 雷州半岛这
个"结点潜力区位"如果长期滞后或缺位，"靠东带西"的大西部开发战略就会形
成阻隔，东部的经济能量就无法自发流向西部，政策倾斜效应会自动消退。

---

①　朱坚真：《南海周边国家及地区产业协作系统问题研究——兼论中国—东盟自由贸易区产业协作模
式》，海洋出版社 2003 年版，第 40 页。

雷州半岛同时具有国家安全层面的战略意义，雷州半岛是国家在南海的战略后方重要基地，军事战略地位异常显要。未来的大规模战争一般是不会出现的，但区域冲突和局部战争则无法避免，中国的南海问题、台海问题都是中国的敏感问题。西方大国通过第一、第二岛链和西太平洋岛链围堵封锁中国，雷州半岛处于沿海陆基战略前缘，以目前的经济实力和经济结构都无法很好地满足作为沿海战略后方基地的要求。自古以来，海权的争夺以海战为主要形式，航空母舰时代的海战又是通过舰载机的空战来实现，但近海海湾及海峡的制海权控制则是由陆基的飞机空战决定的，近海作战的实质是陆基的航空兵和二炮部队能否依靠陆基来进行精确打击目标，并在消耗中最终胜出。战争的最大问题往往不是对手，而是国内的经济补给，开发和建设以雷州半岛为轴的北部湾对中国来说同时具有经济、政治和军事的多重意义。

从广东层面来看，雷州半岛对外是广东与广西、海南以及东盟各国经贸合作的基地和桥梁，对内是大西南最便捷的出海通道，背靠大西南和南贵昆城市群，东接珠三角城市群和港澳经济圈，是华南经济一体化的纽带和中国东、中、西三大地带的陆地结合部。环北部湾经济圈是中国沿海经济圈一个薄弱环节，而雷州半岛作为西翼又是广东经济的一块硬伤，雷州半岛的开发与建设也就必然成为是环北部湾经济圈和广东后期经济建设的重要战略基点，其开发既是必要的，也是必须的。东翼以汕头为中心外接海西经济区，西翼以雷州半岛为中心外接环北部湾经济圈，两翼的人口共占全省的 42.4%，两翼的土地面积、人口分别是珠三角的 1.3 倍、1.1倍，广东东西两翼在广东经济发展的缺位对广东未来的经济将是极大的牵制。广东不发展西翼的雷州半岛，就会使这些欠发达区域既没有能力阻止本身的资源和要素外流，也没有能力吸收和消化外部发达地区的经济能量扩散，广东就会失掉大西南和东盟这两块广阔的市场和丰富的能源供应地，同时也使得其传统产业无法在内部转移和扩散，不"腾笼换鸟"进行产业升级和产业结构调整，整个广东的经济的竞争力会因无法从实质上得到提升而走下坡路。珠三角的开发已进入一个相对成熟的阶段，如果未来没有东西两翼对广东经济增长的贡献，必然要落后于长三角和环渤海经济圈。雷州半岛经济区是在北部湾中国段的一个经济、政治、文化中心，又是广东率先基本实现现代化沉重的一翼，但它所具有发展的潜力和后劲又是广东发展新优势所必须的。实现西翼地区经济社会腾飞，不仅对广东实施"在全国率先实现现代化"和经济社会全面发展战略具有重要意义，而且对实现我国西部大开发战略，促进内陆开发与海域开发策略的有机结合，完成东部先进生产力向西部地区梯度开发和产业传递，达到各民族的共同繁荣富强，具有十分重要的战略意义和现实意义。[①]

---

① 高世昌、朱坚真：《粤西经济发展的重点突破与区域推进》2002 年第 4 期。

三、洛湛铁路的点轴式梯度开发对中国整体区域协同的影响

从世界各国发展经济轨迹和全球产业集聚的规律看，海岸和铁路沿线一直就是经济发展的热点区域。广东作为一个经济大省，沿海的发展比较快，而铁路交通建设却相对滞后，境内往北的有华北的京广线，往东北的有华东的京九线，往西的有粤西、广西的广三线，往东有通向粤东、福建的广梅汕线，往西北和西南都是铁路盲区。国家"八纵八横"南北向重要的铁路干线——洛湛铁路2009年7月1日通车后，与京广、京沪、京九等干线一起构成全国纵向的铁路网骨干，为广东的经济发展植入了一条"大动脉"。洛湛铁路北起河南洛阳，经过湖北、湖南到广西岑溪后分两个走向，向西经玉林后沿现有黎湛线到湛江，向南经信宜、高州、茂名到湛江，是中西部地区至华南地区及沿海地区深水港口的重要和便捷出海通道。

洛湛铁路作为雷州半岛的一条基轴更加突出了其的"结点潜力区位"重大战略意义，也使以雷州半岛为轴北部湾开发同时具备了沿海、沿线、沿边开发的广阔前景。以雷州半岛为基点，以湛江港为中心的围绕雷州半岛的港口群体系为孤点，以洛湛铁路为主轴和三茂铁路、粤海铁路体系为发展轴线，以325国道、207国道、广湛高速、渝湛高速公路等公路体系为辅轴对环北部湾进行点轴式梯度推进和开发建设。以雷州半岛为轴的"核心城市群梯度网轴辐射"开发建设将同时实现西南环北部湾经济圈和东南珠三角经济圈、西北南贵昆经济圈和重渝经济圈、中部的长株潭经济圈以及中原经济圈和武汉经济圈融合。这将极大促进西部大开发，加快中部崛起，实现东部环北部湾及泛珠三角经济合作，推动中国区域经济发展的协同。同时也加速了沿线地方经济的发展，有利开发利用沿线的资源和产业，使湘中南、桂东南、粤西北等落后区域从根本上得到发展，是湘、桂、粤等省（区）经济可持续发展、缩小地区差别的有力保证。洛湛铁路位于路网空白区的适中地带，增加中国路网密度和增强路网的机动灵活程度，是北煤南运的重要通路。大大提高了华南、华北、中原与中南地区的能源交流和南下出海的铁路运输能力，缓和南北运输能力紧张的矛盾，也提高了华南地区铁路抗灾的能力。以雷州半岛为基点洛湛铁路的大西南出海通道是顺应国际经济发展战略演变的需要，有利于整个东、西部地区参与全球区域经济的国际分工。[①]

洛湛铁路的建设使以雷州半岛为轴的北部湾开发对加强战备和巩固国防具有重要政治意义和战略意义。战争从战略来看，实质上是以陆权和海权这两个制域权为核心进行的战争。而对铁路的控制是陆权的关键，一个世纪前，工业化的制陆权技术——欧亚大陆腹地的西伯利亚铁路稳定了俄罗斯的东方阵营，西伯利亚铁路的争

---

① 朱坚真：《中国西部开发论》，华文出版社2001年版，第328页。

夺成为日俄之战和苏德之战的制胜关键；美国则于 19 世纪中叶就修建了横贯美国的"中央太平洋铁路"，有力地巩固了中央对边疆地区的管控，铁路对俄美两国在历史上的战略崛起起到了关键的作用。洛湛铁路由湛海铁路向南经火车轮渡至海口与海南铁路相接，形成南北大通道，未来的扩展将会顺着雷州半岛经琼州海峡海底隧道经海口直达三亚，实现海陆一体化的军事战备布局，也同时具有军民一体化用途。从军事后勤角度来讲，铁路在重型装备，物资及人力运送方面，也有着不可比拟的优势，在西方各条岛链的封锁背景下，洛湛铁路有助于进一步巩固中国的沿海海防战略体系，使中国的军事部署和兵力的投送将更加便利，海陆的军事力量都将得到极大的提升，可以改变整个南海的地缘战略形势，有利于捍卫中国的国家利益和解决各种区域争端。

第二章

以雷州半岛为轴的北部湾区域
开发问题研究

环北部湾经济圈涉及"两国四方"，是我国东南、西南地区对接东盟的出海大通道，被称为21世纪中国最具发展潜力的经济增长带。本章在相关理论指导下，结合北部湾的区位条件，分析北部湾区域开发的现状、模式以及难点，指出未来北部湾开发的方向和重点领域；确定雷州半岛在北部湾经济开发过程中的中轴定位，选取开发的合适基点，提出了以雷州半岛为开发轴，结合洛湛铁路点轴阶梯式的北部湾开发战略和合理的政策建议。

第一节　基本理论

一、区域经济增长的理论

（一）增长极模式理论

增长极模式理论的代表性人物弗朗索瓦·佩鲁认为，区域由若干极点、节点组成，各种向心力或离心力则分别指向或背离区域中心，每个中心的吸引力和排斥力存在一定的场，它们与其他中心的场互相交汇，任何区域都是一个由中心及传输各种力的场所组成的，这样的区域中心称作增长极。该理论还认为，经济增长首先出现在一些增长点或增长极核上，然后通过不同渠道向外扩散，对整个区域经济产生不同的影响。随着增长极的逐步增加，其吸引力和扩散力不断扩大自身规模，并对周围区域经济产生影响。该理论还认为，区域开发仅考虑经济总量指标是不够的，还必须把国民经济按地理单元分解为产业、行业和工程项目。在区域经济增长过程中，区域内的各个产业、行业并不以同样的速度增长，在不同时期增长的势力往往相对集中在主导产业和创新企业上，然后波及其他产业和企业。从空间上看，这类产业、企业也不是同时向外围扩散，而主要集中于主导产业和创新企业。在区域开发与经济运行中，区域增长极具有极化和扩散两种效应。这两种效应在理论上讲，是相辅相成的，两者都可从不同的侧面带动整个区域经济发展。但在不同发展阶段上，两种效应的强度是不同的。一般来说，在增长极的初期阶段，极化效应是主要的；当增长极发展到一定规模后，极化效应减弱，扩散效应加强，再进一步发展，扩散效应逐渐占主导地位。①

（二）点轴开发模式理论

点轴开发模式理论是在增长极理论和生产轴理论的基础上，吸取各理论中某些有益的思想后，提出的一种非均衡区域发展理论。该理论认为，随着连接点中心地的铁路、公路等重要交通干线的建设，形成新的有利区位，方便了人口的流动，降低了运输费用和生产的成本，新的交通线对产业和劳动力具有新的吸引力，形成有利的投资环境，使产业和人口向交通线聚集并产生新的居民点，这种对区域开发具有促进作用的交通线被称为"生产轴"。点轴开发，就是在较大的区域范围内确定若干具有加速发展条件的大区间及城市间线状基础设施轴线，对轴线地带的若干个点进行开发与带动。②

一般说来，点轴开发模式适用于具有一定基础，已经形成了实力强弱不等的增长极，而周边开发程度较低的地区，这些地区可通过建设增长轴而形成当地的中心，成为对其他地区生产要素的吸引中心。在一定区域范围内，确定若干生产、位置、资源较好且具有开发潜力和远景的重要干线经过地带，作为重点轴予以重点开发。在各个发展轴上确定重点发展的中心城市，规定各城市的发展方向和服务，吸引区域；确定中心城镇和发展轴的等级体系。在点和轴的关系中，点处于主导地位，轴线首先是为点服务的。与此同时，轴线又对新点的形成以及老工业点的兴衰产生深刻影响。点轴融合，形成点轴系统。由于轴线是以不同等级的点为基础的，相应地就会形成不同等级的点轴系统。在总体布局中，经济的空间布局如何展开，就是要根据点轴层次的不同，安排点轴开发的顺序，确定重点开发轴线；以最大限度地发挥中心城市的作用，带动周边地区发展，从而保证经济部门围绕着条件好的增长轴而布局，形成合理的空间结构。

（三）区域相互依赖理论

19 世纪中期，马克思、恩格斯在《共产党宣言》中明确指出，随着资产阶级

---

① 安虎森：《区域经济学通论》，经济科学出版社 2004 年版。

② 朱坚真、张力：《中国三大半岛的比较与协调分析——兼论以雷州半岛为轴的北部湾区域开发》，载于《太平洋学报》2010 年第 2 期，第 56~60 页。

开拓了世界市场,世界经济必然发生相互联系。20世纪初期列宁、斯大林在不同的历史时期发展了这一理论。第二次世界大战以来,许多发展经济学家在继承比较优势理论、生产要素禀赋理论等前人成果的基础上,提出了对外贸易乘数原理、两缺口分析理论、三缺口分析理论及四缺口分析理论等新的区域相互依赖理论。从本质上说,区域联系是区域之间的相互依存,世界经济的相互依存是资本主义发展的必然要求和趋势,这种相互依存日益扩大到世界一切国家、一切民族,扩展到社会生产生活的各个方面;社会主义国家出现后,尽管它同资本主义的经济体系和经济制度是完全对立的,但并不能因此就割断两大经济体系之间的联系;经济上的这种相互联系、相互依赖将各个不相同的民族联结成为一个世界性的经济体系,促进了某些民族隔阂与民族利益对立性的消灭,有利于在科技进步条件下实现物质生产和物质财富的快速增长,而那些处于封闭状态的国家和民族只能是停滞不前。

笔者认为,世界区域之间的相互依存是商品生产和交换的必然产物和客观要求,区域经济增长实际上就是区域内部和区域之间不断交换物质及能量的过程,这种相互依存不是单方面、单向的,而是多方面、双向循环的。进入20世纪90年代以后,经济科技全球化趋势愈来愈明显,社会主义与资本主义经济体系和经济制度的矛盾虽然在一定程度上存在,但两者完全对立的局面已不可能,尤其是中国加入世界贸易组织以后更不可能。因为随着社会生产力的不断发展,到一定程度后就会超出原有的地域范围向新的地域转移扩展,形成新的生产要素,组合成新的生产力。当今世界,以交通、通讯手段现代化为引擎的信息技术革命,极大地缩短了各国、各地区的空间距离,便利了生产要素的流动,加深了相互依赖的程度。与此同时,各国、各地区之间的差异决定了各自发展模式的多样性。只有加强相互联系、合作交流,才能扬长避短,各显神通。随着经济科技全球化加快,市场经济必然冲破封闭、狭隘、分散的计划经济和小农经济,在全球范围内发生更加密切的相互往来和相互依赖。在科技、人才等要素流动加速率规律作用下,技术、人才、资本等生产要素的空间转移规模愈来愈大,速度愈来愈快,形成了愈来愈相互依赖的国际环境,这是不以人的意志为转移的客观必然。抢占经济制高点的高新技术产业,特别是高新技术群和高新技术产业群,在绝大多数国家和地区都无力单独进行研制开发生产,必须在更大空间和范围内进行分工协作。

（四）区域市场理论

1. 区域经济合作理论。区域经济合作是指各区域生产要素在更大空间范围内实现优化配置,主要表现为产业协作、劳动力协作、人才协作、技术协作、资金协作、信息协作、物资协作等。区域经济合作主要包括企业之间的合作、政府之间的合作及其他合作。

区域经济合作的核心是企业合作,产业合作是企业合作的紧密形式,是一种更持久更稳定的经济合作形式。企业、企业集团尤其是跨国公司之间的合作，是区域经济合作的基础与基本形式，主要包括生产、营销及研究开发等三个环节的合作。生产过程中的合作包括技术、设备、人才、资金、原材料能源等方面的协作，以生产符合市场需求的产品为主要目标；销售过程中的合作包括联销、代销、信息交流、设置窗口等方面的协作，以在市场上销售产品为主要目标；研究开发过程中的合作包括联合研制新产品、新工艺、新技术、新设备、新的产品包装等方面的协作，以研究开发新产品、新技术、新工艺为主要目标。

区域经济合作往往首先表现为政府之间的经济往来和地域关系的正常化。特别是国际性区域经济合作必须以国家之间关系的正常化为前提，在不同时期、不同情况下，国际性区域经济合作的主体、形式和内容也是存在差异的。

2. 区域生产要素流动理论。区域要素流动理论认为，外界环境、内部机制和中介条件是决定区域生产要素流动的因素。其中，外界环境，包括经济体制、经济政策、法律法规及社会心理等。内部机制，是指包括企业和个人等微观经济单位，为实现利益最大化必须考虑自己的生产要素流动成本、障碍及风险而采取的决策机制。中介条件，是指连接区域之间生产要素流动的一些中间环节，包括两区域之间生产要素的供需差异、两区域之间生产要素的价格差异、交通运输设施的保证程度及信息设施的完备程度等。[①]

生产要素在区域间流动的方向大体受以下三个规律支配：第一，向收益最大化方向流动规律。生产要素在流动过程中具有明显的增值倾向，追求经济社会效益最大化是要素流动决策的主要原则。第二，向最近区域移动或就近流动规律。区域距离愈近信息传递愈迅速愈完备，要素流动愈便利，成本愈低。第三，向需求引力最大的方向流动规律。当需求引力越大时说明生产要素的稀缺性越大，要素的供需矛盾严重，吸收其他区域要素进入的引力就越大。与此同时，生产要素在区域间流动的形式大体有以下四种：第一，辐合流动。即生产要素跨越区域边界向另一中心集合的现象。第二，辐散流动。即生产要素从一个中心向周围区域扩散和渗透。第三，轴线汇集。即生产要素跨越区域向一线状地带聚集，如向沿海、沿江河、沿铁路公路主干线以及基础条件、生产要素禀赋较好的地段流动和集中。第四，区际国际流动。当区际贸易和国际贸易水平达到一定程度以后，生产要素就会超出地区和国家界限，向其他地区和国家流动，以实现生产要素跨地域跨国界的最优配置。[②]

---

① 刘再兴：《区域经济理论与方法》，中国物价出版社1996年版。

② 黎鹏：《区域经济协同发展研究》，经济管理出版社2003年版。

二、合作博弈理论

博弈根据是否可以达成具有约束力的协议分为合作博弈和非合作博弈。合作博弈亦称为正和博弈，是指博弈双方的利益都有所增加，或者至少是一方的利益增加，而另一方的利益不受损害，因而整个社会的利益有所增加。合作博弈研究人们达成合作时如何分配合作得到的收益，即收益分配问题。合作博弈采取的是一种合作的方式，或者说是一种妥协。妥协其所以能够增进妥协双方的利益以及整个社会的利益，就是因为合作博弈能够产生一种合作剩余。这种剩余就是从这种关系和方式中产生出来的，且以此为限。至于合作剩余在博弈各方之间如何分配，取决于博弈各方的力量对比和技巧运用。因此，妥协必须经过博弈各方的讨价还价，达成共识，进行合作。在这里，合作剩余的分配既是妥协的结果，又是达成妥协的条件。

合作博弈存在的两个基本条件是：（1）对联盟来说，整体收益大于其每个成员单独经营时的收益之和。（2）对联盟内部而言，应存在具有帕累托改进性质的分配规则，即每个成员都能获得比不加入联盟时多一些的收益。如何保证实现和满足这些条件，这是由合作博弈的本质特点决定的。也就是说，联盟内部成员之间的信息是可以互相交换的，所达成的协议必须强制执行。这些与非合作的策略型博弈中的每个局中人独立决策、没有义务去执行某种共同协议等特点形成了鲜明的对比。能够使合作存在、巩固和发展的一个关键性因素是可转移支付（收益）的存在。即按某种分配原则，可在联盟内部成员间重新配置资源、分配收益。这就必然包含了内部成员 i 和 j 之间的利益调整和转移支付。因此，可转移支付函数的存在，是合作博弈研究的一个基本前提条件。合作按照合作之后的收益变化可分为本质性的合作和非本质性的合作。如果合作后收益有所增加，则此合作博弈是本质性的，即存在有净增收益的联盟；如果合作后收益没有增加甚至下降，则为非本质性合作。例如，我国现存的一些低效率、名不符实的集团及一些经济合作组织可看做是非本质性合作，因为这类合作组织并没有真正发挥合作优势，也没有创造出比不合作时更大的社会经济效益。另外，按参与博弈的局中人的多少，合作博弈可分为两人合作博弈和 n 人（n > 2）合作博弈。还可以根据局中人相互交流信息的程度、协议执行时的强制程度，以及多阶段博弈中联盟的规模、方式和内部分配等的不同把合作博弈分为若干类型加以研究。[①]

---

① 罗伯特·吉本斯：《博弈论基础》，中国社会科学出版社 1999 年版。

三、劳动地域分工理论

马克思主义经济理论认为，劳动地域分工是社会生产力发展到一定阶段的产物，是人类经济活动按地域空间进行的一种分工形式，分工与合作相互依存、相互给对方以保障与促进，并通过分工与合作提高效率、增进效益。其直接原因是区域之间的资源禀赋、发展基础、经济结构、生产效率等方面存在较大的差异与比较优势，其根本目的是为了实现优势互补，获得最佳的整体效益和个体效益。劳动地域分工理论发展到今天，其基本观点可以归纳为地域分工发展论、地域分工竞争论、地域分工协调论、地域分工协作论、地域分工效益论和地域分工层次论六个方面。其中地域分工发展论主要强调地域分工是为了最大限度地发挥区域比较优势，确定或调整区域产业结构和区域发展方向，有效地避免区域产业结构的趋同问题；地区分工竞争论主要认为区域之间必然会为了自身利益而对有限资源及市场展开竞争，从而促进区域资源的优化配置和整体效益的提高，但前提条件是要有统一的区域市场与保证公平竞争的政策、制度等规则；地域分工协调论强调由合理分工实现资源配置在区域之间的优化重组，使区域之间、行业之间以及区域人口、资源、环境与经济社会发展之间保持高度和谐统一和自组织状态，利于形成高级有序的区域产业结构和空间结构；地域分工合作理论认为，分工与合作是相辅相成的，分工是合作的前提，合作利于分工的更好实施和区域专业化的发展，在分工基础上的合作使区域之间实现优势互补、优势共享或优势叠加，由此获得整体大于部分之和的"合成效益"，同时也有利于提高协作或一体化区域在上一级区域中劳动地域分工的地位和作用；地域分工效益理论强调以发挥区域优势为前提的地域分工与合作，这种分工合作有利于提高效率和整体效益；地域分工层次论强调建立有序的地域分工层次体系，高层次上的地域分工对低层次上的地域分工有指导和制约的作用，使地域分工实现纵向上的有序性和有效性。劳动地域分工理论告诉我们，为了获取最大的整体效益与个体效益，区域之间必然进行分工与合作；与系统理论一样，该理论强调合理区域分工的前提是区域之间的相互开放。换言之，良好的区际关系必然体现为区域之间相互开放与合理的分工及合作。[1]

---

[1]　彭荣胜：《区域经济协调发展的内涵、机制与评价研究》，河南大学，2007 年。

第二节　以雷州半岛为轴的北部湾区域开发背景及基本情况

一、以雷州半岛为轴的北部湾区域开发的背景

2000 年 11 月，由广东湛江、广西北海、海南海口三市发起，在湛江成立了"北部湾经济合作组织"。2002 年，《中国与东盟全面经济合作框架协议》签订，推动了北部湾区域经济合作。2003 年中国—东盟博览会永久落户南宁。2008 年 1 月，国家正式批准实施《广西北部湾经济区发展规划》，标志着加快北部湾区域发展纳入了国家发展战略。2010 年 1 月中国—东盟自由贸易区正式启动，为北部湾—东盟经济合作与发展拓展了广阔的空间。

优越的地理位置、便利的交通条件和特殊的资源禀赋使得环北部湾区域有可能成为继珠三角、长三角、环渤海湾以后中国未来经济增长的"第四极"。目前，环北部湾区域的发展已被国家发改委纳入第十二个五年规划，在国家战略视角下已经上升为中国经济新的增长点的一个突出亮点，这对于环北部湾地区未来经济的可持续发展是难得的机遇和政策资源。

（一）中国东盟自由贸易区的启动

世界最大的自由贸易区——中国—东盟自由贸易区，定于 2010 年 1 月 1 日正式全面启动。这一自由贸易区拥有 19 亿人口、6 万亿美元年国内生产总值和 4.5 万亿美元的年贸易总额。中国—东盟自由贸易区的启动，标志着中国与东盟之间的经济联系上升到新的历史水平，为中国和东盟各国的贸易发展和经济合作增添新的动力，对促进世界贸易发展和世界经济复苏发挥积极作用。

东盟 10 国中有 9 国为沿海国，海洋是这些国家联系外界的重要通道，海洋对于东盟国家的经贸发展和对外交往等各方面的重要性及其在构建中国—东盟自由贸易区中的战略价值也日益凸显。从区位条件上来看，环北部湾具有成为"海上东盟"的大通道优势。

环北部湾是"海上东盟"的重心，具有以港口为核心的经济开放和经济辐射的战略价值。环北部湾地区区位条件优越，它介于东亚与东南亚之间，是重要的海上交通枢纽。它本身又是地理经济学上所说的"一日区"，相隔最远的沿海港口直航一日可达。这就为促成彼此间紧密的经济联系与发展国际经济技术合作创造了有利的条件。环北部湾地区的地缘区位条件，使经济开发优势变得更为明显。环北部湾已成为中国东南和大西南地区对接东盟的"出海大通道"，如果放眼于"海上东

盟"的视野，原来的东南和西南"出海大通道"概念就得到了很大的延伸和拓展。

随着中国—东盟自由贸易区建设的推进，特别是中国—东盟博览会永久落户南宁，作为中国走向东盟的桥头堡——环北部湾地区日益引起世人的瞩目。这一区域，面向东南亚，背靠大西南，东邻发达的大珠三角，正好处于中国—东盟自由贸易区的中心位置，也处于"泛珠三角"经济圈的中心地带。环北部湾地区是中国内陆地区走向东南亚最便捷的大通道，是大珠三角经济圈、西南经济圈和东盟经济圈的结合部。

因此，随着中国—东盟自由贸易区的建立，该区域的通道地位日趋显现。随着国际、国内经济区域化、集团化的发展，这种地缘优势转化为一种无可代替、引人瞩目的区位优势。建立中国—东盟自由贸易区后，东盟各国乃至世界各国的大量资金、人才、物流进入中国的大西南地区，环北部湾地区无疑是进出的最佳位置。内陆地区要抢占与东南亚合作乃至进军东南亚的先机，就要充分利用好这一区域。良好的区位优势为环北部湾地区加强经济合作，形成强强联合、优势互补创造了条件。

（二）国家西部大开发战略

东中西部区域发展的差异日益引起社会的关注，中央政府开始着手从总体上解决东部与中西部地区的关系，并制定了相应的区域倾斜与产业倾斜政策。在继续发挥东部地区增长优势的同时，逐步促进中西部地区的发展。在"八五"期间，沿海地区在继续发挥其增长优势的同时，国家加快了对中西部的开发开放，并先后开放了沿江、沿边、沿黄、沿陇海线等内陆地区，使我国的区域经济发展进入了新的格局。1995年10月党的十四届五中全会决定："从'九五'计划开始，要逐步地、积极地解决地区差距扩大的问题，实施区域经济协调发展战略"。此决议标志着我国改革以来的区域非平衡发展战略向地区平衡发展战略转变，也就是中央政府开始更多地考虑中西部地区更广泛的开放和发展问题。1999年9月，党的十五届四中全会正式提出了西部大开发战略，注重公平的区域经济协调发展战略正式启动。"十五"规划中，强调国家要继续推进西部大开发，实行重点支持西部大开发的政策措施，增加对西部地区的财政转移支付和建设资金投入，并在对外开放、税收、土地、资源、人才等方面采取优惠政策；同时，对于中部地区，要充分发挥承东启西、衔接南北的区位优势和综合资源优势，提高工业化和城镇化水平。《中共中央关于制定国民经济和社会发展第十一个五年规划的建议》进一步提出，健全市场机制，打破行政区划的局限，促进生产要素在区域间自由流动，引导产业转移。与此配套的是2006年商务实施的"万商西进工程"。"万商西进工程"的主要任务是：采取有效措施，支持中西部地区具有区位优势的城市创造条件承接东部地区加工贸易梯度转移；以东部、中西部国家级经济技术开发区和具备条件的中西部省级开发区为载体，加强东中西部互利合作，促进东部地区"腾笼换鸟"产业优化升级，支持中西部地区"筑巢引凤"承接国际和东部开放型产业梯度转移；加强东中西投资促进合作，充分发挥国家级开发区在促进产业转移进程中的窗口、示范、辐射和带动作用。

（三）各省制定相关政策鼓励开发北部湾

在国家将北部湾区域上升为国家战略的大背景下，区域内各个省区也纷纷制定相关规划政策加快本地经济发展。

1. 广西北部湾发展规划。广西北部湾经济区（以下简称"北部湾经济区"）地处我国沿海西南端，主要由南宁、北海、钦州、防城港四市所辖行政区域组成，另加上玉林、崇左两个市物流区，即"4+2"。陆地国土面积4.25万平方公里，2006年末总人口1 255万人（不含玉林、崇左）。广西北部湾经济区发展规划（以下简称"北部湾规划"）依据党的十七大精神、《中华人民共和国国民经济和社会发展第十一个五年规划纲要》和国家《西部大开发"十一五"规划》编制。规划期为2006~2020年。

2. 珠三角地区改革发展纲要。珠江三角洲地区是我国改革开放的先行地区，也是我国重要的经济中心区域，在全国经济社会发展和改革开放大局中，具有突出的带动作用和举足轻重的战略地位。改革开放以来，在党中央、国务院的正确领导下，珠江三角洲地区锐意改革，率先开放，开拓进取，实现了经济社会发展的历史性跨越，为全国改革开放和社会主义现代化建设做出了重大贡献。当前，国内外经济形势发生深刻变化，珠江三角洲地区正处在经济结构转型和发展方式转变的关键时期，进一步的发展既面临严峻挑战，也孕育着重大机遇。珠三角地区改革发展纲要的规划范围是，以广东省的广州、深圳、珠海、佛山、江门、东莞、中山、惠州和肇庆市为主体，辐射泛珠江三角洲区域，并将与港澳紧密合作的相关内容纳入规划，规划期至2020年。《纲要》要求，将泛珠三角区域合作纳入全国区域协调发展总体战略，继续深化合作，促进东中西地区优势互补、良性互动、协调发展。构筑以珠江三角洲地区为核心向周边地区辐射的综合交通网络，支持加快形成公平开放、规范统一的大市场。在中国—东盟自由贸易区框架协议下，支持与东盟国家有关机构建立对话协调机制和友好省州、城市关系，鼓励开展民间对华交流。鼓励与东盟开展旅游合作，建立旅游便利签证合作机制，扩大与北部湾等地区在经济、技术、人才、贸易等方面的合作。

3. 海南国际旅游岛的定位。国务院批复海南国际旅游岛，明确六大战略定位——旅游业改革创新的试验区、世界一流海岛休闲度假旅游目的地、全国生态文明建设示范区、国际经济合作和文化交流的重要平台、南海资源开发和服务基地、国家热带现代农业基地。这充分发挥海南的经济特区优势，积极探索，先行试验，发挥市场配置资源的基础性作用，加快体制机制创新，推动海南旅游业及相关现代服务业在改革开放和科学发展方面走在全国前列。

二、以雷州半岛为轴的北部湾区域开发的意义

（一）加快环北部湾海洋经济发展，是落实国家重大决策的体现

加快海洋经济发展，是推进国民经济健康发展的客观需要，是落实党的十六大提出的"实施海洋开发"战略部署的重要内容，是坚持"以人为本"、树立和落实科学发展观的直接体现。2003年5月，国务院以国发〔2003〕13号文印发《全国海洋经济发展规划纲要》成为我国第一份规划期限至2010年的海洋区域经济发展宏观指导性文件，明确提出了我国海洋经济发展的指导原则与发展目标、主要海洋产业发展方向及布局、发展各具特色的海洋经济区域等，其中，还明确提出了沿海城市的海洋经济发展目标。

（二）加快环北部湾海洋经济发展，是应对海洋经济竞争的必然要求

海洋经济的发展离不开港口经济的发展。环北部湾港口相隔最远的港口直航一日可达，是经济区位理论中所指的"一日区"，这为促成彼此紧密的经济联系创造了便利条件。但是，作为港口高密度分布的环北部湾地区来说，这种格局不仅意味着港港的联动，同时还昭示着彼此激烈的竞争。这充分预示着未来环北部湾地区的港口之争以及随之而来的航运之争和物流之争必将非常激烈，其竞争的后果也将直接影响到海洋经济的产出效率和效益。

（三）加快环北部湾海洋经济发展，是沿岸省、市海洋经济发展目标落实的有力保障

随着沿海经济的发展，沿海各省市对海洋的利用与开发也越来越重视，海洋意识明显增强，竞相开发海洋，纷纷提出了发挥各自优势的海洋战略，出台了一些大动作，大举措，出现了"群雄逐鹿海洋"的喜人局面。改革开放以来，广东省海洋开发快速发展，海洋经济发展速度超过了国民经济发展速度。从"九五"规划开始，广东省以建设海洋经济强省为目标，积极实施可持续发展、科技兴海和外向带动三大战略；至2003年，先后召开了5次全省海洋工作会议，制定了一系列纲领性文件，加大对海洋开发的支持力度；海南省也提出了"以海兴岛、建设海洋大省"的战略；广西提出"蓝色计划"，在北部湾建成大西南的出海通道。

（四）推进泛北部湾经济合作为西部大开发和泛珠三角合作注入新的活力

深入实施西部大开发战略，加快民族地区发展是我国中长期区域发展战略。从这几年西部大开发战略的实施效果来看，客观上需要打造若干新的增长极来带动和促进整个西部地区的发展。广西北部湾经济区是东南经济圈、西南经济圈和东盟经济圈三大板块的交汇处，因此，国家西部开发"十一五"规划把广西北部湾经济区列为西部三个率先发展的重点地区之一。按照国家西部大开发的总体思路，应扶持经济基础较好、区位优势明显、人口较为密集、沿交通干线和城市枢纽的一些地区率先发展起来，继而带动周围地区发展。广西北部湾经济区就是这样一个地区。积极推进泛北部湾经济合作，促使广西北部湾经济地区率先崛起，将有望发展成为西部大开发新的经济增长极，从而带动西南地区的发展。泛北部湾经济圈与泛珠三角经济圈具有很大的交融面，将两者结合起来将形成国内区域经济合作与国际次区域经济合作的互动和共振。泛珠三角经济圈今后的发展趋势将形成向西和向南的双向对接的态势，融入更大范围和更宽领域的合作。向西，配合西部大开发战略实施，实现泛珠三角经济圈与西南经济圈的对接；向南，配合国家南下战略，对东盟国家开放，拓展与东盟的经贸关系，促进泛珠三角经济圈与东盟经济圈的对接。因此，泛北部湾经济合作是促进泛珠三角经济圈的重要推动力。

（五）加快海洋经济发展，是北部湾培育新的经济增长点和缓解资源压力的共同要求

发展海洋经济有利于缓解北部湾的资源压力。随着经济的快速发展，环北部湾各省、市的水、能源和土地等资源压力逐年增大。北部湾海洋资源丰富，海水淡化利用、北部湾盆地和莺歌海盆地油气田的开发上岸，以及滩涂合理围垦可以缓解水、电、土地的压力。发展海洋经济，开发海洋资源，是目前环北部湾地区缓解资源制约的重要途径。

发展海洋经济有利于调整和优化北部湾的产业结构。通过海洋产业特别是新兴海洋产业提供的新产品、新资源、新技术，必将影响到社会的物质流、资金流、信息流的流向和流量，促使企业根据社会经济环境的变化进行资源的市场化配置和必要的技术改造，提高经济效益，走内涵扩大再生产的道路，促进产业结构的调整、优化。有利于新一代主导产业和支柱产业的形成和发展，推动环北部湾产业结构不断向高级化演进。

发展海洋经济有利于转变环北部湾地区的城区功能。口岸经济是海洋经济的重要组成部分，口岸经济的发展可以推动城区功能的转变，因为口岸是国家的门户，是国内外两种市场、两种资源的交汇点和集散地，口岸经济在发展外向型经济和与国际市场接轨方面具有不可替代的作用。环北部湾地区目前经济基础较为落后，属于沿海经济"洼地"和低谷地区。区域经济的发展很大程度上依赖于区域工业经济的发展。但环北部湾地区工业经济在区域中所处的主导地位不明显。长期以来，渔业和农业充当着区域支柱产业的角色。由于历史原因，区域工业基础薄弱，除了重工业之外，虽然化工、造船、制药、家电、食品、纺织等工业产业基本都有，但特色不明显，经济效益不高，缺乏外向型、跨地区、多功能、实力强的集团企业。而中小企业也大多处于自身发展的初级阶段，一些企业虽有过较好的业绩，但由于缺乏持续发展的机制和能力，都未能发展成为区域工业经济的龙头。环北部湾要逐步转变为区域性航运中心和商贸中心，无疑要缘起和仰仗于口岸经济的发展。同时也应指出，口岸经济乃至海洋经济的发展，可以使我们学习和借鉴国外的先进文化技术和管理经验，为促进城市功能的转换提供多方面的基础条件。

发展海洋经济有利于改善环北部湾的经济运行机制。通过具有高新技术起点的新兴海洋产业发展过程中的强大融资能力、盘活资产能力以及对新技术的吸收能力，促进传统产业的技术改造和带动其他领域高新技术产业的发展，促进企业经营管理水平的提高，促进产品质量和竞争能力的提高，从而改善经济运行环境和运行机制，提高经济运行质量。

三、以雷州半岛为轴的北部湾区域的基本情况及其开发历程

（一）北部湾区域的基本情况

1. 北部湾区域广西段。广西北部湾经济区（以下简称"北部湾经济区"）地处我国沿海西南端，主要由南宁、北海、钦州、防城港四市和玉林、崇左两个市物流中心"4＋2"所辖行政区域组成，陆地国土面积 4.25 万平方公里（不含玉林、崇左）。2011 年广西北部湾经济区各项主要经济指标继续领先全区，经济发展的龙头地位日益明显。地区生产总值增速高于全区平均水平，幅度创历史新高。北部湾经济区实现地区生产总值 3 862.33 亿元，同比增长 15.9%，高于全区 3.6 个百分点，创历史新高；生产总值占全区的比重由 2010 年的 31.8% 提高到历史性的 33%；钦州、北海、防城港三市分列全区增长幅度前三名。经济发展速度远远高于广西其他经济区域。北部湾经济区 GDP、财政收入、规模以上工业增加值增速、全社会固定资产投资、进出口等主要经济指标增速均高于桂西资源富集区、西江经济带、西江黄金水道沿江七市。其中，生产总值增速分别高于以上区域 9.6 个、4.7 个、4.7 个百分点。2010 年 11 个重点产业园区完成工业产值 1 358 亿元，增长1.17 倍。11 个重点产业园区中有 5 个园区总产值超过 100 亿元，百亿元园区数量占全区总数近 1/4，工业产值超亿元的企业有 119 个。重大项目建设取得新突破。

中石化北海炼油异地改造、中粮钦州粮油加工、南宁电厂、防城港中一重工等一批重大项目建成，中石油钦州炼油一期配套工程等项目开工建设，防城港红沙核电站等续建项目顺利推进，南宁至钦州高速铁路正式铺轨。北部湾港吞吐量达到1.53亿吨，完成集装箱吞吐量73.8万标箱，同比增长30.92%，远超湛江港。根据国家交通部的统计，2010年11月份北部湾港货物吞吐量增速在全国规模以上港口中排名第二位，仅次于河北黄骅港。保税物流全面建成，运营良好。钦州保税港区全面开港运营，成为我国沿海第5个汽车整车进口口岸；凭祥综合保税区一期顺利封关运营，已有37家企业签订协议入园发展。

2. 北部湾区域广东段。就北部湾广东区域来看，湛江市位于中国大陆最南端、广东省西南部，地处粤桂琼三省（区）交汇处，东濒南海，南隔琼州海峡与海南省相望，西临北部湾，背靠大西南。包括雷州半岛全部和半岛以北一部分。是中国首批对外开放的沿海港口城市之一，国家一类大市，全国综合实力100强城市，一直以来都是粤西和北部湾地区的最大城市。近年来，随着湛江"工业立市，以港兴市，生态建市，文化强市"，经济等各方面均快速发展。2010年全市实现国内生产总值1 300亿元，人均生产总值为18 400元，国内生产总值远远高于北部湾地区各主要城市，是该区域经济总量最大的城市，也是粤西和北部湾经济圈的经济中心。在国内外区域经济合作发展步伐加快的形势下，湛江的区位优势在更加广阔的领域全面凸显。是广东省西部和北部湾地区的交通中心。拥有海运、铁路、公路、航空、管道等综合运输体系，是全国海上运输的主枢纽港，也是全国45个公路运输枢纽之一和全省4个铁路运输枢纽之一。尤其是港口运输发达，已与100多个国家和地区通航。2008年3月国家发改委正式同意广东与宝钢、广西与武钢开展广东湛江钢铁基地和广西防城港钢铁基地项目前期工作。2009年8月，中科炼化项目正式选址湛江东海岛，总投资达600多亿元人民币。随着500万吨广钢环保搬迁湛江和1 500万吨中科合资广东炼化一体化等项目加快推进，湛江工业发展展现出十分广阔的前景，实现深水大港、临港产业、港口物流和海湾城市"四位一体"的发展模式不再遥远。

3. 北部湾区域海南段。海南省也是北部湾一个重要的地区，2010年，在国际旅游岛建设上升为国家战略的政策利好作用下，海南省经济增长速度明显加快，创下1994年以来新高，增速位居全国前茅。初步核算，全年实现地区生产总值2 052.12亿元，比上年增长15.8%，同比提高4.1个百分点，比全国GDP增速高5.5个百分点。

在经济快速增长的同时，经济效益大幅提高。从三次产业运行情况看，三次产业全面协同发展：农业生产平稳较快发展，工业生产明显提速，服务业快速增长。全年服务业完成增加值946.25亿元，比上年增长19.6%，对经济增长贡献率达56.0%，引领经济快速发展。其中，在国际旅游岛建设的利好概念推动下，房地产业、批发零售业等行业呈现快速发展势头。全年房地产业增加值 187.78 亿元，增长 27.1%；批发零售业增加值 217.99 亿元，增长 23.2%。

（二）以雷州半岛为轴的北部湾区域经济合作发展的主要阶段

20 世纪 80 年代末期，随着中越关系紧张局势结束，广西壮族自治区开始寻求经济起飞的突破口，其中北部湾经济区问题也是重点探讨的问题之一；90 年代初相关专家学者考察广西沿海地区，认为"要跳出广西看广西"，以重点建设中国西南出海大通道为契机，将广西沿海地区即北海、钦州、防城港作为重点开发区域，建议搞一个经济开发区，随后北海、钦州、防城港进入了新的开发开放时代，但在迅速发展的同时也出现了各自为政、分散投资、重复投资等现象。为加强协作，广西壮族自治区将首府南宁市与北海、钦州、防城港统一规划，提出建立"南（宁）北（海）钦（州）防（城港）经济区"，并进行了专项规划形成了北部湾区域的雏形。

在不断发展的过程中，考虑到与周边省区的合作条件日益成熟，进一步扩大区域范围客观上形成了以雷州半岛为轴的北部湾区域合作的条件。其具体历程经历了以下几个阶段：

第一阶段（1978～1983 年）。改革开放后，环北部湾区内各方开始进行一些小范围和单项目的合作，主要限于对口支援和物资、商品交流。

第二阶段（1984～1991 年），以 1984 年西南四省五方（后改为五省区七方）经济协调会的成立为标志，该区横向合作进入一个新的阶段，此后与大西南各省区的合作发展迅速，并形成了一个有组织保障、以协议为纽带、牵涉各行各业的多层次合作网络。合作内容除了物资、资金、技术等方面外，还包括联合改善交通、通讯条件和共建出海大通道，以及联合兴办企业和开发资源。

第三阶段（1992～1999 年）。以 1992 年 4 月国务院在北海召开西南与华南部分省区区域规划会议为标志，掀起了改革开放和区域合作的新浪潮。国内各地的投资大量涌入，土地开发、城市基础设施建设和港口码头建设成为合作的重点。

第四阶段（2000 年至今）。2000 年 11 月由广东湛江、广西北海、海南海口三市发起，正式成立了北部湾经济合作组织。"北部湾经济合作组织"成立后，曾确定了旅游合作、广播电视节目互动、打击车匪路霸保障人员货物流通安全等议题。2002 年，《中国与东盟全面经济合作框架协议》签订为北部湾发展带来新机遇。2003 年中国—东盟博览会永久落户南宁。2004 年越南总理潘文凯访华提出中越合作建设"两廊一圈"的建议，同年 11 月举行首届中国—东盟博览会。2006 年 3 月"北部湾（广西）经济区管理委员会"成立（现更名为广西北部湾经济区）。2008 年 1 月国家批准实施《广西北部湾经济区发展规划》，标志着广西北部湾经济区开放开发纳入了国家发展战略。

第三节　以雷州半岛为轴的北部湾区域合作现状及存在问题

一、以雷州半岛为轴的北部湾区域开发取得的成就

（一）形成便捷的交通网络

环北部湾区域的民航、铁路、公路四通过八达，构成连通西南内陆腹地的最便捷出海大通道。北海至今已开通国内外20多条航线，可直达京津沪港等地；海南的粤海铁路打通了海南岛连接内地的天然地理屏障；湛江的洛湛铁路、黎湛复线使其交通网络更为完善。近年来环北部湾地区更加重视水运等基础设施建设，努力推动环北部湾经济圈交通体系建设迈上新台阶，便捷的交通网络为区域经济合作提供了可靠的交通保障。[①] 广东的湛江港；广西的防城港、钦州港、北海港、铁山港；海南的海口——洋浦港口群、八所港、三亚港等港口有多个万吨级的深水泊位，海上运输便利，是我国西部特别是大西南通往非洲、中东、欧洲、东南亚、大洋洲各国的主要航道环北部湾区域近年重视交通运输方面的基础设施建设，把环北部湾区域交通体系推上一个新的台阶。湛江疏港一级公路和海湾大桥，使湛江市内的交通网络更加完善，加速了湛江经济的发展。广西沿海港口已具一定规模，吞吐量增长较快，成为广西区经济发展的重要依托，并逐步发展为我国西南地区的重要出海口，也成为我国对越南等东盟国家海上贸易的重要口岸，大批疏港公路基本满足集疏港的需要。海口是海南岛内外、陆海空的交通枢纽，以海口为中心的环岛高速公路网基本贯通，城市交通枢纽地位进一步增强（见表2-1）。

表2-1　　　　　　　　　环北部湾地区交通基础设施一览表

	港　口	铁　路	公　路	民　航
广东段	形成以湛江港为中心，环雷州半岛的港口群，有泊位115个，其中万吨31个	黎湛线，市境内86公里；河茂铁路，市境内10公里；粤海铁路（湛江—海安段138.5公里），洛湛铁路全长123公里	207和325国道分别从东西向、南向贯通全市，茂湛、渝湛、广湛三条高速公路汇集湛江	湛江建有国家4D机场，可起降波音757等类型飞机，开通了北京、上海、广州、深圳等航班

---

① 黎东梅：《环北部湾区域经济合作模式研究》，广东海洋大学硕士毕业论文，2010年。

续表

	港　口	铁　路	公　路	民　航
广西段	3市有生产泊位101个，其中万吨级以上泊位39个	南昆铁路接南宁和防城、钦北铁路直达三市、黔桂铁路，全长8 540米	南宁至钦州高速、钦州至北海高速	北海国内外航线有20余条
海南段	港口数10个，其中以海口、三亚8所、洋浦港为最大，有泊位15个，万吨级2个	粤海铁路与海南西环铁路接轨，直达三亚市	公路密度居全国第三位，已基本建成以环岛高速公路为骨干的三纵四横公路网	北部海口美兰国际机场和南部三亚凤凰机场，有30余条国际航线

资料来源：广东、广西、海南2009年统计年鉴。

（二）形成一定的工业基础

经过国家多年发展和优惠政策支持，环北部湾城市已形成了一定工业基础，对于发展临港工业具有一定的支撑作用。近年来，湛江确立了"工业立市、以港兴市"的发展战略，重点项目带动着湛江的工业在经济中占据了主导地位，在重点工业项目中，依托深水大港而发展的重化工业已在湛江渐成规模。经报请国务院同意，2008年3月17日国家发改委正式同意广东与宝钢、广西与武钢开展广东湛江钢铁基地和广西防城港钢铁基地项目前期工作。这是落实《钢铁产业发展政策》提出的"东南沿海地区应充分利用深水良港条件，结合产业重组和城市钢厂的搬迁，建设大型钢铁联合企业"的重要举措，也必将有力带动环北部湾沿岸临港工业的发展。经过多年发展，海口的生物制药、汽车机械、水产品加工等行业的迅速发展，显示出巨大的潜力，引起国内外投资者的关注。一批重大产业项目相继落户广西三市，在建和拟建的重大产业项目总投资达3 000亿元，其中投资超过10亿元的重大产业项目达到32个。石化、钢铁、能源、林浆纸、电子信息、轻工食品等产业布局正加快形成，广西沿海三市总装机680万千瓦的电力项目、中石油1 000万吨炼油项目、钦州金桂林浆纸项目、中国电子信息产业集团北海电子产业园项目、防城港千万吨钢铁项目、北海斯道拉恩索林浆纸一体化项目、中石化北海炼厂异地搬迁石化项目、防城港红沙核电项目等都开展得如火如荼。同时，为推动产业聚集，提出加快钦州保税港区、钦州港工业区、防城港企沙工业区、铁山港工业区、凭祥综合保税区、北海电子产业园、龙潭产业园和南宁国际物流基地等"五区两园一基地"建设。①

----

① 朱坚真：《环北部湾区域经济合作的模式、方向与建议》，载于《创新》2008年第4期。

（三）滨海旅游资源各具特色

浓郁的亚热带滨海风情，湛蓝的海水，洁净的蓝天，洁白的沙滩和独特的火山岛，构成了环北部湾沿海独特的风景。而由北海至越南下龙湾的海上旅游航线，则开启了跨国旅游的海上大通道。北部湾位于中国大陆最南面，阳光、海水、沙滩、绿色和空气五大要素构成了极具魅力的热带滨海旅游特色，有发展海岸、海上甚至海底旅游的极大潜力。区内各方旅游资源各具特色，如广东段的湛江，拥有清澈的海水、洁白的沙滩，有中国大陆最完美的浅海珊瑚礁，有国家火山风景区湖光岩；广西段内，北海以南亚热带海洋系列景观和滨海沙滩资源为代表，还有以奇特的火山景观、海岸景观、地质灾害景观著称的我国最大最年轻的火山岛涠洲岛，钦州有"南国蓬莱"之称的"七十二泾"、麻蓝岛，还有最富特色的三娘湾的中华白海豚，防城有十万大山、海岛沙滩、东兴与越南芒街的边贸互市，形成"上山下海又出国"的旅游思路，防城港江山半岛海岸线绵长，沿岸分布有沙软海蓝的月亮湾，乱石穿空的怪石滩，长滩坦荡的大坪坡白浪滩，以及有"龟蛇守水口"之称的白龙炮台等众多旅游景点。海南岛集自然风光、人文景观、民族风情、珍稀动植物于一体，特别是品质优良的热带海滨沙滩和少数民族风情。以上几大旅游板块，资源特色鲜明，地域组合相对集中，而且目前各地旅游开发已具备一定的基础，为下一步实施环北部湾旅游圈协同发展提供了良好的资源保证和开发基础。

（四）海洋油气开发加速

环北部湾油气资源开采和综合利用，不仅具有资源储量大、开发能力大、产值高、经济效益显、市场广且稳与其他产业关联性大的特点，而且其产品是关乎国民经济命脉的重要物资，也是便于运输的重要能源，它能全面带动和促进诸如交通运输业、海洋渔业、盐化工业、滨海砂矿深加工业、海水综合利用业和海水淡化业等海洋产业群。2005年10月，中国海洋石油总公司和越南石油总公司签署了关于北部湾油气合作的框架协议，加强了两国共同开发海洋油气资源的合作关系。近年来，一批大型油气化工项目在北部湾沿岸相继开工建设或建成投产，北部湾周边的广东省湛江市、广西壮族自治区和海南省，目前都已选择了油气化工作为支柱产业，重点扶持发展，一条新兴的油气化工产业带已初具规模。随着中国石化、中国石油、中海油等企业先后进驻，布局建设石化项目，石油化工目前已成为广东省湛江市的领航产业。目前，中石化已投资扩建了湛江东兴炼油厂，将炼油能力由200万吨提高到了500万吨，成为湛江首家销售收入超百亿元的大型企业。广西壮族自治区2009年12月开始动工建设我国西南地区规模最大的炼油项目——总投资约153亿元、年加工原油1 000万吨的中国石油钦州千万吨炼油项目。海南省以合成氨和甲醇生产为源头，加快开发下游产品，在东方市建成全国最大的天然气综合加工基地,形成年产化工产品300万吨的综合生产能力;在炼油化工产业方面,开工建设聚丙烯、苯乙烯、乙烯、PX、PTA等化工材料生产项目,延伸石油化工下游产业。

二、以雷州半岛为轴的北部湾区域开发的主要特点

(一) 北部湾区域经济合作是开放式合作,但目前彼此之间开发程度不够、进程较慢

环北部湾经济合作区走的是典型的海洋经济发展道路。而海洋经济从来都是开放型经济,环北部湾合作必然是面向区域内外和地区的开放式合作。在环北部湾地区,中、越两国同是社会主义国家,都奉行对外开放的政策,但两国间相互开放很不够,处于较低的水平。在国内,环北部湾地区的北海市、防城港市和湛江市同属我国14个沿海开放港口城市,海南省是对外开放的特区省,但彼此之间在经济、政治、人才、信息上都缺少交流,没有达到应有的水平,这样就很难一致采取有效措施推动整个地区的对外开放水平。环北部湾市场发育程度还比较低,尚未形成健全的市场经济体制。广西北部湾沿海地区、广东湛江地区以及海南省,由于经济、文化等基础设施相对落后,加上改革开放以来这些地区为政府决策的非重心区域,因此,一再延误了发展的良好机遇。对外较为封闭,工业化程度低,市场发育不完善,市场机制不健全,资本、技术和劳动力等要素市场并不发达。特别是市场制度的不对称,增加了区域合作的不确定性,从而制约了区域开发、开放和合作的进程。[①]

(二) 区域经济合作具有很大的辐射带动性,但这种辐射带动性还没有充分发挥出来

北部湾的功能定位是中国—东盟开放合作的物流基地、商贸基地、加工制造基地和信息交流中心,成为带动、支撑西部大开发的战略高地和开放度高、辐射力强、经济繁荣、社会和谐、生态良好的重要国际区域经济合作区。通过发达地区和欠发达地区之间经济及文化的双向交流,经济资源互补互相促进,最终缩小差距、达到共赢。北部湾地区沿海、沿边、沿江,毗邻经济辐射源广州、深圳、香港,地处中国与东盟区域合作,泛珠三角合作等多区域合作的交汇点,是我国连接东盟、走向世界的西南主门户和前沿阵地,区位优势十分明显。这为经济辐射提供了基本

---

① 朱坚真:《环北部湾区域经济合作的模式、方向与建议》,载于《创新》2008年第4期。

条件。北部湾地区应是近水楼台先得月，可充分利用区位优势接受辐射。[①] 但是这种辐射带动性却没有体现出来。海南省被列为全国最大的经济特区，可又没"特"出来。湛江、北海、钦州、防城港都具有背靠大西南、面向东南亚的优势，都应在这两大地带之间发挥辐射带动作用。现实是这种辐射带动很不够，甚至可以说还停留在理念状态。

（三）区域合作具有很强的后发性，但如何实现这种后发优势尚缺少有效地发展战略和对策

环北部湾合作的两国四方都存在资源禀赋相似，容易陷入经济发展战略雷同的集体困境。环北部湾有广袤的海域，漫长的岸线，辽阔的滩涂和丰富的海洋水产资源，各地港口条件优越，发展临港工业具有远大前景。在北部湾开发上升到国家战略之后，环北部湾各地政府都纷纷对原来的总体规划进行修订，确定在各自的港口城市对临港工业进行了规划，比如，洋浦、湛江、钦州等地都确定以天然气为原料，开发天然气发电厂、天然气化工项目等，存在港口临海工业发展项目雷同和恶性竞争的情况，这种集体行动的困境，加大了环北部湾区域合作的成本，影响了合作的成效。如果不加强在发展战略和对策上的协调与合作，北部湾地区势必陷入恶性竞争，其"后发"状态永远不会成为"优势"。

三、以雷州半岛为轴的北部湾区域开发存在的问题

（一）行政隶属关系复杂，区域中心城市尚未形成，区内同构竞争激烈

环北部湾区域分属两国四方，共20多个城市，区域内部的行政关系十分复杂。区内各城市的发展在带动区域经济发展的过程中起到了关键作用，但行政区划上的条块分割和行政管理上的各自为政，使各城市间横向联系较弱，各省市之间界限明显，经济尚缺乏互补共识，协调难度大。在环北部湾地区的十几个港口城市中，目前发展水平都相差不大，缺乏能够起带动、凝聚作用，能组织和扶植区域内城市经济分工与协作的区域中心城市。相同的海洋资源等资源条件，使得地区间在一定程度上产业结构雷同、竞争加剧。如区域内各港口的飞速发展，形成多条南下出海通道，造成分流、截流西南物资，港口建设以及与之相联的临海工业建设合力不足。由于行政隶属关系复杂，区域中心城市尚未形成，导致区内发展竞争激烈，不仅牺

---

① 周丹、苏腾：《辐射理论在广西北部湾经济区经济发展中应用的思考》，载于《广西大学学报》（哲学社会科学版）2010年第1期，第33～34页。

牲各地的比较优势和分工效益，而且加剧内部竞争程度，极大地影响了区域整体综合经济实力和区域对外竞争力。[①]

（二）区域统一市场还未形成，产业尚待整合

从目前看，环北部湾区域内行政壁垒较多，地区封锁、地方保护比较严重，生产要素、商品、服务等难以在区域内实现畅顺、自由流动，各类资源难以实现优化配置，恶性竞争现象时有发生。各城市在行政区划上条块分割，行政管理上各自为政，使各市间横向联系较弱，经济缺乏互补共识，极大地影响了粤西区域整体综合经济实力和区域对外竞争力的提高。环北部湾区域处于沿海地带，都有深水良港，都有发展钢铁、港口、化工的天然条件。由于没有统一的协调机构，区域内产业没有实现合理分工，产业整合度低，资源优势和产业结构异质性、互补性没有得到有效发挥，各城市在钢铁、港口、化工等方面的发展无序、恶意竞争，进而演变为对立、敌对之势，最终形成同构竞争，影响了区域整体综合经济实力和区域对外竞争力。区域内各城市受经济竞争的驱使，都在努力寻求开发投资的主动性，谋求在资金、技术、项目上的领先地位，希望形成自身强有力的产业链并向外扩张，以便获得更多的外引内联机会及经济发展空间，导致一些区域性交通基础设施和环境治理工程因此缺乏。区域内产业没有实现合理分工，产业整合度低，资源优势和产业结构异质性、互补性没有得到有效发挥。产业整合是加强经济合作的重要基础，没有合理的产业分工就不可能在环北部湾区域内部推进全面合作。

（三）经济合作框架机制亟待构架

从改革开放至今，环北部湾三省区、中国与东盟国际之间的一些区域合作机制开始建构，并且发挥了促进社会经济发展和区域合作的重要作用。但是目前，环北部湾区域经济合作中起主导作用的是两省一区的地方政府，越南地方政府只有少量参与，合作还处于地方政府框架范围内，制定的合作协议和内容大多是用于宏观指导、提纲挈领性的制度框架，具体的合作框架机制还亟待构架，尤其是使合作得以良性运行的制度框架还没有得到很好的解决，导致确定的合作内容无法进行实质性的开展。合作机制的不健全影响贸易和投资的便利化程度。环北部湾合作的两国四方之间的贸易和投资仍处于较低层次，产品的生产和配套能力相对较弱，商品缺乏国际竞争能力。环北部区域之间的贸易地方保护主义严重影响了区域经济合作进程，非关税壁垒制约了合作各方产品及区域的合理流动。虽然环北部湾区域合作已经取得了一些成绩，但以利益为纽带的非制度化运作模式，仍然是一些低层次、初级的合作形态，而不具有真正意义上的现代化区域经济合作的特点。环北部湾两国

---

① 夏泽义：《广西北部湾经济区产业空间结构研究》，西南财经大学，2011 年。

四方目前虽然已经形成了多重合作机制，但各方之间的合作比较松散，特别是在贸易与投资领域的协调机制仍不完善，缺乏一个高效、多边、能及时解决实际问题的合作协调机制。

（四）经协机构不健全，未发挥出应有的作用

目前环北部湾区内有些地方的经协只重视境外合作，轻视区内联合协作；有些地方的经协无专门机构，或经协机构与经济技术发展公司合二为一，是同一套人员班子，工作人员的精力过多的放在公司业务上，而忽视了组织和管理工作；有的经协机构被定为"事业"性质，不属于政府机构，其权限和组织协调能力很小，活动经费也极为有限，难以有效的展开工作；有的机构人员岗位不落实，或以临时借调人员充任，人员流动性太大，素质普遍偏低。由于经协机构不健全，管理体制未理顺，因此也就无法发挥出经协应有的作用，无法更好地促进区域经济合作的发展。而且，还缺乏一个科学、合理及有效的贸易与投资咨询机构，企业不知道做什么和怎样做，因而存在较大的盲目性，这些都加大了环北部湾区域合作的成本。①

（五）政府唱独角戏，缺少企业的参与

现阶段环北部湾区域经济合作的一个鲜明特点，是政府主导型的经济合作。政府在合作中一直处于主角的地位，所签订的都是政府间的框架协定。毫无疑问，政府主导型合作的优势在环北部湾经济合作的初期会完全得到展现，但问题是政府主导型的区域合作不是长远之策。政府主导型合作向政府引导型合作转变将是必然趋势。从根本上说，国内区域经济合作是中国市场经济不完善的产物，政府的作用只是暂时弥补市场经济的不足，尤其是在市场机制不完善的前提下。

第四节　以雷州半岛为轴的北部湾开发的合作模式、重点和方向

一、以雷州半岛为轴的北部湾区域开发合作模式

借鉴国内外区域经济合作的模式，针对环北部湾区域经济合作尚处于初期阶段的特点，适宜选择合作效益明显的点式合作模式、梯级合作模式、组团合作模式，

---

① 周超：《环北部湾区域经济合作与开发的制度供求分析》，载于《经济与社会发展》2009 年第 9 期，第 10~13 页。

并进行共性技术开发合作。①

（一）点式合作模式

点式合作是指经济合作项目中项目节点与节点间渠道的合作，项目节点的规模决定了合作渠道，从而影响合作效果。与其他合作模式相比较，点式合作模式结构分散，运用更加灵活，合作速度快，多用于信息化发展不平衡的区域以及合作的初期和中期。允许存在的形式多样，运行机制灵活，较适宜环北部湾经济还处于合作初期阶段的模式选择，可以在较短时期内呈现增长型效益。通过多个点合作模式交叉发展扩散，可以带动整个区域的合作发展。环北部湾区域经济点式合作的具体操作模式以项目点合作形式体现，也表现为企业项目的公私合作。它是以项目为环北部湾经济合作的中心，协调经济项目在各地区之间的利益关系。最终通过点式合作将点轴系统内的产业体系和合作各方区域增长极体系连接为一个完整的网络，形成一个结构完整、多样化的环北部湾区域产业系统。

以雷州半岛为轴的北部湾区域地跨粤西、海南和广西三地，地域广阔，区域内各方各具特色，各有依托优势。因此各方的合作空间，合作领域各有不同。在具体推动区域合作开发时应该充分利用点合作模式合作速度快，形式多样，运行机制灵活的特点和短时间内增长极效应的特点，广泛发动区域内各地市结合本地特色和优势以具体项目节点为结合点，开展点式合作。

（二）梯级合作模式

环北部湾区域经济的梯级合作模式可分为两阶段四层次。第一阶段主要关注各方的合作效益，从各方的局部发展到增长极；第二阶段塑造环北部湾区域的整体经济实力，由合作各方的自我发展为主到基于分工的合作。两阶段各有侧重，前一阶段基于合作各方比较优势的自我发展，后一阶段以合作各方的分工合作为主。一般来说，梯级合作模式具有高效、递进和运行平稳的特点。

在这种合作模式下，在合作的第一阶段北部湾区域的双方应当充分发挥本地的优势，发展特色产业，培育自己的经济增长极，使增长极真正能够成为本区域内具有明显带动作用的核心城市。在合作的第二阶段，通过优势互补来塑造区域合作的整体能力，从而达到各种合作要素的合理、科学、高效运转。通过梯级合作模式实现逐步形成区域内不断深化的合作网络，实现北部湾区域内同构竞争走向相互合作，再到高级合作的深度合作网络体系。

---

① 朱坚真：《环北部湾区域经济合作的模式、方向与建议》，载于《创新》2008 年第 4 期。

（三）组团合作模式

环北部湾合作各方根据彼此之间的经济技术联系，在资源利用、污染治理、共同建设等方面将相关单位集中配置，进行链式合作。主要类型有：按生产协作要求组团，包括按原料组织的合作、按生产一条龙组织的合作和生产的综合性合作；按共建、共用基础设施要求组团；按综合利用资源要求组团，资源包括自然资源和某一产品的副产品；按治理污染要求组团，其中上游产业的废弃物为下游产业的有用物。这种合作模式通常来说，具有专业性强，结构简单，便于发挥优势的特点。

要在北部湾区域内实现这种模式的合作，首先要破除因为隶属于不同的行政区划所带来的政策障碍，市场障碍和服务障碍。三方在基础设施，例如铁路、公路、港口、通讯、网络、电网等方面实现共建共享，在环保方面相互协调，方便区域内部资源和人员的自由流动，为相关产业链的合作提供便利。

（四）共性技术开发合作

同质的资源，具有共性技术攻关联系的区域合作大多属于这种类型，特别是大规模的资源开发区、环境保护与生态修复区。这类合作也可称为可持续发展型合作模式。例如，环北部湾各方联合起来进行北部湾海域的开发，推进海洋环境保护与生态修复等。

因为共性技术开发本身所具有的外部性，会导致严重的市场失灵，并且共性技术具有相当广泛的用途，可以在一个甚至多个行业进行广泛的应用。基于上述特点，完全依靠市场机制会导致单个企业不愿对共性技术的开发进行投资，从而导致共性技术研究的投入严重不足。从发达国家的经验来看，共性技术的开发通常都离不开政府部门的支持，一般有政府引导型和政府主导型两种模式。外国的经验证明，企业也在共性技术的开发中起着举足轻重的作用，北部湾区域内的共性技术开发合作，可以采取政府政策引导，研发资金资助，企业、大学、科研机构参与的合作开发形式。

二、以雷州半岛为轴的北部湾区域开发重点

以雷州半岛为轴北部湾区域开发合作从谋求更大范围的优势互补与互利共赢出发，突破区域行政和地理界限，将限于中越之间的环北部湾经济合作提升为中国与东盟之间的次区域合作，以及广西、广东、海南三省区的通力合作，表现出强烈的开放型特征。实际上，以雷州半岛为轴北部湾区域开发走的是典型的海洋经济发展道路，而海洋经济从来就是开放型经济，北部湾区域开发必然是面向区域内外相关国家和地区的开放式合作。泛北部湾经济合作的提出和产生是开放式合作的必然结

果，其推动和发展更将依赖于开放式合作。为此，必须重点推进以下工作：

（一）推进区域内开放式合作

着重将比较发达的广东省的资金和产业向以雷州半岛为轴的北部湾区域尤其是以湛江为中心的区域转移，合作推动贸易投资自由化、便利化，合作促进自然资源开发，合作构建国际化新型产业体系，以开放式合作助推区域一体化。

（二）推进区域外开放式合作

主动融入由南宁（新加坡经济走廊一个中轴和泛北部湾、大湄公河次区域两个板块构成的中国）东盟"一轴两翼"区域经济合作新格局，实现海上合作与陆上合作、湄公河流域合作的联动发展。发挥中越"两廊一圈"的影响带动作用，率先建成一体化的环北部湾经济圈，实现中越区域合作的新突破，促进以雷州半岛为轴北部湾区域开发合作。以雷州半岛为轴北部湾区域与泛珠三角区域有接壤优势，加强这两个区域合作，实现粤港澳资金、技术、人才与区域内资源、劳动力、环境优势互补。在中国与东盟沿海之间形成合理的产业梯度转移。吸收云南、贵州、重庆、成都等西南地区积极参与，为这些地区提供便捷的海上大通道和物流商贸服务。

（三）建立职能明确的管理机构

大范围区域合作需要一个明确的管理机构。根据国外的实践，这种机构的设置可分为低级与高级两种形式。低级的管理机构是由相关地区的行政长官组成的市长联席会，如美国的阿巴拉契亚州州长会议；高级的管理机构是由中央立法机构通过立法授权组成的中央区域管理机构，如美国联邦政府成立阿巴拉契亚区域委员会。就泛北部湾区域而言，合作初期应成立一个由相关市市长组成的诸如发展合作论坛的协调机构，每年定期召开会议。在合作进展到一定程度后再考虑提升管理机构的层次，由国家发改委牵头组成，成立协调北部湾内区域合作发展的专门机构，并由北部湾相关省市共同派员组成，负责制定区域合作发展战略，组织实施重大项目，协调合作发展中出现的矛盾和问题。

（四）制定明确的政策工具支持与具体合作项目支撑

以雷州半岛为轴北部湾区域开发合作不能仅仅留停于论坛层次，有关地区应该尽快明确支持的重点，并就支持的政策工具达成共识。公共政策的制定过程中由于信息不畅、信息不对等原因，导致政策制定缺乏连贯性、不够规范，民众参与程度低，可行性程度低下，且执行监督机制不健全。因此在北部湾区域合作开发中有必要建立相应的政策信息共享平台，实现政策信息的共享。

建议近期由国家相关部门协调或者北部湾各方以论坛形式协调，将链接北部湾三省区相关地市的交通等基础设施网络的完善，相关各方开展旅游业合作，实现资源共同开发以及重要口岸的建设等列为优先支持的合作项目，以具体的项目合作来实现北部湾的区域合作。

（五） 构建明确的评价与调整机构

北部湾区域开发涉及的地区较多，而各地区开发合作程度不同。如果不对开发合作定期进行评价，有可能因利益增进不明显而降低开发的动力，一些地方失去当初参与时的积极性。此外，由于区域经济具有动态特征，因此需要定有期调整合作的机制与政策工具来进行保障。[①]

北部湾区域各方隶属于不同的省区，他们之间具有共同利益，但是也分别有各自的利益。从国际和国内区域合作的经验来看，利益关系通常是区域内合作的核心问题，利益分配机制运行结果的好坏将影响到合作发展的进程，区域合作发展决不能以牺牲次级城市的利益为条件。各合作成员在共同发展的前提下，探索建立产业跨行政区转移的利益共享机制，实现利益的合理分配。

三、以雷州半岛为轴的北部湾区域开发的方向

环北部湾经济圈是"10+1"框架下的次区域经济合作。环北部湾地区有很多重要的优势，有丰富的海洋资源、矿产资源、旅游资源和发达的交通网络。同时，由于该地区既临近珠三角、港澳等发达地区，也有中国西南部和越南北方等相对落后地区，这样的经济反差形成了很大的互补空间。因此，环北部湾区域经济合作应围绕海洋资源与海上通道来开发，使发达地区与不发达地区形成连接，形成大的通道经济。

（一） 培育网络化港口城市群系统

现阶段多中心、网络化港口城市群系统的培育。推动泛北部湾经济合作很大程度上依赖泛北部湾地区打造适应区域临海产业和沿海城市发展需要的一体化港口群。泛北部湾的独特优势在于海上通道优势和沿海港口优势。海洋运输具有运量大、运费低、持续性强的综合优势，因而历来都是国际贸易中最主要的运输方式。充分挖掘海洋运输的潜能，发挥其海上合作的先导作用，把打造泛北部湾一体化港口群作为泛北部湾经济合作的一个重要突破口。总体来说，包含"两国四方"的环北部湾地区由于其经济发展水平相对落后，在相当长时间内难以形成区域性中心

---

① 金娟：《北部湾经济区生态文明建设的社会学研究》，中国海洋大学硕士毕业论文，2011 年。

城市。目前环北部湾城市内部的联系还相当薄弱，各城市需要逐步增强自身的实力，积极参与到区域经济分工与协作当中，形成由若干重要城市组成的城市群系统。湛江、北海和海口是环北部湾中国段最重要的三个沿海城市。三市虽分属粤、桂、琼，经济发展现状和政策措施不尽相同，但彼此紧密相连，气候物产、经济资源和人文社会等有很大的共通性，经济发展模式和发展目标相似，传递效应很强，由此决定了三个城市不仅是环北部湾经济圈中最大的竞争对手，而且是最有条件借鉴彼此发展经验的伙伴。20世纪70年代前，湛江在粤西、琼、桂地区具有领头雁地位，经济的吸引能力强，辐射范围宽广。它在粤西地区凝聚力强，在广东省内，曾是仅次于广州的第二大城市。80年代以来，由于海南建省，海口市上升为省会地位，茂名、阳江立市独立发展，它们的发展速度都很快，在区域中地位不断上升，珠江三角洲经济快速发展，粤西特别是湛江与之经济差距越来越大。90年代初，北海、钦州、防城港为中心的广西沿海地区作为其重点发展的"金三角"地区迅猛崛起，并与湛江争夺大西南的出海口地位。改革开放以来湛江经济发展速度缓慢，尽管目前其国民生产总值在以上城市中仍处于领先地位，但其在粤西、琼、桂沿海的地位相对下降，在区域中的吸引力和辐射力有所减弱。目前，海口、北海、钦州、防城港、海防和湛江都在争当本区的中心城市，但各城市之间发展差距不大，缺乏在一定地域范围内与其他城市（镇）紧密联系的、能影响该区域发展的中心城市，加之环北部湾海湾型区域的特殊地理特征，环北部湾区内空间发展协调应建立多中心、网络化的城市群系统，共同承担环北部湾区域协调发展的重任。根据环北部湾"两国四方"的行政区划组成关系、港口城市的发展现状与潜力以及所具有的区位条件，建议环北部湾区域选取湛江、北海、海口、海防四个港口城市作为区内空间发展的多中心发展极，与环北部湾区域内其他港口城市共同形成网络化的城市群系统，促进区域协调发展与经济腾飞。

未来区域性中心城市的培育。在环北部湾区域各城市中，湛江有着区内其他城市无法取代的区位优势，处在泛亚大陆桥南线的中点，是中国沿海通往欧洲、非洲、东南亚、中东和大洋洲的最短航线，在同东盟国家的交流中有着天然的优势；加上其天然深水大港的条件以及黎湛铁路、粤海铁路、洛（阳）湛（江）铁路、渝（重庆）湛（江）高速公路等网络，一批临海型资源型的大项目落户湛江，将会使湛江的经济总量大为提升，前景看好；广东省实行区域协调发展战略，重视和积极支持湛江等粤西地区的发展，湛江成为接受大珠三角的经济辐射并向西南辐射的结点；城市规模较大且历史较久，湛江未来在环北部湾经济圈中的地位将日益重要；湛江较之区域内的其他城市，经济的外向型更为明显，进出口贸易总额高于其他各市，湛江港的吞吐量已经突破1亿吨大关。在未来的城市发展中，应向引导空间发展、开拓多样化职能等目标努力，将湛江作为未来环北部湾区域的中心城市来发展。在环北部湾范围内和广东省内，湛江市应受到该有的重视，在资金投入、项目投资、政策优惠等方面给予大力支持，将其培育成环北部湾地区的"龙头"城市。考虑到环北部湾地区"两国四方"的特殊性，越南段的海防也可作为区域性的中心城市来培育，以带动越南段的发展，与区域内其他港口城市共同组成未来环北部湾地区单（双）中心、网络化港口城市群系统。

（二）加强海洋产业合作

环北部湾各城市拥有着共同的海域，且都把海洋产业作为发展重点，但彼此之间缺少必要的合作。如果环北部湾区内有关各方能够加强联合与合作，特别是在远洋捕捞技术装备、渔业服务、打击犯罪等方面有着广阔的合作前景；海产品加工产业链式一体化发展以及远洋运输装备制造，技术开发，导航服务方面加强合作；海洋开发和保护方面，由于海水的流动性的自然属性，海洋环境的保护绝不是一方的事情，而是需要区域内各方相互合作，采取有效对策，环北部湾经济圈的海洋产业就有可能成为全国最大的海洋产业基地，并且实现可持续发展。

（三）创建区域现代化农业合成优势

环北部湾地区因地理位置独特，拥有极好的农业资源和农业发展条件，农业是其传统的优势产业。环北部湾各地区农业部门应进行深入探讨和规划统筹，制定出符合本区域特点的现代农业发展战略，加速本地区农业现代化进程，联合协作，形成亚热带现代农业产业合成优势，建设成为发达的农业区，为北部湾地区的腾飞打下良好的基础。

海南是我国唯一的热带地区，凭借其"天然大温室"的有利气候条件，发展热带农业得天独厚；雷州半岛及广西沿海、越南沿海红河三角洲条件也较为相似。环北部湾地区应把优先实现农业现代化作为地区发展的理念，建立亚热带现代农业则是本地区实现农业现代化的具体形态。所谓"亚热带现代农业"，就是符合亚热带特点发挥亚热带资源优势，运用高新技术和先进技术，以现代生产手段和生产方式进行生产的农业。各地区农业部门应进行深入探讨和规划统筹，制定出符合本区域特点的现代农业发展战略，加速本地区农业现代化进程，联合协作，形成亚热带现代农业产业合成优势，建设成为发达的农业区，为北部湾地区的腾飞打下良好的基础。

（四）充分发挥港口带动作用，构建合理的港口体系，推动海洋交通运输业发展

因为粤西港口群和北部湾港口群位置紧邻，都将腹地放在中国的西南地区，如何避免港口建设的恶性竞争就是区域海洋交通运输业合作的重要内容。环北部湾地区作为大西南重要的出海通道，必须长于吞吐、进出畅通，这就要大力发展以港口为中心的交通运输业。基于湛江港天然深水大港的优势和巨大的货物吞吐量，构建

以湛江港为枢纽港，其他港口为喂给港的港口发展体系就是构建合理港口体系的关键步骤。港口多功能发展，合理建设、协调分工，进一步加强和改善港口集疏运条件。同时积极发展外向型经济，拓展腹地，开拓海向腹地货源。通过加快沿海港口群及其配套设施的现代化建设，提高管理水平和服务质量，逐步形成能适应大西南进出口所需要的综合集、疏、运能力，以运输拉动商贸等第三产业，借助发达的第三产业促进物流、人流、信息流、资金流及相应的市场体系的形成发展。

（五）构建环北部湾旅游圈，加速发展滨海旅游业

环北部湾旅游圈是指以环北部湾地区中心城市为主体，从区域的自然、资源、经济、文化、交通和区位条件出发，合理配置旅游产业要素而形成"旅游中心城市—区域"与"旅游市场—旅游资源"共扼型的旅游地与综合体。由于本区两国四方的区域范围和半环形的海陆格局，决定了环北部湾区域旅游合作最理想的模式是多极化结构，最理想的核心极是三亚、北海和越南的下龙，建立环北部湾旅游圈协同发展机制，精心组织旅游战略，合理配置旅游产品，配套形成以"两大扇面（中越两国为基础）、四大旅游板块（广东、广西、海南、越南）、八大旅游中心城市（中国方的湛江、海口、三亚、北海、防城港、钦州，以及越南方的海防和下龙）"的空间发展格局。区内四方旅游资源各具特色，为避免旅游开发上的空间竞争，要编制区域旅游规划，在区域整体旅游形象指导下进行旅游开发和建设，达到共惠互利。通过核心极将周边县市的旅游资源最大限度地组合起来，形成以核心极为中心，辐射周边、互为补充、协调发展、共同繁荣的格局。北部湾区域"大滨海旅游"急需突破行政区划的限制，统筹规划、合理布局，摒弃原来相互争客源、争市场的模式，展开错位竞争，分流客源，突出利用各自的地缘优势，抱团发展，使之成为各有特点、相互补充主要旅游目的地，共同实现滨海旅游业的规模化发展。这样就形成海洋产业的合成优势，反过来促进环北部湾沿岸各城市海洋产业的发展。同时，环北部湾区域将以一个整体的形象，对外与港、澳、台、东南亚各国实施对接，对内通过出海大通道与西南腹地对接。随着环北部湾大旅游圈的日益繁荣，推动环北部湾区域经济的全面合作，进而实现区域经济的腾飞。

第五节 以雷州半岛为轴的北部湾区域
开发中各省市的定位

一、以雷州半岛为轴的北部湾区域合作经济的三省定位

北部湾经济区是由广东州半岛、海南省和广西区沿海和越南北部沿海等四部分

组成的，该区域处于 CEPA、泛珠三角区域经济合作和中国—东盟自由贸易区的交汇点，是中国西南经济圈、华南经济圈、东盟经济圈三大经济圈的连接地。其优越的地理位置、便利的交通条件和特殊的资源禀赋使得环北部湾区域有可能成为继珠三角、长三角、环渤海湾之后中国未来经济增长的"第四极"。[①] 目前，环北部湾区域的发展已被国家发改委纳入第十二个五年规划，已经上升为中国经济快速发展中的一个突出亮点，对于环北部湾地区未来经济的可持续发展来说，是难得的机遇和政策资源。

广东、广西、海南等三省（区）由于得天独厚的区位和资源优势，海洋经济总量连续多年保持较快的增长，海洋交通运输业发展迅速，显示出了很强的竞争力。随着旅游业的异军突起，三省（区）成为了中国国内游客和境外游客的主要目的地，游客数量和旅游收入都呈大幅度增长态势，发展前景良好。在以雷州半岛为轴的北部湾区域开发过程中，应该明确三省（区）各自的优势，发现不足之处，相互交流合作从而在整体上达到最佳效果。

（一）广东凭借资金、技术优势处于领头羊地位

广东作为我国海洋经济的强势地区，各产业发展比较均衡，综合实力在全国位居前列。相关资料表明，其后续竞争力来源于东西两翼协调发展，而要促进西翼的跨越式发展就必然要积极参与和推动双边的合作。

国家目前对北部湾地区的发展比较重视，已经批准广西北部湾经济区总体规划，并就广西北部湾新区建设问题举行多次政治协商。因此就广东省来说，当务之急是将其上升为新一轮的规划战略。

将粤西整体纳入北部湾经济开发区域，不仅是广东参与北部湾开发，积极推动北部湾——东盟区域经济合作的切入点和启动点，而且对构建北部湾——东盟经济合作区域具有重要意义。首先，有利于依托广东的产业优势和综合经济实力，拓展中国与东盟的合作领域，扩大区域贸易和工业、农业、矿业、旅游业等方面的合作，形成中国与东盟各国更大范围的优势互补；其次，有利于形成区域比较优势和产业分工体系，促进北部湾区域经济快速发展；最后，有利于进一步推动亚太地区经济合作组织、西南经济圈、华南经济圈、粤港澳经济圈的多层次经济合作，发挥核心经济区域作用。

因此，要明确广东作为领头羊的地位，发挥技术资金方面的优势，争取政策的倾斜和支持。同时，广东湛江作为广东参与北部湾区域经济建设的排头兵，也要善于抓住这种难得的战略机遇期，加快融入北部湾经济区的开发开放中去。

[①] 廖有明：《加快建设北部湾经济区现代银行体系的思路及建议——与建设广西北部湾沿海地区经济发展新一极相适应》，载于《广西金融研究》2008 年第 6 期。

（二）广西依靠区位条件和政策优势作为北部湾的西南及海上大通道

广西北部湾经济区于 2006 年 3 月经国家批准成立，包括由南宁、北海、钦州、防城港四市所辖行政区域形成的西部沿海经济区。广西北部湾经济区地处中国北部湾地区的中心位置，对内是中国西南地区最便捷的出海大通道和支撑西部大开发的战略高地，对外是中国与东盟的国际大通道、交流大桥梁、合作大平台，区位优势明显，战略地位突出，自然资源丰富，开发潜力巨大，发展前景广阔，在泛北合作中具有不可替代的战略地位和作用。

1. 获批国家发展规划，战略高度提升。2008 年 2 月，《广西北部湾经济区发展规划》正式获得国家批准，广西北部湾经济区的开放开发正式纳入国家发展战略，将其功能定位为：立足北部湾、服务"三南"（西南、华南和中南）、沟通东中西、面向东南亚，充分发挥连接多区域的重要通道、交流桥梁和合作平台作用，以开放合作促开发建设，努力建成中国—东盟开放合作的物流基地、商贸基地、加工制造基地和信息交流中心，成为带动、支撑西部大开发的战略高地和开放度高、辐射力强、经济繁荣、社会和谐、生态良好的重要国际区域经济合作区。

上升到国家发展战略层面的广西北部湾经济区，不仅提高了在国内外的知名度，并且得到了诸多政策、资金和技术上的支持，成为北部湾经济区乃至整个广西实现跨越式发展的战略新机遇。中国—东盟自由贸易区的建立，中国—东盟博览会永久落户南宁的重大决策，为广西带来了突破性的历史发展机遇。2004 年，中国与东盟签署《货物贸易协议》；2005 年，7 000 多种商品降税；2010 年，大部分产品可实现零关税。广西北部湾经济区作为中国与东盟合作的桥头堡，并依托博览会这个平台，无疑将是这些优惠政策的首要受惠者。2004 年年底，广西加入大湄公河次区域合作，使这一次区域合作延伸到中国的环北部湾地区，为湄公河流域国家与中国东部地区开展合作架起了新的桥梁。2007 年 7 月，时任广西壮族自治区党委书记刘奇葆提出"一轴两翼"的区域合作战略构想，从理论与战略的高度阐明如何构建由"泛北部湾经济合作区"、大湄公河次区域合作两个板块和"南宁—新加坡"经济走廊一个中轴组成的区域合作大格局。

2. 得天独厚的区位与资源优势。广西北部湾经济区背靠祖国大陆腹地，处于东盟经济圈、中国华南经济圈和西南经济圈的中心结合部，与东盟国家海陆相连，在东盟、华南和西南经济互动发展中发挥着重要作用，显现出参与多区域合作的独特区位优势。广西北部湾经济区作为泛北部湾经济合作区的核心，是南宁—新加坡经济走廊的起点，也是泛珠三角经济区对接东盟的前沿和中国西南地区最便捷的出海通道，在中国与东盟、泛北部湾、泛珠三角等国际国内多区域合作中具有不可替代的战略地位和作用。

除拥有独特的区位优势外，广西北部湾经济区的资源优势、交通优势、经贸优势、环境优势、政策优势十分突出，是"充分利用国内外两种资源、两个市场"，"有效利用后发优势，充分发挥比较优势"的理想之所。从这个意义上讲，广西北部湾经济区已经初步具备中国经济发展新一极的基础和条件。

3. 泛珠三角区域经济的快速发展。"泛珠三角"覆盖我国珠江流域的东部、中部、西部9省区和香港、澳门两个特别行政区，简称"9+2"。内地9省区占全国面积的1/5，人口的1/3，经济总量的1/3，加上香港和澳门，"泛珠三角"在全国的经贸地位十分显著，已经成为中国—东盟经贸合作的重要基地。广西北部湾经济区处于"泛珠三角"经济圈对接东盟的海陆前沿区域，是"泛珠三角"与东盟开展互利合作的地理中心和便捷通道，也是承接珠三角和东盟产业转移的最佳地区。

4. 与西南区域经济合作的深化。广西北部湾经济区拥有丰富的海岸线资源，我国西南地区的公路、铁路交通网络也在日趋完善。通过广西北部湾经济区，西南地区可以从海上实现与东盟（特别是较为发达的海上东盟国家）乃至世界市场的相互对接，分享东盟商机，促进开放开发。广西北部湾经济区还可以把我国西南地区与东部地区联为一体，实现优势互补和合作共赢。广西北部湾经济区与西南区域经济合作的深化，不仅真正发挥了中国大西南最便捷出海通道的作用，还可获得更多的商机和投资便利。

（三）海南根据地理风光定位为国际旅游岛

海南省经济底子薄，对外贸易更是徘徊不前、艰难攀升。自1988年海南省建省以来，围绕何为海南主导产业，如何发展海南经济，一直有较多争论。国际旅游岛的概念最早发自中国（海南）改革发展研究院（以下简称中改院）。2001年12月，中改院撰写了《建立海南国际旅游岛框架建议》次年6月，撰写了《建立海南国际旅游岛可行性研究报告》之后，中改院执行院长迟福林递交政协提案，正式提出了建设海南国际旅游岛的概念。2007年4月，海南省首次正式提出建设国际旅游岛。海南省政府向国务院正式行文请示设立海南国际旅游岛综合试验区。2008年4月，胡锦涛总书记亲临海南视察并指出，"海南要大力发展以旅游业为龙头的现代服务业，提高旅游业国际化程度"。

随着海南国际旅游岛的建设，海南的旅游产品、投资、环境等不断创新，在实现海南旅游产业快速发展的同时，也给海南外贸发展创造了诸多机遇，体现在以下三个方面：（1）入境游客增多，贸易机会增加。根据海南国际旅游岛建设行动计划，海南将对外实行以"免签证、零关税、放航权"为主要特点的旅游开放政策。来自不同国家的游客可以零距离接触海南、了解海南外贸政策，知道海南的土特产品及工业制成品。海南外贸企业可借助这一平台，加强企业自身的宣传，有效地把自己的产品介绍给国际国内游客，增加贸易机会。（2）国际旅游岛建设相关项目，带动了海南进口贸易增长。建设国际旅游岛必须引进国内外知名旅游开发商参与海南景区景点的开发建设、管理；同时引进相关项目发展餐饮服务业、医疗康复业、金融服务业、现代物流业等配套服务业项目。国际旅游岛建设相关项目已成为海南进口贸易的增长点之一，进口贸易量将有所增长，进口总额增加。（3）对外经贸合作得到加强，外贸发展空间扩大。国际旅游岛的建设加强了海南与其他国家、地区的经济往来，促进了对外经贸合作。①

海南作为一个岛屿省份，地处北部湾和南海的中心位置，具有独特的区位条件和优越的政策环境，十分有利于与泛北部湾各国、各地区加强农业、旅游、航权、物流等领域的合作。国际旅游岛的战略定位，给海南社会经济发展带来了勃勃生机，在投融资、财税、土地、行业开放等领域享有充分的政策支持。泛北部湾和中国—东盟自贸区的全面建成，对海南来说是乘势而上的好机遇，有利于与其他国家和地区开展多层次、全方位的合作。

二、以雷州半岛为轴的北部湾区域合作经济的三大区域中心城市

北部湾经济圈的区域，是指由围绕北部湾海域的广西、广东、海南三省区的沿海地区和越南北部所构成的经济区。其中湛江和北海、防城港、海口有背靠大西南、面向东南亚的地理优势。湛江和北海、防城港、海口都应在这两大地带之间发挥辐射带动作用，是环北部湾中国段最重要的四个沿海城市，分属粤、桂、琼，其地理区位、气候、经济、资源和人文等方面都有一定的共通性，经济发展状况和模式也有相似之处。根据环北部湾"两国四方"的行政区划组成关系、港口城市的发展现状与潜力以及所具有的区位条件，越南段的海防也可作为区域性的中心城市来培育，以带动越南段的发展，建议环北部湾区域选取湛江、北海、海口三个港口城市作为区内空间发展的多中心发展极，与环北部湾区域内其他港口城市共同形成网络化的城市群系统。

（一）广西以北海为区域中心，南宁作为直接的经济腹地

北海是我国最早的对外通商口岸和海上"丝绸之路"起点之一，历史上是云、贵、川、桂、湘、鄂等省与海外贸易的主要商品集散地，地理位置十分重要。北海市地处广西南端，北部湾东北岸。位于东经108°50′45″～109°47′28″，北纬21°29′～21°55′34″之间，西北距南宁206公里，东距广东湛江198公里，东南距海南海口市147海里。

---

① 黄爱莲：《北部湾区域旅游合作创新研究》，中央民族大学，2010年。

北海市2010年有四项主要经济指标增幅位居全区第一位：规模以上工业增加值115.2亿元，同比增长42.08%；全社会固定资产投资完成485.26亿元，同比增长50.8%；全市外贸进出口总额13亿美元，同比增长72.7%；一般预算收入27.1亿元，同比增长59.3%；有三项重要指标的增速跻身广西前三名：2010年，北海地区生产总值397.6亿元，增长17.6%，增速在广西排第三位，三次产业增加值分别增长4.1%、31.9%、10.2%；财政收入完成47.1亿元，增长31.75%，增速在广西排第三位；全社会固定资产投资完成485.2亿元，增长50.8%，增速在广西排第二位。2011年，北海将确保北海异地改造（20万吨/年聚丙烯）石化项目竣工投产，促使林浆纸一体化项目早日开工，加快引进和建设电子信息、新材料产业项目，着力打造百亿元产业，培育壮大现代工业，全年地区生产总值将增长20%，全社会固定资产投资将增长25%，财政收入将增长28%。

而作为经济腹地的南宁市，近年来紧紧围绕建设区域性国际城市和广西"首善之区"的目标，经济社会发展驶入了"快车道"。"十一五"期间18项经济指标实现翻番，特别是经济持续快速发展，经济质量和效益持续向好，现代物流、会展等产业呈现蓬勃发展的新气象，发展后劲进一步加强，居民生活水平进一步改善，经济结构调整取得明显成效，全市政治、经济、文化、生态建设各项事业迅速推进；2010年全市生产总值达到1 800.43亿元，是2005年的2.5倍，"十一五"期间年均增长15.5%；财政收入达到300.88亿元，是2005年的3倍，"十一五"期间年均增长24.59%。

在北部湾区域开发的大背景下，南宁市充分发挥自治区首府城市的作用，在北部湾区域开发过程中作为广西段的直接经济腹地，带动周边城市发展经济。

（二）广东以湛江为区域中心，广州作为支撑的经济腹地

湛江是粤西和北部湾经济圈的经济中心。湛江历史上管辖区域包括广东的江门、阳江，广西的北海、防城港等，一直以来就是粤西和北部湾地区的最大城市。近年来，湛江市"工业立市，以港兴市"，经济快速发展。2010年全市实现国内生产总值1 300亿元，人均生产总值为18 400元，国内生产总值远远高于北部湾地区各主要城市，是该区域经济总量最大的城市。

1.优越的区位条件和港口优势。湛江位居中国南大门地处广东、广西、海南三省区的交汇处，湛江是广东省西部和北部湾地区的交通中心。背靠中国华南和西南腹地，是中国西南各省区通往国外的主要出海口，亦是中国大陆通往东南亚、非洲、欧洲和大洋洲海上航程最短的口岸，是大西南出海通道的物流中心，我国进军东盟各国市场，湛江是最佳的"桥头堡"。在亚洲太平洋经济圈中具有极其重要的战略地位。

湛江拥有天然良港，自然条件优越，区位优势明显。湛江港有几个显著的特

点：一有独特的地缘优势，它处于亚太经济圈的重要地缘位置，是我国沿海与非洲、中东、欧洲、东南亚、大洋洲海上运距最短的港口，特别是靠近东南亚和欧洲市场，在运输成本上具有很大的优势。二有广阔的经济腹地，位于黎湛铁路终点的湛江港，通过黎湛铁路与湘桂线衔接同广阔的大西南紧密相连，腹地面积达100多万平方公里，人口2亿多人，是大西南地区通向出海口铁路运距短、条件好的港口。三有良好的配套设施，湛江港紧靠有相当经济实力的市区，可作开发的依托。港区内有国内第五大岛东海岛，还有硇洲岛、南三岛及一些小岛，这些岛屿都具极好的开发条件；尤其是东海岛已作为经济技术开发试验区，其开发前景十分广阔。2008年"超级钢铁基地"项目和2009中科炼化项目建成后，将成为湛江工业化的两大领航产业，牵动地方经济进入快车道发展轨道，实现深水大港、临港产业、港口物流和海湾城市"四位一体"的发展思路。湛江基础设施完善，海陆空交通齐全，尤其是港口运输发达，已与100多个国家和地区通航。商业设施完善，交易繁荣，已在水产品、油品、粮食、钢材、服装、果菜等行业形成区域性中心。

湛江港的战略地位明显，是我国沿海25个主要港口之一，有机会也有实力打造成为我国沿海地区的主要港口。早在1999年6月，交通部已将湛江港改建大型码头项目纳入上报国务院的《全国沿海港口布局规划》。2006年经国务院批准的《全国沿海港口布局规划》，将湛江港确定为中国西南沿海地区港口群的主要港口，凸显了国家对湛江港的高度重视，进一步凸显了湛江港的地位和优势。经过近几年的发展，湛江港迎来了新的机遇，湛江正在以深水航道和深水码头建设为重点，打造区域性国际航运中心。

2. 较高的城市化水平和优美的自然风光。湛江市是中国最早对外开放的14个沿海城市之一。有国务院首批批准成立的湛江经济技术开发区、广东省批准成立的东海岛、徐闻海安、廉江市九洲江、吴川、麻章等5个经济开发试验区。改革开放以来，湛江市着力改善投资环境，形成了全面对外开放的格局。湛江市先后被国家评为"投资硬环境40优城市"之一和全国城市综合实力"50强"之一。

改革开放20多年形成的体制优势，有利于国内企业与国际经济接轨，湛江基础设施完善，交通发达，有利于国际资本与国内企业利用海洋通道进出。开发区有一定的工业技术基础，已建立起石油、化工、家电、机电、建材、食品、医药、饲料等20多个行业，高新技术产业初具规模，重点发展了办公自动化、生物医药和光机电一体化等高新技术，海洋水产品深加工产业快速发展。当前，湛江正在建设城乡协调、生态文明科学发展试点市，坚定不移地实施"工业立市、港口兴市、生态建市"的发展战略，力争建成现代化新兴港口工业城市和生态型海湾城市，建成粤西城镇群中心和环北部湾重要城市。

湛江具备适宜于投资、工作、学习、生活、居住的环境。基础设施完善，各项配套设施齐全，是全国基础设施40优城市之一。气候宜人，风景秀丽，总体环境质量居于优良水平，为投资者创造了碧水蓝天绿地的优美环境。湛江市是国家级的生态示范城市，市属的廉江市和徐闻县也是国家级的生态示范城市（县）。近几年，湛江市加大城市环境整治力度，城市管理水平不断提高，市容市貌已有很大改观，初现南国风光的城市风貌。

3. 丰富的旅游资源和雄厚的科技保障。

第一、旅游资源。蓝色滨海旅游与海洋旅游资源，绿色生态与农业旅游资源，红土风情与历史文化资源，构成了"蓝、绿、红"三大旅游特色，编织了彩色的湛江。目前，已开发的有东海岛、吉兆湾两个省级旅游度假区以及南三岛、吴阳金海岸、徐闻白沙湾等市级旅游度假区。全世界两个"玛珥湖"之一的湖光岩，为广东省著名的风景区，已被评为国家地质公园。湛江红树林国家级自然保护区是我国大陆红树林面积最大、品种最多的保护区，面积达 30 万亩。徐闻县有我国大陆近海唯一保存最完好、面积最大的珊瑚自然繁殖区。还有古迹众多的国家级历史文化名城雷州市、珍稀植物繁多的南亚热带植物园、广东最大的"人造海"鹤地水库等，发展旅游业潜力大。

第二、科技人才资源。湛江拥有广东海洋大学、广东医学院、湛江师范学院等 3 所全日制高校，高校数量在省内仅次于广州市。同时，拥有各类专业技术人员 9 万多人、科研开发机构 48 家、工程技术研究开发中心 5 家、技术中试基地 2 个。这些高校、科研技术力量可以为投资者进入湛江兴办实业提供必要的人才和技术保障。

改革开放尤其是近 10 年来，湛江经济技术开发区管理委员会高度重视投资软环境建设，出台了一系列招商引资、促进高新技术产业发展和吸引人才的优惠政策，经济加速发展。此外，湛江拥有一定的工业技术基础，已建立起石油、化工、家电、机电、建材、食品、医药、饲料等 20 多个行业，高新技术产业初具规模，重点发展了办公自动化、生物医药和光机电一体化等高新技术，海洋水产品深加工产业快速发展，这些都为湛江实现跨越式发展提供了有利条件。环北部湾的开发，既有竞争，又要合作。开发促进合作，合作深化开发。合作开发永远是经济建设的主旋律。在以雷州半岛为轴的北部湾区域开发中作为"桥头堡"湛江应主动合作，积极融入北部湾经济区的规划，加强与广西、海南的合作，提出自己的"大北部湾"发展规划，掌握发展的主动权，进一步有力地带动北部湾经济区的崛起。

而广州与湛江联手共建产业转移园，并将广钢、中科石化等两个重大项目转移到湛江。据测算，两大项目建成投产后，年工业总产值达到 1 200 亿元，可带动全省配套产业投资 4 140 亿元，新增工业产值约 8 800 亿元。届时，广州（湛江）产业转移工业园工业总产值将超过 2 000 亿元，相当于 2009 年全省 34 个产业转移园产值的 2 倍多，有望成为全省产值最大的产业转移园，成为世界级钢铁和石化为主导的临港重化工业基地、国家级循环经济示范区，对于其他沿海城市承接产业转移有良好的示范作用。

广州通过将钢铁、石化产业转移到湛江，从而使湛江优化产业结构，转变发展方式，建立以钢铁、石化等先进制造业为主导的现代产业体系，推动湛江跨越发展，争当粤西振兴发展龙头，形成广东全省新的经济增长极，进一步在以雷州半岛为轴的北部湾区域开发过程中扮演越来越重要的角色。

（三）海南以海口为区域中心，三亚、东方作为支撑腹地

海口是海南省的省会，是海南的政治、经济和文化中心，是全省最大的综合性的省域中心城市，其竞争优势明显。海口处于华南经济圈的前沿，位于中国—东盟自由贸易区的交汇点上，是国内通往东南亚的主要枢纽，优越的海上交通运输条件可以促进海口和内地，以及东南亚地区在资源、历史人文，以及经济方面的优势互补，并成为海口发展外向型经济的基础从而促进海口市海洋经济可持续发展。海口能够取得成功，正是凭借着其丰富的海洋资源。其突出的海洋区位优势表现在几方面：

1. 海洋旅游资源。海口市目前拥有的人文与自然景观是具有极高价值的优势旅游资源，最为突出的旅游资源是海岸带空间资源，具有优美细白的沙滩、宽阔的潮间带、较浅的沿岸水域和滨海热带植物等，聚集着阳光、海水、沙滩、气候、森林、动物、温泉、岩洞、风情、田园十大风景旅游资源。如东寨港红树林、海底古村、桂林洋海岸等各具特色。同时，海口市地处低纬度，属热带季风性气候，日照时间长，天气暖和，长夏短冬，为避寒胜地。海岸、沙滩、海水、热带作物，以及气候都是海口市发展旅游的有利条件和自然资源。

2. 海洋渔业资源。海口市主要海洋经济鱼类有马鲛鱼、鱿鱼、黄花鱼、乌贼、金线鱼等100多种；虾类有墨吉对虾、斑节对虾、沙虾、毛虾和青虾等；蟹类有青蟹、小蟹、棱子蟹等；贝类有泥蚶、毛蚶、牡蛎、江瑶、文蛤等。还有海马、海蜇、沙虫、江篱等。鱼类资源种类多，成为海口特色之一。

3. 海洋港航资源。海口市港口岸线资源丰富，从西到东可分为以下几个岸段：马村岸段、盈滨——天尾岸段、海口湾岸段，各具特色，为船只提供了良好的停泊条件。

4. 海洋生物资源。海口市的海洋生态资源主要为红树林，其中红树林连片面积最大、分布最为密集的是东寨港红树林自然保护区，该保护区面积为2 601公顷，是世界上少有的自然保护区之一。

而作为支撑腹地的三亚市与东方市。三亚位于海南岛最南端，是中国最南部的滨海旅游城市，有大小港湾19个。亚龙湾集中了现代旅游五大要素：海洋、沙滩、阳光、绿色、新鲜空气于一体，呈现明显的热带海洋性气候，这里的海水清澈见底，可以清晰地看见10米以下的海底景观。全年平均气温25.5℃，冬季海水最低

温度 22℃，适宜四季游泳和开展各类海上运动。这里海湾面积达 66 平方公里，可同时容纳 10 万人嬉水畅游，数千只游艇游弋追逐。这些自然资源为三亚发展旅游经济提供了天然优势。

三亚具有举办会展所具有的众多优越环境，每年在三亚举办的赛事活动、企业会议、工作会议、文化展览、销售展览等活动吸引前来度假与观光的游客。人们对三亚近年举办的高档奢侈品展示、豪华邮艇体验等活动产生了浓厚的兴趣。三亚会展行业的发展依赖于珍贵的旅游资源，三亚以旅游开发为突破口，进而带动相关的展览展示活动，三亚会议每年的人数和场次都在大量的增加。据接待分析，三亚会议以公司年会、会奖旅游、庆祝活动等较多，由此看出，三亚会展适合走一条融入观光度假休闲的会展之路。

东方市位于海南岛西部偏南，昌化江下游，南及东南与乐东县接壤，北及东北隔昌化江与昌江县交界，西临北部湾与越南隔海相望。东方市海岸线长 84.4 公里，有 8 港 7 湾，7 个天然渔场，常见鱼类 80 多种，滩涂面积 1 125.3 公顷，发展海水养殖、捕捞和制盐业有着广阔的前景。东方市自然资源丰富，已探明的矿藏有金、锌、铁、铜、钨、钛、石英砂、石灰岩、水晶、大理石。其中黄金储量大，品位高，是海南省主要黄金产地。北部海域天然气储量为 1 680 亿立方米，东方 1 - 1 气田是中国当今第三大气田。

东方市国民经济整体运行良好，产业结构保持平稳，第二产业进一步夯实经济主导地位，各产业共同拉动经济增长，其中第二产业对经济增长贡献最大。产业结构保持平稳状态，第二产业继续夯实经济主导地位。

海南省以海口为区域中心，以三亚、东方为支撑腹地，在以雷州半岛为轴的北部湾区域开发过程中，发挥越来越重要的作用。

第六节　以雷州半岛为轴的北部湾区域开发的主要政策建议

一、突破行政壁垒，加强政府合作，加大支持和引导力度

北部湾区域分属两国四方，即两个国家、12 个一级行政区域，共 20 多个城市。区域内部的行政关系十分错综复杂，有纵向的层级关系，也有横向的并列关系，还有斜向的交叉关系。严重的行政壁垒使得北部湾经济圈在发展时遇到种种压力，各城市的发展也阻力重重。此外，受经济利益的驱使，各城市都谋求在资金、项目等方面的主动性，希望把自己做强然后向外扩张，以便获得更多的发展机会和空间，所以各城市之间相互竞争，争相发展，协调合作的机会较少。政府间这些

"单打独斗"现象都严重阻碍了资源的自由流动和跨地区的经济合作。

北部湾区域开发要取得预期的经济利益及社会利益，各级政府首先要摒弃条块分割和各自为政，增加各城市间纵横向联系，争取更多的合作开发项目，各行政区的功能相互辐射。开阔、开放的视野来创造要素自由流动和优化配置的环境，制定符合要素区域流动需要的产业政策和社会保障政策。其次要加大政府间合作的支持和引导力度。加强利用北部湾经济合作组织和北部湾—东盟区域合作等专门的机构，对环北部湾的区域合作进行协调、管理。此外，广东珠三角的综合经济实力、城市发展规模水平、科技教育文化水平、交通运输能力、区位优势、人口与消费力等因素均有较大的优势，须加强泛珠三角区域政府合作，寻求资金、技术、人才、信息等支持，最大限度扩宽北部湾区域的经济腹地。最后，以湛江为中心城市的粤西参与的北部湾区域开发，将是推动北部湾——东盟区域经济合作的切入点和启动点；以雷州半岛为轴开发的粤西经济带，将成为沟通中国西部、中部、东部三大经济地带的中介纽带，区域合作会更加丰富和复杂。政府应支持和引导政企探讨合作的新模式，推进合作的现代化、国际化和多样化等。

二、构建市场为主、政府为辅的合作平台

现阶段北部湾区域开发主要是政府主导型的经济合作。政府在合作中一直处于主角的地位，所签订的都是政府间的框架协定。企业的参与多是在政府的要求下，而非主动。自愿参与北部湾——东盟区域的少数企业也因市场不完善等原因发展受阻。并且由于北部湾区域内复杂的行政隶属关系，以及合作开放度较低，各类资源难以实现优化配置，区域内统一的市场至今没有形成。

北部湾区域开发需要企业主动参与。市场经济的发展规律也要求企业成为拉动者，只有企业参与和立足才能使北部湾经济圈的发展实现质的改变。所以各政府需要放弃条块分割管理，提高市场意识，使得区域内产业实现合理分工、整合产业，有效发挥资源优势和产业结构的异质性、互补性。同时，加强北部湾海洋资源条件、潜力、优势和各项优惠政策的宣传力度，本着谁投资、谁开发、谁受益的原则，吸引国内外实业界、商业界、金融界、科技界等企业来开发。建立面向东南亚、兼顾欧美的工业园区，扩大对外开放与合作。必须相互配合，创造一个良好的发展环境，配备完善的基础设施和政策支持，鼓励企业参与进来，搭建市场为主、政府为辅的合作平台，使市场经济中的生产要素自由流动，经济在空间上的扩张完全按照市场规律操作，最终形成区域内的统一市场。

"十二五"期间，北部湾区域经济合作的重点应该是完善区域内资源配置的市场运行规则与机制，改革工作要深入化。第一，要深化企业改革，推动企业成为市场经济的真正主体。推动企业发展壮大，成为环北部湾区域市场经济的主体。企业

间建立合作开发的动力机制，努力创新资本市场、技术市场及企业家市场，建立起产业技术、信息平台体系与需求终端的联动机制。企业合作应更多地表现为以资产存量联结为纽带、以资源优势为基础、以生产要素优化为导向、合作领域不断拓展的趋向。第二，政府行政体制改革要进入深水区，进一步正确发挥政府的调节作用，调整政府的考核指标，规范政府行为，完善政府决策。发展海洋公共服务体系，建立海洋地理信息系统，加强海洋监测工作，建立海洋信息数据库，为企业发展提供决策依据，提高企业对灾害性天气的防御能力和应付突发性海难事件的能力。成立专门的服务组织机构，既包括现有的政府的组织网络，又要引入市场化的企业和社团组织，提供北部湾区域内各方的政治、经济等投资环境、投资程序、政策法规及其他基础信息，提供介绍合作伙伴、合作项目等直接促进服务。

只有同时从企业、政府两个层面推进体制改革，发挥市场的主体作用和政府的辅助角色，统一、规范的市场经济运行机制才能够得以完善，环北部湾区域开发合作才有可能取得实效。主要依靠企业、民间组织推动，以非政治化方式来促进该区域产业协作系统由小到大、由浅到深，从分散到集中的全面升级。坚持以民间合作为主、官方合作为辅，形成高层次的结构优化、多元化、整体化、互惠互利的产业协作关系，努力提高区域产业结构升级和区域性国际竞争能力。

三、制定北部湾区域经济合作规划

优越的地理位置、便利的交通条件和特殊的资源禀赋使得环北部湾区域有可能成为继珠三角、长三角、环渤海湾以后中国未来经济增长的"第四极"。但这必须克服当前初步规划实施遇到的困难，依靠北部湾区域经济合作规划进一步的实施和完善。继续全力实施"工业立市，以港兴市，生态建市，文化强市"的发展战略，发挥北部湾经济合作组织和东盟的功能与作用，加快优化网络化港口城市群系统，加强海洋产业合作，扩大区域现代化农业合成优势，深化港口带动作用，完善科学的、现代的港口体系，加强北部湾旅游圈建设及加速发展滨海旅游业。选择合理的主导产业群，明确工业发展的方向与重点，特别是 21 世纪最具潜力的新兴海洋产业：海洋资源加工业和海洋生物工程。湛江是海洋大市，要发挥本市科技人才优势，内引外联，利用生物工程等当代科学的前沿技术对海洋产品、海洋生物进行加工，生产海洋食品、营养品和药品。

发挥地处中国西南、中南、华南之"三南"结合部的区域优势，在区内培育壮大若干个区域资源配置好、市场容量大、产业关联度高、技术扩散带动性强、动态比较优势明显、创新功能显著的区域性支柱产业或特色产业，从总体上进一步优化南亚热带农林资源、海洋资源开发为主的农产品深加工，突出运用高新技术改造食品、建材、机械等传统支柱产业，重点发展石化、制药、林化、生物、环保、海洋等新兴支柱产业，大力发展海洋技术、新材料、新能源、机电一体化为主的高新技术产业，形成后劲较大的出口主导产业群。积极发展临海大工业项目，大力发展生物工程、海洋工程、环保技术、新材料、新能源及电子信息项目。

总的来说，北部湾区域开发的顺利实施和完善需要详尽、规范的制度保障，要保证合作的效率和合作机制的稳定性，就必须从北部湾区域经济整体以及合作各方两个方面制定完善的合作规划。① 从短期、中长期和长期三个层面上对环北部湾区域经济合作的目标、内容和具体运行做出说明，明确各成员的发展重点和方向。确定规划的操作性和约束性，一旦制定，各成员必须严格执行，防止个别成员的不当行为，保证区域经济合作的顺利、公平地进行。

四、建立地区间的利益协调机制

北部湾区域内各地都具有相似的优势与劣势，相似的区位，相似的资源和相似的发展问题。再加上中心城市没有形成，行政关系混乱，长期下去必陷入恶性竞争，使得地区间发展时在一定程度上产业结构雷同、竞争加剧，即同构竞争。必须尽快在发展策略与对策上加强协调与合作，形成各地之间发展的合理布局与分工，防止产业过度雷同和重复建设导致的竞争和不经济局面，这是北部湾区域开发未来工作的重要内容。建立多元化的北部湾投融资与利益分享体制，提高内部开放度，增加合作交流，共同发展，相互补充从而推动整个区域的开发，实现区域内成员的共赢与利益分享。

从经济实力考量，创建一个具有高度凝聚力的中心城市，让核心城市来辐射带动整个区域。放眼全国经济圈及城市群而言，都有一个或两个能带动地区发展的中心城市，珠三角地区多年的发展是以深圳和广州的增长为动力，长三角经济圈的上海，渤海湾经济圈的北京、天津等。应该尽快在北部湾区域经济基础及发展空间稍微大的城市中确定一个中心城市，从而促进其他城市发展，拉动北部湾区域的经济发展。以湛江为中心城市的粤西参与以雷州半岛为轴的北部湾区域开发，正是一个能带动其他地区发展的、具有强大的综合渗透实力和辐射带动作用的城市。湛江应以建成特大中心城市，推动互补合作为发展目标，依靠国家与国家之间、城市与城市之间、企业与企业之间的共同协作，发挥地方生产要素的比较优势，并从比较优势转化为竞争优势，形成一体化战略。

区域利益协调机制是从区域整体利益出发对区域内各地区间分工合作的经济利益进行协调的机制。为了调动各地区进行区域经济合作的积极性，应根据机会均

---

① 贺剑武、袁琳：《泛北部湾经济合作区旅游合作发展与对策研究》，载于《特区经济》2010 年第 8 期。

等、公平竞争的原则，为区域内各地区发展创造一个相对公平的竞争环境，使各地区都具有同等的发展机会和分享经济利益的权利；另外也要根据利益兼顾、适当补偿的原则，通过多种途径对参与区域分工与合作而蒙受损失的一方以及缺乏自我发展能力而处于缓慢增长状态的落后地区，在资金、技术、人才和政策上给予一定的支持和相应的补偿。只有有效地解决地区间的利益冲突，各地区的发展才能真正做到优势互补、共同发展。

五、加强环北部湾区域基础设施建设

资本和技术在不同地区之间的相对位移是北部湾区域经济合作的重要表现形式，而基本设施的相应完善是外源性资本、技术与本地产业紧密聚合的必要前提。基础设施建设相对落后长期以来就是制约北部湾区域经济发展的重要因素。所以必须加大规划和实施主要包括交通运输、机场、港口、桥梁、通讯、水利、城市供排水供气及供电设施建设，发挥基础设施建设的"乘数效应"。

目前重点是加强交通运输建设，保障雷州半岛的大西南、华南、海南枢纽地位以及其在北部湾经济圈、东南亚经济圈、亚太经济圈中的战略地位。加强建设湛江沿海通往非洲、中东、欧洲、东南亚、大洋洲的主枢纽港，形成了发达的海、陆、空和管道运输立体交通网络。这些条件与雷州半岛这个海洋条件最佳的位置结合，将会构成中国西南大陆桥与环太平洋海洋桥的又一转换枢纽，将成为一个最理想的经济生长点。

投入巨资进行大型项目建设，使湛江港成为真正意义上的国际一流深水大港。发挥湛江港的地位和优势，把握新的机遇，以深水航道和深水码头建设为重点，打造国际航运中心。完善立体的交通，有更良好的配套环境，湛江港紧靠有相当经济实力的市区，可作开发的依托。湛江港口的经济腹地将从传统的西南地区扩大到更为广阔的中东西部地区。实行区域协调发展战略，重视和积极支持湛江等粤西地区的发展，湛江成为接受泛珠三角的经济辐射并向西南辐射的结点。新的钢铁、石化项目也进入实施阶段，除黎湛铁路、粤海铁路、洛（阳）湛（江）铁路、渝（重庆）湛（江）高速公路、湛江疏港一级公路和海湾大桥等外，仍然要投资建设琼州跨海工程、湛江沿海公路和吴川机场等重大海陆空交通项目，使湛江市内外的交通网络更加完善。

面对目前北部湾区域合作的态势，各地区应做好整体规划，调整好利益关系，避免重复建设，保证相互衔接，在资金、用地等方面给予政策支持。确保交通设施完备通畅、信息交换平台互联互通、要素市场完整高效。统一、完备的基础设施条件是环北部湾区域经济合作顺利开展的基础条件。

六、培养技术人才，实施科技先导和产业创新的发展战略

以湛江为中心城市的粤西拥有广东海洋大学、广东医学院、湛江师范学院、广东石油化工学院等多所全日制本科高校，高校数量在省内仅次于广州市，现有各类专业技术人员 9 万多人、科研开发机构 50 家、工程技术研究开发中心 6 家、技术中试基地 3 个。人才的竞争是北部湾建设成败的关键因素之一，须培养科技人才资源为北部湾区域的发展提供坚实的才力和技术上的保障。

切实实施科技兴海，加快科技创新。充分发挥科技的先导作用和带动作用。一是要建立科技创新体系。在北部湾各省（自治区）、市现有涉海科研单位内部，加强海洋科技开发中心、有关大专院校和一些海洋研究院的技术合作，加强综合开发利用海洋资源的研究；鼓励有条件的企业自办或与科研院校联合创办海洋研究开发中心，促进科技成果转化。二是加强人才培养与引进。完善有关大专院校海洋专业，培养海洋专业人才；选拔技术骨干，到高校、其他省市、国外进行业务培训；制定优惠政策，健全人才激励机制，引进海洋科技人才，并为他们创造良好的工作和生活环境；普及和推广海洋科技知识，提高群众的海洋科技水平，促进科技成果的转化和海洋经济的发展。三是为科技创新提供必要保障。各级政府要继续做好海洋资源调查评价、监测等基础性、公益性工作，为科技创新提供基础依据；各级科技主管部门要加大海洋科技发展基金，支持海洋科技创新研究，开发高科技成果；各涉海产业部门也要加大投入经费用于科技创新，开发新产品，提高竞争力；切实把科教放在优先发展的战略地位，同时制定鼓励创新、吸引高层次人才的奖励政策。

落实钢铁产业发展政策，湛江地区应充分利用深水良港条件，结合产业重组和城市钢厂的搬迁，建设大型钢铁联合企业的重要举措，也必将有力带动北部湾沿岸临港工业的发展。落实 500 万吨广钢环保搬迁湛江和 1 500 万吨中科合资广东炼化一体化等项目，加快推进产业创新。在传统产业大力发展的同时，要加强海洋生物制药、汽车机械、水产品加工、食品等行业迅速发展，加大新兴产业如滨海旅游、电子信息和环保产业等的投入力度。

七、加大开发力度，拓宽融资的渠道

对于北部湾海洋资源的开发要坚持谁开发、谁收益的原则，在进行政府投资为主的同时，鼓励民间资本、其他省市（环北部湾包括的省市以外）以及国际资本的参与开发，并在税收、服务、资源使用上给予优惠，广泛开展多领域、跨地区合作，加大开发力度。北部湾区域开发需要大量的资金投入，从目前的情况看，靠政

府和银行贷款的方式筹措资金是十分有限的，因此加快发展多种金融机构和多种金融手段并存的市场化金融体系和网络，建立一个有效的融资与利益分享机制，是解决旅游建设资金投入不足的关键。加大开发力度，争取国家、省支持下的重点开发建设项目。随着500万吨广钢环保搬迁湛江和1 500万吨中科合资广东炼化一体化等项目加快推进，湛江工业发展展现出十分广阔的前景，实现深水大港、临港产业、港口物流和海湾城市"四位一体"的发展模式已不再遥远。湾区内有国内第五大岛东海岛，还有硇洲岛、南三岛、特呈岛及周边一些小岛，这些岛屿都具极好的开发条件，可进行多岛围一湾的全方位开发。

开发力度加大，融资的渠道也要相应拓宽跟上。构建与完善区域金融体系，提高市场交易效率，发展金融服务业，将湛江为中心城市的粤西和以雷州半岛为轴的北部湾建设成为区域性金融和商务中心。引进外资及民间集资等多种方式筹集资金，建立新兴产业中试基地，促进产品的更新换代。加大招商引资的力度，充分发挥政府主导和经济杠杆作用，鼓励多种形式的融资方式吸纳资本，采用多种经营形式和优惠政策筹措发展资金，尽快解决区域融资问题。首先，要鼓励高水平的民营竞争资本的进入，可以通过磋商和谈判的形式提出更灵活的投资诱因，必要的话，可以针对个别投资制定专门的投资奖励标准。在融资时要有一定的层次性，对长线项目也可部分创新采用市场行为为主，政府行为为辅的融资机制；对短线项目可完全按市场行为的方式融资，确保投资者有相应的投资回报。其次，实施融资新战略，增强融资力度，应用新型融资工具。争取金融对产业项目的支持；积极推进股票融资；开拓融资租赁领域；开展信托融资。结合实际，还可以开展票据融资，也可以在公共交通、道路桥梁、公共娱乐设施、供水与水处理、固体废弃物处理等市政工程和通讯、医疗、教育服务等项目开发建设中，谋划通过BOT（建设—经营—转让）等渠道融资。鼓励各种所有制企业走联合发展的道路，组建大型产业集团，建设大型产业项目；鼓励民间资本依法平等参与区域经济开发，特别是大型重点项目建设和高新技术开发；积极争取外国政府、国际金融组织和国内银行贷款，拓宽投融资渠道；各级政府要安排一定数量的投资，重点支持为改善软硬环境而进行的基础性、公益性项目建设，财政部门要安排贴息资金，支持企事业单位从事北部湾区域资源开发的研究和生产建设，从各个渠道为北部湾区域经济发展注入动力。

第三章

北部湾海域划界后我国渔民转产转业问题

近年来，随着中日、中韩、中越北部湾渔业协定的相继签署、生效，我国的渔业生产海区已大大缩小，致使渔业生产所面临的三大问题——资源问题、成本问题、安全问题日益突出。为缓和上述三大问题，国家要求各地搞好捕捞渔民转产转业工作，并出台了一系列政策规定给予支持。渔民转产转业问题的研究已引起了国内外许多专家和研究机构的密切关注。北部湾划界后渔民转产转业是一个历史性的难题，是一项涉及面广、政策性强的复杂社会系统工程，涉及的渔业人口数量众多，是否能成功的解决这个问题，直接关系到渔民的切身利益、渔业增收、渔区稳定，关系到我国南海周围地方经济能否稳定的发展，必须引起各级政府的高度重视和全社会的关注。

第一节　北部湾划界后渔民转产转业问题的产生

一、世纪全球渔业回顾

渔业在世界粮食经济中发挥着重要作用。在 19 世纪中叶以前，世界渔业资源被认为是一种取之不尽、用之不竭的公共自然资源，这是因为当时人口的压力不大、人们对水产品的需求有限，没有超过渔业资源的自然增长率；同时，由于人类活动对海洋资源的干扰程度也很有限，作业海域局限在沿岸水域，捕捞能力低，损害程度也低。自 19 世纪下半叶起，随着人类对渔业资源了解的加深，渔业在社会经济中的作用日益显现，从事海洋捕捞的渔民和渔船数量开始猛增，而世界大工业的快速发展，加快了渔船设备机械化的进程，各种新型渔网材料、鱼群侦察技术及渔获保鲜技术相继发明并应用，渔船的捕捞能力、远洋航行能力得到了大大提高，世界海洋渔业捕捞产量逐年提高。最近 10 年中（1993 ~ 2003 年），全球海洋捕捞渔业上岸量一直保持在 $8.0 \times 10^7 \sim 8.6 \times 10^7$ 吨。尽管总产量保持了相对稳定，但世界各海区的海洋资源状况已经是今非昔比，发生了相当大的变化。

西北和东南太平洋、中东部和西南大西洋产量多年来持续下降，温带的东北大西洋和地中海产量失去了增长的潜力，西北大西洋和东北太平洋总产量也开始维持稳定，尚存增长潜力的也只有印度洋和太平洋的热带区域。统计资料表明，自1974 年起，全球海洋渔业资源中能提供扩张潜力的种群比例继续呈现下降趋势；被极度开发和衰退的种群比例已从 20 世纪 70 年代中期的约 10% 增加到 21 世纪头几年的近 25%，在占世界捕捞业产量约 30% 的前 10 个种类中已有 7 个相关种群认为被完全开发或过度开发。据此，FAO 预测认为全球海洋捕捞渔业的潜力已经被挖掘，世界各沿海国需要制定更严格的管理计划来恢复衰退的种群，并预防目前正在处于或接近其最大潜力的被开发种群的衰退。

渔业资源的衰退引起全球范围内的普遍关注，为了维持全球渔业资源的可持续发展，各沿海国都在不断地探索与实践着新的海洋渔业管理制度。[1] 在 1973 ~ 1982年第三次联合国海洋法会议期间，专属经济区的概念被提出并在一些沿海国的渔业管理实践中采用。据有关估计，如专属经济区制度被各沿海国普遍采用，世界上90% 的海洋渔业资源将划归各沿海国管辖，专属经济区内的渔业资源逐渐步入国家化，沿海国享有对其专属经济区内海洋渔业资源养护和管理的主权权利。

二、北部湾划界背景分析

2004 年 6 月 30 日《中华人民共和国和越南社会主义共和国关于两国在北部湾领海、专属经济区和大陆架的划界协定》和《中华人民共和国和越南社会主义共和国北部湾渔业合作协定》正式生效。北部湾划界协定及渔业合作协定符合两国和两国人民的共同利益，是一个双赢互惠的安排，显示了双方完全有能力、有智慧，通过友好协商解决好两国关系中长期存在的历史遗留问题，对于两国构筑"长期稳定、面向未来、睦邻友好、全面合作"的关系将起到极大的推动作用，并将增进两国在政治上的相互信任和其他领域全面而密切的合作，有利于北部湾地区的长治久安。回顾这一历史事件，无疑给其他类似问题的解决提供了良好的借鉴。

2000 年 12 月中越两国在签署《北部湾领海、专属经济区和大陆架划界协定》的基础上，签订了《北部湾渔业合作协定》。根据《北部湾渔业合作协定》，中越两国又于 2004 年 2 月 24 日草签了"《北部湾渔业合作协定》补充议定书"，就过渡性安排达成协议。有关渔业管理的规定如下。

---

① Cullen, Ross. . Choices: The Magazine of Food [J]. Fisheries Management (Farm & Resource Issues), 1996, 11 (3): 29.

（一）共同渔区

1. 水域范围。共同渔区为北部湾封口线以北、北纬20度以南、距北部湾划界协定所确定的分界线各自30.5海里的两国各自专属经济区。

2. 渔业资源养护与管理。2004年2月，中越双方共同制定了"北部湾共同渔区渔业资源养护和管理规定"。有关主要内容如下：任何人和渔船进入共同渔区从事渔业活动，必须取得共同渔区渔业捕捞许可证。双方根据中越北部湾渔业联合委员会（简称"渔委会"）每年确定的共同渔区作业渔船数量，向本国渔船发放许可证。双方按已达成一致的渔船数量互相提供防伪标识，发放许可证时，发放方应将对方提供的防伪标识粘贴在规定的栏目中。许可证应包括下列主要内容：船名号、船籍港和国籍、渔船登记号码、作业类型、总吨位（含船舶自重和载重）、主机功率、船舶呼号、船长姓名、船主姓名和地址。获得许可证的渔船必须按照规定的内容开展捕捞活动，并填写捕捞日志。许可证自签发之日起一年有效。

在共同渔区实行休渔制度。休渔的具体办法和内容由中越北部湾渔业联合委员会规定。禁止使用炸鱼、毒鱼、电鱼及渔委会规定禁用的渔具和作业方式进行捕捞；禁止捕捞鲸、海豚、儒艮、海龟和珊瑚，若意外捕获应立即释放。渔船作业或航行时，应遵守渔船避碰规则，不得影响其他渔船正常捕捞作业。

双方监督机关对进入共同渔区己方一侧水域的双方渔船和人员进行监督检查，实施处罚；对另一方的渔船和人员的违规行为进行处理时，应在案件发生后72小时内将有关违规情况通报另一方实施机关，需暂扣渔船应在48小时内通报，处罚决定后72小时内应通报处罚决定：应尊重和不妨碍获得许可证的渔船和人员从事正常渔业活动，避免重复检查和处罚。双方监督机关可在共同渔区进行联合检查，可采取互派公务人员上对方公务船或双方公务船联合检查的方式。此外，"北部湾共同渔区渔业资源养护和管理规定"第20条对违规行为的处罚作出了规定。

（二）《中越北部湾渔业合作协定》对我国的影响

从上文可知，虽然协定生效后，我国还有部分渔船进入过渡性安排水域，但4年内将逐步完全退出，而且共同渔区的入渔渔船数量也将由中越双方共同确定。

协定的生效必将对我国产生重要影响。据有关渔业管理部门估计，协定生效后，我国在北部湾的传统作业渔场将减少1/3，许多渔船将被迫从北部湾西部退出，许多世代以船为家、以捕鱼为生的渔民将被迫上岸，另谋生计。

根据农业部（农渔政〔2004〕46号）对华南三省（区）进入北部湾渔业合作协定越方一侧水域生产渔船许可指标的分配方案，广东省进入过渡性安排水域的渔船为265艘、16 993马力，其中拖网渔船不超过58艘；进入共同渔区水域的渔船为461艘、44 674马力，其中拖网渔船不超过131艘。广西壮族自治区进入过渡性安排水域的渔船为 428 艘、37 010 马力，其中拖网渔船不超过 237 艘；进入共同渔区水域的渔船为 646 艘、103 147 马力，其中拖网渔船不超过 435 艘。海南省进入过渡性安排水域的渔船为 227 艘、24 198 马力，其中拖网渔船不超过 27 艘；进入共同渔区水域的渔船为 436 艘、63 569 马力，其中拖网渔船不超过 51 艘。

据有关渔业管理部门估计，广东省常年在北部湾中心线以西生产的 6 000 艘渔船（主要是湛江市）将被迫退出，每年减少产量 3.2×10^5 吨；其中湛江市将减少传统作业渔场 3.2×10^4 平方千米，占其传统作业渔场的 50%，减少产量 2.2×10^5 吨，渔业经济直接损失 1.7×10^9 元，其他相关损失 1.0×10^9 元。广西将有 5 800 多艘渔船从北部湾西部传统渔场撤出，涉及 4.6×10^4 渔民。海南将有 2 850 多艘渔船从北部湾西部传统渔场撤出，涉及 6.4×10^4 渔民。

我国大批渔民和渔船面临退出原有作业渔场，相关海洋渔业经济也受到了严重的冲击。同时由于海洋捕捞也是沿海渔区的支柱产业，带动了加工、冷藏、储运、船网具制造等相关产业的发展，大批渔船的停产停业，将带来相关产业的萎缩，使渔区失业人口增加，对渔区经济发展和社会秩序的稳定都带来不利的影响。协定生效后，由于原来在北部湾中心线以西生产的渔船大多数将回到线东侧生产，渔业资源争夺将进一步加剧、恶化，近海资源状况将变得更加严峻，渔船作业密度加大，作业纠纷、生产安全及涉外事故等问题会增多，渔业管理的难度将加大。[①]

此外，我国南海渔业管理对象及管理内容增加，管理任务也相应加大。既有责任养护过渡性安排水域和共同渔区水域的渔业资源，又要加强对过渡性安排水域和共同渔区水域我方一侧的中越两国渔船的监督、检查，还要促使我国渔船、渔民遵守越南的有关法律、法规等。从而，为我国渔业管理部门带来了挑战。

三、北部湾划界后渔民转产转业问题的产生

专属经济区的实施及全球渔业资源管理制度的加强，使从远洋捕捞中获取利益的机会减少，而公海渔业资源又不可能被无限制地挖掘下去，于是，大多数渔民所面临的就只有已经达到开发水平或者甚至已经超过了可持续开发水平的专属经济区内的渔业资源。捕捞渔民为了改善自己的生活、提高自己收入、增加自己的产量，势必有部分渔民考虑通过技术革新以便以更低的成本捕捞同样数量的鱼，或者就是谋求取代其他渔民的捕捞配额和位置，从而有更多的机会或权利捕捞更多的鱼，最终竞争的结果就是一部分渔船被迫退出渔场，一部分渔民被迫另谋生路。

据统计，2002 年从海洋渔业和水产养殖的就业中获得收入的人数全球达 3 800

---

① 黄永兰、黄硕琳：《中越北部湾渔业合作协定》对我国南海各省（区）海洋渔业影响的初步分析，载于《上海水产大学学报》2001 年第 3 期。

万人。亚洲的渔民和养殖渔民最多（占世界的87%）。随着世界海洋渔业环境的变化及各沿海国限制条件的逐步提高，日趋巩固和成熟的海洋捕捞业容量已经饱和，所能提供的就业份额基本停滞，面对如此众多的渔业人口，各大洲的沿海国大都因此而经历了或经历着渔业人口过剩及渔民转产转业的历史阶段，而针对此过程中出现的各种情况，制定符合国情的转产转业政策，维护渔民的合法利益、保持社会的稳定发展，就成了各国解决渔民转产转业问题的重中之重。[1]

四、我国的情况

我国是世界主要的海洋渔业大国，海洋捕捞产量（2004年为1 446万吨）、渔船（27万余艘）和渔民（1 230万人，占世界总数的1/3）数量都居世界首位。海洋渔业和水产品产值占我国海洋产业总产值的50%左右，约占世界水产品总量的1/4以上。海洋渔业作为国民经济发展的一部分，对促进我国沿海地区经济和社会发展具有非常重要的作用。

长期以来，我国的渔业管理措施以采用直接控制管理或投入控制管理为主。理论上，直接控制管理方法适用于多鱼种渔业，具有容易操作、执行成本低的优点，但这种管理方法也有其致命弱点，即随着捕捞技术的不断进步，容易产生渔获量过大的倾向。一些直接控制方法，如禁渔期、禁渔区，在禁止期限或禁渔区域之外，反而容易产生捕捞努力量投入的高峰，对渔业资源造成损害。[2] 例如，农业部从"八五"时期开始对全国海洋捕捞渔船船数和功率实行总量控制制度，以求加大对海洋捕捞强度的控制力度，但许多沿海地区由于受就业压力、捕捞渔民转产转业补助和渔业劳动就业政策不配套等因素的影响，该制度未得到全面的贯彻执行。据统计，到2002年年底，渔船数比"九五"期间还增加了0.5%，功率增加了35.6%。因此，从实际情况看，我国渔业管理效果并不明显。渔业捕捞努力量没有得到有效控制，主要渔业资源持续衰退，经济效益下降。

20世纪90年代后，随着《联合国海洋法公约》的实施，我国的周边国家纷纷开始执行200海里的专属经济区制度，中日、中韩、中越北部湾3个渔业协定的相继实施，使约3万艘渔船、30多万海洋捕捞渔民被迫从原外海渔场退回到近海渔场作业。渔场缩小、资源衰退及捕捞人口增加所导致的近海捕捞作业竞争更加激烈。沿海近百万渔业人口的生产、生活受到不同程度的影响，与海洋捕捞业直接相关的产业也受到不同程度的牵连，沿海地区的经济发展及社会安定都面临着严峻的

---

① 李清：《日本渔业发展"新计划"分析及对我国渔业发展的借鉴意义》，载于《中国水产》2008年第1期。

② 朱坚真、师银燕：《北部湾渔民转产转业的政策分析》，载于《太平洋学报》2009年第8期。

挑战。为了保护海洋渔业资源，实现渔业资源的可持续利用、促进沿海地区渔业经济的可持续发展、保障渔民的安定生活，缩减现有的海洋渔业捕捞努力量，调整渔业产业结构，引导海洋捕捞渔民转产转业已成为我国当前渔业经济发展所面临的艰巨任务。

我国沿海地区渔民的转产转业工作从 2001 年全面启动。4 年来，渔业主管部门及沿海渔区相继出台了一系列渔船报废、渔民培训补助及产业项目扶持等政策，这对渔业资源管理、保护、利用及沿海渔区经济结构调整、渔民生活保障等起到了极其关键的作用。但由于外界环境的变化，各项政策在具体贯彻落实过程中还是暴露了一些与制定初衷不一致的弊端，影响了整个工作的进程。

第二节　渔民转产转业的原因分析

一、有关国家的减船转产情况

（一）韩国

1. 减船转产原因。自 1980 年开始，韩国的近海渔业生产量一直停滞在 $1.3 \times 10^6 \sim 1.5 \times 10^6$ 吨，单位渔船吨位渔获量也持续下降，由 1970 年的 5.1 吨下降到 1980 年的 3.6 吨和 1991 年的 3.0 吨。这在一定程度上反映出渔业努力量的过度投入，滥捕和渔业资源的衰退。而随着《联合国海洋法公约》的生效，200 海里专属经济区的建立及韩日、中韩渔业协定的实施，也不可避免地带来了可作业渔场的减少，国内外形势的变化迫使韩国从 1994 年起着手进行渔业经济的结构调整，并开始缩减渔船数量及促使沿海渔民转产转业。[①]

2. 减船转产补助。韩国的减船基本上是以政府为主体进行，分为一般减船和特别减船两种。前者是指因渔业产业内部的需要而进行的渔船缩减，后者是对因国家间的渔业协定失去渔场而进行的减船。两者之间除在支援及补助条件上存在差异外，政策体系基本一样。根据计划，韩国在 2004 年前共投资 9 130 亿韩元，减船 2 963 艘。由于韩日渔业协定的实施，韩国自 1999 年开始就进行了特别减船，当年共支援 3 713 亿韩元，缩减了 685 艘渔船。由于资金的不足，特别减船实施的过程中就没有再进行一般减船，为一般减船准备的资金也都被挪用到了特别减船的补助当中。

3. 渔民对减船的认识。在 1994 年开始进行减船的初期，因为支援相对薄弱，

---

① 杨宝瑞：《韩国渔业发展现状与对策》，载于《中国水产》1998 年第 5 期。

很多渔民都希望和等待着他人离开而自己能留下来继续作业。但是由于渔业资源的持续减少、水产品进口的大幅度增加，以及因韩日、中韩渔业协定带来的渔场相对缩小等原因，很多渔民对结构调整和减船产生了共识，有的渔村甚至出现了渔民申请减船数超过国家计划减船数的现象。这其中的主要原因在于渔业资源和经营状况的恶化以及渔民对渔业现状的亲身体会，同时，也反映了渔民对国家减船及转产转业政策的认可和支持。①

（二）欧洲、挪威与冰岛

同韩国一样，受渔业资源的衰退、渔业管理的加强、较低的捕捞量计划、降低捕捞能力计划以及技术进步带来的生产力提高等因素的影响，其他诸如欧美国家的捕捞就业也已经连续几年下降。② 在欧盟，渔民的数量近几年以每年平均约2%的速度下降。挪威2002年约18 650人从事捕捞（不含水产养殖），比2000年下降8%，比5年前下降近20%。从1998～2002年的5年间，冰岛平均渔业就业率非常稳定，但作为就业来源的捕捞和水产品加工在2002年也下降8%，比5年前下降了10%（见表3-1）。截止到2004年年底，在冰岛海洋管理总局登记注册的冰岛渔业捕捞船舶总数为1 824艘，与2003年相比，减少48艘。其中，拖网渔船70艘，比上年减少1艘。2004年1～7月冰岛渔船捕捞海产品总价值为6.024亿美元，与2003年同期的6.242亿美元相比，减少2 180万美元，降幅达3%。

表3-1　　　　　　　　　　　渔业人口的数量变化　　　　　　　　　　　人

年份	1990	1995	2000	2001	2002
欧洲	654 000	864 000	821 000	796 000	746 000
挪威	27 518	23 653	20 098	18 955	18 650
冰岛	6 951	7 000	6 100	6 000	6 000

二、中日、中韩、中越渔业协定的主要内容

（一）中日渔业协定

中日共处在东、黄海同一海域，是沿海相向国家。1997年11月11日中日签

---

① 朴英爱：《关于韩国海洋渔业的减船政策分析》，载于《中国渔业经济》2003年第4期。

② Bruce Arai, A. Policy and Practice in the Atlantic Fisheries: Problems of Regulatory Enforcement [J]. Canadian Public Policy, 1994, 20（4）: 353, 12.

署渔业协定，于 2000 年 6 月 1 日正式生效。新的中日渔业协定，实质上是向专属经济区制度过渡的一种临时性安排。新协定把两国之间的水域分成五块：30 度 40 分 N 线以北（两国领海外）海域；暂定措施水域；东海部分的中日两国专属经济区（各自领域外 80 海里海域）；27 度 N 线以南，125 度 30 分 E 线以西海域；日本海和北太平洋的专属经济区。

新协定对上述五块水域的渔业管理分别作了规定。在没有海域划界问题的海域实行专属经济区管理：在东海大部分水域（北纬 27 度至北纬 30 度 40 分，距两国领海基线 52 海里以外）设立"暂定措施水域"，由双方共同管理；在东海南部（北纬 27 度以南，东经 125 度 30 分以西）维持现有的渔业关系。对于东海北部，即北纬 30 度 40 分以北水域，由于存在中、日、韩三国海域划界问题，中方主张维持现状，而日方要求实施专属经济区制度，双方最终决定在东经 124 度 45 分至东经 127 度 30 分之间设立互相不需对方许可即可作业的中间水域。在中间水域东侧，日方给予中方 900 个入渔许可证，在该水域西侧中方给予日方 317 个入渔许可证。有关其他水域的入渔条件等，将在协定生效前通过协商确定。新协定共 14 条，另 2 个附件，1 个协议议事录。

（二）中韩渔业协定

中国和韩国经过多轮谈判后，于 1998 年 11 月 11 日两国新的渔业协定开始启动，并于 2001 年 6 月生效。协议规定了四种不同性质的水域：（1）暂定措施水域，将采取的渔业资源保护措施和量化管理，由中韩渔业委员会决定。违反规定由船旗国处理。（2）过渡水域，过渡期为四年，期满后，分别属各自的专属经济区，管辖权为船旗国，但对方应逐步减少船数及作业活动。（3）双方专属经济区，按各自的专属经济区制度实施。（4）特殊警戒区，双方各设一块特殊区域，对方船只不能进入。另外，协定还明确了协定适用的水域，每年决定的船数、鱼种、配额，双方应遵守的法律、规定及对违约的处理，对本国国民、渔船的指导规定，遭遇海难紧急事态避难，科学研究、科研合作，以及设立中韩渔业委员会及其任务等。新协定共 16 条，另有 2 个附件，1 个谅解备忘录。[①]

（三）中越渔业协定

中国和越南经过多轮谈判后，于 2000 年 12 月 25 日签订，2004 年 6 月 30 日生效；有效期为 12 年，外加自动顺延期 3 年，合计 15 年。顺延期满后，继续合作事宜由缔约双方通过协商商定。协议规定了三种不同性质的水域：（1）共同渔区：双方同意在北部湾封口线以北、北纬 20 度以南、距北部湾划界协定所确定的分界

---

① 朱明远、吉儒宝：《中国和韩国渔业现状》，载于《黄渤海洋》1998 年第 1 期。

线（以下简称"分界线"）各自 30.5 海里的两国各自专属经济区设立共同渔区。（2）双方根据共同渔区的自然环境条件、生物资源特点、可持续发展的需要和环境保护以及对缔约各方渔业活动的影响，共同制定共同渔区生物资源的养护、管理和可持续利用措施。（3）双方尊重平等互利的原则，根据在定期联合渔业资源调查结果的基础上所确定的可捕量和对缔约各方渔业活动的影响，以及可持续发展的需要，每年确定缔约各方在共同渔区内的作业渔船数量。

各方对在共同渔区从事渔业活动的己方渔船实行捕捞许可制度。捕捞许可证须按照中越北部湾渔业联合委员会确定的当年作业渔船数量发放，并将获得许可证的渔船船名号通报缔约另一方。缔约双方有义务对进入共同渔区从事渔业活动的渔民进行教育和培训；凡进入共同渔区从事渔业活动的渔船均须向本国政府授权机关提出申请，并在领取捕捞许可证后，方可进入共同渔区从事渔业活动。缔约双方进入共同渔区从事渔业活动的渔船应按照中越北部湾渔业联合委员会的规定进行标识。

缔约各方进入共同渔区从事渔业活动的国民和渔船在进行渔业活动时须遵守中越北部湾渔业联合委员会关于渔业资源养护和管理的规定，依照中越北部湾渔业联合委员会的要求正确填写捕捞日志并在规定时间内上交本国政府授权机关。

过渡性安排：缔约各方应对共同渔区以北（自北纬 20 度起算）本国专属经济区内缔约另一方的现有渔业活动作出过渡性安排。自本协定生效之日起，过渡性安排开始实施。缔约另一方应采取措施，逐年削减上述渔业活动。过渡性安排自本协定生效之日起 4 年内结束。

小型渔船缓冲区：为避免缔约双方小型渔船误入缔约另一方领海引起纠纷，缔约双方在两国领海相邻部分自分界线第一界点起沿分界线向南延伸 10 海里、距分界线各自 3 海里的范围内设立小型渔船缓冲区，具体范围为下列各点顺次用直线连接而围成的水域：缔约一方如发现缔约另一方小型渔船进入小型渔船缓冲区己方一侧水域从事渔业活动，可予以警告，并采取必要措施令其离开该水域，但应克制，不扣留，不逮捕，不处罚或使用武力。如发生有关渔业活动的争议，应报告中越北部湾渔业联合委员会予以解决；如发生有关渔业活动以外的争议，由两国各自相关授权机关依照国内法予以解决。

三、我国渔民转产转业的原因分析

（一）我国渔民转产转业的根本原因

1. 生产力发展的必然结果。社会科技的进步使海洋捕捞业的装备也逐步向渔船动力机动化，网具化纤化，操作电子化，导航信息化等方向发展，大型渔船的建造能力不断增强，渔船数量不断增加，我国在 1951 年时仅有机动渔船 230 艘、功

率 2×10^4 千瓦，发展到 2002 年时，渔船总数达到 279 003 艘、$1\,340 \times 10^4$ 千瓦，而非机动渔船则不断被淘汰，从最多的 1973 年的 140 733 艘，下降至 2002 年的 20 435 艘，下降了 85.5%。生产力的发展大大提高了海洋捕捞渔船的作业效率，而面对有限的资源条件，"机器排斥劳动力的现象"将不断强化。

设备的改造及渔船功率的增加极大地提高了捕捞生产能力，海洋渔获量也相应增加。从 1950 年的 54.5×10^4 吨，增加到 1999 年的 $1\,497.6 \times 10^4$ 吨，特别是 1985 年以后渔获量的增长速度明显加快。我国政府在 1999 年以后采取了"零增长"和"负增长"的管理政策，严格控制捕捞，保护渔业资源，从 2000 年开始我国海洋捕捞渔获量即有所回落，但 2002 年捕捞渔获量仍达 $1\,433.5 \times 10^4$ 吨。与此同时，渔船的作业海域也由沿岸向外海远洋拓展，作业时间由季节性转向了常年性。但是，这种工业化的捕捞手段与自然性渔业资源增殖之间的不对称性，必然要求采取某种手段（如减船转产）来限制捕捞能力的无限制扩张，从而把捕捞能力控制在一个适当的水平。

海洋捕捞业属于劳动密集型产业，但与农业等其他基础性产业相比还是存在一定的区别，它所能负担的经济投入必须以自然资源本身的承载能力为前提。1981 年，我国海洋渔船的总功率为 277.59×10^4 千瓦，2002 年增至 $1\,340 \times 10^4$ 千瓦，捕捞能力增强了 4 倍多。我国的东海、黄海、渤海、南海渔场总面积约为 81.8×10^4 平方海里，其中的东海、黄海、渤海约 28.7×10^4 平方海里。如减去近几年因中日、中韩渔业协定的实施而缩小近 1/4 的面积计算，剩下可供我国渔船在东、黄、渤海作业的面积仅有 22.13×10^4 平方海里。以全国捕捞能力的 80% 投入此渔场作业（20% 投入南海等渔场）计算，则 1981 年时渔场单位面积捕捞承载能力为每平方海里 10.2 千瓦，2002 年加重至每平方海里 48.4 千瓦。捕捞生产力的快速发展促进了捕捞能力的提高，造成了渔业资源密度的大幅度下降，现有的渔业资源已经不能负载如此巨大的捕捞努力量。因此，缩减渔船，引导海洋捕捞渔民转产转业成为渔业生产力发展的必然结果。

2. 渔业可持续发展的客观要求。长期以来，我国在海域使用权问题上并没有像土地一样有一个很明确的规定，即国家所有并分配给具体经营人使用和管理，而对于渔民使用海域从事捕捞与养殖等权利规定不明确，使用后的资源管理和海洋环境保护也基本上无人问津。这种海洋资源的无偿使用及使用权的不明确造成了渔船无序发展，渔民大量涌入，从而导致我国渔业资源的衰退和海洋环境恶化，严重制约了渔业资源的可持续发展。

20 世纪 50 年代初，我国沿海渔业资源丰富，种群数量庞大，因当时鱼价较低利用不足；60 年代资源仍很丰富，渔船动力化程度提高，沿岸渔业开始趋向充分利用；70 年代以后，渔业机械化程度不断提高，动力渔船逐步替代原有的风帆船，捕捞过度的情形开始显现，优质传统渔获逐渐被低质的次生渔获取代。这两种渔获在 50 年代时的比例达 8∶2，60 年代为 7∶3，70 年代为 6∶4，到了 80 年代却成了 4∶6。据有关专家统计，50 年代我国海洋捕捞的年平均马力单产是 2.3 吨，70 年代为 1.03 吨，80 年代为 0.9 吨，90 年代初期是 0.64 吨，目前仅为 0.5 吨。小黄鱼曾是我国渤海、黄海、东海海区生物量最高的种类之一，1959 年春、夏、秋三季均每网渔获量大约为 51.0 千克，1983 年还有 4.9 千克，而到了 1999 年却只有 0.36 千克。

与资源持续衰退相反，在渔船数量、总捕捞努力量、渔船马力的持续增长的同时，从事海洋渔业的劳动力也迅速膨胀。海洋渔业的劳动力人口从 1958 年的 71.6×10^4 人增长到 2002 年的 287.3×10^4 人，其中从事海洋捕捞的专业劳动力人口从 1958 年的 66.9×10^4 人增加到 2002 年的 115.1×10^4 人，海洋兼业劳动力的人口也从 1958 年的 4.7×10^4 人增加到 2002 年的 79.3×10^4 人。另外，非渔劳力不断侵占传统渔民的领域，据文献报道，在东海区非渔业劳力从事捕捞作业的人数 1991 年为 7 005 人，而到了 1995 年就增长至 3.1178×10^4 人。

为控制捕捞渔船的盲目增长，养护和合理利用渔业资源，"九五"时期和"十五"期间，农业部曾连续 10 年对全国海洋捕捞渔船数和功率实行总量控制（简称"双控"）制度，但许多沿海地区由于受渔民再就业问题等多方面因素的影响。"双控"制度未得到全面贯彻实施，我国渔业资源仍面临过度开发的危机，沿海渔民的生活充满了艰辛。调查显示，在广东省所拥有的捕捞生产渔船中就有 60% 是亏本经营，30% 仅限保本，只有 10% 渔船微利，绝大部分渔船艰难地维持着简单生产。

最近 10 年，随着国际海洋制度的实施、各国专属经济区的设立及中日、中韩、中越北部湾 3 个渔业协定的生效，从事外海捕捞的海域日益压缩，持续的最大限度的资源掠夺及捕捞努力量不断扩张，使渔业资源密度接近枯竭。即使从生物学本身的世代交替规律来看，渔业资源也不能再像以前一样无限制的开发下去，渔业资源的保护及可持续发展问题愈来愈受到国家渔业管理部门的重视。因此，尽可能地调减相当部分渔船转离捕捞或淘汰报废，把相当部分捕捞专业劳动力转入养殖行业或转向非渔产业，既是鉴于目前我国近海捕捞能力过于强大及资源承受度极度脆弱的考虑，也是海洋渔业可持续发展的客观要求。

3. 渔业产业化发展的内在要求。传统的渔业行业大都以独立个体经营为主体，渔民的经营方式是"小而全"，这种分散式的经营模式使渔民的生产始终不能形成规模，运作成本高、效益低。同时，由于个体经营缺乏一种共同的约束机制，在生产中时常存在一些盲目的、脱离渔业资源基础的、无限制扩大外延生产能力的做法，这不但损害了海洋渔业赖以生存和发展的最基本的资源基础，而且由于渔民生产的产品大都为初级产品，产品雷同，科技含量不高，极易产生对市场波动的放大效应，导致市场的同步震荡造成局部相对过剩，这一方面损害了渔民彼此的利益，一方面浪费了资源。①

渔业产业化则不同，它是以提高渔业比较利益为中心、以市场经济为导向、以渔民个体与渔业企业为主体和基础，按照市场发展规律，优化各种生产要素，对区域性产业实行专业化生产、系列化加工、企业化管理、一体化经营和社会化服务，逐步形成捕捞加工一条龙、产供销一体化、渔工商一体化的经营体系，使渔业走上自我发展、自我调节的良性发展轨道，推动渔业现代化进程。实行渔业产业化生产，可使渔业由分散经营发展为适度规模经营，促使水域、劳力、资金等生产要素优化组合，实现渔民个体与企业经营的彼此合作、优势互补、风险共担及利益共享，从而最大限度的减少和化解渔民独立经营所承担的风险，增加渔民收入的稳定性。

渔业产业化是现代渔业发展的必然趋势，产业化的发展为渔民提供了产业内各种各样的就业和劳动机会，加快了渔民从单纯的捕捞生产转向加工、供销、流通、服务等行业的进程，提高了渔民适应现代渔业经济发展的综合素质，为建立优质高效的渔业产业体系和可持续发展的渔业生态系统，实现渔民共同富裕和渔区社会的全面进步打下基础，这既是渔业产业化发展的内在要求，也是建设社会主义小康社会的内在要求。

4. 渔业经济结构调整的迫切要求。20 世纪八九十年代初期的海洋捕捞产业体制改革，大大促进了海洋渔业经济的发展。在海洋捕捞渔业较高的经济利润的影响下，不仅沿海广大渔民对捕捞业投入了极大的热情，大批内地农民纷纷下海建造了大量的小型、低质渔船，加入到海洋捕捞业的生产行列，使渔业第一产业从业人员极度膨胀。如此众多的海洋渔民、农民集中从事海洋捕捞业除对海洋渔业资源造成严重捕捞压力、引起捕捞过度、资源枯竭和捕捞效益低下外，造成了资金投入过度和生产力的极大浪费，这不但导致了沿岸渔业第一产业结构的失衡。同时影响了海洋第二、第三产业的发展。据统计，我国自 1997～2002 年海洋第一产业所占的比重平均为 54.87%，第二产业为 27.92%，第三产业为 17.21%。而与我国情况不同的是，世界上一些发达渔业国家的第二、第三产业往往占有相当的比重，他们水产品的加工业或休闲渔业等几乎是海洋渔业中收益最好、发展最大的产业。因此，我国渔业经济结构还有极大的调整空间，渔业主管部门应该尽快出台一些相关的政策及配套措施，鼓励渔民转产转业至第二、第三产业，这也是我国渔业经济调整、解决渔民就业问题的迫切要求。

（二）我国沿海渔民转产转业问题的直接成因

1. 中日、中韩、中越渔业协定的签订。人类自古以来就在毗邻陆地的浅海海

---

① 宋立清：《中国沿海渔民转产转业问题研究》，中国海洋大学硕士毕业论文，2007 年。

域从事渔猎活动，并将其作为重要的谋生手段。由于海洋渔业对于当地居民的生产、生活具有重要作用，沿海国家很早就提出了把沿岸渔业置于本国管辖之下的主张。但是，直到20世纪，沿海国对海洋渔业的管辖权一直被限制在沿海国沿岸狭窄的领海水域，对于公海，任何国家都享有自由捕鱼的权利。

进入20世纪，国际社会开始认识到海洋生物资源的有限性，长期的过度捕捞将最终导致海洋生物资源的枯竭。为养护与管理海洋生物资源，通过谈判，国际社会签署了一系列国际公约，如1945年的《捕鲸公约》、1958年的《公海公约》和《捕鱼与养护公海生物资源公约》等，使传统的公海捕鱼自由原则受到了一定的限制。1982年4月联合国海洋法会议第11次会议通过了《联合国海洋法公约》（以下简称《公约》），并规定于1994年11月16日正式生效。这是人类历史上第一部涉及海洋各个领域的国际海洋法典，不仅包括领海、大陆架等传统性的海洋法条款，还包括200海里专属经济区等海洋法的新概念，并规定沿海国具有勘探、开发专属经济区内生物和非生物资源的主权等。《公约》在赋予沿海国对其专属经济区自然资源的主权同时，规定了沿海国对其生物资源所应履行的养护和管理义务。

中、日、韩三国均为《联合国海洋法公约》的缔约国，先后颁布了各自的专属经济区法律。由于中日、中韩两国间相向海域宽度不足400海里，如果各自按照《公约》规定划分200海里专属经济区，中日、中韩的专属经济区将不可避免地出现重叠，所以需要通过谈判来划定双方专属经济区之间界限。从近年来的实际情况来看，随着渔业技术的不断进步，各国对渔业资源的争夺不断加剧，渔业纠纷时有发生。为了维护和发展睦邻友好关系，养护和合理利用共同关心的海洋生物资源，维持海上正常作业秩序，根据国际法特别是1982年12月《公约》的有关规定，中日、中韩先后签订了渔业合作协定。这些协定的签订，已经对双边政治经济关系，尤其是对双边海洋渔业生产产生了巨大影响。

北部湾是一个较狭窄的海湾，是中越两国陆地和中国海南岛环抱的一个半闭海，宽度约在110～180海里之间，面积约12.8万平方公里。中越两国在北部湾既相邻又相向，而且越南也是《联合国海洋法公约》的缔约国。根据《公约》的规定，两国在北部湾海域的专属经济区和大陆架全部重叠，必须通过划界加以解决。历史上，中越两国从未划分过北部湾。20世纪整个60年代以前，中越双方只按各自宣布的领海宽度管辖，湾内的资源共用共享，一直相安无事。但后来，由于没有一条明确的北部湾分界线，两国间经常发生纠纷，造成局势不稳，影响了两国关系。2000年12月25日，中国和越南在北京签署《中华人民共和国和越南社会主义共和国关于两国在北部湾领海、专属经济区和大陆架的划界协定》及《中华人民共和国政府和越南社会主义共和国政府北部湾渔业合作协定》。划界协定的生效，标志着中国海上第一条边界的诞生，是中越关系上的一件大事。①

2. 过度捕捞。纵观全球渔业发展，可以说伴随捕捞技术不断进步的，往往是捕捞工具数量的快速扩张，由此导致捕捞能力增长过快，导致过度捕捞现象在全球蔓延。在漫长的捕捞业发展史中，由于受自然条件和捕捞技术的限制，人类投入捕捞业的劳动力相对稳定，能够捕获的渔获物也有限，对鱼类的自然生长影响不大，人类对渔业资源的利用长期处于开发不足阶段。直到19世纪后期，世界各地的人们还普遍认为，相对于人类的实际需求而言，海洋生物资源的供应是无限的。但是，进入20世纪，随着人类工业化进程的不断加快，人类的捕捞技术得到迅速发展，捕捞劳动力也迅速扩张，到了20世纪60年代后期和70年代早期，全球总渔获量水平已接近高峰。此后，捕捞业投资继续扩增，过度捕捞的问题日益凸显，海洋渔业资源日趋衰退，许多地区的渔业生产开始下滑。据联合国粮食组织（FAO）报告，目前捕捞的海洋经济鱼类中已经有60%的种类达到捕捞的极限或过度，甚至枯竭。

此后，随着对渔业资源特性的认识和可持续发展观的逐步确立，少数发达国家的渔业资源进入资源有效管理阶段，但多数国家的传统经济种类的渔业资源状况都处在过度开发阶段，渔业资源枯竭已成为全球渔业面临的共同难题。从20世纪70年代前后开始，中国海洋捕捞渔船增长过快，各海区渔业资源开始衰退，进而是一年比一年恶化，资源衰退种类日趋增加，单位努力量渔获量不断下降，渔获群体组成小型化、低龄化、渔获种类组成低质化、低值化现象日趋严重，有的传统经济鱼类资源已经几乎绝迹。

捕捞能力与自然性渔业资源的不对称性，必然要求我们限制捕捞能力的无限扩张，把捕捞能力控制在一个适当的水平。因此，调减捕捞渔船转作他业或淘汰报废，把渔业过剩劳动力转移出来从事养殖业、加工业或其他非渔产业，既是控制和压缩过剩捕捞能力，减轻资源承受压力的迫切要求，也是实现海洋渔业可持续发展的客观要求。

3. 环境污染。捕捞渔民转产转业问题，说到底是一个船（捕捞能力）与鱼（鱼类资源）之间的矛盾问题，鱼类资源虽然是可再生资源，但再生能力是有限的，它要求人类的捕捞能力必须也加以限制，使"船"和"鱼"维持在一个动态均衡的水平上。科技进步、捕捞渔船过快增长，都可以看做是在船的一端增加砝码，使船、鱼矛盾失去平衡，最终导致必须减船。另外，如果出现鱼类资源单方面减少，如环境污染，即使船的因素不增加，也会出现船、鱼失衡的现象，最终也会像过度捕捞一样，迫使渔船减少，以达到船、鱼的重新平衡。

渔业水域生态环境是水生生物赖以生存、繁衍的最基本条件，水域环境的质量

① 宋立清：《我国沿海渔民转产转业问题的成因分析》，载于《中国渔业经济》2005年第5期。

好坏，将直接影响渔业资源的兴衰和养殖业的健康发展，进一步影响着中国人民的生存质量和社会发展。随着中国经济的快速发展，城市化建设的速度加快，人口的急剧增加，中国的水域环境持续恶化，已成为破坏渔业资源的"黑色枪手"。

（1）工农业污水、废物及城市生活污水的肆意排放。随着中国经济的快速发展，工农业生产和居民生活废水、废物未经处理就直接排入江河、湖泊、海洋等，成为污染渔业水域生态环境的最主要原因。目前中国每天排出的工业污水达 9 000 万吨，每年约 300 亿吨。据国家海洋局海洋公告，2003 年中国有主要陆源入海排污口 867 个，其中，工业污水直接入海排污口 448 个，市政及生活污水直接入海排污口 244 个，排污河流入海口 175 个，绝大部分排污口邻近海域，环境污染严重。海水质量大都为四类或劣四类，海洋沉积物污染严重，近 40% 的排污口海域沉积物质量劣于三类海洋沉积物质量标准，海洋生物普遍受到污染，底栖生物趋向个体小型化，生物多样性降低，栖息密度显著增加，小型底栖贝类占绝对优势，经济生物数量明显减少，多个排污口邻近海域的底质出现无生物区，形成海洋沙漠。海水中的主要污染物是无机氮、活性磷酸盐，无机氮和活性磷酸盐含量超标严重，营养盐比例失衡，造成浮游植物数量激增，致使邻近海域赤潮频发。据资料统计，中国海洋赤潮在 20 世纪 60 年代只出现过 4 次，70 年代出现过 15 次，80 年代平均每年发生 20～30 次，90 年代平均每年发生 70～80 次，到 2002 年全海域共发现赤潮 99 次，累计面积约 10 150 平方公里，2003 年全海域则发现赤潮 119 次，累计面积约 14 550 平方公里。污染面积愈来愈大，损失愈来愈严重，呈现出时段长、高发期集中、区域集中等特点。赤潮时浮游植物过量增殖造成水体缺氧，直接杀死水生生物，养殖的鱼虾往往因赤潮在一夜之间全军覆没，赤潮频发还导致部分地区麻痹性贝毒和腹泻性贝毒中毒现象时有发生。

（2）水产养殖业自身发展所导致的环境问题。近年来，中国的水产养殖业突飞猛进，在取得辉煌成就的同时，长期以来，由于片面追求养殖面积与产量，缺乏科学的论证和海域功能区划，形成了大面积、单品种、高密度的养殖格局，加之养殖区域排灌水设置不合理，造成了水域环境的严重损害。[①] 另外中国的水产养殖主要是靠高施肥、高投饵来获得尽可能多的鱼产品。科学研究表明，投入池塘或网箱的饵料，通常有 30% 或更多未被鱼虾摄食，产生的残饵、残骸与鱼虾的排泄物一起沉到水底，残物在水体中分解消耗溶氧，分解产物主要成分为氨氮，加之养殖密度大，水域的自净能力差，致使大量的病毒、细菌等致病微生物在水中滋生。水质严重恶化，造成近几年中国许多海域养殖业出现了"养什么、病什么、死什么"的现象，而污染的水体则通过水的流动导致邻近海区的污染和水体的富营养化，致使病原生物四处蔓延。

---

① 杨林：《资源与环境约束下中国渔业经济发展潜力研究》，载于《水产科学》2004 年第 8 期。

（3）水域开发利用不合理，近海生态系统遭到破坏。近年来，沿海地区随着海岸带、浅海和海岛资源的开发利用，盲目地围垦、填海、筑坝、取沙、造塘、建港和石油开采等，造成河道港湾淤塞，滩涂湿地面积锐减，致使沿海滩涂生态环境恶化。许多优良的产卵场、育苗场、育肥场、增养场的渔业功能丧失，渔业资源的增殖与恢复能力下降，重要渔区的渔获物种类日趋单一，渔获物逐渐朝着低龄化、小型化、低质化方向演变，多数传统优质鱼种资源大幅度下降，难以形成鱼汛。由环境污染和过度捕捞导致渔业资源衰竭，是全球渔业发展面临的共同难题。捕捞能力与自然性渔业资源的不对称性，必然要求我们限制捕捞能力的无限扩张，把捕捞能力控制在一个适当的水平。因此，调减捕捞渔船转作他业或淘汰报废，把渔业过剩劳动力转移出来从事养殖业、加工业或其他非渔产业，既是控制和压缩过剩捕捞能力、减轻资源承受压力的迫切要求，也是实现海洋渔业可持续发展的客观要求。

4. 渔业行政管理体制不完善的原因。按照《中华人民共和国渔业法》规定，国家对渔业的监督管理，实行统一领导、分级管理。国务院渔业行政主管部门主管全国的渔业工作，地方渔业行政主管部门隶属于当地政府，当地政府对本地区的渔业行政主管部门享有领导权，上级渔业行政主管部门对下级渔业行政主管部门只有业务指导权。由于地方渔业行政主管部门主要听从当地政府指挥，一些地方领导往往在"获取政绩"的目标驱动下，作出违背渔业管理长远利益的错误决策。从海洋伏季休渔到集中清理整顿"三无"和"三证不齐"渔船，再到长江的春季禁渔，都充分体现出了国家渔业主管部门保护渔业资源的决策，积极倡导控制捕捞强度，为子孙后代造福。但是个别地方政府为了自身的利益，对国家政策采取上有政策下有对策的做法，或者说一套做一套，有的甚至对违法违规现象放任纵容，不仅不履行自身的职责，反而成为落后生产方式的保护者，不仅破坏了渔业资源，也在一定程度上造成了国家管理资源的浪费。

不仅如此，在中国现行的渔业行政管理体制中，渔业执法和渔业生产同属一个部门，行政管理与行政执法职能合二为一。根据中国的客观实际，地方主管领导对渔业生产的重视程度远远超出在渔业执法上的投入，有的领导甚至只抓生产而不顾执法，为渔民的酷渔滥捕提供了"领导依据"，使原本有限的渔业资源遭受更加严重的破坏。而渔业执法人员迫于"长官意志"，只好置上级的业务指导于不顾，致使渔业管理处于失控状态。执行制度的队伍素质不高。一方面是渔政队伍先天不足，经费、编制得不到保障，难以行使公共行政职能；另一方面是目前的渔政队伍人员素质参差不齐，执法水平普遍偏低，难以适应依法行政的需要，达不到预期的管制效果。所谓的统一领导，分级管理变成了统一领导不足，分级管理有余，难以形成合力，许多工作和努力由于体制及人员的因素而被稀释、消耗了，进而造成管理效率低下、效果不佳。①

四、协定实施对中国传统渔区和渔民的影响

随着中日、中韩、中越三个双边渔业协定的签署、生效，海洋渔业开始由领海外自由捕捞向专属经济区制度过渡，中国海洋捕捞渔船的作业渔场明显缩小，大量捕捞渔民面临转产转业问题，对海洋渔业和沿海经济发展带来严重的影响。

（一）渔区萎缩，大批渔船被迫撤出传统渔场

《中韩渔业协定》中的暂定措施水域不仅是黄海中北部和渤海湾各种鱼虾的越冬场所，而且是各种鱼类产卵洄游和越冬洄游的过路渔场。资源丰富、经济鱼种类多，是中国渔船的主要作业渔场。《中韩渔业协定》的签订使中国外海捕捞渔船进入韩国管辖水域、韩方一侧过渡水域作业的规模减少到原来的 10% 左右，这两块水域包括了大小黑山、济州岛等浙江传统的外海作业渔场。新《中日渔业协定》中的暂定措施水域，是中国大马力渔船的传统作业渔场，中国渔船每年在该区域捕捞作业 5 个多月。日本专属经济区也是中国渔船的传统作业渔场，该区域盛产鱿鱼、鲅鱼等经济种类，中国大马力渔船每年在该区的作业时间超过 1 个多月。《中日渔业协定》生效后，日方加大了对暂定措施水域的开发力度和捕捞强度，加强对共有资源的争夺，也加大了对专属经济区的监管力度，从而给中国海洋捕捞业造成很大的压力。据统计，中日、中韩渔业协定生效后，中国东部各省（市）约有 2.5 万艘渔船从日韩的对马、济州、大小黑山岛等传统作业渔场撤出，每年减少捕捞产量约 120 万吨，直接经济损失超过 60 亿元。其中，辽宁省在黄海外侧和东海外海的一部分渔场被压缩，使得在该海域从事捕捞作业的 4 万多渔民面临困难，约 17 万渔业人口的生活受到影响，分别占捕捞作业劳动力总数和渔业总人口的 33% 和 34% 左右。山东省失去了 40% 以上的传统"黄金"作业渔场，即使允许一部分渔船至韩、日专属经济区和中日、中韩"暂定措施水域"及"过渡水域"作业，但万余艘渔船中的大部分将不得不退出这些水域。浙江省 2000 年在韩国管辖水域生产的渔船约 7 000 艘，渔获量达 20 万吨，在韩国过渡水域生产的渔船 11 992 艘，渔获量约 35 万吨，两块水域作业的渔船约 19 000 艘，渔获量达 55 万吨。2001 年农业部分配给浙江省进入韩国管辖水域和韩国过渡水域生产的渔船为 1 703 艘，不到 2000 年实际作业渔船的 20%，全省将有 80% 以上的渔船退出韩方一侧水域，仅此一项浙江省一年减少捕捞产量 45 万吨，产值约 25 亿元。江苏省有 2 000 余艘大马力渔船被迫撤出传统作业渔场，减少捕捞产量 15 万吨，直接经济损失达 8 亿

---

① 吴彩莲：《中越海上划界背景下广西北部湾渔民的现状与出路》，载于《桂海论坛》2007 年第 11 期。

多元。

《中越北部湾渔业合作协定》生效后，广东省主要是湛江市将减少传统作业渔场 3.2 万平方公里，占传统作业渔场的 50%。广东省常年在北部湾中心线以西生产的渔船（主要是湛江市）将被迫退出，每年减少产量 32 万吨（其中湛江占 22 万吨），渔业经济损失 17 亿元，后勤损失 10 亿元。原来在北部湾中心线以西生产的渔船将全部压回中心线以东生产，渔业资源争夺将进一步加剧、恶化，近海资源状况将变得更加严峻；渔船作业密度加大，作业纠纷、生产安全及涉外事故等问题会增多，加大了渔业管理的难度。

（二）渔民失业问题凸显，严重危及渔区社会稳定

大批渔船从传统渔场撤出，挤进中国管辖水域和中方过渡水域，使本来已拥挤不堪、捕捞效益每况愈下的中国海洋捕捞业雪上加霜，海洋捕捞产量、效益将大幅度下降，渔船亏损面与亏损额随之增加。特别是沿海重点渔区，海洋捕捞是地区经济的支柱产业，与之相关的水产品加工、流通、冷藏、储运和船网工具修造、港口服务等产业将随之萎缩，渔区失业人口再度增加，严重危及到渔区社会的稳定。据浙江反映，仅中韩渔业协定的影响就有 1 万多艘渔船转产，约 3 万捕捞劳动力下岗待业，波及近 10 万渔民的生活问题。江苏省也将有 2 万劳力退出捕捞业，5 万渔民生活受到严重影响。重点地区情况更为严重，江苏启东市将有 600 艘渔船撤出传统渔场，6 000 多捕捞劳力的收入失去保障，约 1.5 万渔民的生活将出现危机。加上与渔业相关产业的影响，沿海渔民的生计更为艰难。

（三）近海渔业资源衰退，渔业可持续发展受到威胁

由于海洋环境恶化和捕捞强度失控，使近海渔业资源日趋衰退，许多传统经济鱼类已形不成渔汛，尚存品种也呈小型化、低龄化。近年来，渔业资源状况愈来愈差，鱼体小，幼鱼比重日益增加。中日、中韩渔业协定生效，大批渔船将从传统渔场退出，压向近海，使日渐衰退的近海资源雪上加霜。渔民迫于生计，将最大限度地利用渔业资源，一方面使捕捞成本增加，效益下降；另一方面，使渔业资源保护与管理的难度加大，给海洋渔业可持续发展带来新的威胁。据初步统计，三个渔业协定生效后，全国约有 3 万渔船陆续从部分外海传统渔场撤出，有 30 多万海洋捕捞渔民和近百万渔业人口的生产、生活受到不同程度的影响，对社会稳定和再就业增加了巨大压力。同时，由于大批渔船从外海传统渔场退出，对中国近海渔业资源的压力加大，对现有保护近海渔业资源的制度会带来一定的冲击。

（四）涉外渔业事件和海上渔事纠纷增加，严重危及渔民生命财产安全

中日、中韩渔业协定生效，中国东部沿海海洋捕捞秩序和管理方式由此发生很

大变化，与渔民传统作业习惯很不适应，特别是有的渔民法制观念淡薄，加之受经济利益的驱动，冒险越界进入日、韩管辖水域作业，导致渔业涉外事件增加。同时，由于渔场范围缩小，作业拥挤，渔船间的作业纠纷不断增加，有的甚至上升为重大的群体事件或刑事案件，不仅给渔民生命财产造成严重的损失，而且不利于维护国家的外交大局和社会稳定。

正是鉴于上述原因，农业部郑重作出决定，从 2002 年起，对沿海渔民实施转产转业政策，力争 5 年内减船 3 万艘，约 30 万渔民实现转产转业，中国沿海渔民的转产转业工程（简称"双转工程"）由此拉开了序幕。

第三节　北部湾划界后我国渔民转业转产途径

随着我国同越南签订的北部湾渔业协定生效执行，以及海洋渔业资源的衰退，我国北部湾地区渔业人口过剩及失业问题已凸显。如何利用各种有效方法解决渔业过剩人口问题，对发展渔业经济和社会安定都是非常重要的。而一些国家和地区的成功做法可以作为我国北部湾渔业发展和渔民转产转业的借鉴。

一、日本渔民转产转业状况

日本在第二次世界大战后的一段时期里，也曾面临到过渔业人口过剩问题。最严重时渔业过剩人口达到渔业人口的 1/3，成为当时一个严重的社会问题。为解决这个问题，日本对此进行了长期的努力。

（一）日本渔业人口过剩的原因

1. 资本积累及技术更新。资本积累的最终目的是追求投资利润的最大化，也就是通过资本投资来更新技术，使生产力不断得到发展。日本在明治维新以后走上了资本主义道路，社会生产力有了极大的发展，而作为其国内最古老的行业之一的渔业也在资本不断积累的过程中发展起了先进的渔业技术，越来越多的资本投入到大型渔船和远洋渔船的建造当中。由于这些大企业的设备新、技术好，生产能力比一般渔民的渔船大许多倍，水产品捕捞成本很低，在价格上远比传统渔民有优势，加上这些大企业所雇佣工人有时是更廉价的农民而不是传统的渔民，所以，在 20 世纪 50 年代后，大量的传统渔民因传统作业方式敌不过渔业资本家的生产经营而造成大量的渔业人口过剩，无鱼可捕的渔民转产从事其他行业。[1]

---

① 韩兴勇：《战后日本渔业人口过剩问题及对策》，载于《中国渔业经济》2002 年第 4 期。

2. 渔场所有权。日本的农村用地属私人所有，沿海的渔场虽不像土地那样为个人所有，但渔场往往由沿海的渔村或渔业协同组合等组织专用管理，有点像我国古代的"封建部落"，其所有权属于本村或本地渔业协组合管理和利用，外地的渔民如果要到其管辖地方来捕捞，需要支付极其昂贵的渔场租赁金，因此，一般的外来渔民难以进入。如果本地的渔民因捕捞效率低下而不能充分利用资源，就会造成渔业资源利用的不平衡，一边虽有一定的生产能力却无鱼可捕，一边又因劳动力弱无力开发资源，而他们的生产力又都远不能达到从事远洋渔业的要求，于是，一部分渔民只能无奈的沦为过剩人口。①

3. 税收过重。20 世纪 50 年代初，日本对渔民的税收非常多，渔民除了像农民一样缴纳普通的农业所得税、居民税以外，还必须缴纳渔船税、事业税等，这些税收要占到渔民平均收入的 13.2%（以拥有 5 吨以下的渔船来计算），而零散经营的渔民生产能力本来就低，如此繁重的税收令其难以负担，因此，有的渔村有近 1/3 的渔民因不缴税而被税务局封查家产以抵税收。这样，不堪重负的渔民唯一的选择就是放弃渔业生产。

4. 渔业环境恶化。第二次世界大战后的日本经过一段时间的恢复，工业和城市化的发展异常迅速，由于对环境污染问题的重视不够，尤其是在沿海地域建立了大量的化学生产企业，大量废物加上城市垃圾直接排放导致了严重的海域污染，赤潮时有发生。② 据有关资料显示，20 世纪中期，受环境污染的渔场占到日本全国渔场总面积的 47.1%，其中以南太平洋地区和日本海西区及东中国海最为严重，达 55% 以上。其中以日本海及东中国海最为严重，而这些海区都是日本渔民传统的捕捞地带。同时，日本的经济增长通常是建立在进出口贸易基础之上，经济社会的急速发展和大量的生产原料及成品进口促成了其航运业的空前盛行，航道中船舶的漏油、排污及引发的渔具毁坏等问题，给渔民的生产带来了许多麻烦，渔民在感受快速发展所带来便利的同时，恶化的环境迫使其不得不退出渔业生产。

诸上原因，造成日本第二次世界大战后初期渔业人口严重过剩。据统计，在渔船停业最多的年代，歇业渔船已达到总渔船数的 31.5%，其中小型渔船（19 吨以下）的歇业更是占歇业渔船总数的 65.7%。

（二） 渔业过剩人口问题的解决对策

面对大量的渔业过剩人口问题，日本政府的有关部门采取了各种对策来解决这些问题。好在日本 50 年代正处于经济发展时期，经济结构的调整对社会劳动力资源的调整起到了一定的平衡作用，从而使渔业过剩人口的问题能在整个社会劳动力

---

① 何群益：《日本的渔业发展对我国的启示》，载于《中国渔业经济研究》2000 年第 2 期。

② 孙鹏：《中国渔民转产转业问题研究综述》，载于《河北渔业》2009 年第 10 期。

调整中得到较妥善的解决。当然，这需要一个合理的调整引导过程及有效的对策。

1. 引导渔业过剩人口向城市劳动力转化。伴随着经济的复苏和发展，日本的工业开始向地域，特别是向沿海地域扩展。工业的集中，地域性的城市也随人口的集中得到发展，许多农业和渔业过剩劳动力有了向城市劳动力转移的条件。政府和渔协为帮助渔民获得就业的技能，开办了许多技能巡回教室，帮助渔民在掌握一定的生产必要技能后，流向城市就业。有些地区还积极引入工厂生产集团到本地建厂，吸纳剩余劳动力。

2. 引导渔业过剩人口发展养殖渔业。发展近海养殖渔业成为解决渔民就业的重要措施。因为经济的高度成长，国民生活的改善也在不断提高，对水产品的需求逐渐向高级化、多样化、大量化、日常性上发展。另外，冷冻技术的开发及物流业的完善，使水产品的养殖普及沿海各地。水产品消费的日常化，需要比较安定的供给，而养殖渔业最适合提供日常消费的水产品。在这些环境条件下，政府和有关部门大力鼓励渔民进行沿海水产品养殖，在融资和技术指导上给予帮助，使很多渔民转向养殖渔业，使他们成为有比靠自然渔业更为有安定收入的养殖渔业。

3. 发展水产品加工和输出，增加渔民就业和收入。传统渔民在捕捞到水产品后，只进行一般加工或不加工就直接卖给渔行。为解决渔业过剩人口，日本政府和有关部门积极提倡水产品的加工和扩大出口，渔协则直接组织渔民将水产品加工成各种商品。由于冷冻保鲜技术和食品制作技术的提高以及养殖渔业和物流业的发展，为水产品的加工提供了必要的保证，这样经加工后的水产品的附加值大大地提高，使这部分利益停留于渔民的手中，而且也有利于输出，所以日本在当时成了水产品出口大国。

4. 发展观光（休闲）渔业。为解决就业问题，渔协组织小型渔船转为观光海洋垂钓船。日本沿海多温泉，平常也有游客前往沿海温泉地休闲，增加海洋观光垂钓船后，就可以延长游客的逗留日数。除了船钓以外，还开展浅海潜水，采拾贝类等休闲项目，使游客的休闲兴趣大大提高。渔协还鼓励渔民经营民宿，并与交通部门联手合作，开展渔村观光旅游。交通部门十分支持这些旅游项目，利用自己的便利，开展宣传广告，使各方都有利益收入。到现在，海洋船钓已发展到成立有专门的垂钓协会，拥有固定的会员。所以海洋观光休闲项目的开发，不仅对解决一部分渔民的就业问题有利，还连带发展了垂钓器材商店、器具制造厂商等相关服务业。政府为开发观光资源，促进旅游业的发展，在道路的建设上进行了大量的投入，使观光旅游包括海洋观光休闲这一服务性产业能持久地开展下去。

二、韩国渔业发展现状

韩国地处朝鲜半岛南端，三面环海，海岸线长 11 542 公里，岛屿 3 200 个，沿岸水深 20 米以内海域面积 21 000 平方公里（占国土面积的 21%），大小渔港 2 072 座。到 1995 年 12 月末共有渔户 104 480 户，渔业人口 347 210 人，渔业生产体 105 575 个，渔业制造业 2 031 个。远洋渔业在韩国渔业中占有重要地位，自 70 年代中期以来发展步伐加快，捕捞能力和渔获量仅次于苏联和日本，居世界第三位。

（一）韩国渔业发展中的问题

多年来，韩国渔业不断发展，在世界主要渔业国家中，占有重要位置。但是，从其发展现状看，也面临许多困难和问题：

1. 产量增幅不大。产量平均年增长 3% 左右。1996 年产量比上年减少 10.4 万吨，下降 3.1%，产值比上年增加 2 643 亿韩元，增长 6.4%，其中近海渔业 162.4 万吨，比上年增加 198 609 吨，增长 13.9%；浅海养殖 87.5 万吨，比上年减少 121 641 吨，下降 12.2%；远洋渔业 71.5 万吨，下降 20.3%；内陆渔业 30 278 吨，比上年增加 995 吨，增长 3.4%。同时渔船吨位渔获量持续下降，由 1970 年的 5.1 吨降到 1980 年的 3.6 吨和 1991 年的 3.0 吨。这在一定程度上反映出渔业的过度投入、渔业资源的滥捕和衰退。

2. 近海渔业资源明显减少。自 60 年代中期，韩国渔船不断增加，并向机械化、大型化方向发展，捕捞强度越来越大。到 70 年代中期以后，资源减少，产量降低。近海渔船产量由 1986 年 3.9 吨降到 1994 年的 3.3 吨。尽管政府和有关方面采取多种措施，但没有明显效果。

3. 养殖业发展速度滞缓。韩国从 70 年代开始重视发展养殖业，取得一定进展。养殖所占比重由 1975 年的 13% 发展到 1995 年的 30%。然而，自 90 年代以来，因受自然灾害，渔场老化、水污染、病害、品种等因素的影响，浅海养殖产量明显下降。贝类养殖产量 1993 年为 34.6 万吨，1996 年降到 30.7 万吨；藻类养殖产量 1993 年为 66.4 万吨，1996 年降到 53.9 万吨。

4. 渔户和渔业人口呈下降趋势，并向老龄化、女性化发展。韩国 1995 年渔户为 10.4 万户，比 1990 年减少 27 045 户，平均每年减少 3%；渔业人口 1995 年为 347 210 名，比 1990 年减少 145 879 名，年均减少 6.9%；渔业人口年龄在 60 岁以下的，1995 年为 288 430 名，比 1990 年（442 349 名）减少 34.5%，而 60 岁以上的，增加 9.4%；同时渔村的女性从业者在不断增加。

5. 从国际形势来看，通过 7 年的多边谈判，1993 年 12 月缔结了改变世界贸易秩序的乌拉圭谈判协议。同时随着联合国海洋法公约的生效，不可避免地带来韩国可作业渔场的减少。韩国面对水产发展现状和联合国海洋法公约的生效，以及新海洋秩序的确立，对发展海洋经济十分关注和重视，拟采取重点措施，推进渔业发展。

（二）韩国发展渔业的对策

1. 确保沿岸渔场环境，尽快恢复渔业资源。为防治污染，首先将污染严重的海域指定为特别管理海域，实行严格管理。对人口、工厂密集地区设置终端处理场；其次是提高渔场净化效果。对一般海域集中净化，特别管理渔场以湾为单位广泛净化。此外，到 1998 年为止，建造 5 艘渔场净化船、7 艘渔港清扫船，以提高渔场净化能力。为尽快恢复渔业资源，韩国拟扩大人工鱼礁的投放量。截至 1995 年年底已在沿岸 10~50 米深处，投放人工鱼礁 10 万公顷，到 2003 年将延伸到 100 米深海域，投放人工渔礁 30.9 万公顷。从 2002 年开始在水深 100 米以上水域投放，以达到恢复水产资源的目的。同时，还将扩大放流和养殖种苗生产规模，拟在 1998 年年底建成 8 个种苗培养场，从 1998 年开始再建 30 个水产协会种苗培养场，扩大其放流品种。

2. 采取有效措施，重点发展水产养殖业。（1）按海域特点选择合适品种重点养殖。拟在东海重点养殖鲍鱼、海带、扇贝；在南海重点养殖鱼类、鲍鱼、海螺、牡蛎、魁蚶、裙带菜；在西海重点养殖菲律宾蛤、文蛤、虾类、梭子蟹、紫菜、栉孔扇贝等。（2）由平面养殖向立体养殖转变，由近岸养殖向外延渔场拓展。到 2005 年养殖渔场面积由 1995 年的 11.1 万公顷开发到 14 万公顷，养殖水深延伸到 400 米。（3）整顿非法养殖渔场和老化养殖场。（4）开发尖端的养殖技术，普及新的养殖品种。浅海养殖拟开发 40 个新品种，内陆养殖开发 10 个新品种。苗种生产由 1995 年 26 个发展到 2005 年的 60 个品种。用于尖端技术开发资金由 1995 年的 26 亿韩元，增加到 2004 年的 274 亿韩元。养殖由单一品种向多品种、复合式养殖转变。

3. 确立持久的远洋渔业开发体制。为扩大远洋渔业发展，韩国已同 18 个国家签订渔业协定；并加入北太平洋海洋科学调查机构和亚太地区养殖机构；参与建立白令海水产机构；确保俄罗斯、日本、南太平洋、印度洋、大西洋、秘鲁等现有渔场的同时，大力支持开发新渔场，加大开发投资力度。

4. 调整渔业结构，确立渔业秩序。（1）缩减渔船，更新设备。为尽快恢复近海渔业资源，首先缩减国际竞争能力低，资源破坏性大的渔业。韩国政府在 1990 年制定了《农渔村发展特别措施法》，为减船等结构调整提供了法律依据。该法律规定了有关渔业结构调整及减船事宜，同时规定了海洋水产部长官可把以下渔业事项当做渔业结构调整的对象。即被判断为对水产资源的保护有显著影响或将产生显著影响的渔业；因渔业生产率的下降而经营状况恶化或将会恶化的渔业；因渔业自由化以及渔业环境的变化，经营状况恶化或将会恶化的渔业；因与其他国家签订渔业协定或国际渔业环境变化需要调整其结构的渔业。海洋水产部长官认为，因其他渔业环境的变化或从渔业内部情况来看其结构需要调整的渔业。与此同时，1992

年政府委托韩国农村经济研究院对渔业资源、渔业经营状况和不同渔业的最佳渔获努力量等进行了评价，并对渔船的减船规模、渔船渔具的补偿标准等进行调查研究，并以此为基础制定了 1994 ~ 2004 年沿海和近海的渔船减船计划，将落后的捕捞设备更新为现代化、自动化设备。捕捞业的基础是渔业资源。通过渔业减船把过度渔获努力量调整到适当水平的手段，其第一目标和最终目标在于渔业资源的恢复和沿近海渔业生产率或竞争力的提高。（2）强化管理机能，取缔非法渔业。建立水产协会、渔船协会、海警、检察等机关通力合作的管理体制。将海上指导船由 48 艘增至 84 艘。为了加强渔船出入港的管理和扩大渔业无线局力量，强化水产协会的渔业指导机能和组织，建立由出入港管理所、无线局、指导船组成的联合通信网。[①]

5. 完善流通体制，实现产品标准化。为了改善流通结构，扩大产地流通设施。强化产地与销地的流通机能，将陆续增设销售场地，扩大活鱼专售场所和冷冻保鲜设施，建设远洋渔业专用码头和交易市场。与此同时，韩国还将采取措施，建立和完善低温流通体系，成立流通信息中心，开发小包装和标准化包装，改善鱼用箱子，实行水产品质量认定制度，实现水产品标准化，进而刺激消费者，增加渔民收入，稳定渔户。

6. 健全科研与技术开发组织，强化渔民职业教育。首先强化水产研究与技术普及组织和机能，增设渔村指导所（由 27 个增加到 40 个），促进研究开发和技术普及。其次是为提高渔民素质，保证渔业劳动力的有效补充，采取措施实行系统教育。

三、我国北部湾渔民转产转业途径

从国外的成功经验和我国北部湾地区的现实状况来看，为确保北部湾划界协定和渔业协定的执行，妥善解决渔民的生产、生活问题，保持渔区经济的可持续发展和社会秩序的稳定，必须压缩部分捕捞渔船，对压缩下来的捕捞渔船及其渔民，积极引导其转产转业，转向海水养殖开发和水产品加工流通行业。具体来看，针对目前北部湾地区渔民转产、转业中遇到的问题，可从以下几个角度入手解决。

（一）挖掘渔业内部潜力，大力发展渔业经济

1. 发展北部湾地区渔业经济，必须保护和恢复渔业资源，使渔业走向可持续发展的道路。北部湾划界后，中方渔场作业面积大幅减少，渔民失海问题严重，同时，北部湾地区由于常年的过度捕捞，导致整个北部湾渔业水域环境恶化、渔业资

---

① 杨宝瑞：《韩国渔业发展现状及对策》，载于《中国水产》1998 年第 5 期。

源急剧衰退,进一步加剧了北部湾渔民失业问题。因此,为保障北部湾地区基本渔业捕捞的需要,维持渔业资源可持续利用,应尽快制定海洋生物资源的保护办法,将伏季休渔、打击电毒炸鱼、投放人工渔礁等保护渔业资源和近岸渔场生态环境的整治措施进行配套、组装,并加以完善。确定渔业资源和生态环境保护的目标、任务、保护方案和保障措施,使渔业资源保护措施规范化、系列化,努力实现渔业的可持续发展。同时建立渔业行业准入制度,加强对捕捞渔民的技术培训,推行持证上岗,努力提高捕捞渔民的综合素质。根据从事海洋捕捞生产的从业人员的专业技能、身体素质等方面的要求,提高进入渔业行业的准入门槛,这样既可以限制过多的从业者尤其是非渔劳动力下海捕鱼,一定程度上可以减轻专业捕捞渔民的就业压力,又可以消除安全隐患,提高捕捞作业的安全系数。[①]

2. 大力发展水产养殖业和远洋渔业。水产养殖业和远洋渔业是目前发展渔业经济最直接、最有效的方式,也是转移渔业剩余劳动力的一个大方向。应将海水养殖作为北部湾渔民转产转业的目标产业来引导和扶持,将重点放在养殖区防浪堤和养殖设施等基础建设以及水产养殖优良品种引进和培育上。对转向养殖业的捕捞渔民,要优先安排养殖水域,发放养殖证、确认养殖使用权,鼓励他们向养殖业转移,解决实际困难。根据北部湾的渔业资源优势,应积极引导渔民发展对虾、网箱海水优质鱼类、珍珠深水吊养、贝类深水吊养以及滩涂贝类养殖业等特色养殖。发展养殖业的同时,还应该大力发展远洋渔业。由于近海渔业资源大幅度衰退,目前各国都将开发远洋公海的丰富海洋生物资源作为保护近海资源、发展渔业经济的手段。发展远洋渔业,必须要积极扶持具备远洋捕捞条件的大中型渔业企业,开发渔业科技,加快装备高科技导航设备、捕捞设施、探鱼设施等远洋渔船的研究,结合实际积极稳妥、更好更快地发展远洋渔业。发展远洋渔业过程中,要多吸收近海的专业捕捞渔民,减轻近海渔民就业压力。同时,利用发达国家因劳动力成本过高而逐渐退出远洋捕捞的机遇,按照有关国际公约和国际性渔业管理组织确定的渔业行为准则,向渔业发达国家进行有序的渔业劳务输出,既可以实现剩余劳动力转移,增加外汇收入,又可以作为一种人才培养的方式,为我国远洋渔业的进一步发展储备人才。另外还要结合中越渔业合作协定水域渔船安排,积极开展对越渔业合作,力争能多安排渔船进入共同渔区和过渡性水域生产。

3. 发展渔业经济还要走渔业产业化之路。从我国北部湾地区来看,渔民的捕捞、经营规模都很小,往往是以个体或小集体作为基本单位,对小规模经营的渔民来说,组织起来进入市场,保护自身利益更为必要,因此在现阶段大力发展渔业产业化意义十分重大。渔业经济产业之路既是海洋渔业可持续发展的内在动力,又可促进渔民转产转业工作的开展。提高渔业横向一体化水平,增强渔民的利益博弈能

---

① 韩兴勇:《渔民就地转产转业问题与思考》,载于《太平洋学报》2006 年第 5 期。

力。单个渔民是无法进入市场竞争的，通过合作组织的形式使分散、小规模经营的渔民进入市场的最好途径，也是各国的普遍做法。海洋捕捞产业化就是由各单位以村或队为单位组成一个联合体，实行捕捞作业和产品加工一条龙的多种经济形式的联合。新型联合体是由渔民自愿建立起来的，由渔民自己管理，代表着渔民利益。联合体能向农民提供各种服务，在经济往来中能更好地保护渔民利益。渔业产业化经营必须要由联合体牵头，在对外关系上，我国加入 WTO，按照国际通行原则，对外谈判要由渔民自己的组织出面，政府是无法代替的，这些都需要有渔民自己的组织。在整合过程中，一方面将那些捕捞技术不行但经营头脑活络的渔民吸收入管理层或经营层；另一方面将破旧、小型渔船进行报废或者转入运输等其他行业，做到统筹管理，各取所长，而不是一刀切地将渔民全部转业，降低渔民转产转业的难度。另外，走产业化道路还可以通过组建远洋渔业集团公司，吸收渔船进行远洋渔业、远洋运销，吸纳渔民从事远洋渔业的生产和管理。

（二）调整渔业产业结构，让渔民走向"亦工亦农"道路

1. 国外农村劳动力转移经验表明，工业化是影响农村劳动力转移进程的一个十分关键的因素。渔业结构的调整可以为渔业劳动力提供很大的就业空间。随着人们生活水平的不断提高，对水产品的品质要求也越来越高，新、奇、特等名优水产品成为需求的新宠，因此大力发展水产养殖业和水产品深加工行业，既满足了市场需要，又提供了就业空间。产业化渔业所带来的社会分工还为北部湾劳动力提供了另一个就业增长点。北部湾地区渔业在产前、产后环节吸纳的劳动力还很少，渔业劳动力的从业范围基本集中在生产环节上。但是，随着产业化渔业的发展，现代水产品生产经营在组织规模扩大的同时，还要发展水产品的技术服务和加工，使渔业生产经营环节工业化、专业化。因此，一线渔业生产劳动力虽然减少了，但收购、加工、销售等环节所提供的就业岗位将会大为增加。这种发展趋势使得大部分产中环节的劳动力势必向产前、产后环节转移。调整渔业产业结构，既可以有力地推动渔业产业化服务体系的发展，又可以为渔民提供大量就业机会。同时，抓住中国加入 WTO 及北部湾与东盟共同发展的机遇，加快发展水产品精深加工行业，延长产业链，增加水产品出口创汇比例，既可以增加渔业效益和渔民收入，还可吸纳大量剩余劳动力就业。具体操作中，北部湾各地区的发展重点，一是选择劳动密集程度较高的行业。从各地区的资源优势和产业特色出发，可发展水产品的加工和再加工、海洋生物保健食品开发等。二是提高家庭工业的比重。可从增加家庭工业从业人数抓起。在行业选择上，零星水产加工业应是直接有效的途径。要通过渔农产品加工龙头企业为主体带动渔农村劳动力转移。一方面要继续壮大和发展龙头企业，继续扩大订单数量，增加联结渔农户数量；提前预付生产资金，提供资金支持；继续提供生产技术指导；合同条款须进一步规范，双方权利义务须进一步明确；举办

渔农产品展销会。另一方面要发展渔农村经济组织和行业协会，发挥它们服务渔农业的作用。

2. 根据北部湾各地区特色，因地制宜大力发展渔业第三产业。如发展休闲渔业、垂钓业来开发渔区旅游业。由于秀美的渔区自然环境、野趣盎然的渔业生产活动、豪放淳厚的渔乡民俗风情，渔区旅游受到越来越多旅游者的青睐。渔区管理部门应根据现有的旅游资源为基础，在不破坏生态环境的前提下，做好规划、开发、管理等工作，推进渔区旅游业及休闲渔业的发展，并由此带动其他三产行业，为渔民转产转业提供更多的区域和空间。但在发展休闲渔业时，要注意借鉴国外的经验教训，不可忽视休闲渔业给渔业资源所产生的压力。如在美国过度捕捞与正在过度捕捞的种群中，休闲渔业已占到23%，由于对渔获物大小、数量的限制，导致了入渔者将钓上的鱼扔掉（或放生）的现象出现，使鱼类的死亡率与亚死亡率增加，休闲渔业还造成鱼类体长与年龄结构的降低，由于主要对渔业生物链的顶层进行捕获，改变了海洋生态系统的结构、功能、生产率。休闲渔业由于主要集中在近海区域，这些区域又是鱼类多个生命阶段的栖息地（如产卵、摄食、洄游），所以休闲渔业经常以非成熟鱼为捕获目标，丢弃的鱼线、鱼钩还会对海鸟、海洋哺乳动物以及其他海洋生物产生伤害，增加了死亡率。[1]

3. 以海上运输业切入点加快渔农村第三产业的发展。（1）渔民跳出捕捞的最大意愿和最便捷的路子就是向海上货物运输和水产品购销运输转移。随着泛珠三角经济快速发展所带来的辐射功能的增强，北部湾地区以湛江港为首的港口群将能发挥巨大的海上物流运输功能，也为北部湾渔民从事海上货物运输提供了机遇。（2）海上运输业的发展，港口物流的完善，将能大大改进北部湾地区的陆路、海路交通状况，从而进一步促进休闲旅游行业的发展。（3）将为渔农村经济服务的乡镇各种站、所转变为市场化运作的渔农服务企业，吸纳一部分剩余劳动力。

4. 利用北部湾海港优势，充分挖掘渔港的整体功能，改变单一停泊避风局面，发展渔船避风、水产品交易、供油供水、船用配件供应及海鲜餐饮业等功用，形成渔港、观赏、旅游为一体的综合性渔港，使之成为发展水产品加工业、市场流通业、观光旅游业、房地产等渔区第二、第三产业的有效载体，推动渔港经济的发展，带动小城镇建设，增加渔民收入，转移剩余劳动力。

（三）加强渔民素质教育和技能培训，在工业化过程中提高就业机会

加强教育和培训，提高渔民及其后代的素质和技能培训，是实现渔民剩余劳动力转移的关键。剩余劳动力能否实现真正意义上的转移，关键还在于劳动者自身内部条件和职业素质。当前，我国正处在经济发展的最好时期，产业规模不断扩大，

---

[1] 周义龙：《环北部湾地区旅游发展的整合与协作》，载于《南宁职业技术学院学报》2009年第4期。

总体经济实力稳步增强。伴随着科学技术的广泛应用，产业结构与产业升级的不断深化以及产业内专业化水平的提高，市场对劳动者的职业技能和职业素质提出了更高的要求。我国劳动力市场正经历着一场由单纯的体力型向专业型、技术型和智力型转换的需求变革。北部湾地区地处我国西部，整个经济发展水平低，渔民整体素质较差，给渔民转产转业带来了巨大的困难，也不利于整个渔业集约型的发展趋势。因此，提高渔民素质，既是转移渔业剩余劳动力的关键，也是满足市场需求、配合经济发展的需要。只有渔民的素质提高了，才会有开明的观念、长远的眼光和更强的创造能力。①

一方面，应开设具有发展潜力的职业学校，跳出渔业，拓宽专业面，为渔民转产转业培养人才；另一方面，要借鉴国有企业"下岗再就业"的经验和做法，在渔区设立渔民转产转业职业技术培训中心，举办各类培训班，对捕捞渔民进行养殖、加工、建筑、运输、烹调、流通、经营等各类行业基本知识和技能的培训，拓宽渔民转产转业的视野和技能。通过工业化和小城镇建设，来实现剩余劳动力转移，在许多发达国家和发展中国家已取得很多的经验，是实现剩余劳动力转移的一大规律。提高渔区工业化、城镇化进程，聚集和吸引外来资金，发展工业，形成规模化经济，增强核心竞争力，有力支撑各产业发展，对北部湾渔业实现剩余劳动力转移也是十分有效的途径。在农村引入城市的生活方式，既可提高农村居民的生活质量，又可在农村提供更多的就业岗位。工业化和城镇化同样要求渔民要有较高的素质和职业技能，这样才能保证渔民无论是就地转业还是"走出去"，都能得到较高的就业机会。

（四）完善补助政策、渔民生活保障体系，是渔业剩余劳动力转移工作顺利进行的保证

我国自 2001 年全面启动沿海地区渔民转产转业工作以来，渔业主管部门相继出台了一系列渔船报废补助、渔民培训补助及产业项目扶持等政策，为保证渔民转产转业的顺利进行，促进渔业产业结构调整发挥了十分重要的作用。渔业属于弱势产业，渔民自身难以完成转产转业，政府必须加大对转产转业的扶持力度。同时，转产转业是一项政策性强、涉及面广的系统工程，各级政府和各个部门要形成合力，互相配合。由于转产转业成本较高，政府必须继续加以资金扶持，建议"十二五"期间继续执行财政扶持补贴。虽然农业部已经调整了淘汰渔港的补助标准，但分析表明，这个补贴仍然偏低，建议各级政府对淘汰渔船配套补贴。

---

① 高健、平瑛：《制约我国海洋捕捞渔业人力资源流动因素的探讨》，载于《中国渔业经济》2002 年第 5 期。

对转产转业渔民补贴的直接动因是政府的政策。① 补贴的目的一是为了使北部湾地区渔民压减捕捞能力、有效实现转产转业的目标顺利实现；二是对转产转业的渔民生计负责。涉及对转产转业及失海渔民的补贴主要有以下几种：

1. 减船补助。② 为妥善解决中日、中韩及中越北部湾渔业协定生效后我国渔业面临的问题，中央财政设立了海洋捕捞渔民转产转业专项资金。为了加强渔民转产转业专项资金的管理和监督，提高资金使用效益，根据财政农业专项资金管理有关办法，我国财政部和农业部共同制定《海洋捕捞渔民转产转业专项资金使用管理规定》。《海洋捕捞渔民转产转业专项资金使用管理规定》第四条规定："报废渔船补助资金补助对象为渔船所有人；项目补助资金补助对象为项目业主单位"，补助标准依据渔船确定（见表3-2）。

表3-2　　　　　　　　　　捕捞渔民减船补助标准　　　　　　　　　单位：万元

规格（千瓦）	每船补助单价		拆解工作经费补助
	持正式捕捞许可证	持临时捕捞许可证	
10 ~ 20	1.5	0.75	0.05
20 ~ 40	2.0	1.00	0.08
40 ~ 60	2.5	1.25	0.08
60 ~ 80	3.0	1.50	0.08
80 ~ 100	5.0	2.50	0.08
100 ~ 150	6.0	3.00	0.10
150 ~ 200	8.0	4.00	0.10
200 ~ 300	10.0	5.00	0.10
300 ~ 500	15.0	7.50	0.10

2. 转产转业项目补贴。转产转业项目是指能吸纳一定数量的转产捕捞渔民、解决转产渔民就业生计，并且对捕捞渔民转产转业起良好引导作用的项目，包括养殖、加工、运输、流动和休闲渔业等项目。

3. 渔民培训补贴。2004年起农业部设立了双转渔民技能培训项目，如舟山市于当年利用这项资金培训渔民及家属3 550名，其中远洋渔业973名，养殖883名，水产加工652名，海运证书培训1 042人次（给予补助），这种做法为北部湾地区政府提供了较好的参照物。

---

① 匿名：《农业部宣布渔民转产转业将获政策补贴》，载于《科学养鱼》2002年第2期，第38页。
② 殷文伟：《近海渔业减船政策的经济学分析》，浙江大学硕士毕业论文，2006年。

4. 下一代教育。部分沿海地区从第二代渔民（即渔民子女）的教育入手，从长远、战略的高度为渔业结构的调整奠定基础。如各地方政府创办航海教育培训园区等培训机构，为渔民子女提供初中与中、高等教育一体化的教育体系。

5. 异地安置。地方政府通过建造廉租房、经济适用房等对失海、转产转业渔民进行异地安置。同时，在渔业剩余劳动力转移过程中，建立渔民养老保险制度，解决老年渔民、病残渔民等弱势群体的生活保障问题，已成为广大渔民迫切需求之一。渔民的养老问题有了着落，解决了后顾之忧，北部湾渔业剩余劳动力转移的各项政策才会得到根本落实。而保险基金的来源可以有以下渠道：一是转产转业补助金；二是渔业资源增殖费；三是财政补助的一部分；四是从海域使用金中提取一部分，这也是"取之于渔、用之于渔"原则的体现。另外，对渔民进行再就业的培训，使渔民掌握谋生再就业技能，使渔民子弟广开就业门道，从源头上切断世代以捕捞渔业为生之路。

（五）加快城镇体系建设步伐，为渔民转产转业提供空间和载体

发展小城镇是我国农村现代化的必由之路，也是今后渔业剩余劳动力转移的最重要的载体，小城镇在渔业劳动力的转移过程中发挥了很大的作用。北部湾大量的失海渔民单靠在渔业、农村内部转移消化空间十分有限。我国大型城市和超大型城市的人口数量已经达到相当规模，人口密度很高，接纳新增人口的设施和能力严重不足，不可能在短期内吸收大量渔村人口。中小城市受种种条件限制，人口和就业压力也非常大。通过农村城镇化、发展小城镇来转化渔业剩余劳动力，已被实践证明是一种极为有效的途径。相对于大中城市来讲，小城镇地域分布广、数量多，新建扩建都有潜力，吸纳渔业劳动力的花费更小，不仅可降低劳动力转移的成本和风险，还可以就近利用农村的海洋渔业资源优势，容易协调和在发展中同步提高。此外，大城市吸纳渔业人口的能力有限，且渔民进城也需要一个过程，一下让大批渔民进入大中城市，必然会给大中城市带来安置困难，不利于社会的稳定。因此，渔业剩余劳动力转移最现实、前景最广阔的载体就是正在蓬勃发展的小城镇。据有关部门测算，2001~2015 年，我国城镇化速度如果每年提高 1 个百分点，将使 2.5 亿左右的农村人口转为市民，为渔民转移提供了广阔的契机。

城镇化进程还受现行户籍制度的制约。我国现行的城乡隔离的二元户籍管理制度并未从根本上改变。城乡居民在社会地位、身份、就业、住房、补贴、劳保、福利等方面仍存在着明显的不平等。渔业劳动力流入城镇后，在现行户籍管理制度的约束下，无法取得与当地市民平等竞争的权利和平等待遇，在吃、住、就业、加薪、小孩上学等方面面临许多困难。这一方面使渔业劳动力在城镇就业的成本加大，另一方面渔业劳动力在城镇不能长期稳定地就业，致使相当一部分劳动者在城镇干几年后又回流到农村，形成逆向转移。

针对渔业劳动力转移中遇到的困难,一是要加强镇区规划,使得规划更加合理、完善。二是扩大镇区面积,改变北部湾镇区面积明显过低的状况。三是增强镇区功能,一改传统纯粹的居住功能,大力发展第二、第三产业。四是运用市场化的城镇建设投资机制,吸引市场资金扩张小城镇。总之,对散布在各村落的乡镇企业,要采取各种措施鼓励其向镇区和工业园区集中,以形成渔业生产中的产业链,加强产业集群效应。同时,停止审批在镇区和工业园区之外新开工非农乡镇企业。另外,要积极推行户籍管理体制改革,彻底打破限制渔民进城的体制障碍,树立与时俱进的新思想,真正突破"非"、"农"界限。解决好渔民子女入学问题,从根本上消除渔民的后顾之忧。这样,才有利于渔农村人口向城镇转移。

(六) 发展劳务经济,积极组织跨地区跨行业劳务输出

北部湾地区渔民转产转业若仅仅限于本区域、本行业范围内,将会大大增加转产转业的难度,扩大其出路的根本在于加速渔业剩余劳动力跨行业跨地区转移。高度重视渔业剩余劳动力跨区域跨行业就业能力培训,提高渔民综合素质,是引导渔民有序流动,增加渔民收入,保持社会安定的必然选择。理顺目前存在的多头管理、劳务输出市场不透明的问题,积极组织,扩大市以外的劳务输出规模,走劳务输出型就业路子,大力发展劳务经济,为渔农村剩余劳动力的转移拓展新的空间。根据中共中央、国务院在《关于推进社会主义新农村建设的若干意见》中提出核心思想,在北部湾渔民转产转业中,加强渔民跨区域跨行业就业能力建设重点是建设好三个服务系统。

1. 渔民就业信息服务系统。要遵循以充分利用现有存量资源为主、增量配套投入为辅的原则,尽量避免不必要的重复建设。在试点县市依托现有主要面向城镇就业再就业的各级劳动力市场信息网络系统,采取政府引导和市场推动相结合的办法,扩充、完善渔民跨区域就业信息服务系统。使整个服务网络延伸到试点县市的职业技术培训机构,渔民维权机构也能充分借助这个信息网络系统,实现渔民与本地各县市职业培训机构、用工企业、渔民维权机构之间的沟通。

2. 渔民职业技术培训系统。要依托现有培训质量较高、有特色的职业中学、成人技术培训学校、技工学校,以改善办学条件、实现招生、培训、就业输送有机衔接、增强其对市场适应能力为重点,建成一批渔民就业综合服务基地。政府引导资金要重点用于添置更新符合市场需求的有关培训专业技能项目的教学设备,改造、建设实习操作场所、实习基地,积极引导培训机构根据就业信息服务系统提供的用工信息和市场需要适时调整专业设置和培训方向,加强职业技术培训学校的师资队伍建设,确保培训质量。将招生、培训、就业输送有机结合起来,实现有的放矢的订单式职业技术培训服务,提高就业率。

3. 渔民维权服务系统。要依托现有的劳动保障监察执法系统、法律援助系统、

劳动争议仲裁系统，增加投入，改善必要的硬件条件，扩大其履行职责的范围。完善现有就业预警监控信息网络，并与配套建设的渔民就业信息服务系统实现互联互通，提高维权工作效率。

（七）非正规就业是渔业剩余劳动力转移的重要路径

非正规就业指广泛存在于非正规部门和正规部门中有别于传统典型就业形式的就业。一是非正规部门里的各种就业门类。这里的非正规部门指在依法设立的独立法人单位之外的规模很小的经营实体单位。包括三类：一类是由个人、家庭或合伙自办的微型经营实体，如个体经营户，家庭手工业户的个人独资企业等；二类是以社区、企业、非政府社团组织为依托，以创造就业机会为主要目标的生产自救性和公益性劳动组织；三类是其他自负盈亏的独立劳动者。二是正规部门里的短期临时性就业、非全日制就业、分包生产或服务项目的外部工人等，即正规部门里的非正规就业。非正规就业是转型期符合我国基本国情的就业模式转变的基本方向。在现阶段，我国面临着就业的巨大压力，大量过剩的低素质劳动力无法通过有限的正规部门来充分吸纳，而非正规部门具有经营方式灵活，对劳动技能要求较低，资金投入较少，经营条件要求简单等特点，正逐渐成为我国主要的城市就业渠道和新增就业岗位的来源。

北部湾地区渔民的素质不高，并且其流动具有季节性、兼业性的特点，而非正规就业模式可包容渔民的这些特点，所以，非正规就业成了北部湾渔民在城镇就业主要模式。现阶段，我国非正规就业的发展还存在种种障碍，政府应本着发展的目标，制定有利于非正规就业的宏观政策，为转移渔农村剩余劳动力创造条件：（1）从法律、政策上确定非正规就业的地位；（2）打破大部分行业的国家垄断和部门垄断，降低市场进入门槛，鼓励竞争行为，规范市场竞争秩序；（3）增加非正规部门和非正规从业者获取资金、技术、信息、培训、场地、市场准入等资源的机会和能力；（4）加强对就业者权益的保障，降低劳动力就业的成本和流动的风险。

第四节　渔民转产转业的难度分析

一、渔民转产转业难的理论分析

（一）渔民转产转业问题的相关理论

1."推—拉"理论。"推—拉"理论是研究移民迁出地与迁入地间由于自然环境和社会经济发展的空间差异形成的推拉力的外部机制及移民个体差异的内部机制的一种理论与方法。劳动力迁移"推—拉"理论最早由赫伯尔（R. Herberte）于1938年提出，该理论后经唐纳德·博格等人的发展，成为一个颇具解释力的理论框架。该理论从动力学角度，将研究对象所受的外部环境影响转化为力的形式。对研究对象按其所受到的推力、拉力、反推力、反拉力进行综合受力分析，从而得到研究对象的运动趋势。"推—拉"理论认为，从农村向城镇的劳动力迁移可能是因城镇有利的经济发展而形成的"拉力"造成的，也可能是因为农村不利的经济发展而形成的推力造成的。

2. 迁移预期收入理论。20世纪60年代末70年代初，美国发展经济学家托达罗在其发表的一系列论文中，阐述了他的人口流动模式。他的出发点是，农村劳动力向城市转移的决策，是根据"预期"收入最大化目标作出的。主要有以下几种情况：（1）如果城市的预期收入超过乡村收入，乡村向城市的流动就会继续；（2）当人口流动迫使城市工资下降，或迫使城市失业率上升，使城市的预期收入等于乡村收入时，流动就会停止；（3）当乡村收入大于城市预期收入，就有可能出现劳动力向农村的"回流"。对于如何解决发展中国家失业问题，托达罗提出，一方面可以降低城市工资率，增加劳动需求；另一方面可以通过缩小城乡收入的差距来降低农村劳动力向城市转移的速度，减轻城市就业负担。同时，要通过现有资本的更有效利用在农村进行综合开发，以更多地吸收农村剩余劳动力，而不是通过资本对劳动的替代达到这一目的。

托达罗把农业人口迁入城市就业的可能性与城乡动力供需因素有机结合起来，建立了一个新的人口流动模型：

$$M = f(d) \quad f' > 0$$

上式中 M 表示人口从农村迁入城市的数目，d 表示城乡预期收入差异，$f' > 0$ 表示人口流动是预期收入差异的增函数。农业部门收入等于未来某年的实际收入，现代工业部门的预期收入则等于未来某年的预期实际收入与城镇就业概率的乘积。这样城市预期收入差异可以表示如下：

$$d = w\pi - r$$

上式中 w 表示城市实际工资率，π 表示就业概率，r 表示农村平均收入。

托达罗迁移模型正确地反映了人口和劳动力在比较经济利益的驱动下向较高收入地区或部门迁移的理性经济行为。

3. 农村剩余劳动力无限供给模型。1954年，刘易斯在其论文《劳动力无限供给条件下的经济发展》中，提出了在二元经济条件下的农村剩余劳动力无限供给模型。该理论将发展中国家的经济划分为农业和工业两个部门，同时将经济发展归结为经济结构的转变，并且发展中国家存在大量的农村剩余劳动力，其边际生产率接近零，因此农业部门的工资水平很低，而工业部门劳动力的边际生产率远高于农业，因此其工资水平就远高于农业，正是工资水平的差距促使劳动力不断从农村向城市迁移。尽管刘易斯的理论能较好解释"中国路径"乡城劳动力迁移的第一阶段，即农民向农民工的转变，但他忽视了农民个人特征等重要因素的影响，故对诸如"民工荒"等中国乡城劳动力迁移中出现的特殊现象缺乏解释力。[①]

（二）建立渔民转产转业宏观受力分析模型

海洋渔业属于大农业范畴，渔区渔村就是农村。渔民转产转业其实质就是农村剩余劳动力转移，既包括生存、工作地点的转移，也包括从事行业的更换转变。因此，我们可以在"推—拉"理论基本原理的基础上，结合我国经济社会发展，尤其是海洋渔业发展的现状，粗略地建立渔民转产转业受力模型，来分析渔民在转产转业中所受到的影响因素，以及每个因素与开展渔民转产转业工作难度的提高或降低有何相关联系。

从宏观的角度把海洋捕捞过剩状态下的渔民视为一个整体，不难发现，不论是迁移就业，还是就地转业，渔民都会受到三种力的影响，这些影响因素构成了推动或制约渔民转产转业的推力或阻力。这些力的共同作用，最终决定了渔民的转产转业行为。图 3-1 即为渔民转产转业的受力模型图：

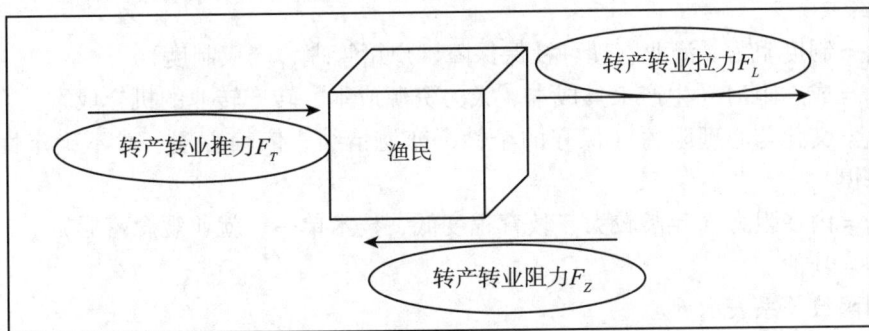

图 3-1　海洋捕捞渔民转产转业受力模型分析简图

图 3-1 中：

转产转业推力 F_T 是指来自于渔业经济的发展，并作用在渔民身上，迫使其不得不转产转业的一种推动力。把 F_T 分解，另：

T_1 = 海洋渔业资源的有限性

T_2 = 中越北部湾划界后，作业渔场减少

T_3 = 渔业经济结构层次不高，亟待调整

T_4 = 科学技术的进步

[①] 张培刚、张建华：《发展经济学》，北京大学出版社 2009 年版。

T_5 = 传统捕捞渔民收益增长缓慢

T_6 = 捕捞成本增加

T_7 = 其他（如政府推动）

用函数关系表示 F_T：

$$F_T = f(T_1, T_2, T_3, T_4, T_5, T_6, T_7)$$

转产转业拉力 F_L 有两类：一类指的是在渔民群体对其转产转业后的一种收益预期力，预期收益越大，转产转业的拉力就越大，反之，转产转业拉力则越小。另一类指的是外部环境对渔民转产转业的助力，如为了保障渔民转产转业工作顺利进行，政府出台一系列有利的措施（如转产转业资金补贴）。把 F_L 分解，另：

L_1 = 转产转业后的家庭收入

L_2 = 新从事的行业性质（非物质性的福利待遇）

L_3 = 政府出台的鼓励政策和有利措施

L_4 = 其他

用函数关系表示 F_L：

$$F_L = f(L_1, L_2, L_3, L_4)$$

转产转业阻力 F_Z 指的是阻碍渔民转产转业的一种反（拉）推力。把 F_Z 分解，另：

Z_1 = 制度阻力（渔业管理、社保保障、户籍管理、产权制度）

Z_2 = 成本阻力（生产工具成本、人力资源成本、转产转业的机会成本）

Z_3 = 文化与心理阻力（保守的个性、恋海情结、依赖心理、对不确定性的担忧与恐惧）

Z_4 = 内在阻力（年龄较大、教育程度低、技术单一、就业观念落后）

Z_5 = 其他

用函数关系表示 F_Z：

$$F_Z = f(Z_1, Z_2, Z_3, Z_4, Z_5)$$

由图可知，F_T 和 F_L 为同一性质两个不同种类的力，其方向一致。那么：

当 $F_T + F_L > F_Z$ 时候，转产转业工作有足够的推动力和拉动力，有利于渔民转产转业工作进行。

当 $F_T + F_L < F_Z$ 时候，转产转业阻力大于推动力和拉动力之和，不利于渔民转产转业工作顺利进行。

把上式移项，并用 Y 来表示渔民转产转业综合受力大小（阻力方向），则有：

$$Y = F_Z - (F_T + F_L)$$

从上式可以看出，当 Y 值逐渐增大，渔民转产转业所受阻力，大小渔民转产转业难度也逐渐增大。相反，当 Y 值逐渐减小，渔民转产转业难度也逐渐减小。

实际上，渔民的转产转业行为是多种分力综合作用的结果。当由多因素综合作用而形成的前进力大于阻力时，渔民转产转业的可能性就大，各项作用力将促进渔民转产；当由各项综合因素作用而形成的阻力大于前进力时，渔民转产转业的可能性则较小，不利于沿海渔业剩余劳动力的转移。中越两国北部湾划界后，中国在南海作业渔场明显减少，海洋渔业资源受到约束，要求政府必须推动渔民转产转业。但是，受国家财力所限，政府的推动力表现不足，加之转产转业受到较强的成本、惯性和制度等阻力，渔民转产转业动力总体上没有明显超出阻力，这是造成渔民转产转业难的主要原因。

所以，要加快渔民转产转业工作的力度，必须发挥一些因素的推力和拉力作用，而避免另一些因素的反推力和反拉力的作用。渔民转产转业的受力模型虽然从总体上分析和解释了渔民转产转业行为的主要影响因素，但是这个模型只体现了由外界因素引起的渔民转产转业行为趋势，并不能确定每个因素在引起这种行为结果的过程中分别起到什么作用，处于何种地位和比重。也就是说，"推—拉"模型不足在于研究转产转业时只注重研究引起迁移的宏观因素，而没有涉及究竟是哪些因素在起决定作用，哪些因素可以忽略的问题。因此，从严格意义上来讲，"推—拉"模型不能准确反映出渔民做出转产决策的过程，也没有揭示渔民转产转业行为难的根源，因此，其只是一个宏观角度的解释与说明。

（三）建立效用函数模型分析渔民转产转业阻力

其实，在市场经济条件下，渔民都可以看做是理性的经济人，真正决定渔民行为的，根本上还是利益问题，即成本收益问题，为了分析的方便，我们把沿海渔民转产转业前能够取得的最大收益作为其转产转业的机会成本。因此，只有渔民转产转业的意愿取决于其转产转业后的预期效用水平。假设渔民转产转业意愿的阈值即最低效用为 U_0，而且阈值 U_0 与海洋渔业劳动力的初始财富量（W_0）有关；预期效用为 U^e，那么只有当预期效用水平 $U^e \geq U_0$，海洋渔业劳动力才会产生现实的流动。也就是说，在某个捕捞渔民转产转业意愿的阈值即最低效用为 U_0 既定的情况下，若其转产转业的预期效用水平 U^e 越高，则其进城务工的积极性越高。

效用的大小由渔民的偏好（用效用函数 f 表示）以及财富量大小 W 决定，$U = f(W)$，并且 $f(W)$ 是一个递增函数。财富量大小取决于渔民的初始财富量（W_0）及其转产转业后的预期净收入。我们用 Π^e 来表示渔民转产转业后的预期净收入，$W = W_0 + \Pi^e$，则 $U_e = f(W_0 + \Pi^e)$。我们假设渔业转产转业的初始财富量为零，即 $W_0 = 0$，那么财富的大小主要由渔民转产转业的预期净收入 Π^e 决定，即 $U_e = f(\Pi^e)$；同时可以推知渔业劳动力转产转业意愿的阈值即最低效用为 $U_0 = f(W_0) = 0$。因此，渔业劳动力转产转业的前提条件简化为：$U_e \geq 0$，即 $f(\Pi^e) \geq 0$，也就

是只要 $\Pi^e \geq 0$ 即可。

预期净收入 Π^e 是由渔民转产转业的预期总收入 TR^e 与其在转产转业过程中产生的总成本 TC 决定，$\Pi^e = TR^e - TC$。渔民的收入预期可以看做是年工资收入预期，显然，渔民的年工资收入预期是基于对自身就业能力的判断。因此，我们可以直接假设渔民的预期总收入 TR^e 与渔民的能力——即人力资本禀赋 H 以函数 $\Phi(\ )$ 形式正相关；且与新职业收入兑付的风险 β（如工资被拒付或恶意拖欠的可能性）负相关，由此可得 $TR^e = (1-\beta)\Phi(H)$。而渔民转产转业的总成本 TC 主要包括：（1）退出成本—沉淀成本——即由渔民退出原有行业所带来的损失。对于捕捞业来说，生产工具主要包括渔船、渔网等。由于捕捞渔船的资产专用性比较强，资本投入比较大，一旦放弃捕捞业，就无法再用于别的行业，由此会产生较大的沉淀成本。（2）中间转移成本——即渔民退出一个行业后，在转入另一个新行业前的中间过程中所需支付的中间成本，在这里主要指渔民转产过程中产生的信息搜寻成本、新技术获得成本等。（3）正常生产成本——即不考虑转产转业因素，渔民正常进入一个新的行业后为维持正常生产所需要的成本支出。（4）心理成本。转产转业就意味着要放弃原来的生活方式，面对新的岗位、陌生的就业环境以及对未来生活不确定性的担忧，巨大的心理压力难以承受。我们假设：

C_1 = 退出成本—沉淀成本

C_2 = 中间转移成本

C_3 = 正常生产成本

C_4 = 关于心理成本

按照总成本 = 退出成本 + 中间进入成本 + 转移成本 + 心理成本

则有：$TC = C_1 + C_2 + C_3 + C_4 \Rightarrow \Pi^e = (1-\beta)\Phi(H) - (C_1 + C_2 + C_3 + C_4)$

海洋捕捞渔民转产转业的前提条件转化为：

$$(1-\beta)\Phi(H) - (C_1 + C_2 + C_3 + C_4) \geq 0$$

即：

$$(1-\beta)\Phi(H) \geq (C_1 + C_2 + C_3 + C_4)$$

相反我们通过分析可以发现，渔民转产转业难度原因在于渔民的预期总收入小于渔民转产转业的总成本，即：

$$(1-\beta)\Phi(H) \leq (C_1 + C_2 + C_3 + C_4)$$

当然，我们可以用一个"阻力系数"（K）来测量渔民转产转业所受阻力程度。而所谓阻力系数反映了渔民转产转业的总成本 TC 与预期总收入 TR^e 的比值关系，即：

$$K = TC/TR^e$$

则，$K = (C_1 + C_2 + C_3 + C_4)/(1-\beta)\Phi(H)$

把$(1-\beta)\Phi(H) \leqslant (C_1 + C_2 + C_3 + C_4)$和$K = (C_1 + C_2 + C_3 + C_4)/(1-\beta)\Phi(H)$结合得出：

$$K = TC/TR^e = (C_1 + C_2 + C_3 + C_4)/(1-\beta)\Phi(H) \geqslant 1$$

在上式情况下，海洋渔业捕捞渔民转产转业意愿受到阻碍，并且 K 的值越大，渔民转产转业意愿受到阻碍就越严重，渔民转产转业工作的难度就越高，甚至出现劳动力逆向流动，渔民返贫、返业的趋势。

二、制约渔民转产转业的政策与制度因素

（一）海洋渔业经济发展政策

1. 世界渔业发展趋势。从世界渔业经济发展现状来看，渔业进入全面科学管理的可持续发展时代，并呈现以下发展趋势：（1）保护渔业资源和生态环境已成为国际共识和共同的渔业准则。可持续发展成为健康渔业的目标。（2）海洋渔业实行全面的规范化管理。（3）开展大洋生态系统研究，建立渔业资源的核算体系。（4）水产品市场的供求关系发生了深刻变化，渔业发展所面临的主要矛盾已由供给不足转为受市场和资源的双重约束。合理利用开发渔业水域资源，对浅海、滩涂等利用成为各国拓展渔业生产空间的必然选择。（5）渔业的国际化程度越来越高，国际间、区域间渔业合作逐渐加强。

2. 国内渔业发展目标。至"十一五"期末，我国渔业发展的总体目标是：主要水产品供给平稳增长，渔业科技自主创新和转化应用能力不断增强，渔业结构和区域布局进一步优化，渔业灾害防控和质量安全监管能力进一步提升，渔业生产组织化进程进一步加快，资源养护水平进一步提高，渔民收入稳步增加，现代渔业建设稳步推进。

3. 渔业经济发展要求必须实施产业结构调整政策。优化渔业产业结构是建设现代渔业的必然要求。中国海洋渔业的发展，必须要立足国情，积极适应世界渔业经济的发展和变化，必须要坚持可持续的渔业发展观，走中国渔业和谐发展道路。全国渔业发展"十一五"规划提出了我国渔业发展的总体目标，这就要求必须实现渔业增长模式的转变，必须稳步推进现代渔业体系建设。而推进渔业产业结构的优化升级则是实现渔业经济增长模式和建设现代渔业体系的着力点之一。

产业结构调整的目标。当前，结合世界渔业发展趋势，为实现我国渔业发展目标，就必须要坚定不移地推动产业结构的调整：（1）推广健康养殖技术，建设现

代水产养殖业。加快提高重大水产养殖病害综合防治能力，推广普及良种良法；鼓励开展无公害产地认证和无公害产品认可工作，推行水产养殖良好行为规范（GAP）示范，推进标准化生产。（2）构建发达的水产品加工物流产业。积极参与水产品加工的国际经济技术合作和竞争，加强科技攻关和技术改造；重点加快培植一批经营规模大、科技含量高、管理能力强、经济效益好、拥有自主品牌的水产品加工龙头企业。（3）拓展发展领域，提升渔业附加值。重点引导发展渔业第二、第三产业，特别是要扶持水产品深加工和物流业，促进渔业产业链向产前、产后延伸，提高渔业附加值和整体效益。（4）实施"走出去"战略，稳步发展远洋渔业；继续推进我国远洋渔业结构的战略性调整，积极发展过洋性渔业，加快开拓大洋性渔业。

4. 实施产业结构调整政策为渔民带来再就业压力。机遇与挑战并存。不可否认，产业结构的调整，为传统渔民带来新的就业机会，但与此同时，也为传统渔民再就业提供了挑战。我国海洋沿岸和海岛地区产业结构的一个明显特征是产业结构过于低级化和趋同，第一产业比重过大，第二和第三产业的产值比重过低。在我国目前面临严峻的就业形势下，传统捕捞渔民由于文化层次低、缺乏技术，资金匮乏以及难以获得必要的市场行情等自身条件限制，只能处于技术含量低，劳动力密集型的产业中。而在当前和以后一段时期内，这些技术含量低，资源损耗大，效益不好的劳动力密集型产业必然会被其他技术型、环保型和效益型产业逐步代替。然而，这些失去大海的渔民，又不具备条件在这些技术含量稍高行业工作。此外，当前我国渔业经济的发展程度不发达，还不能大量吸收就业人员。另外，由于结构调整而上海岸的渔民必须走向市场，面对自主择业的压力，面对与农民就业的竞争压力，也增加了传统捕捞渔民转产转业的难度。

（二）渔政和渔业制度因素

1. 渔政监督管理体制不顺。当前我国渔政监督体制不健全，影响了渔业管理目标的有效实现。在具体运作中存在诸多问题，具体表现在：渔业执法机构归口不合理，隶属关系不顺。海上执法权混乱，机构组成繁杂。渔业行政监督管理机构涉及部门众多，如渔港港监、渔政监察、海关、船检、环保及边防等部门，各部门有各自的职能和范围，但又有相互交叉和渗透现象。因而，各自为政、多头办案、推诿扯皮现象时有发生，这种现象的结构必然会导致机构运转不效率。行政机构作为政策推行的主体，其运转不效率必然会阻碍政策顺利执行，影响公共政策目标的实现。因此，现阶段渔政监督体制不健全势必会影响渔民转产转业工作的顺利进行，为有效解决渔民转产转业问题带来了体制上的难度。

2. 渔业税费政策不健全。渔业税费管理问题突出。在实地调查采访中，据渔民反映，一条船受海洋、水产、土地、渔政、公安和海事等多部门管理，渔民要取得合法资格，需要办理十多种证件，每种证件收费少则几十元，多则几百元，有的甚至多部门重复收费。比如，据广西北海市渔民反映，虽然取消了水产品特产税，但是，销售税却增加了，而且收费额度还很高，渔民实际上并没有因取消特产税而达到减轻负担的目的。渔民税费种类多造成渔民负担过重。

税费减免政策不完善，未能使渔民全面受益。国家和地方政府对捕捞渔民的税费减免政策，是按每艘渔船的作业类型和马力大小来核减税费的。于是，渔船股东作为投资或纳税人就获得了全部的减税补助，捕捞渔民则很少能从渔船股东那里获得分红。因此，渔业税费减免政策也未能充分发挥其对渔民雇工和外来打工人的补助作用，渔民未能真正享受到减税带来的实惠。相反，部分船东在税费减免后认为捕捞有利可图，继续造船增加功率。这样一来，为削减捕捞强度的推进带来阻力；另外，大部分非船东渔民没有得到减负好处，收入难以增长；渔业村社因税费减免，集体税费收入下降，渔村的集体公益事业无法实行。这些严重影响到渔民转产转业的顺利进行。

3. 渔船报废管理政策不完善，效益不高。

（1）报废渔船审核程序不合理。报废渔船审核时间过长，审核程序不合理，使渔业相关部门的工作陷入困难。如北海市 2002～2003 年上报的转产转业渔船，至 2004 年 1 月才最终核准并下拨其减船补助经费。2004 年度上报的报废渔船，至今尚没有得到相关部门批准。按照减船的工作程序，要经过广西壮族自治区水产局和农业厅的核准后才能向北海市财政局写报告要求资金配套，整个过程要半年以上。由于程序长，不确定因素自然会增加。一方面船主中途变卦，出现渔船获准报废却不愿将其报废的情况；另一方面报废的渔船船况不好，报废的渔船停泊过久容易造成安全隐患。这些都不利于开展渔民转产转业工作。

（2）渔船报废补助政策不完善。现行渔船报废补助政策忽视了渔民的渔业权。据统计，目前船上的渔民大致分为三类，一类是大股东，即"船老大"，个人拥有 1～2 艘渔船，约占全体渔民的 20%；第二类是小股东，拥有一定的股份，依附于大股东，约占全体渔民的 20%～30%；第三类就是失去了生产资料的传统渔民，也称"渔工"，受雇从事出海捕捞工作，比例约为 50%～60%。按农业部和财政部有关文件规定，现行的减船补贴等优惠政策均以船为单位落实，渔船报废专项补助的对象是渔船所有人，即该报废渔船的股东，而没有考虑到在船上工作的，按月领取工资的渔民雇工。渔船报废后，享受补贴的船老大有了再投资的资金，而大多数真正困难的渔民不但没有享受到补助，还因此失去了就业的依靠。可见，现行的渔船报废补助政策虽然注重了渔船的产权，但却忽视了渔民的渔业权，这在一定程度上影响了渔村组织和大多数渔民转产转业的积极性。

4. 燃油补贴资金高，转产转业资金低。

（1）燃油补贴资金高。随着捕捞成本急剧增长，渔民的收入不断下降，已经严重影响到渔民的生产和生活。我国 2008 年对渔民发放的柴油补贴总额达 126.4 亿元，是 2007 年的 1.3 倍。柴油补贴大大缓解了油价上涨带来的巨大压力，对改善渔民生活、稳定渔民情绪、拉动渔区经济发挥了至关重要的作用。在这种情况下，使得传统捕捞渔民对捕捞业发展前景仍然抱有一丝希望，相反，拆掉或卖出一条船仅赚几万元，但留下来除每年可以得到数额不等的燃油补贴，还可以祖祖辈辈受益。加之又缺乏必要的社会保障措施，部分上岸渔民弃船后却找不到合适工作，但面对生活的压力，他们只好重返旧业，这无疑会给各地的转产转业工作带来了一定难度。

（2）政府对转产转业资金扶持不足。政府投入的人均转产转业资金相对较低。渔民转产转业所需要的扶持资金规模大，如中越分界线以西生产的 6 000 艘渔船都要转产，每艘补助 5 万元，就得要 30 亿元。但是，从 2002 年 3 月起至 2005 年连续 3 年，中央政府每年拨款 217 亿元，用于渔船的强制报废补助和渔民转产转业项目补助；根据农业部农渔办［2003］38 号文件规定，以一艘 150 ~ 200 千瓦的渔船为例，若上交马力指标（捕捞许可证）并拆解渔船的，给予 8 万元的补助。这样的渔船，一般 5 ~ 7 个股东，其家庭供养人数约每家 3 ~ 5 人，即 8 万元由 5 ~ 7 个家庭分摊，加上这几年捕捞效益不稳定，船价下跌，相当一部分渔民负债经营，渔民的原始积累几乎是零。若与买断工龄的城市下岗工人及被征用土地的失地农民相比，就转产渔民所得补偿与面临的就业空间而言，其差距十分悬殊。广东省政府 2002 年安排转产转业资金为 2 000 万元；湛江市政府扶持力度更小，每户渔民得到政府支持的资金很少，按转产转业的政策报废补偿金不足投入成本的 1/4。另外，在渔民转产转业急需资金的情况下，有些地方资金投入安排不合理，把较多的资金投到实际吸纳转产渔民数量有限的人工鱼礁项目和深水网箱项目上。

5. 渔业产权制度不健全。

（1）缺乏对渔业权的有效界定和保护。渔业产权制度不健全，导致资源衰竭，渔业捕捞能力过剩。海洋渔业资源具有共有财产性质，是典型的公共池塘资源。而渔民是理性的经济人。由于中国缺乏对渔业权的有效界定和保护，这等于降低了渔业进入的门槛，造成了渔业事实上的自由准入，渔民从根本上缺乏养护资源的积极性，相反，却具有酷渔滥捕的内在激励。在自身利益最大化目标的驱动下，过度投资、过度捕捞、过度竞争在所难免，这直接导致渔业资源的衰竭。可捕资源的减少会进一步加剧捕捞竞争，导致更大程度的衰竭，于是产生了更大程度的渔业捕捞能力过剩，这必然扩大了渔民转产转业的规模，加剧了转产转业的矛盾。

（2）渔民私益得不到保障。对于渔民转产从事养殖业来说，承包后的滩涂和养殖海面具有私益性，而市场机制保证私人物品经济效率的必要条件，是产权明晰和能够低成本界定与保护产权。渔业权制度完善与否及其实施状况直接决定了渔民的切身利益，当其利益在无法得到保证时，生产经营效益必然得不到保证。从目前来看，由于中国渔业法规和体系尚不完善，渔民的利益通常无法得到保障，这也影响了渔业劳动力转产转业行为。

（3）捕捞渔民没有相应的退出利益补偿机制。对于转产转业的渔民来说，因为渔民退出捕捞业有利于渔业资源的恢复和增长，会增加其他渔民的捕捞收益。然而，退出的全部损失或全部成本要由退出的渔民全部承担，而退出的收益却要由全体渔民共同分享。也就是说，渔民的个人收益小于个人成本，因此，在没有其他因素干预的条件下，"弃捕"行为一定会出现供给不足。换句话说，渔民会缺少对转产转业的愿望和热情。但是，如果建立有效的渔业权制度，渔民在退出传统捕捞业时便可以通过让渡渔业权而得到相应的经济补偿，从而使转产的个人收益高于至少不低于个人成本，这无疑将促使更多的渔民实施转产转业。[①] 但当前，中国由于缺少渔业权的法律界定，缺乏渔业权的有效保护，加之捕捞权不能正常流转，渔民在退出捕捞业时就得不到应有的补偿，这直接影响了渔民转产转业的积极性。目前，政府对转产转业的渔民也仅限于对给予一定的减船补贴，而且数量有限，杯水车薪，难以弥补渔民转产造成的巨额损失。有些地方，虽然国家和地方政府有减船补助，但目前得到补助的只是小部分拥有渔船所有权的股东，大部分转产转业渔民得不到任何补助，成了一无所有的"失海渔民"。

（三）渔民保障和户籍管理制度

1. 渔民保障制度严重滞后。渔民处于社会保障体系以外，基本生活得不到保障。近30多年来，随着我国现代化进程加快，社会保障服务体系逐步发展。城市郊区失地农民，可以获得相应补偿；城市下岗工人，享有最低生活保障；老少边穷地区的 7 000 万贫困人口，可以享有国家专项的扶贫资金；相比之下，"失海"渔民却得不到相应的补偿和扶助。有些地方虽然采取了一些保障措施，但仍是杯水车薪。目前，针对渔民的商业保险很多，如人身意外保险、船只意外保险、人寿保险等；渔民可以购买，以求在发生意外时能够得到补偿、维持生产，年老时能够保障基本生活需要。但是，对于大部分家庭经济条件差、且负有高额债务的渔民而言，他们迫切需要的是来自国家给予的基本生活保障制。对渔民社会保障制度的严重滞后或缺位，必会影响捕捞渔民转产转业的积极性，甚至在一定程度上会导致渔区社会治安不稳定，从而影响了渔区的投资环境和渔民的转产转业。

2. 户籍管理制度缺失。户籍管理制度缺失又称身份缺陷，户籍管理制度是阻碍我国农村富余劳动力转移最大的制度性障碍。传统户籍管理制度使绝大多数农村居民和他们的家属不能得到城市永久居民的法律认可，因此，他们的迁移预期只能是暂时性的流动。另外，传统户籍管理制度在就业政策、保障体制和社会服务供给方面对外

---

① 麦贤杰、乔俊果：《我国渔民转产转业的经济学分析》，载于《中国渔业经济》2006 年第 8 期。

地人实行歧视性政策都是依据不同的户口登记地而针对不同的人群实施的，这种排他性政策的继续实行，严重地阻碍了劳动力市场的形成和劳动力资源的发挥。

（四）其他制度因素

1. 城乡分割的二元管理制度的存在。在计划经济体制下，中国长期以来实行的是城乡封闭的二元经济社会制度，严格的户籍管理和就业体系，堵塞了农民向城市转移的各种渠道，把大量农民限制在农村，形成数量庞大的农村劳动力。改革开放30多年来，随着社会主义市场经济体制的确立，国家已下决心推行户籍制度改革，逐步拆除城市面向农民高筑的户籍壁垒，城乡二元结构对农村劳动力的制约有所减弱。但由于城市企业在用工制度上存在着对民工的歧视，农村劳动力的自由流动仍然存在诸多障碍，导致民工的就业范围缩小，不能和城市人享受平等的就业机会和用工待遇。这种城乡分割的二元管理制度的存在，严重影响了渔区渔村劳动力向城市的转移。

2. 社会化服务体系不健全。转产转业工作在很大程度上属于政府行为，转产转业渔民又属于社会弱势群体，应该得到政府及社会各界的帮助和支持。但目前相当一部分支持还只是停留在口头上、书面上，政府和金融、工商、税务、民政、劳动等部门并未针对转产转业渔民出台相应的扶持政策和措施，很多渔民反映，拆了船、领了补助、参加完培训，就再也没有人管了，遇到问题也是求助无门。

三、制约渔民转产转业的微观主体因素

（一）渔民自身综合条件

1. 教育水平低。教育水平低，成为制约渔民转产转业的一个重要因素。教育是人力资本投资的最重要形式，教育的发展直接决定着一个国家、一个地区劳动力知识存量和国民素质的高低。教育是预测同一群体内部哪些人流动性大的最好指标。较高的教育水平使劳动力资源具有较高的流动性。教育水平的高低直接影响获得信息的数量和处理利用信息的程度，进而影响其转移的方式、途径、转移的产业层次及稳定性。具有较高文化素质的劳动力，对转移信息一般具有较强的收集、分析和判断能力，可以去粗存精、去伪存真，结合自身实际对转移地域产业作出科学、合理的决策。相反，劳动力素质低下，获取信息的质量就不高，再加上缺少科学的分析方法，从而导致转移决策盲目性较大，转移成功率较低。① 目前北部湾地

---

① 蔡羹、支伟、李隆华：《舟山渔业剩余劳动力转移困难的症结和对策研究》，载于《海洋开发与管理》2006年第6期。

区沿海渔区渔民学历普遍较低，大多只有中小学文化程度。广东《关于扶持沿海渔民转产转业，保持渔区稳定议案的办理方案报告》提出，"渔民文化素质低，小学以下文化水平的占75%。"课题组对湛江下属各区（县）渔民文化程度的抽样调查显示，初中及以下文化程度的渔民占全部劳动力数量的87.8%，高中及以上文化程度的渔民只占全部劳动力的12.2%；渔民劳动力以小学文化程度为最多，占78.9%。

2. 年龄层次偏高。年龄层次是决定劳动力流动性大小的重要因素，目前，传统海捕渔民年龄偏大，普遍缺乏自行转产转业能力，较难适应转移行业的要求；渔民年龄结构老龄化严重制约了渔业结构调整的进度。《关于扶持沿海渔民转产转业，保持渔区稳定议案的办理方案报告》提出，广东省海捕渔民年龄偏大，45岁以上的占70%；随着近几年渔业形势的日益严峻，有一定文化知识的年轻人新加入渔业生产队伍的人数在减少，留在船上的大多是40岁以上的群体和大量的外来劳动力。课题组在对北部湾沿岸地区渔民转产转业的综合调查中也发现：40～55岁的渔民占了相当大的比例，年龄结构明显呈老龄化趋势。这些渔民基本上都是家庭经济收入来源的主要创造者，同时，作为家庭的支柱，这些渔民经济压力也较大。他们一直从事海上捕捞业而没有养殖习惯。况且很多地方在20世纪八九十年代近海滩涂就已经承包完了，这些洗脚上岸的渔民没有养殖海域。他们的生存处境和年龄结构更会给渔民转产转业、寻找新的就业门路增加难度。

3. 技能单一。技能单一，影响渔民转产转业顺利进行。世世代代生存在海岛和大海上的渔民，熟练掌握的是海上捕鱼、生活、生存的本领，长期与海打交道的习惯，使他们弃渔上岸不但缺乏必要的知识和技能，大多只有海洋捕捞这一技之长。除此之外，很少有其他专业技能，这种谋生技能上的局限性减少了寻找新工作的信心。传统渔民长期在海上生产，其生活、文化习俗和陆上农民相差甚远，缺乏土地、生产资料和生产能力；在劳动力市场上没有竞争力，再就业能力低，自行转产转业的难度大。

（二）渔民文化与心理因素

1. 对传统渔业文化的依赖，增加了渔民转产转业的难度。渔区渔民世世代代生活在渔村，以捕捞为生，他们对渔船和大海的感情就如同农民对土地的感情一样深厚，由此形成了一种独特的渔村文化。长期生活在大海或岛上，这些渔民已经习惯了这种牧海耕渔的生活方式，对这种传统生活方式有着较强的依赖性，要想轻松自然的转变过来，实属不易之事。在课题组对渔民问卷调查中，在被问及"如果不再从事海上捕捞工作，另谋职业"时，29%的人不知道怎么办，42%的人觉得有点害怕，19%的人觉得无所谓，只有10%的人才觉得信心百倍。

2. 对未来的不确定性存在恐惧心理，阻滞了渔民转产转业的进程。转产转业就意味着要放弃原来的生活方式，面对新的岗位和陌生的就业环境，巨大的心理压力难以承受。渔民如果转产不顺利，势必导致收入减少或无收入的状况出现，那么日常生活将受到影响。另外部分渔民子女已经到了工作的年龄，却无法就业的占到被调查对象的50%，因此加剧了渔民对未来的担心。当然，目前捕捞业仍"有利可图"，捕捞收入是渔民家庭收入的主要来源，渔民不愿放弃主要经济来源去寻找自己不熟悉的工作。

3. 观望等待的被动心态，使得渔民转产转业进程缓慢。广西壮族自治区北海市，自20世纪80年代以来，随着北海渔业外海渔场的开发和国家水产品价格的开放，渔民的生活水平逐渐提高。但近年来由于近海污染严重，北部湾划界等原因，捕捞范围逐渐缩小，竞争日益加强，结果造成了捕捞能力过剩，渔民收入下降。虽然渔民们也认识到了渔业资源衰退，作业空间缩小，捕捞业难以为继，但仍寄希望于海况和市场的好转，寄希望于政府的帮扶政策。对未来捕捞渔业发展有一种等待观望心理，这种心理使部分渔民不愿承担风险，不愿放弃旧业，不想投入资金搞新项目，宁愿顺着老路慢慢走。这种观望等待的被动心态，阻滞了渔民转产转业的进程。

4. 自主转产转业积极性不足，对政府的依赖心理较重。渔民对转产转业普遍持缺乏积极性、主动性。渔民思想较为陈旧、保守，缺乏闯劲，万事依靠外界帮助，依靠政府扶持，被动性转产转业明显，已成为实施减船转产的一个重要障碍。① 在对北部湾地区渔民转产转业调查中发现，尽管地方各级政府引导渔民转产转业已有了很好的氛围，但仍可见渔民依赖政府转产转业的心理较强，调查发现，有32.2%的人认为政府引导渔民转产转业引导服务适度；有6.8%的人认为，政府干预过多；而认为政府引导服务过少的渔民占比例44.2%。

（三）观念和认识因素

1. 就业观念落后。就业观念待调整和对新职业的心理预期增加了渔民转产转业的难度。调查发现一些渔民希望自己或子女从事的职业是公务员、市场管理人员等，而对那些工作环境不好，待遇一般的职业却又不愿去做；渔民对新职业的心理预期收入偏高。调查中发现，渔民子女对每月1 000元左右的收入不满足，他们的心理预期收入在1 400~1 700元，甚至更高（从对北部湾沿岸地区的就业人员的收入调查情况看，刚工作的普通人员1 000元的起薪实属正常，随着工作经验的积累和技术的熟练，收入也会逐渐增加）。

2. 对转产转业认识不足。对水产养殖业的认识不足，也缺乏水产养殖知识和经验，使海捕渔民从捕捞业转入水产养殖业难度较大。近年来，广西、广东和海南等地水产养殖业的发展势头喜人，养殖面积、养殖产量增长迅猛。但是，北部湾沿

---

① 吴树敬、林传平：《浅析捕捞渔民转产转业的难点及对策》，载于《渔业经济研究》2006年第6期。

岸地区水产养殖业的发展是在基数较低的情况下实现的，养殖占整个渔业的比重仍然较低。对养殖业的认识不足是制约渔民"入养"的主要因素。课题组在广东湛江、广西北海及海南海口实地调查中得到的数据表明，渔民认为北部湾沿岸地区养殖业发展潜力不大的占 36.1%，甚至还有 40% 的渔民对北部湾沿岸地区发展养殖的潜力不清楚（见表 3-3），这足以说明渔民对养殖行业了解甚少。客观上增加了渔民转产转业的难度。

表 3-3　　　　　　　　　渔民对转产进入养殖业的认识

类别	原　因	所占百分比（%）
对养殖业有兴趣	不错，可以作为自己的转产转业方向	7.4
对养殖业没兴趣	认为本地区发展养殖业潜力不大	36.1
	对本地区养殖业结构布局和发展潜力不清楚或不知道	40.0
无所谓	——	10.0
其他		6.5

说明：调查地点为广东湛江、海南海口及广西北海。

3. 渔民对转产转业主观态度不积极。根据广西、海南两省及广东省湛江市部分县（市）对当地渔民转产转业意愿和态度调查资料，并对数据进行综合处理，得出渔民转产转业综合意见简表（见表 3-4）。其中，表示"继续从事原来作业"的渔民约占 45.2%。仍然恪守"靠海吃海"的原则，寄希望于渔业经济形势好一些，水产品价格再高一点，宁愿"固守渔场"，不愿意上岸转产转业，只要海里还有鱼可捕，就要"患难与共"，"与海相依为命"。由渔民转产转业的心态，也可见沿海地区转产转业工作的艰巨性。

表 3-4　　　　　　　　渔民对转产转业意愿调查汇总简表

意愿态度	坚决调整	想，但怕风险	等等看	继续从事原作业	无所谓
百分比（%）	10.3	27.0	13.3	45.2	5.2

四、制约渔民转产转业的其他因素

（一）渔民转产转业形势严峻

1. 转产转业工作本身任务量大。《中华人民共和国和越南社会主义共和国关于两国在北部湾领海、专属经济区和大陆架的划界协定》和《中华人民共和国政府和越南社会主义共和国政府北部湾渔业合作协定》于 2004 年 6 月 30 日正式生效实施。这使我方作业渔场由原来的 7 万平方公里缩小至 3.2 万平方公里，广东、广西、海南三省区沿湾渔民从传统渔区撤出后面临转产转业的巨大压力。①

沿海捕捞渔民转产转业涉及渔民意识转变、渔船报废拆解、技能培训、新上项目、渔民安置等诸多方面，是一项复杂的系统工程。同时，由于沿海渔民转产转业涉及的人数多、转移的难度大，妥善解决沿海渔民的转产转业问题，事关渔区稳定与发展的大局，沿海捕捞渔民转产转业也是一项长期规划的渔业发展战略。② 2002 年农业部决定 5 年内对 30 万渔民实施转产转业，并提出了 2010 年海洋捕捞渔船的控制指标。其中要求至 2010 年全国渔船数比 2002 年减少 3 万艘，功率减少 10%。中越北部湾渔业合作协定生效后，生产渔场面积大幅度减少，广东、广西和海南大量渔民面临转产转业问题，渔民转产转业任务量大。仅广东省湛江市就有 10 万渔民被迫转产；广西有 16.7 万渔业人口遇到转产转业问题，其中北海市有 3 200 艘渔船受到影响。

2. 渔民返贫、返业现象依然严重。渔民失业、返贫现象依然很严重。在中央和地方各级政府的高度重视下，渔民转产转业工作取得一定成绩，但从总体来看，该项工作并未取得预想的成效。大批渔民仍然滞留在捕捞业，维持在一个低效的水平上，仍没有顺利转产转业，减捕捞船的工作进展也不够顺利，渔民失业、返贫现象依然很严重，渔民转产转业任务艰巨。广东省《关于扶持沿海渔民转产转业，保持渔区稳定议案的办理方案报告》指出，渔民失业和返贫现象严重，全省有60% 的渔船亏本，30% 的渔船保本，只有 10% 的渔船微利，大部分渔船连简单再生产都难以维持；同时，有 60% 的渔船负债经营。海捕渔民从事捕捞生产的收入锐减，2010 年人均纯收入仅为 2 661 元，比农民人均纯收入还低 1 251 元。目前沿海贫困渔民数量已达 14.8 万人，其中特困渔民 10.8 万人。贫（特）困渔民中有"连家船"渔民 0.3 万户，1.2 万人，居住在茅棚木屋渔民 3 万户，12 万人。海捕渔民子女失学率达 30%。

"失海"渔民被迫重返旧业。"失海"渔民没有新的工作岗位，就等于失去了生活的来源，迫于生存压力，渔民必然重操旧业。2005 年广东徐闻县报废拆除一批木质捕捞渔船，一小部分渔民由于船被拆除后找不到就业岗位，最终还是回到捕捞渔船上为其他船主打工。另外，由于捕捞渔船转产从事渔获物运输所需资金比较少，近年来渔运船快速增加，相互间竞争激烈。如果继续增加渔运船，部分经营效

① 陈可文：《关于北部湾渔民转产转业的几个问题》，广东海洋大学调查报告，2008 年。
② 殷文伟、李隆华、陈静娜：《沿海渔业劳动力转移困难的症结及对策》，载于《浙江海洋学院学报（人文科学版）》2007 年第 9 期。

益差的而且没有得到政府扶持早期自行转业而仍保留"三证"的渔运船，最有可能重新转向捕捞业，如果这种现象发生将对转产转业工作的成果带来极大的冲击，造成今后转产转业工作的被动。

（二）影响渔民转产的就业因素

1. 城市化进程滞后使农村劳动力的转移受阻。城镇对农村劳动力的有效接纳能力不强。城市对农村剩余劳动力的现实接纳能力城市化是现代文明的标志，是生产力发展到一定阶段的必然趋势。农村的现代化，从本质上说就是农村城市化，即农村人口向城市转移、农业生产向非农生产转变、农民的生活方式向城市居民生活方式转换的过程。目前，发达国家的城市化程度最高的可达80%，而我国的城市化程度仅为36.09%，只相当于其1952年的水平。可以认为，我国现阶段经济发展水平远远高于相应程度的城市化水平，成为制约我国经济社会长期发展的一个瓶颈。长期以来，北部湾沿岸地区城市化发展由于种种原因而严重滞后。城镇化速度缓慢，城镇规模过小，造成小城镇的城市功能不完善、不健全，影响了小城镇对农村经济和周边地区带动作用的发挥，导致社会事业、基础设施和公用设施投资成本偏高，城镇结构过于单一，就业门路狭窄，对人口缺少吸引力。

2. 渔业产业吸纳劳动力结构单一，总量不足。近年来各地转移出的80%~90%捕捞渔民仍然从事渔业及与渔业相关的水产养殖业、水产加工业、水产品运输和营销业。今后转产转业渔民继续转入这些产业，必然使这些产业内部从业人员间的竞争加剧，导致转移成本上涨、单位产品的收益率下降，渔民仍难以脱贫致富，随后必然会影响捕捞渔民转产转业的积极性，甚至导致部分渔民重返捕捞业。我国渔业经济产业结构不高，仍处于发展和完善阶段，因而海洋渔业领域对劳动力的吸纳有限。在远洋渔业方面，目前适合渔民直接参与的成熟项目很少，而开发新项目则投资大、风险大，且需要经过较长时间的探索。在运输业方面，由于捕捞业生产不景气，运输船的发展空间受到压缩。对于捕捞渔业来说，专业捕捞渔船和专业运输船的专业化分工，有可能提高捕捞渔业的效益，使专业捕捞渔船的实际捕捞能力增强，因此对加速缩减捕捞能力不利。在休闲渔业方面，因季节性强，又有明显的地域特性，加上规划和管理滞后，一时难以做大规模。因此只有调整产业结构，充分发展海水养殖业、远洋捕捞业、滨海休闲旅游业及海上运输服务业等，才能增大这些行业对劳动力的需求量，才能妥善安置转产转业渔民。

3. 渔民转产转业转移存在一定的盲目性和无序性。我国尚未建立统一的渔区富余劳动力转移管理机构，也就无法掌握渔区渔村富余劳动力资源分布、就业状况，加之广大渔区渔村富余劳动力收集外出打工信息渠道狭窄，信息获取量小，致使大部分渔村富余劳动力只有盲目"走出去"，依靠亲朋好友介绍谋求就业岗位，造成劳动力转移的盲目性和无序性。这种转移的盲目性和无序性，增加了他们的转移成本，也增加了渔民转产转业的难度。

（三）制约渔民转产转业的资金因素

转产转业经费不足。资金问题一直是困扰渔民转产转业能否顺利进行的关键问题。发展海水养殖、水产品深加工业和休闲渔业，固然可以为转产转业的渔民增加就业机会，但是，加入新的行业需要新的投入，资金不足成为一个重要的制约因素。还有转产转业渔民技术培训、转产转业特困渔民安居工程、转产转业淘汰拆解渔船项目这些工程都需要庞大的资金。而这些资金单靠渔民自身是不可能解决的。虽然有关部门在扶持沿海渔民转产转业工作下了很多功夫，可是效果并不是特别明显。渔民收入减少和投资不足使得渔民转产转业缺乏足够的经费支持，无疑增加了渔民转产转业的难度。有关专家对渔民问卷调查表明，对于渔民转产转业的最大障碍，在资金、技术、信息、转移行业、其他 5 个备选答案中，渔民首选的是资金，占被调查者的 63.0%，其他依次分别是政策、技术、信息、转产行业和其他。

（四）制约渔民转产的沉淀成本因素

1. 生产资料的专用性。威廉姆森最早对资产专用性进行完整的论述，他认为，在不牺牲生产价值的条件下，资产可用于不同用途或由不同使用者利用的程度。换句话说就是当某种资产在某种用途上的价值大大高于在任何其他用途上的价值时，那么该种资产在该种用途上就是具有专用性的。具体来说，专用性资产是为支撑某种交易而进行的耐久性投资，一旦被投资到某一领域，就会锁定在一种特定形态上，若再作它用，其价值就会贬值。专用性资产有多种形式，如专用场地、专用实物资产、专用人力资产以及特定用途资产等。

根据上述资产专用性特征，渔船、渔网渔具等渔业生产工具就是专用性较强的生产资料。这些资产只能用于渔业生产或海上运输，一旦退出原有的行业转入新的领域，则很难实现其本来价值，以前的渔业生产资料就会变为沉入成本，损失很大；此外，从人力资本来看，渔民的专业性较强，如技术捕捞渔民和技术养殖渔民，也具有较强的资产专用性，一旦从这个行业中退出进入其他行业，无异于放弃了原有的生产技能重新就业。当前，相当一部分渔民生产亏损，生产时间越长亏损越大；但如果退出捕捞业，由于渔业固定资产的相当部分是属于不可回收的沉淀资产，弃捕后渔业资产很难再用，船只大幅度贬值，债务更加严重，停产的损失更大，因此，继续生产成为一种合理的选择。渔业生产资料专用性强的特点，无疑加大了沿岸渔民转产转业的难度。①

2. 生产资料存量较大。渔业生产资料存量增加，影响了渔民转产转业。20 世

---

① 宋立清：《我国沿海渔民转产转业的成本收益模型分析》，载于《中国渔业经济》2006 年第 2 期。

纪 90 年代初，海洋捕捞效益明显增加，很多渔民把赚到的钱投入到新船改造，如小船改造为大船，木船改建为钢质渔船，渔民把自己多年来的心血都沉淀在渔网和工具上，欠了很多贷款。以 100 吨、250 马力的钢质渔船为例，造价为 90 万元左右，若渔民转产转业，渔船报废，虽然从国家到地方各级政府都给一定补助，但合起来也就 9 万元，是原渔船造价的 1/10，因此，如果不计折旧，这艘渔船的沉淀成本就是 81 万元。这对于生活并不富裕的渔民来说代价（成本）是非常高的。据广东省湛江市海洋渔业局对该市渔村收益分配统计资料，截至 2007 年年底，全市渔民户均生产性固定资产原值达到 4.5 万元。渔业生产资料存量较大，政府转产转业补贴低，加上转业后生活的不确定性等诸多因素，使得渔民不愿舍弃这些生产资料，冒险去投资其他行业。

第五节　渔民转产转业的政策分析

一、渔民转产转业政策

（一）国外渔民转产转业政策

20 世纪 80 年代以来，渔业资源衰竭成为世界范围内一个突出问题，尤其是《联合国海洋法公约》和专属经济区制度的实施，使得公海捕捞空间大大缩小，邻海国家渔业纷争不断，渔业经济发展面临挑战。在此背景下，世界沿海各国纷纷探索新的渔业发展政策，其中重要的主导思想就是减船减人。

1. 韩国。韩国以政府出资的形式进行了大规模的减船行动，具体分为两种措施，一是一般减船，即因渔业产业内部的需要而进行的减船；二是特别减船，即因国家间的渔业协定失去渔场而进行的减船。从 1994～1999 年，韩国实际投资 4 660 亿韩元，减船 1 347 艘，并与捕捞限额制度相结合。就具体措施来说，韩国的主要做法包括：（1）发展海水养殖业。根据沿海海域的特点进行统筹规划，发展适合的重点养殖品种；在养殖方式上，由平面养殖向立体养殖转变，由近岸养殖向外延养殖拓展；加大养殖品种和技术开发力度。韩国用于渔业尖端技术开发资金由 1995 年的 26 亿韩元增加到 2004 年的 274 亿韩元，养殖品种实现了由单一向多品种、复合式养殖的转变。（2）发展远洋渔业。韩国同 18 个国家签订渔业协定，并加入各种全球性的海洋和渔业组织，在确保俄罗斯、南太平洋、日本、印度洋、大西洋、秘鲁等现有渔场的同时，大力支持开发新渔场，加大开发投资力度。（3）政府补贴进行减船。韩国对渔船的削减主要采用政府出资收购，船龄 5 年以下的渔船，收购价格为造价的 40%，船龄 6～10 年的为造价的 30%，船龄 11 年以上的为造价的 20%。政府对被收购渔船的船主提供贷款担保和贴息。（4）发展休闲渔业。在实施海洋旅游业规划时将休闲渔业作为重要内容加以推进。①

2. 日本。日本从 1980 年即开始实施渔业调整政策，其措施也分为一般减船和特别减船，主要是通过以渔业团体为中心，政府给予适当的财政支援进行。在其他政策方面，（1）引导渔业剩余劳动力到城市就业。日本在第二次世界大战后经济的迅速腾飞为渔业剩余劳动力的大规模转移提供了充分条件，转产转业后的渔民经过政府和渔业协会的技能培训后在其他产业实现了顺利就业。（2）发展海水养殖业。政府在资金和技术上给予大力帮助，引导渔民从事海水养殖业。（3）发展水产品加工业和贸易业。日本政府扶持水产品的加工和扩大出库，渔业协会则直接组织渔民将水平加工成各种商品。（4）发展休闲渔业。日本通过推行"渔港、渔村建设计划"，改善渔业基础设施，开展休闲渔业。值得指出的是，在日本渔民转产转业的过程，相关渔业协会在配合政府政策、组织和引导渔民有序转产上发挥了十分积极而重要的作用。②

3. 美国。美国着重从以下三个方面对渔业发展进行调整：（1）控制海洋捕捞。2000 年美国国家海洋渔业局公布捕捞能力削减计划，由政府通过融资赎买过剩的渔船或捕捞许可证；政府向被赎买或转产的船主提供贴息贷款，年限最长可达 20年。该计划还同时规定，对实施减船的渔业，今后不得有新入渔者；许可证被赎买而转产的渔船，今后不得再从事渔业；被赎买渔船的船主今后不得再投资渔业。（2）发展水产养殖业。美国水产养殖业虽然起步较迟，但集约化程度高，技术设施先进，实行产业化经营，社会化服务，经济效益突出。（3）发展休闲渔业。休闲渔业是美国渔业的主导产业，根据 1999 年的统计，美国休闲渔业营业额高达200 亿美元，是美国水产养殖业以及相关产业的 3 倍多，可见休闲渔业在美国之兴旺发达。③

（二）国内渔民转产专业政策

1. 中国渔民转产转业政策分类。中国水产科学研究院信息中心杨子江研究员对中国渔民转产转业政策进行了详细梳理，并按照发挥作用层次的不同，将相关政策分为宏观经济政策、中观经济政策和微观经济政策。

宏观经济政策工具主要是指国家宏观经济部门在接受渔业部门的建议后，将渔民转产转业问题置于国家整个宏观经济中去考虑，借助一系列宏观经济政策工具去引导和促进渔民的转产转业。宏观经济政策工具主要包括两大类：财政政策工具和

---

① 郝艳萍译：《韩国以养为主的渔业政策》，载于《现代渔业信息》2003 年第 2 期。
② 易林：《韩国的渔业发展与环境保护》，载于《中国渔业经济研究》1995 年第 5 期。
③ 陈忠尧、吴祥明：《美国渔业及其管理简介》，载于《中国渔业经济》2004 年第 5 期。

金融保险政策工具。其中，财政政策包括建立对渔区的转移支付制度，加大渔区的公共工程支出的力度，推进渔业税费调整和渔民减负政策的落实；金融保险政策包括信贷支持和保险支持等。

纵观经济政策也就是渔业部门的行业经济政策，主要是从两个方面入手：其一是，通过渔政执法的严格、具体，将一部分需要转产转业的渔民"挤出"原来的生产作业领域；其二是，通过拓展渔区就业空间，提供优惠政策和必要资金将一部分需要转产转业的渔民"引出"原来的生产作业领域。这些政策主要包括完善渔业综合执法体系、调整伏季休渔制度、推进渔船强制报废制度和捕捞"双控"制度的实施，以及建立全国性的渔业行业准入制度等。

微观经济政策则主要包括推进渔业企业进行现代企业制度改造和建立、健全渔业中介组织。

（1）补贴性政策。主要指政府向渔业行业提供各种支付或优惠，直接或间接降低渔民转产成本，增加捕捞渔民转产收益的政策。这种政策带有明显的渔业补贴性质，因此称之为补贴性政策。中国之所以在推进渔民转产转业工作中采用补贴性政策，其根本出发点就是通过利益诱导来达到削减捕捞生产能力的目的。这种旨在削减捕捞生产能力的补贴，一方面通过对退出渔业部门的渔民进行补贴，促使其尽快转产就业；另一方面，通过削减捕捞能力，减少竞争，增加渔业行业利润。在渔民转产转业的实践过程中，补贴性政策是各地普遍采用的，因此最为常见，主要包括：对纯渔区乡村两级财政实行转移支付，减轻基层财政负担；建立远洋渔业的发展基金，鼓励远洋渔业发展；建立渔船报废、淘汰补偿基金，对减船渔民给予补助；建立扶持捕捞渔民转产转业的专项基金，对转产渔民给予专项扶持；渔业税费调整，减轻渔民税费负担；治理"三乱"，减少渔民支出；信贷支持政策；渔业保险政策；加大对渔民转产转业的技能培训。

（2）一般服务性政策。该类政策主要从改善渔民就业与生存环境入手，通过加强渔区公共基础设施项目建设，进一步拓宽渔民的就业空间。主要包括：加强渔港建设，培育"渔港经济"；推进渔村小城镇建设；加强水产品市场体系建设；加强渔业技术研发和推广体系建设；加强海区、渔区通讯设施建设；加大渔业劳务输出力度；加大宣传力度，培育渔村新文化。

（3）渔业管制性政策。该类政策或建议主要从加强渔业管制角度出发，通过规范渔业秩序，来促进渔民转产转业的顺利进行。主要包括：实行渔船强制报废制度，减少渔船数量与渔船马力数；加强对"三无"渔船的治理，强化对现有渔船的管控；建立全国性的渔业行业准入制度；适当调整伏季休渔制度，提早并延长休渔期，扩大休渔范围；改革渔业管理体制；建立全国性处理海事、渔事的长设机构，减少渔业纠纷。

2. 国内渔民转产转业政策目标。中国做出对沿海渔民实行转产转业是基于特定的背景：第一，中日、中韩、中越三个双边渔业协定签署后，我国传统作业渔场大幅度缩小，捕捞能力严重过剩，大量捕捞渔民面临失业。第二，海洋渔业资源由于环境污染、过度捕捞等原因急速衰退，实行渔民转产转业是保持海洋渔业资源可持续发展的重要战略途径。基于此，我国实行渔民转产转业的目标可以概括为以下几个方面：（1）减少现有渔船，控制捕捞强度。（2）减少渔民数量，转移渔业剩余劳动力。（3）调整渔业产业结构，降低海洋捕捞，尤其是近海捕捞渔业比重。（4）减少国际渔业纠纷，维护与周边国家和地区的和谐关系。（5）实现渔业资源的休养生息，促进渔业的可持续发展。[①]

　　如广东省转产转业的目标是：从 2004 年起，用 10 年时间，组织实施沿海渔民转产转业。前 5 年（2004～2008 年）重点扶持发展水产养殖业、加工流通业、外海远洋渔业、休闲渔业及船网修造等渔业产业项目 260 个，带动 2 万个转产转业渔民就业。同时稳妥有序地淘汰渔船 3 500 艘，功率 12 万千瓦。后 5 年视议案实施情况，再确定扶持的目标和措施。通过经济、行政和法律手段促进目标的实现，从而优化渔业产业结构，提高渔业产业效益，促进渔区稳定，改善渔民生活，使其跟上全省建设小康社会的步伐。这些内容已基本涵盖以上五点目标。

　　3. 国内渔民转产转业政策。党和政府高度重视渔民转产转业工作，中央和地方相关部门也一直把渔民转产转业工作作为转变渔业经济发展方式、促进海洋经济发展的重要手段，全力解决"三渔"问题。2001 年 8 月 6 日，农业部、财政部和国家计委联合在广东湛江召开"沿海捕捞渔民转产转业工作会议"，标志着我国沿海捕捞渔民转产转业工作全面铺开。农业部先后制定出台了《海洋捕捞渔民转产转业专项资金使用管理暂行规定》、《2003～2010 年海洋捕捞渔船控制制度实施意见》支持转产转业工作。中央财政专门设立了渔民转产转业专项资金，从 2000～2004 年每年安排 2.7 亿元用于实施渔船报废和转产转业项目补助，增加 3 000 万元专属经济区渔政执法经费。2003 年 9 月 18 日，农业部和财政部联合发布《海洋捕捞渔民转产转业转向资金使用管理规定》，对因《中韩渔业协定》、《中日渔业协定》、《中越北部湾渔业合作协定》退出捕捞的渔船给予报废补助，对吸纳和帮助转产渔民就业、带动渔区经济发展、改善海洋渔业生态环境的项目进行补助。"十五"期间，中央财政共安排渔民减船转产补助资金 9.9 亿元，累计报废渔船约 1.4 万艘，转产捕捞渔民约 8 万人。沿海各级政府成立了转产转业工作领导小组和办公室，出台各种扶持和配套政策，力促形成工作实效。如浙江省在 2001 年提出要"主攻养殖、拓展远洋、深化加工、搞活流通、转移行业"的方针。具体来说，各种措施概括分为：

　　[①] 陈鹏、黄硕琳、陈锦辉：《沿海捕捞渔民转产转业政策的分析》，载于《上海水产大学学报》2005 年第 12 期。

（1）设立转产转业专项资金。江苏、浙江两省采取切实有效的措施，减船减人安排渔民转产转业。江苏省 2000 年开始实施海洋捕捞减船转产的试点工作，下发了《关于认真做好 2000 年海洋捕捞减船转产工作的通知》，规定每转产 1 艘捕捞渔船，省财政补助 5 万元作为扶持、引导措施。根据实施减船转产试点进展情况，计划经过 5~6 年的努力，使全省海洋捕捞渔船由 1.9 万艘减至 1.2 万艘。浙江省规定在 3 年内暂停审批和建造捕捞渔船的同时，每年减少渔船 1 000 艘，减少海洋捕捞渔民 5 000 人。设立了减船转产专项资金，"十五"期间省财政每年安排 1 000 万元减船转产资金，用于废旧渔船的赎买、报废补助。宁波市政府制定了《宁波市海洋捕捞渔民转产专业规划（2002~2006 年）》和《宁波市海洋捕捞渔船报废转产专项资金管理办法》，市财政每年安排 150 万元资金用于渔船报废补助。玉环县政府规定，捕捞渔民每报废拆解 1 艘海洋捕捞渔船，政府根据渔船残值情况予以 3 000~30 000 元的财政补贴。

（2）引导渔民发展海水养殖业。江苏、浙江两省均把海水养殖锁定为渔民转产转业的目标产业，积极扶持，大力推进。江苏省《关于沿海渔业实施减船转产计划的意见》中规定，对转产渔民优先安排滩涂用地，在新开发的滩涂、水面和荒山、荒地生产出的产品，按现有政策自有收入之日起，准予免征农业特产税 1~3 年；县、乡两级从渔业征收的纳入农发基金管理的农业特产税中，安排 30% 用于扶持转产渔民发展水产养殖。浙江省把浅海养殖尤其是抗风浪深水网箱养殖作为渔民转产转业的重点扶持项目，每年安排 4 000 万元专项扶持资金，用于海水养殖区防浪堤、苗种体系等基础建设和抗风浪深水网箱养殖的贷款贴息等。

（3）发展远洋渔业。浙江省把扶持远洋渔业的发展作为引导渔民转产转业的重要途径。省财政在"十五"时期前 3 年每年安排贴息资金 500 万元，重点扶持远洋渔业龙头企业的发展。同时在引进远洋渔船先进设备、造船物质进口指标安排等方面给予重点支持，促进远洋渔船的国产化进程。舟山市积极扶持群众性远洋渔业的发展，鼓励引导群众远洋渔业以股份制或股份合作制形式走联合发展的路子。温岭市政府支持渔民转产转业，规定捕捞渔民放弃近海捕捞发展远洋渔业，每发展 1 艘大型鱿钓渔船，市财政就给予 200 万元无偿补助，银行给予一定比例的低息贷款。

（4）发展水产品精深加工。水产品加工业是渔民转向第二产业的主要方向。浙江省提出水产品的加工重点是开展水产品精深加工和综合利用，并结合超低温金枪鱼的产业化，开拓国内市场，推广应用超低温冷冻冷藏技术，开发海洋药物、海洋功能食品和保健食品。同时加强水产品质量标准和检测体系建设，高度重视食品卫生和食用安全问题，全面接轨国际市场。省政府计划每年安排不少于 100 万元资金重点突破低质鱼、虾、贝、藻类特别是大宗养殖产品精深加工的科研攻关；凡经省政府认定的水产加工龙头企业，将给予技改项目贷款贴息，享受省规定的农业龙头企业用电、用地等优惠政策。

（5）大力发展休闲渔业。休闲渔业具有良好的经济、社会和生态效应，目前在沿海渔区颇受青睐。引导渔民发展休闲渔业已经成为各省实现渔民转产转业的新途径。浙江省采取多种优惠政策促进休闲渔业的发展。如对采用招标、转让、租赁等多种形式开发无人岛屿的，其土地出让金和租金在首付不低于 30% 的情况下可分年分期收取；对利用生态型岛礁、湖泊进行流放增养殖和旅游观光的，自有收入年份起免征 3 年农业特产税；各级财政、渔政部门要将 10% 以上的渔业资源费用用于岛礁型休闲渔业的增殖放流。

（6）全面清理涉渔税费。浙江省把减税减费作为解决渔民生产生活困难的有效措施。省政府将渔业税和农业特产税合并，统一征收农业特产税，并从减轻渔民负担出发，从低核定农业特产税计征税额。省财政对舟山等沿海渔区由于渔业税收减少的收入给予转移支付进行弥补。暂停收取渔业船舶登记费等四项收费，从低核定渔业资源增殖保护费等四项收费；减半收取渔船无线电频率占用费；按实收取渔业资源赔偿费、各类证照工本费等。远洋渔船的证书按国际惯例办，其他渔船，60马力以上的捕捞渔船基本证件不得超过 3 本，60 马力以下的小型渔船实行一船一证。

（三）北部湾中国段转产转业政策

广东省政府提出从 2004 年起，用 10 年时间，组织实施沿海渔民转产转业。前5 年（2004～2008 年）重点扶持发展水产养殖业、加工流通业、外海远洋渔业、休闲渔业及船网修造等渔业产业项目 260 个，带动 2 万个转产转业渔民就业。同时稳妥有序地淘汰渔船 3 500 艘，功率 12 万千瓦。后 5 年视议案实施情况，再确定扶持的目标和措施。前 5 年，政府扶持总资金 6.736 亿元，其中省财政预算内安排5 亿元，占 74.23%，平均每年 1 亿元。省级财政资金的安排：发展渔业产业 2.5亿元；水上渔民安居和转产转业渔民培训 0.78 亿元；减船和回收捕捞许可证 1.51亿元；渔民转产转业实施与管理 0.2 亿元。鼓励转产转业渔民从事水产养殖、加工流通、休闲渔业、外海远洋及船网修造业。组织实施渔民安居工程及渔民培训，对"连家船"渔民和特困渔民进行排查登记，制定沿海渔民安居工程专项计划，由当地政府解决住宅建设用地，并搞好"三通一平"等。5 年内解决 3 000 户"连家船"和"特困户"渔民安居。同时利用现有教育资源，通过分期分批对 2 万个转产转业渔民进行养殖加工等技术培训，提高其就业能力，适应新的工作岗位。对转产转业渔民子女的职业教育，纳入"十项民心工程"实施。在政策扶持方面，对于承担转产转业相关项目并吸纳一定数量渔民就业的渔业企业，以及转产转业渔民从事个体经营的，给予适当的收费优惠；对利用国有水域滩涂从事海水养殖的转产转业渔民，由县级以上人民政府优先安排养殖用海并免费发给"养殖证"；清理取缔违规涉渔收费,从低核定向捕捞渔民收取的渔业资源增殖保护费、渔港费、渔船和船用产品检验费等涉渔收费,各类渔业证书换发、补发只收工本费。

广西2003年制定《广西海洋捕捞业减船转产转业工作方案》,提出2002～2006年,全区调减海洋捕捞渔船2 000艘,12 500名海洋捕捞渔民实现转产转业。调减渔船中,功率在20千瓦以上的渔船500艘、总功率37 415千瓦,5 000名渔民转产转业;功率在20千瓦以下的渔船1 500艘、总功率12 000千瓦,7 500渔民转产转业。在经费补助上,对于农业部、财政部明确给予经费支持的功率在20千瓦以上渔船的减船补助、吸纳减船离海传统渔民转产转业经费等,自治区和地方按1∶1予以配套;对于未明确经费补贴的,根据项目的不同给予适当补助。同时辅以配套措施引导转产转业渔民从事海水养殖,鼓励减船转产转业渔民从事第二、第三产业,完善海洋捕捞从业准入制度,严格控制非传统渔民从事海洋捕捞业,加大培训力度,为渔民创造更多的就业机会。为鼓励和支持渔民转产转业,从渔民减船弃捕当年算起,对转向水产养殖的转产转业传统渔民个人养殖的水产品,5年内免收农业特产税;对吸纳转产转业渔民就业人数达到企业职工总人数60%以上的企业,3年内免征企业所得税;对转向从事水产品加工业的转产转业渔民,市、县(市、区)土地行政主管部门要根据当事人的申请,及时依法办理建设用地审批和供地手续,并从投产之日起,2年内免征企业所得税;对转向从事水产品流通业的转产转业渔民,3年内免收其从业的工商管理费。

2002年中央财政下拨海南省1 800万元减船补助金,单船补助金1.5万～15万元不等。海南省海洋与渔业厅制定了《2002～2006年海南省转产转业计划》,提出在2002～2006年淘汰报废旧小渔船2 471艘,渔船总价值20 199万元。引导沿北部湾1 000多艘渔船到本岛东部、南海北部及西、中沙渔场生产,引导旧小渔船的渔民转向养殖、加工、休闲渔业及其他行业。实施海洋捕捞转产转业项目,投入财政资金近500万元,开展深水网箱养殖技术试验示范和低位虾池改造等转产转业项目。此外,海南计划建造2 000吨级运输补给母船2艘,400～500吨的运输服务船10艘。利用后水湾的自然资源与环境,引导小机拖渔船转产开发休闲渔业;引导渔民利用报废的小渔船沉船制作人工渔礁,发展渔礁旅游业。安排转向资金对转产转业渔民进行培训,帮助渔民开辟新的生产和就业天地。对渔民转产转业给予政策扶持:从北部湾渔场转移到西、中、南沙生产的渔船,免征农业特产税,免收渔业资源增殖保护费;北部湾沿海从事捕捞的渔民转产从事养殖业的,由当地政府安排养殖用海,每人使用浅海海域30亩以内的,免收海域使用金,三年内免征农业特产税。鼓励渔民因地制宜地发展渔业相关产业如水产养殖、水产品加工、流通、运输、休闲渔业或其他非渔产业。

二、渔民转产转业政策评价

（一）主要成效

中央和地方各级政府为沿海渔民转产转业问题可谓绞尽脑汁，出台了各种具有针对性的政策，取得了一定的成效。

1. 海洋捕捞强度得到一定程度的遏制。为实施好渔民转产转业工程，农业部制定了《2003～2010年海洋捕捞渔船控制制度实施意见》，出台了《海洋捕捞渔民转产转业转向资金使用管理规定》。沿海各级政府也成立了相应的转产转业工作领导小组和办公室，实施相关扶持政策，海洋捕捞能力盲目增长、滥捕滥杀势头得到初步遏制，近海渔业资源得到一定的修养。

2. 渔业剩余劳动力转移取得初步成效。"十五"期间，中央财政共安排渔民培训经费0.62亿元，培训转产专业渔民6万人。

3. 渔业产业结构得到调整。"十五"期间，为了扩大转产转业渔民的就业渠道，中央财政共安排转产转业项目经费1.77亿元，补助支持各地人工渔礁、增殖放流、养殖、加工等转产渔民主要就业项目建设。

4. 渔区实现经济社会稳定发展。在实施转产转业政策后，各级政府通过制定引导政策，出台各项优惠措施，努力为转产转业渔民营造更大的就业空间。

但也应该看到，虽然经过多年的转产转业，但中国海洋渔业资源日益枯竭的局面并没有得到显著改善，渔业劳动力总量也没有明显地减少，过度捕捞、渔业污染等仍是常态，与当初政策设计目标存在较大差距。

（二）转产转业政策的局限性

海洋渔业资源具有公共产品的性质，使得对其开发利用不具有排他性，而海水的流动性和边界的模糊性，也使得渔业产权界定十分困难。产权的非界定性结果就是渔业资源所有权从法律上归属国家，但从实践上看，渔业资源的产权是虚置的，以至于国家所有的渔业资源权流于形式，但使用权对全体公民开放，实际上主要归属沿海渔民，使用者在缴纳一定的税费后，渔货品按市场交换，享有受益权。随着捕捞生产实行市场机制，捕捞主体资格与法律地位的逐步确立，使捕捞个体成为事实上的海洋渔业资源产权主体。但各级渔业部门代表国家管理和养护海洋渔业资源，这种海洋渔业资源所有权与使用权的不一致性，使渔民没有养护资源的激励，势必造成海洋渔业资源的过度利用。这种产权界定具有较大的模糊性和不合理性。因此，从渔业资源的基本特性和现行渔业产权制度安排来看，渔业的根本问题与其说是资源衰竭和捕捞强度过大之间的矛盾，还不如说是渔业资源的基本特性和现行渔业管理制度所造成的。这种偏差也直接造成了目前实行的转产转业政策存在着设计上的缺陷，结果是政策的实施效果与预期设想相差较远。

1. 管理体制。转产转业政策通过中央到地方的渔业行政主管部门来推进实施，主要依靠政府的强制力及宣传发动来推动，与现行的其他渔业规制措施一样，仍然属于政府集权管理，是政府通过其权威和强制力，对海洋渔业资源进行高度集中的控制和监管的一种制度。事实上，目前是行政管理替代了资源的产权管理，仅凭单纯的行政命令并不能带来渔业资源的合理开发利用。另外目前我国缺少真正意义上的渔民自治组织，尽管各地建立了为数不少的行业协会，但这些协会大部分依附在政府身边，已成为事实上的"二政府"，没有独立地行使协会的职能，可以说现阶段渔民自治组织尚未培育起来。渔业管理中行业协会的缺席，势必导致政府的管理成本十分高昂，但政策推行效果往往不佳。

2. 政策本质。转产转业政策通过报废渔船，减少捕捞船只和作业渔民，从而控制捕捞强度，与入捕许可一样，属于投入控制管理措施。这种方法在海洋渔业管理初期的计划经济年代，生产能力不高、渔业资源尚可的情况下，往往行之有效；而在渔业资源不断衰退、生产能力居高不下、自由入渔的市场经济年代，对渔业资源的管理往往会失效。为防止渔业资源的过度利用，众多沿海国已尝试限制渔获量的产出控制管理方法。

3. 操作方式。转产转业政策设计没有体现市场机制的作用，"双转"变成了政府的主导工作，是政府推着渔民"转"，不是渔民自己要"转"，对大多数渔民缺少弃捕上岸的激励，这就不难理解到后来政策推行的难度越来越大，政策目标也越来越难以实现。一是对淘汰报废渔船的补助标准明显偏低。浙江省一艘约100吨位、185马力以上木质渔船，当时购置价一般50万~60万元，而现行省、市报废转产补助仅5万~6万元，只有实际船价的10%左右。补助标准的计算没有考虑渔民淘汰渔船的机会成本，渔船是渔民的生产工具，每年可以为该渔民带来一笔稳定的收入。假设该渔民现年40岁，每年捕捞收入3万元，捕捞渔民以50岁作为退休年龄，若目前市场利率为2.5%，按普通年金公式来计算，通过折现计算给他的补偿金应是26.26万元，而不是区区的5万~6万元。因此，在现行的报废政策补助标准下，劣质破旧渔船报废占到了绝大多数也就不难理解了。二是"双转"政策并没有涉及渔业资源产权制度安排的根本性问题，产权界定依然存在模糊性和不合理性，这种政策安排充其量只能是治标的措施，不可能是治本的制度安排。

4. 政策目标。政策设计存在着比较严重的错位。根据调查，目前的渔民其实有两种类型，一类是渔老板，拥有的渔业资产相对庞大，船舶动力较大；另一类是靠一条小船吃饭的传统渔民以及失去生产资料受雇于船老板的渔民，后一类的渔民要占到全体渔民的绝大多数。按照农业部和财政部关于转产转业的文件规定，现行的减船补贴是以船为单位根据动力大小进行落实的，补贴的对象为渔船的所有人。

因此，在转产转业的实施过程中，享受补贴最多的是渔老板，而绝大多数的困难渔民实际上并没有得到多少实惠，甚至还因为渔老板的转产而失去了赖以生存的依靠。因此，现行政策一个非常严重的偏差就是补贴依据的是渔业资产的产权，而不是渔民的渔业权。

政策设计的不合理导致了实际效果的偏差。目前减船的标准是对于 10 千瓦以上的渔船进行补贴，10 千瓦以下的减船无法享受到转产的补贴。以湛江为例，目前大约有 6 000 多艘 8.8 千瓦的渔船，这些渔业绝大部分只能在近海从事定置网作业，对于幼鱼虾仔的破坏尤为严重。转产转业一个非常重要的目的就是保护海洋渔业资源，尤其是近海的渔业资源的恢复，但是政策设计的不合理导致了实施效果背道而驰的局面。

5. 转产转业政策不稳定。例如从 2005 年起补助的规模缩减，是否延续补助政策要根据每年的情况来确定；有些扶持资金的落实透明度不高，在扶持转产转业的过程中未能实现资金的有效管理和使用，难以体现公平。

6. 政策的其他负面效应。由于现行渔业管制措施失灵，致使"双转"政策的配套措施极不完善，导致政策实施的负面效应日益凸显。一是由于国家对渔船管理的失控及地方政府的自利性，渔船盲目扩张的势头尚未真正遏制，非法买卖和违规更新改造渔船的事件时有发生，加上渔政执法机构对非法捕捞渔船监管不力，有些地方甚至出现了骗取报废资金造大船的现象，"双转"政策被人钻了空子，产生了扭曲的激励机制。二是捕捞业尚未实行准入制度，对渔民"双转"带来很大冲击。为大幅度压缩捕捞，从中央到地方采取措施动员专业渔民转业。但国家尚未实行捕捞行业准入制度，内地农民工可以自由进入捕捞业；弃捕上岸的渔民马上可以被外地劳动力所替代，外来工虽然技术差些，但听话肯吃苦，并且支付的工资较低，船东老板为追求利润最大化，反而有雇佣外地非渔劳力的激励。因此，在现行就业政策不完善的情况下，渔民从内心对"双转"政策产生抵触，转产转业意愿普遍不强。由于现行渔业制度安排的缺陷，使得"双转"效果很难体现。[①]

三、渔民转产转业政策实证分析

为了对转产转业政策做一个客观、切实的评价，课题组对因中越北部湾划界深受影响的雷州市 120 户渔民进行了实地的走访和调查。

（一）基本情况

雷州市是一个海洋渔业大市，东濒南海，西临北部湾，拥有 406 公里海岸线，

---

① 宋立清：《中国沿海渔民转产转业问题研究》，中国海洋大学硕士毕业论文，2007 年。

10 米等深线浅海滩涂面积 150 万亩，与全市陆地耕地面积相等。全市下辖 18 个镇，3 个街道办，11 个国有农、林、盐场，其中沿海镇 13 个，渔业村 135 个。捕捞渔船 2 547 艘，82 145 千瓦，全市渔业人口为 22 万人，渔业劳动力为 5.3 万人，其中捕捞劳力总人数 2.4 万人，捕捞渔民中纯渔民中纯渔民与半渔民农人员的比例为 4∶6。渔区生产以海洋捕捞、海水养殖、后勤服务为主。

本次调查共涉及雷州市两个纯渔业村和三个半渔半农村，共计调查样本户 120 户。120 户渔民的基本情况见表 3 – 5。

表 3 – 5　　　　　雷州市 120 户渔民基本情况

户主年龄	平均年龄	20 岁以下	20 ~ 29 岁	30 ~ 39 岁	40 ~ 49 岁	50 ~ 59 岁	60 岁以上
	49 岁	无	5 人	22 人	34 人	41 人	18 人
户主文化	文盲	小学	初中	高中	大专	大学	
	22 人	64 人	29 人	5 人	无	无	
家庭人口	平均	2 人以下	3 人	4 人	5 人	6 人	7 人以上
	4.9 人	6 户	14 户	29 户	22 户	36 户	13 户
家庭劳力	平均	1 个	2 个	3 个	4 个	5 个	6 个以上
	2.7 个	6 户	48 户	42 户	18 户	5 户	1 户

从表 3 – 5 可以看出，120 户被调查的渔民中户主年龄、户主文化、家庭人口和劳动力基本情况。我们从中分析，得出如下认识：

1. 户主年龄偏大。户主平均年龄 49 岁，20 岁以下的没有，20 ~ 29 岁青年也只有 5 人，30 ~ 39 岁的壮年 22 人，40 ~ 49 岁的 34 人，50 ~ 59 岁 41 人，60 岁以上的 18 人。如果以 50 岁为分界线，50 岁以下的 61 人，占 50.84%，50 岁以上的 59 人，占 49.16%。

2. 户主文化偏低。户主中只有小学文化程度者最多，占 53.33%；其次是初中文化，占 24.17%，有高中文化的只有 5 人，占 4.17%；而文盲则有 18 人，占 15.00%。大专以上学历的渔民根本就没有。

3. 家庭人口较多。每个渔民户家庭平均人口规模为 4.9 人，接近 5 人。其中 2 人以下的 6 户，3 人的 14 户，4 人的 29 户，5 人的 22 户，6 人的 36 户，7 人以上的 13 户。许多渔民家庭都是三世、四世甚至五世同堂，祖祖辈辈都是从事渔业生产。

4. 家庭劳动力较少。每个渔民家庭劳动力 2.7 个，不足 3 个。1 个的 6 户，2 个的 48 户，3 个的 42 户，4 个的 18 户，6 个以上的 1 户。拥有 2 个或 3 个劳动力的渔民家庭共 90 户，占绝对的优势。

（二）家庭财产状况

我们这次调查渔民家庭财产分两个大类，即生产工具和生活用品。生产工具包括渔船、渔网、加工设备和其他生产工具。生活用品包括住房和耐用品如电视机和电冰箱。家庭存款包括现金和储蓄虽然也属于家庭财产但未能涉及。雷州市 120 户渔民的家庭财产的状况见表 3－6。

表 3－6　　　　　　雷州市 120 户渔民家庭生产工具状况　　　单位：万元

项目	数量	均价	1	2	3	4	5	6	7	8	9	10
渔船	100	10.6 万					34	6	12	3	5	40
渔网	98	29.8 万	14	31	16	12	7	2	16			
加工设备	7	1.3 万	3	2	1	1						

渔船、渔网和加工设备是渔民的基本生产工具，也是渔民的家庭的主要财产。从表中可看出，120 户渔民只有 100 艘渔船，98 部渔网，7 台加工设备，还有一部分渔民是没有船和网的，是纯粹为其他船主打工的。即使有船的渔民，渔船平均规模较小，平均价值 10 万元左右；小型船较多，即 12 马力以下的渔船。这些渔船都比较陈旧，平均船龄 13 年，购建时间 1990 年前的 35 只，1995 年前的 23 只，2000年前的 36 只，2005 年前的 4 只，2006 年前的 2 只。这些渔船全部为私有，其中又有两种形式：一是独资，占 80%；二是合伙（见表 3－7）。

表 3－7　　　　　　雷州市 120 户渔民家庭生活用品状况　　　单位：元

项目	类别	数量	价值					
住房	楼房	57	5 万	10 万	15 万	20 万	25 万	30 万
			3	15	8	9	7	1
	平房	38	1 万	2 万	3 万	4 万	5 万	6 万
			1	5	7	4	4	3
用品	电视机（台）	73	1 000	2 000	3 000	4 000	5 000	6 000
			1	37	7	2	1	4
	电冰箱（台）	7	2	2	2	1		

渔民的另一种家庭财产就是生活用品，我们主要调查了渔民的住房和日用品主要列出的是电视机和电冰箱。从表中可看出 120 户渔民，其中 95 户有住房，其余25 户是在岸上没有住房的，长年累月生活在船上的连家船。由于被调查的镇西和

镇南两个渔业村渔民以乌石镇为居住地，所以有一部分渔民的住房条件尚可。特别是有楼房 57 栋，平均造价大部分都在 10 万元以上。平房就显得差一些，平均造价 1 万 ~ 2 万元，而且建造时间多在 20 世纪 90 年代及以前，现在多为危旧房。

渔民的日用品就显得有点落后。120 户渔民中只有 73 户有电视机，7 户有电冰箱，电视机和电冰箱多是 1 000 ~ 2 000 元的。

（三）　捕捞业状况

海洋捕捞业是渔民的主业，雷州市渔民传统的捕捞海域是北部湾海域。我们的调查针对北部湾划界前后进行，分别调查了捕捞船舶、许可证、捕捞劳动力，捕捞海域、捕捞时间（1 年内）捕捞产量（1 年内）和捕捞产值（1 年内）的情况（见表 3 - 8）。

表 3 - 8　　　　　　　雷州市 120 户渔民划界前捕捞业情况

项目	分组与数值						
捕捞船舶占比（%）	30 马力以下	30 ~ 50 马力	50 ~ 100 马力	100 ~ 150 马力	150 ~ 200 马力	200 ~ 250 马力	250 ~ 300 马力
	21	51	9	6	3	8	2
捕捞劳力（人）	5 人以下	5 ~ 10	1 ~ 15	15 ~ 20	20 ~ 25	15 ~ 30	30 人以上
	44	37	7	5	7		
捕捞海域占比（%）	北部湾	粤沿海	粤琼沿海	其他			
	61	22	11	2			
捕捞天数占比（%）	3 个月内	6 个月内	9 个月内				
	2	55	43				
捕捞产量占比（%）	1 吨以下	3 吨以下	5 吨以下	8 吨以下	10 吨以下	10 吨以上	
	14	26	17	4	2	35	
捕捞产值占比（%）	5 万元以下	10 万元	15 万元以下	20 万元以下	25 万元以下	30 万元以下	
	38	23	9	12	4	15	

从表 3 - 8 可以看出 30 马力以下的船舶占有一定的比例，占 21%，30 ~ 50 马力以下捕捞船舶为主，占 51%，两者合计占了 72%。而 50 马力以上的船舶也不过 28 只，只占 28%。与此相适应的是每船的捕捞劳动力，5 人以下的 44 艘，5 ~ 10 人的 37 艘，10 人以上的只有 19 艘。从捕捞海域绝大多数渔船集中在北部湾海域，占了 61%，其他的渔船在广东沿海和海南沿海。在其他海域主要是外海如西沙的船只有 2 艘。捕捞时间 3 个月内的只有 2 艘，是处在外海作业的。6 个月和 9 个

月内的分别是55艘和43艘，这说明在近海特别是在北部湾的渔船作业时间较长。捕捞产量呈现两极分化，3吨以下的渔船43艘，占43%，1吨以下的还有16艘，占16%。10吨以上的35艘，占35%。处在中间的23艘，占23%。捕捞产值基本与产量相对应，10万元以下的61艘，占61%，30万元的15艘，占15%，原因是大船产量大但捕获的鱼的品种不同，价值也不同造成的。其余的处在10万～15万元区间，占23%。

（四）转产转业情况

我们调查的120户渔民中有48户已经转产转业，占调查户的40%，这其中有些是无船的打工渔民，总的来看转产力度是比较大的。从这些转产转业渔民的从业情况来看，从事养殖业的9户，占转产渔民的18.75%，从事加工业的2户，占4.17%，从事第三产业的1户，占2.08%，从事其他产业的主要在本地和外地打工的36户，占75%。之所以会出现这种情况，究其原因是因为从事养殖业、加工业和第三产业不仅需要一定的资金，还需要一定的技术，这恰恰是转产转业渔民紧缺的资源，所以大多数转产转业渔民只能选择从事那些不需要资金，也不需要技术的劳务工作，其中也有一部分渔民作为劳动力又到一些没有转产的渔船上打工。

从事海水养殖业是渔民转产转业的一条切实可行的出路。我们调查有9户养殖户，养殖规模在5亩、10亩和20亩，主要还是5亩为主。投资规模主要在5万～10万元，15万～20万元的只有2户。资金来源主要是国家和省的转产转业扶助资金71万元，占75%；其次是渔民自有资金20万元，占21%，市、县、乡4万元，占4.2%。出现这种状况主要是市县乡财政都比较困难，拿不出多少钱出来支持渔民转产转业。养殖收入6万元左右的6户，3万元、9万元和10万元以上的分别各1户。有些户比捕捞收入略高一些，有些户比捕捞收入低一些，总体而言，暂时从事养殖业的收入基本与捕捞收入持平。如果发展下来，有希望超过捕捞收入。

从事加工业也是渔民转产转渔民的一种选择。这里的加工业主要水产品粗加工。随着养殖业的发展，水产品加工业前途广阔。但加工业的投资规模较大。我们调查的2户转产加工业的仅是中小规模，投资分别在10万元和20万元，国家和省市虽然有支持，但是自筹资金还占主体。怎样支持转产转业渔民从事加工业值得研究。现在国家把支持水产品加工业发展放在大型水产品加工企业和项目上，希望这些企业发展后吸收转产转业渔民就业。但这样做的实际效果并不理想，可否考虑拿出一部分资金支持渔民自己发展水产品加工业。

从事第三产业也是渔民转产转业的一条有效途径。不过，这次我们只调查了一户从事商业的转产渔民，其经营规模不算很大，收入也不高。

其他一类较复杂，如前所述主要是从事劳务的。这一类比较适合年轻的渔民或者渔民家庭的年轻人，基本不需要什么投资，年收入也就在万元左右（见表

3 - 9)。

表 3 - 9　　　　　　雷州市 48 户渔民转产转业情况

项目	户数（户）	规模（亩）				投资（万元）				资金来源（万元）					收入（万元）			
养殖业	9	5	10	15	20	5	10	15	20	国	省	市	乡	自	3	6	9	10
		5户	1	1	2	4	3	1	1	62	9	3	1	20	1	6	1	1
加工业	2	大	中	小		10	20			国	省	市	乡	自	5	10		
		1	1							3	4	2		14				
三产业	1	30 平方米				1				国	省	市	乡	自	1			
		1				1				9	9				1			
其他	36														0.5	1	1.5	2
															9	25	1	1

（五）家庭收入与支出

我们对 120 户渔民转产前后家庭收入与支出进行了综合调查，如表 3 - 10。

表 3 - 10　　　　雷州市 120 户渔民转产前后家庭收支情况　　　　　　　　万元

项　目	家庭收入		项　目	家庭支出	
	转产前	转产后		转产前	转产后
捕捞总收入	1 208.3	74.7	生产支出	945.0	34.2
养殖总收入		24.8	生活支出	174.6	32.2
农业总收入	3.9	3.2	教育支出	18.4	6.6
三产总收入	1.1	3.7	其他支出	3.9	6.7
其他总收入	3.3	14.2			
平均收入	8.2	3.5	平均支出	6.0	1.5

从表中我们可以看出，渔民在转产转业前后家庭收入是有明显变化的。转产前渔民家庭平均收入 8.2 万元，转产后渔民家庭平均收入 3.5 万元，减少了 4.7 万元，下降了 57.3%，减少超过 5 成。出现这种情况有两个原因，一是转产的渔民收入不稳定，绝大部分转产渔民从事劳务，收入低下。从事养殖业、加工业和第三产业的收入还不稳定，且低于原来从事捕捞业的收入。二是还留在捕捞产业中的渔

民由于捕捞环境发生了改变，收入也明显下降了。

渔民在转产转业前后家庭支出的变化也很大。转产前渔民家庭平均支出 6 万元，转产后渔民家庭平均支出 1.5 万元，减少了 4.5 万元，下降了 75%，减少超过 7 成。出现这种情况的原因，是转产后的渔民生产性支出大量减少，同时由于收入减少，生活支出也减少。

再看渔民转产前后的收入结构。转产前捕捞收入、养殖收入、农业收入、三产收入和其他收入为 99.34：0：0.32：0.27：0.07，转产后收入结构为 61.94：20.56：2.65：3.07：11.77。比较转产前后收入结构，转产前基本都是捕捞业收入，转产后收入结构变化很大，捕捞收入只占 60.94%，养殖收入 20.56%，渔民的收入呈现出多样化。

渔民的支出结构也发生了较大的变化。转产前生产支出、生活支出、教育支出和其他支出为 82.76：15.29：1.61：0.34，转产后支出结构为 42.91：40.40：8.28：8.41。比较转产前后渔民支出结构变化最大的是生产性支出下降，生活支出上升，教育和其他支出比重增加，其中原因是捕捞业生产支出大幅度下降，以及教育和其他支出增加。

（六）保险保障情况

我们进一步对 120 户渔民购买保险情况进行了调查。虽然我们列出了不少保险种类，但实际情况不尽如人意（见表 3-11）。

表 3-11　　　　　　　雷州市 120 户渔民家庭购买保险情况

保险类别	户数（户）	投保金额							
		50 元	100 元	150 元	200 元	250 元	300 元	0.5 万元	1 万元
合作医疗	84	17	55	3	1	2	4		
家庭财产	3							1	2
船东保险	2								2

海洋捕捞和海水养殖业是一个存在多种风险高风险产业，保险是规避风险的重要途径。渔业保险滞后有其产业的特点，即风险大、赔付率高、不盈利的原因，但也有工作上不到位的原因。一是渔业保险种类少。商业类渔业保险已经基本退出渔业保险，政策性渔业保险基本还未启动，现在仅有的是船东互助保险。即使是船东互助保险也只是对海洋捕捞业的有限几项风险的低水平保险。二是参保比例严重偏低。全国船东保险的参保率仅占现有渔船的 1%。虽然省市大力推动渔业保险工作，从多方面补贴渔民保费，但对实际渔船和作业的渔民而言，渔船、渔民参保比

例较低。我们调查的乌石镇 120 户渔民中只有 2 户参加船东互保这类合作保险，3 户渔民购买了家庭财产商业保险。海水养殖已经成为渔业的主要组成部分，但是海水养殖业仍然是渔业保险的空白。每年沿海都会遭遇台风大灾或者病害，海水养殖业损失惨重。但由于渔业保险没有涵盖水产养殖业，因此对养殖渔民、种苗场等的损失，均无法给予保险赔付。

渔民的社会保障不健全。一是渔民失海就等于失去保障。渔民祖祖辈辈以海为生，靠海吃海，海洋是他们的基本生活保障，缺乏其他生存保障，一旦在他们利用海洋水域的权利被剥夺，渔民失海，就将面临一无所有的绝境。二是基本生活保障缺乏。目前我国渔业生产仍需要大量的人力劳动，劳动强度很大。海洋捕捞渔民绝大部分时间在海上度过，生活艰苦，渔民在养老、伤病方面的社会保障缺乏，一旦失去劳动能力，就丧失了生活来源，导致贫困。乌石镇的 120 户渔民中仅有 84 户渔民购买了合作医疗保险这种属于社会医疗保险性质的保险。其他社会保障方面还是空白。

渔业保险和渔民保障是构建渔区社会和谐，促进渔业健康发展的阳光事业。根据渔业的特点，渔业保险应该推行多种保险制度，共同抗御渔业风险。为提高渔区综合社会保障能力，必须从长远出发，建立健全渔区的社会养老保险、基本医疗保险和社会救助制度，以及改变渔区的义务教育环境，加大教育投入等措施，把渔民纳入社会保障体系之中，为渔民编织社会保障安全网。

（七）对转产转业的评价

为了深入了解渔民对转产转业的反映，我们就转产转业中的主要问题设计了一份问卷，对渔民进行了问卷调查（见表 3 - 12）。

表 3 - 12　　　　　**雷州市 120 户渔民对转产转业评价**　　　　　单位：户

转产转业的目标是否实现（效果）		转产转业中存在的问题			你对转产转业的建议		
实现（效果很好）	6	5	转产转业不划算	2	1.67（%）	加大政府投入	112	93.33（%）
基本实现（效果一般）	18	15	政府资金不到位	4	3.33（%）	划给养殖水域	10	8.33（%）
基本没实现（效果差）	42	35	没有合适的产业	89	74.17（%）	加大技术培训	46	38.33（%）
没有实现（效果很差）	35	29.17	没有文化和技术	28	23.33（%）	增加保险项目	14	11.67（%）
不好说	19	15.83	其他			其他	1	0.83（%）

渔民转产转业是一个大政策，牵动千家万户。从问卷调查来看，有 64.17% 的

渔民户认为转产转业的效果不好。除此之外，在调查中还发现有高达 86% 的被调查者认为该政策是一项治标不治本的措施，不能从根本上解决捕捞渔业的问题。仅有 2 户渔民认为转产不划算，4 户认为政府的资金不到位。89 户认为没有合适的产业，占了 120 户渔民的 74.17%，28 户认为是没有文化和技术，占 23.33%。渔民对转产转业最大的期待是政府加大投入，有 112 户，占 93.33%，划给养殖水域的有 10 户，占 8.92%，加大技术培训的有 46 户，占 38.33%，增加保险项目的有 14 户，占 11.67%。其他要求的有 1 户。

通过以上的理论和实证分析可以看出，转产转业政策是一项出发点好但设计偏颇的公共政策，[①] 实施的效果基本不明显。需要根据渔业资源的特性及现行渔业制度安排的缺失，按照科学发展观的要求，摒弃旧的政策措施，通过制度创新，选择新的路径来解决海洋渔业面临的困境。

第六节　渔民转产转业政策的调整与完善

渔业经济是北部湾沿海地区的特色经济，也是北部湾经济区社会主义市场经济的重要部分。在北部湾沿海地区，渔业曾有着辉煌的历史，但是在可持续发展成为渔业发展的指导思想的今天，渔业特别是捕捞渔业潜伏着不可忽视的问题，导致一部分渔民必须转产转业。这是因为：近几年随着渔船数量和捕捞强度的不断增加，北部湾近海渔业资源严重衰退，传统经济鱼类已形不成渔汛，致使渔民捕捞产量下降面临无鱼可捕的境地。同时，由于组织机制滞后，大多船只分散经营单闯独干，合作意识薄弱，缺乏发展后劲和实力。此外，中越北部湾划界协定的生效，可供捕捞的海域面积减少，也是渔民要转业转产的原因之一。因此，引导渔民加快渔业结构调整，实施转产转业是一个不容回避的现实问题。[②] 为有计划有步骤地实施渔民转产转业工程，推进渔业经济结构战略性调整，按照和谐渔区建设的总体要求，有必要进一步建立和完善北部湾渔民特别是捕捞渔民转产转业的政策。

一、完善补助政策

（一）延续海洋捕捞渔船报废补助政策

2002 年 7 月中央财政为妥善解决中日、中韩及中越北部湾渔业协定生效后我

① 翟周、张岳恒、陈万灵：《湛江沿海渔民转产转业问题及对策》，载于《广东海洋大学学报》2007年第 4 期。
② 杨子江：《论促进我国沿海渔民转产转业的政策框架》，载于《中国渔业经济》2002 年第 5 期。

国渔业面临的问题而专门设立海洋捕捞渔民转产转业专项资金，该专项资金中有一项为对因协定影响而退出捕捞的海洋渔船的报废补助。（具体规定体现在财政部办公厅、农业部办公厅关于颁发《海洋捕捞渔民转产转业专项资金使用管理暂行规定》的通知中）。很多沿海地区的省市在国家农业部、财政部关于渔船报废补助政策出台后，立即在一些沿海渔村进行试点，先后形成了渔船报废的工作程序和管理规范。在试点工作取得初步成效基础上，在试点村社召开渔船报废拆解现场会，并在相应省市进行广泛的宣传动员，把农业部的双转政策贯彻到所有渔村和渔船。随着政策深入贯彻，广大渔民双转积极性不断高涨，裁减渔船的进度逐年加快。以环北部湾的海南省为例，在《中越北部湾渔业合作协定》生效后，海南省部分渔船即退出传统作业渔场，部分渔民弃船上岸，转产转业。海南省计划从 2002 ~ 2006年，淘汰报废旧小渔船 2 471 艘，中央财政对报废船只予以适当补贴。2002 年年底，财政部、农业部下达海南省海洋捕捞渔民转产转业专项资金 2 360 万元，其中，减船补助资金 1 800 万元，渔民转产转业项目资金 560 万元。同时下达首批减船任务 167 艘和转产转业项目 6 个。首批报废渔船安排补助金 426.5 万元，余下1 373.5 万元转入第二、第三批续补。从近几年的实施情况来看，取得明显的成效，因此建议国家农业部、财政部（以下简称两部）以及环北部湾各级政府制定出台的海洋捕捞渔船报废专项补助政策延续至"十一五"期末，以进一步扩大成效。

（二）实行对报废捕捞渔船中非船东渔民一定经济补助

据统计，我国有近 1 万个渔业村，450 多万个渔业户，2 000 多万渔业人口，1 300 万渔业从业劳动力，遍布沿海各省市。在有些海洋大省，涉渔人口甚至占到总人口的相当比重，如广东省，涉渔人口 950 万人，占全省总人口的 1/10 强。这一社会群体中船东只占一小部分，还有很多渔民没有自己的渔船。国家出台报废渔船的补助政策的目的是给渔民重新就业提供支持，沿海省市按照报废渔船功率大小，对船东发放几千到十几万元不等的补助资金，为其新上项目提供资金。同时很多省市的政策也仅限于对报废渔船的船东进行补助，对非船东则没有任何补助。事实上，一艘报废渔船报废后，不仅仅是船东面临转产专业的问题，依靠报废渔船而生存的非船东渔民同样面临转产专业的问题，无论从政策制定的目的来看，还是从维护渔区稳定建设和谐渔区的需要来看，都有必要对报废捕捞渔船中非船东渔民给予一定的经济补助。

（三）适度提高对钢质捕捞渔船报废补助标准

根据财政部办公厅、农业部办公厅关于颁发《海洋捕捞渔民转产转业专项资金使用管理暂行规定》的通知中所规定的渔船报废拆解的补助额度（见表 3 - 13）来看，钢质渔轮的实际价值与渔船报废补助标准相差甚远，基本上对渔民没有吸引力。建议在农业部补助的基础上，环北部湾各级政府给予同样额度的配套，加快渔船的拆解报废进程，切实减轻海洋捕捞强度。

表3-13　　　　　　捕捞渔民减船补助标准　　　　　　　单位：万元

规格（千瓦）	每船补助单价		拆解工作经费补助
	持正式捕捞许可证	持临时捕捞许可证	
10~20	1.5	0.75	0.05
20~40	2.0	1.00	0.08
40~60	2.5	1.25	0.08
60~80	3.0	1.50	0.08
80~100	5.0	2.50	0.08
100~150	6.0	3.00	0.10
150~200	8.0	4.00	0.10
200~300	10.0	5.00	0.10
300~500	15.0	7.50	0.10

二、完善培训政策

开展渔民培训，提高渔民素质，是建设现代渔业、促进渔民增收、统筹城乡社会发展的重要举措。环北部湾各级政府应重视渔民培训工作，把加强渔村劳动力职业技能培训，提高渔民就业能力作为增强环北部湾经济区产业竞争力的重要基础工作。[①] 积极推进渔业结构调整，加快实施沿海渔民转产转业工程，搞好转产转业渔民的再就业工作将作为培训的重点工作。当前在环北部湾地区的渔民培训过程中还存在一些问题，主要是：

1. 领导职责不明确。渔民培训工作，既可以说是科技、成教部门的工作，又可以说成是农渔业部门的工作。领导机构不统一直接造成渔民培训的职责不明确，有的地方出现了渔民培训大家都可以抓，都可以不抓的局面。

2. 管理机构不健全。目前，许多系统都可以组织渔民培训，如妇联系统的渔村妇女培训，农委系统的渔村支部书记培训，农业部、财政部、共青团的跨世纪青年农民培训，农民绿色证书培训等以及各级部门和机构组织实施的各类培训，等

---

① 闫玉科：《我国海洋渔业资源可持续利用研究——基于海洋渔业资源衰退现象的经济学解析》，载于《农业经济问题》2009 年第 8 期。

等。这些培训都对提高渔民的素质和技术水平起到了一定的作用。但不同部门组织的渔民培训，由于组织培训的系统（部门）不同，而且又缺乏相互联系和沟通，使渔民培训总体上存在一些问题，在一定程度上影响了培训的效果和渔民参加培训的积极性。

3. 经费来源不稳定。渔民培训不同于其他行业的技术和资格培训，培训经费可以由行业或接受培训的部门或个人承担。由于渔民传统意识和经济状况的限制，使渔民培训在很大程度上依然具有公益事业的性质，需要政府有专门的资金保障和社会各界的支持。目前政府对渔民培训无固定的经费来源和投入，各部门或社会团体（含教育培训机构）只能通过各种不同的渠道，争取或多或少的培训经费。这样的培训是非常勉强和被动的，不可能按计划有步骤、分层次进行培训。对于一些急需培训的内容或人员，往往由于经费不能落实而无法及时接受培训。

4. 培训基地不完善。教育和培训基地不确定和分散的状况，使本来有限的经费和教育培训资源分散使用。一方面一部分有良好基础条件的基地设备、设施以及师资闲置，不能得到充分地利用，建设也不能得到加强；另一方面，培训基地重复建设，使本来有限的投入分散使用；同时不具备良好培训条件的机构也可以搞培训，这样无法保障培训质量。因此在完善渔民培训政策上应着重进行以下工作。

（一）建立和健全渔民培训的管理体系

建立和健全科学的渔民培训管理体系是更好地开展渔民培训工作的重要前提。和西方发达国家比较，渔民培训管理体制和运行机制还存在着某些需要克服的问题：一是培训主管部门与其他行业部门之间职能不清；二是培训资源分散，优化不够，合力不强；三是培训基地的培训力量不足，条件较差，甚至有的面临着机构改革的冲击；四是适应培训需求和市场规律的运行机制还没有完全建立。因此，要创新管理体制，优化运行机制。要建立和健全"中央政府领导、各级政府负责"的渔民培训管理体制和"政府宏观统筹、渔业主管部门具体负责、其他部门分工协作、社会中介培训机构主动参与"的渔民培训管理模式，做到职责明确，分工到位，工作落实。要建立和健全能满足渔民培训需要，计划与市场相结合的运行机制。[①]

（二）建立和健全渔民培训的投资体制

建立和健全具有渔民培训的投资体制是更好地开展渔民培训工作的根本保证。目前，在渔民培训经费结构中，各级政府财政投入，特别是县市财政投入十分有

---

① 高健、平瑛：《制约我国海洋捕捞渔业人力资源流动因素的探讨》，载于《中国渔业经济》2002 年第 5 期。

限，不仅造成了渔民培训基础薄弱，设施落后，人员匮乏，而且影响了渔民培训的规模和质量。[①] 渔民培训是一项利在当前、功在千秋的公益事业，是一项关系到增加渔民收入，促进渔村经济社会发展，实现全面建设小康社会宏伟目标的重要战略举措。因此，各级政府一方面要尽快建立和健全以国家财政拨款为主，以用人单位、培训对象适度补贴为辅的渔民培训投资体制和培训成本分担机制，把渔民培训经费列入政府财政预算，以保证渔民培训工作的需要。另一方面要制定相关政策，鼓励大型国有企业和民营企业，特别是乡镇企业直接投资渔民培训；鼓励渔民培训机构采取多种方式吸收社会资金，筹措培训经费；提倡受训渔民合理负担一定的培训经费。同时，还要充分利用"绿箱"政策，增加渔民培训投入，改善渔民培训条件，提高渔民培训质量。

（三）开展多样化的培训

1. 培训形式多样化。针对渔民文化层次较低，接受能力差等实际情况，应在培训形式上进行精心策划，把课堂授课、观看科教片、聘请养殖大户等成功转产专业的渔民进行经验介绍、组织现场参观、生产常用仪器设备的基本操作等形式相结合。同时，充分考虑就近便民的原则，合理安排培训时间和地点，充分利用渔村远程教育网络，极大地激发了渔民的学习兴趣，应训渔民的参训率达到100%，圆满完成了培训计划。

2. 培训机构多样化。培训应以乡镇成校、农业中专学校、农技推广机构、农业广播电视学校为主阵地，以各级推广系统为骨干，统筹整合各类教育培训资源，完善培训网络。同时应加强与海洋海事类大学、海洋类专门研究机构等专业海洋教育机构的合作，进一步整合社会培训资源，充分发挥各级各类社会职业培训机构在渔民培训工作中的重要作用。

3. 培训内容多样化。开展涉海、涉渔行业的职业技能培训，如水产养殖、水产品加工、远洋捕捞、休闲渔业、海上运输等行业技能培训。对具有一定文化基础，又愿意走出家门的渔民，可根据需求进行经营管理、市场营销、计算机操作、旅游服务、家电维修等方面的技能培训，以引导渔民走弃渔求业之路。[②]

4. 开展渔村劳动力转移培训。渔村劳动力转移培训是当前和今后一个时期渔村成人教育工作的重要任务，教育行政部门要按照中央、省有关文件要求，搞好规划和布局，依托中等职业学校、乡镇成人文化技术学校等渔村教育资源，建设一批渔村劳动力转移培训基地，逐步形成培训网络，建立政府统筹领导、部门积极支

---

① 宋立清：《我国沿海渔民转产转业问题的成因分析》，载于《中国渔业经济》2005年第10期。
② 韩青动、袁春营、边会林、赵凤梅：《河北省沿海渔业劳动力转移的对策与思考》，载于《河北渔业》2007年第3期。

持、校企广泛合作的培训机制和体系。以被征海渔民、转产渔民、上岸渔民和渔业剩余劳动力为主要对象，广泛开展多种形式的渔村转移劳动力培训。开展以基本权益保护、法律知识、城市生活常识、寻找就业岗位等方面知识为重点的引导性培训。各级教育行政部门要与劳动部门积极配合，加强对培训引导和支持，根据当地产业发展趋势和用工需求，制定培训规划、落实培训任务，组织渔村各类教育培训资源积极开展培训工作。当前，要重点抓好建筑、制造、家政服务、服装加工、酒店服务、保安、营销等专业领域的培训。

5. 开展渔村后备劳动力的职业技术培训。开展渔村后备劳动力的职业技术培训是各级教育行政部门的重要任务。凡未升入高中阶段的农村初中毕业生或未升入大学阶段的普通高中毕业生，都必须进行职业技术培训，培训期限根据当地实际和技能岗位要求确定，一般不低于三个月。培训内容由受训者根据自己的职业意向选择，可以是农业实用技术，也可以是职业技能。培训工作由县（市）教育行政部门负责落实，当地的初、高中、渔村成校、职业学校共同组织开展。培训教师在全县（市）范围统筹安排。要把培训与就业指导服务紧密结合起来，承担培训任务的职业学校、成人学校要加强与当地企业和劳动力市场的信息交流，积极向受训者提供各种就业信息和创业指导服务，促进渔村青年就业、立业和创业。

6. 设立渔民子女的助学补贴。由于历史原因，很多渔村的老一代渔民几乎没有人上过学，近几年各地实施"退渔还林"、"退渔还湖"工程，渔民祖祖辈辈赖以为生的"职业"面临转型。然而文化程度低下、劳动技能欠缺的渔民在新一轮的建设高潮中很难找到自己的位子，而且这些渔民由于文化水平不高在培训时很难接受新的技术和知识。因此，在渔村渔民的培训上必须关注渔民的下一代，建议设立渔民子女的助学补贴专项资金，用于困难渔民家庭子女的助学金和奖学金，以期从长远着手彻底改变渔村文化落后的形象。

三、建立渔区社会保障制度

从渔民的社会保障来看，改革开放以后，传统的渔村社会保障功能逐渐削弱。渔业生产和经营方式的变革，调动了渔民的生产积极性，也使集体的内部积累机制受到严重削弱，集体保障的基础几乎不复存在。在发展市场经济的今天，建立在自然经济基础上的家庭保障功能也正在降低。同我国广大农村社会一样，渔村的社会保障呈现出保障能力差、保障覆盖面窄、保障体系不健全等问题。与此同时，由于渔民组织化程度低，经济条件又有限，防范和抵御风险的能力十分脆弱，许多捕捞船只都是父子同船。出现危险后，家里只剩妇女，加上政府和渔业管理部门在渔业灾后救济中的能力和作用也十分有限。一旦遭灾，渔民家庭往往是家破人亡、负债累累，很难自行恢复生产，因灾返贫的现象时有发生。由于缺乏有效的保险保障，其渔船一旦出事,整个家庭一下子陷入赤贫就难以避免。本着维护广大渔民的切身利益,必须按照城乡统筹发展的要求,逐步加大公共财政对渔农村社会保障制度建设的投入,探索建立与渔农村经济发展水平相适应、与其他保障措施相配套的渔农村社会保障体系。

(一) 建立健全渔村新型社会保障体系

积极探索建立渔民最低生活保障机制和养老保险制度,将渔民的最低生活保障和养老保险机制纳入社会统筹保障体系,解除渔民的后顾之忧。[1]

1. 完善渔农民最低生活保障制度。切实关注困难群众的生计,进一步完善渔农村居民最低生活保障制度,逐步提高渔农村低保人均救助最低标准。建立渔农村"五保"对象集中供养长效机制。加强和完善渔农村自然灾害和群众临时生活困难应急求助,完善县、镇乡、社区三级救助网络及困难群众信息管理平台。

2. 完善"失海"渔民的生活保障制度。参照"失地"农民优惠政策,抓紧实施"失海"渔民养老保险制度。抓住取消农业税契机,通过多渠道资金筹措和渔民自主参保,设立"失海"渔民养老保险统筹基金,统筹解决老年渔民、"双转"渔民基本生活养老保障问题。探索建立渔船马力指标换取"失海"渔民养老保险的制度。健全"双转"渔民技能培训制度,不断提高"双转"渔民就业能力。建立被征海渔民就业培训机制,从政府海域使用权出让金中划出一定比例的资金用于被征海渔民就业培训,重点帮助被征海渔民中的"4050"人员实现再就业。

3. 建立渔村养老保障制度。建立渔农村老年人"奖励保障金"制度,凡户籍渔农村新型社区区域范围内的60周岁以上老年人,且符合考评条件的,每人每月均可享受"奖励保障金",并逐步提高发放标准。通过"以奖励代保障,以奖励代福利",把渔民得实惠与遵纪守法和创造文明村镇活动相结合,逐步建立起渔农村养老保障制度。

4. 健全医疗救助体系。全面整合医疗救助资源,形成财政、民政、慈善三位一体的特困渔民医疗救助体系。完善困难渔民大病医疗救助办法,努力解决好渔民群众因病致贫、因病返贫的问题。对一部分看不起病,进不了救助程序的特困渔民发放《医疗救助券》。对因患大病经合作医疗补助后个人负担医疗费用过高,影响家庭基本生活的,给予适当的医疗救助。实施惠民医疗工程,完善面向渔村的医疗服务措施,不断扩大免费、减免范围,增加免费、减免项目。安排惠民医疗专项资金,加大优惠力度。

---

① 张义浩:《关于建立捕捞渔民基本生活保障体系的探讨》,载于《中国渔业经济》2006年第4期。

(二) 建立政策性渔业保险制度

政策性渔业保险制度，一般是指依托国家政策支持和政府财政补贴，通过参保者互助共济，对渔业生产中因自然灾害、意外事故所造成的人身伤亡、财产损失，以及对渔民养老、医疗保险给予一定的经济补偿所建立的行业自保制度。建立政策性渔业保险制度已成为国家有关职能管理部门和地方各级政府的共识。2006 年农业部《全国渔业发展第十一个五年规划》提出"建立渔业政策性保险制度——建立雇主责任保险以及渔业人员伤亡最低赔偿标准等制度，分散和降低渔业安全生产风险；充分发挥船东互保协会的作用，配合地方政府做好遇难渔民的善后、安抚、补偿工作，维护渔区社会稳定"。在浙江、江苏、广东、辽宁、青岛等省市的地方渔业管理法规中也都明确规定：鼓励和支持开展渔业互保工作。这种从部委到各地方政府的强烈共识为政策性渔业保险制度的构建奠定了基础。环北部湾经济区各级政府在建立政策性渔业保险制度方面应着重抓好以下几个方面的工作。

1. 加强各级政府部门之间的协调。推进政策性渔业保险，是建立渔业社会保障体系的重要内容。要求各级政府部门特别是渔业行政主管部门深入贯彻《中华人民共和国安全生产法》、《关于加强渔业安全生产的紧急通知》（农渔发〔2002〕第 27 号）等法律法规，加强对政策性渔业保险工作的业务指导，把政策性渔业保险作为渔业安全管理的重要内容，并列入各级政府相关部门的年度目标责任考核。加强沟通协调，积极争取民政、财政、工商、金融、税务等部门的密切配合，积极支持政策性渔业保险工作。[①]

2. 提高渔业互保协会的综合服务能力。一是提高渔业互保的服务质量。要树立"以人为本"的思想，渔业互保的管理人员和业务工作人员要认真学习渔业生产有关科学知识、渔业保险的业务知识和有关法律法规，增强为渔民服务的本领和技能，提高渔业互保业务的能力。要建立事故处理的应急能力，简化渔业保险的理赔程序，缩短渔业保险的理赔时间，以优质服务赢得渔民的信赖，在服务渔民中壮大自己。二是积极发挥渔业行业内部优势。要尽可能与渔业、渔政、渔监、船检等主管部门工作有机结合起来，尽可能降低渔业互保经营服务费用，从而减少渔业保险的费率，使渔民得到更多的实惠。三是要把服务渔民放在工作的首位，心系渔民、情牵渔民、关爱渔民。要根据渔民群众的需要和自身发展的实际，不断开发新的险种，通过优质服务，提高知名度和影响力，扩大互保密度和深度，真正将协会建设成能有效实施行业自助保障、自律管理的社团。四是要加强保险合作，分散风险承担能力。今后协会将根据互保业务的开展需要，从实际出发，从协会发展出发，采取科学的合作方式，使协会的业务分保能够保持在一个比较合理、科学的界

---

① 程慧荣：《中国渔民收入问题研究》，中国海洋大学硕士毕业论文，2005 年。

点上。五是要开展经营风险小或无风险的国债项目、对渔民的小额抵押贷款业务及其他项目的投资，促进渔业互保资金的保值增值，提高渔业互保组织的自身抗风险能力，逐步减少政府财政性补贴的依赖。

3. 多方筹措资金将政策性渔业保险专项资金列入各级政府正常性预算。建立政策性渔业保险制度，需要政府扶持作后盾，需要一定时间的实践、试点经验的积累和财政资金的支持。一些地方的财政虽然在国家政策出台后下拨一定的专项资金，但还没有出台政策性文件，也没有考虑补贴政策的延续性。为此，建议各级政府出台政策性文件，各级财政把政策性渔业保险专项资金列入正常性预算，同时要求各级渔业行政主管部门积极筹划地方财政的配套落实措施。

第四章

广东海洋渔业应急管理机制问题研究

广东省是一个具有传统优势的海洋渔业大省，海洋渔业长期以来占据着全省海洋经济的 1/4 比重，具有举足轻重的地位。但同时海洋渔业又是一个高风险的行业，具有风险高、灾害重、死亡率高、损失巨大等特点。① 近几年广东省海洋渔业生物性突发灾害与人为突发灾害的事件频繁增加，给广东渔业经济发展构成了严重的威胁。为此，如何积极预防、应对、处置、处理各类突发公共事件，推进广东海洋渔业应急管理机制的完善将直接关系到人民群众的利益和经济社会的稳定，是未来构建"和谐广东"和海洋经济强省的关键所在，对整体广东省经济发展具有重大的意义。

第一节　相关概念及文献综述

一、定义内涵

（一）国外应急管理概念

韦伯辞典将"危机"定义为有可能变好或变坏的转折点或关键时刻。Hermann 认为"危机"就是一种情境状态，其决策主体的根本目标受到威胁，在改变决策之间可获得的反映时间很有限，其发生也出乎决策主体的意料。② Barton 认为"危机"是一个会引起潜在负面影响的具有不确定性的大事件，这种事件及其后果可能对组织及其人员、产品、服务、资产和声誉造成巨大的损害。③ Green 认为"危

---

① 李珠江、朱坚真：《海洋与渔业应急管理》，海洋出版社 2007 年版。
② 薛澜、张强、钟开斌著：《危机管理》，清华大学出版社 2003 年版。
③ ［澳］罗伯特·希斯著，王成、宋炳辉、金瑛译：《危机管理》，中信出版社 2001 年版。

机"管理的一个特征是：事态已发展到无法控制的程度。① Mitroff 和 Pearson 认为收集、分析和传播信息是危机管理者的直接任务，危机发生的最初几小时，管理者应同步采取一系列关键的行动。这些行动是"甄别事实，深度分析，控制损失，加强沟通"。

（二）国内应急管理概念

朱德武（2000）认为危机是指事物由于量变的积累导致事物内在矛盾的激化，事物即将发生质变或质变已经发生但未稳定的状态。② 薛澜（2003）认为危机通常是在决策者的核心价值观念受到严重威胁或挑战，有关信息很不充分，事态发展具有高度不确定性和需要迅速决策等不利情境的汇聚。张成福（2003）认为危机是这样一种紧急事件或紧急状态，它的出现和爆发严重影响社会的正常运作，对生命、财产、环境等造成威胁、损害，超出了政府和社会常态的管理能力，要求政府和社会采取特殊的措施加以应对。③ 计雷（2006）将应急管理定义为在应对突发事件的过程中，为了降低突发事件的危害，达到优化决策的目的，基于对突发事件的原因、过程及后果进行分析，有效地集成社会各方面资源，对突发事件进行有效预警、控制和处理的过程。④

基于以上认识，本书认为，所谓应急管理又称突发公共事件应急管理，是指政府有关部门和公共管理机构，为了有效地防范国家和社会各种公共事件与灾难的发生，或在各种突发性公共事件与灾难发生时或发生后，为及时有效地应对、处理和控制事态的发展，最大限度地降低事故灾难给国家、社会和人民生命财产造成的损失、危害和痛苦，恢复社会秩序，保障正常的生产和生活活动，维护国家稳定，促进社会和谐健康发展，在建立应急预警、应急响应、应急处理机制，建立应急信息系统，组织应急指挥机构，确定应急方案与措施，配置应急资源以及实施应急行动等方面，所进行的决策、计划、组织、指挥、协调、控制等一系列活动的总称。

二、国内外文献综述

西方应急管理理论主要以危机管理理论出现，危机管理这一概念是美国学者于20世纪60年代初提出的，其产生于经济管理、公共事务管理、政治学、外交决策理论等多个学科。20世纪六七十年代以后，出现了有关企业危机管理、政府行政

① 薛澜、张强、钟开斌著：《危机管理：转型期中国面临的挑战》，清华大学出版社2003年版。
② 朱德武：《危机管理——面对突发事件的抉择》，广东经济出版社2002年版。
③ 张成福：《危机状态下的政府管理》，中国人民大学出版社1998年版。
④ 计雷：《突发事件应急管理》，高等教育出版社2006年版。

危机管理、国际重大危机事件管理方面的著作。随着科学技术的进步与研究方法的更新，使学者有能力构筑全新的危机分析框架，对危机的研究也逐渐从对单个危机事件的分析，而走向横向、纵向的比较研究、综合研究。而应急管理学作为国际领域的一门独立学科引入中国的时间不长，学术界和理论界在这一领域的相关研究相对落后、专门研究尚不多见。自非典等一系列重大突发事件发生以来，应急管理及其机制的构建成了目前我国政府和学术界共同关注的热门话题。

（一）应急管理过程理论综述

在西方学者众多的应急管理的过程阶段分析方法中，有以下几种较为学界所认同。

1. 斯蒂文·芬克的四阶段划分理论，最早出现在他的文集 Cr1515 Management：Planning for the Invisible 中，到 20 世纪 90 年代才被完整地阐述出来。芬克用医学术语形象地对危机管理的阶段划分进行了描述：危机管理的第一阶段为征兆期，即表示有迹象显示有潜在的危机可能发生；第二阶段为发作期，即表示具有伤害性的事件已经发生并引发危机；第三阶段为延续期，即表示危机的影响持续，同时也是努力消除危机的过程；第四阶段为痊愈期，即表示危机事件已经完全解决。[①]

2. 米特罗夫的五阶段划分理论。危机管理专家米特罗夫（1994）将危机管理过程划分为五个阶段：第一阶段为信号侦测阶段，即识别新的危机发生的警示信号并采取预防措施；第二阶段为探测和预防阶段，即组织成员搜寻已知的危机风险因素并尽力减少潜在损害；第三阶段为控制损害阶段，即在危机发生阶段，组织成员努力使其不影响组织运作的其他部分或外部环境；第四阶段为恢复阶段，即尽可能快地让组织恢复正常运转；第五阶段为学习阶段，即组织成员回顾和审视所采取的危机管理措施，并加以整理，从而使之成为今后危机管理的运作基础。[②]

3. 奥古斯丁的六阶段划分理论。第一阶段：危机的避免阶段。奥古斯丁认为，将危机预防作为危机管理的第一阶段并不奇怪，令人奇怪的是许多人往往忽视了这一既简便又经济的办法。第二阶段：危机管理的准备阶段。危机是管理工作中不可避免的，所以必须为危机做好准备。另外，在为危机做准备时，留心那些细微的环节，即所谓的第二层的问题。第三阶段：危机的确认阶段。这个阶段危机管理的问题是，感觉真的会变成现实，公众的感觉往往是引起危机的根源，这个阶段的危机管理通常是最富有挑战性的。第四阶段：危机的控制阶段。这个阶段的危机管理，

---

①　Steven Fink. Crisis Management：Planning for the Invisible ［M］. New York：American Management Association，1986.

②　Mitroff，I. I. Crisis management and environmentalism：A natural fit ［M］. California Management Review，1994. 36（2）：101－113.

需要根据不同情况确定工作的先后次序。第五阶段：危机的解决阶段。在这个阶段速度是关键。第六阶段：从危机中获利阶段。危机管理的最后一个阶段其实就是总结经验教训。[①]

4. 罗伯特·希斯的四阶段划分理论。危机管理专家罗伯特·希斯博士提出了危机管理的四阶段划分理论，也就是所谓的有效危机管理（处理）的 4R 模型，即危机缩减（reduction）、危机预备（readiness）、危机反应（response）、危机恢复（reeovery）。希斯博士认为，危机管理范围图有助于管理者从总体战略的高度进行危机管理。危机管理者和主管应该考虑如何减少危机情境的发生，如何做好危机管理的准备工作，如何规划以及如何培训员工以应对危机局面。这四个方面构成了基本的危机管理。在对 4R 模型研究的基础上希斯博士认为，恢复力是有效危机管理 4R 模型之后的第五个 R（resilience 即恢复力），将他的有效危机管理（处理）的 4R 模型进一步发展成为 5R 模型，即危机缩减（reduction）、危机预备（readiness）、危机反应（response）、危机恢复（reeovery）以及危机恢复力（resilienee）。[②]

国内应急管理过程理论。国内应急管理过程的理论大多从以上几个理论中延伸得来。从时间序列的角度分析，突发事件遵循一个进程或是发展周期。根据这个发展周期，较多的学者认为，一个完整的应急管理过程包括三个环节：预警、应急、善后。这三个环节分别发生在事前、事中和事后三个不同的时间段，形成一个循环的过程。其中，每一个具体的阶段都要求危机管理者采取相应的危机管理策略和措施，准确地估计危机形势，尽可能把危机事态控制在某一个特定的阶段，以免进一步恶化。

（二）应急管理机制

1. 国外应急管理机制研究。在突发公共事件应急管理机制方面，目前涉及的理论研究不多，大部分侧重于实践领域的研究。许多国家都设立了专门的研究机构。美国的兰德公司、英国的伦敦国际战略研究所等，都是具有世界影响的著名思想库。日本是较早研究城市应急管理的国家，大阪神户大地震后，他们加大对城市应急管理研究。9·11 事件后，美国在全国几乎每个城市都建立了研究机构，大幅扩大了研究队伍，对世界上的各种疾病和城市灾害进行研究。西方国家的城市应急管理研究具有研究力量强大、资金充裕、前瞻性强等特点。

2. 国内应急管理机制研究。一类是以公共治理理论为支撑，从信息公开、加强社会合作等方面提出政府公共危机管理体制革新。刘琍（2004）对政府处理重

---

① ［美］诺曼·R·奥古斯丁：《公司战略——哈佛商业评论精粹译丛》，中国人民大学出版社 2001 年版。

② ［澳］罗伯特·希斯著，王成译：《危机管理》，中信出版社 2001 年版。

大危机中的信息掌控与公示工作进行研究，提出要走出危机管理中全能政府独治主义和行政信息专属保密的误区。① 以危机信息的及时公开来广泛动员社会力量甚至通过国际社会的援助与合作，来实现危机的救治与善后。以完善的法律法规与危机管理制度作为危机及其行政信息公开的支撑和保障。同时，政府还应把危机信息是否能够及时、真实发布，作为公共行政系统反馈灵敏与迟钝和办事效能高低的一个标志。王茂涛（2005）对应急管理机制人事管理体制进行研究，提出了干部人事管理体制创新的观点。② 王满仓（2005）从政府治理角度出发，认为从建立柔性化政府、学习型政府和信息化、开放式政府三方面提高应对危机的能力，以实现政府公共治理再造。③ 王光、秦立强、张明（2004）则提出要加强政府与社会合作，建立多方合作、分权自治、多中心的政府应急管理机制，形成政府与社会共同承担危机后果的权责体系。④

另一类是对城市应急管理系统的结构梳理，王文良、熊贤培、毛松柏对目前我国城市应急管理系统模式进行了总结归纳：一是"综合性应急管理系统＋各专业应急处理系统"；二是"应急指挥系统（常设）＋各专业应急处理系统"；三是把上述模式结合起来，形成"应急指挥系统＋综合性应急管理系统＋各专业应急处理系统"的模式。

第三类是通过对应急管理现状的分析，研究目前应急管理体制方面存在的问题，提出加强应急管理工作的思考。刘霞（2005）提出了强化我国公共危机管理的对策措施，强调了明确政府在公共危机管理中的责任，进一步完善公共危机管理领导体制。⑤ 从我国的实际情况出发，重新整合各级政府和不同政府部门的应急管理职能及相互关系，构建责任明确、统一指挥、分工合作的应急管理体制。段晓竣、李静（2006）分析了目前应急管理体制方面存在的缺陷，认为缺乏统一权威的应急处置协调机构，缺乏灵敏高效运作的应急系统，建议建立高效统一的应急管理综合协调机构。⑥ 王郅强、麻宝斌（2004）提出要尽快建立常设性应急管理综合协调部门，并健全政府信息公开制度。⑦ 万军（2003）认为，传统的应急管理体制在应急管理的过程中，权限不清、责任不明，很容易造成在实际的管理活动中各自

① 刘珊：《论信息化时代的公共危机管理》，载于《四川大学学报（哲学社会科学版）》2004年第4期。

② 王茂涛：《公共危机管理中的政府公信力重塑》，载于《行政论坛》2005年第6期。

③ 王满仓、赵守国：《财政透明化背景下的政府治理变革》，载于《经济学家》2005年第4期。

④ 王光、秦立强、张明：《试论政府应急管理的社会合作机制》，载于《中国人民公安大学学报社会科学版》2004年第5期。

⑤ 刘霞：《强化公共危机管理》，载于《山东行政学院、山东省经济管理干部学院学报》2005年第5期。

⑥ 段晓竣、李静：《新形势下我国政府危机管理能力的思考》，载于《昆明大学学报》2006年第3期。

⑦ 麻宝斌、王郅强：《政府危机管理理论与对策研究》，吉林大学出版社2008年版。

为战、画地为牢，各个相关的职能部门之间推诿扯皮、贻误战机、耽误大局。① 同时，应急管理中的政府动员能力很强，但社会动员能力相对不足。并对未来中国政府应急管理模式提出了设想：行政机关由应急管理的主体力量逐渐淡化为主导力量，调动全社会的力量提高应急管理效率。公民社会组织应该成为应急管理中的主力军。同时，应将应急管理与常态管理有机地结合起来，寓应急管理于常态管理之中，居安思危，常抓不懈。夏琼（2005）提出建立多层面应急管理结构的设想，根据不同危机状况，选择不同层次的应急管理系统。② 同时，明确应急管理中心的职责是整合资金和物资设备资源、人力资源、信息资源。李竹林（2007）提出要设立高规格的应急管理机构，组建高素质的应急管理干部队伍。

（三）海洋应急管理的综述

应当指出的是，"应急管理—自然应急管理—海洋应急管理—海洋渔业应急管理"的递进是一个逐渐具体化的过程，也是一个研究难度逐渐增加的过程。因此，针对中国海洋渔业应急管理的研究，成果也就越来越少。齐平（2006）在分析我国海洋灾害的基本情况和特点的基础上，阐述了加强我国海洋灾害应急管理的必要性，从加强海洋应急管理体制、机制和法制建设，抓好预案的制定和落实工作，加强应对海洋灾害的能力建设等五个方面对加强海洋灾害应急管理工作提出了建议。③ 李珠江、朱坚真的（2007）立足于广东海洋与渔业系统，面向中国南海区域海洋与渔业系统的应急管理工作进行研究，系统阐述海洋与渔业系统公共危机应急管理的理论知识，是海洋渔业应急管理研究成果中具有代表性的一个。④ 杜军（2008）论述了海洋与渔业应急管理的理论基础，在理论分析与归纳的基础上，对行政应急体系以及海洋与渔业应急管理的工作程序等内容作出了较为系统的阐述。⑤ 陈文河（2009）从研究我国渔业生产发展与海洋渔业管理建设的状况，从海洋渔业管理体制方面分析目前我国海洋渔业管理建设中存在的问题，并为解决这些问题提出见解。⑥ 于召祥（2009）在研究了突发海洋环境污染事件应急机制建立与发展的基础上，阐述了突发海洋环境污染事件应急机制的基本内容，特别突出了海洋环境污染事件应急的预案制度、预警机制及信息公开机制，并提出相应的对策。⑦

① 万军：《社会建设与社会管理创新》，国家行政学院出版社 2003 年版。
② 夏琼：《建立公共危机应急管理体系的思考》，载于《长江大学学报社会科学版》2005 年第 5 期。
③ 齐平：《我国海洋灾害应急管理研究》，载于《海洋环境科学》2006 年第 4 期。
④ 李珠江、朱坚真：《海洋与渔业应急管理》，海洋出版社 2007 年版。
⑤ 杜军：《海洋与渔业应急管理的理论初探》，载于《河北渔业》2008 年第 2 期。
⑥ 陈文河：《海洋渔业管理体制建议的初步分析》，载于《海洋开发与管理》2009 年第 3 期。
⑦ 于召祥：《突发海洋环境污染事件应急机制法律问题研究》，中国海洋大学 2009 年版。

综观这些研究，目前应急管理研究至少还存在以下缺陷：第一，集中研究自然灾害突发事件问题，而忽视了对海洋灾害突发事件的研究，渔业属于农业的大范畴，在中国这样的农业大国显得脱离国情；第二，注重从宏观上分析与突发事件的诱因及研究对策，很少对应急管理的机制进行系统详细的研究，针对性和可操作性不太强，因而难以解决不同地区的实际问题；第三，注重研究突发事件的事中处理过程，而忽视预警监测在应急管理中的核心作用。

第二节　海洋渔业应急管理的理论基础和基本任务

一、海洋渔业应急管理的理论基础

（一）危机预警理论

每一次危机的发生和处理都是对政府的一大考验，也是政府危机处理制度创新的一大契机。在危机管理的过程中，建立一套与现代社会相适应的有效的危机预警系统，防患于未然，对于防范危机的发生和防止危机扩散，确保国家和大城市在各种危机事件面前转危为安有重要的作用。预警是危机管理的重要阶段。

一个完整的危机管理过程包括如下三个阶段：预警、应急、善后。这三个阶段分别发生在事前、事中和事后三个不同的时间段，形成一个循环的过程（见图4-1）。其中，每一个具体的阶段都要求危机管理者采取相应的危机管理策略和措施，准确地估计危机形势，尽可能把危机事态控制在某一个特定的阶段，以免进一步恶化。

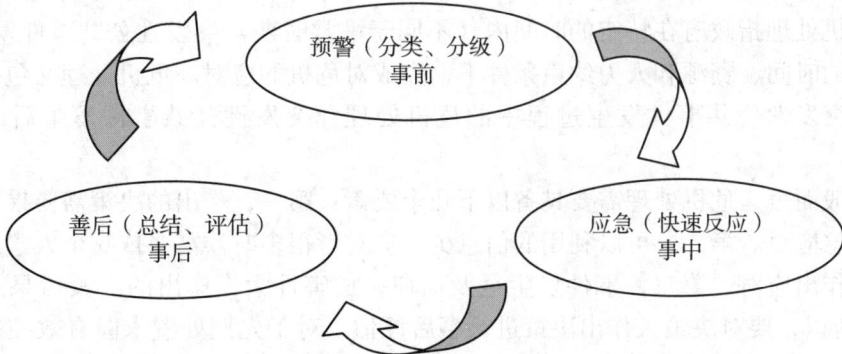

图4-1　危机管理阶段示意图

危机预警指的是以先进的信息技术平台，通过预测和仿真等技术对危机态势进行有效的动态监测，作出前瞻性分析和判断，及时评估各种灾害的危险程度，并给出参考性对策建议，提高政府应急管理的效率和科学性。危机预警是整个危机管理过程的第一个阶段，目的是为了有效地预防和避免危机事件的发生。在某种程度上，危机状态的预防以及危机升级的预防，比单纯的某一特定危机事件的解决显得更加重要，因为，如果能够在危机未能发生之前就及时把产生危机的根源消除，则均衡的社会秩序能够得以有效保障，也可以节约大量的人力、物力和财力。戴维·盖布勒也认为，政府管理的目的是"使用少量钱预防，而不是花大量钱治疗"。[①]与危机过程中别的阶段相比较而言，危机避免是一种既经济又简便的方法，只是我们在日常的危机管理活动中，对它未予以足够的重视。

危机预警系统通过对社会不稳定因素的系统评估，对各类潜在的威胁、危害或当前国家和社会的运行状态进行预防及警示，并通过分析和判断各种影响因素综合发挥作用的状况及各要素系统自身运行的状况等，从而制定较强的针对性措施。

一般认为，危机管理包含危机预警和危机处理的两大基本过程。因此，认识突发公共事件的危机管理，应该从危机预警过程开始，经历危机处理过程而循环往复、持续改进。危机管理的一个重要特征在于有效地预防和避免突发公共事件危机的发生，也就是危机预警。公共突发事件的特点之一就是危害性大，可能造成重大经济损失和众多人员伤亡，如果事件发生后这种损失很难挽回，最多就是最大限度的减少损失。因此，通过预防与控制达到事先避免这类危机的发生，是实施主动性危机管理最好的途径，是成本最低、最简便的方法。各地区政府和各政府部门针对各种可能发生的突发公共事件，应该预测可能发生的概率有多大，发生后破坏性有多大，结合现阶段所有的信息采取应对措施，从而做到早发现、早报告、早处置。根据预测分析结果，对可能发生和可以预警的突发公共事件进行预警。

（二）危机处理理论

危机处理指政府在特定的时间内（不同于平常时期）突发性公共事件发生时，在有限的时间、资源和人力约束条件下，完成对危机的应对。危机处理又包括两个方面：突发性公共事件发生过程中的危机处理和突发性公共事件发生后的危机处理。

一般而言，危机处理需要具备以下几个要素：第一，作出的决策需要果断，要能够紧急应对。第二，可以利用的信息少，应对者很多时候需要依靠个人素质和经验立即作出应对。第三，事件发生危及面广，危害性大，作出的决策后果难以预测。[②] 所以，要对决策人作出决策进行事后评估。对于先期处置未能有效控制事态特别重大突发的公共事件，要及时启动相关预案，由国务院相关应急指挥机构或国

---

① ［美］戴维·奥斯本，周敦仁译：《政府改革》，上海译文出版社2006年版。
② 张成福：《公共危机管理理论与实务》，中国人民大学出版社2009年版。

务院工作组统一指挥或指导有关地区、部门开展处置工作。现场应急指挥机构负责现场的应急处置工作。需要国务院相关部门共同参与处置的突发公共事件，由该类突发公共事件的业务主管部门牵头，其他部门予以协助。针对危机处理的这些特点，政府要提高应对能力，需要从以下几个方面加以努力：

1. 完善危机处理法律法规。给决策者一个好的宏观环境，做到有法可依。如国外很多国家，在这方面都有自己相应的危机处理法规。

2. 改变决策者的危机处理观念。通常大多数决策者认为，危机处理就是危机事件产生中的危机应对处理，不太重视危机事后的处理，只强调决策的时效性，不太充分调动其他参与者的积极性，不能有效地进行互动和横向的信息交流，达到双赢或多赢的目标。

3. 政府应该确立分工明确，统一协调的危机决策组织，提高决策系统的应对能力。因为危机产生后，涉及的部门和单位多、面广，没有统一的指挥，可能造成小团体利益，各部门权力对立，不能在短时间内统一协调。同时，在专业的应急指挥系统下，整合各类专业信息和资源，以便能够在专业上给决策者提供及时有效和科学的帮助。

（三）善后管理理论

善后管理又称后置管理、后馈管理或事后管理。是指在危机事件处理结束，危险因素全部消除后的一系列补救性管理。善后管理是应急管理的最后一个阶段，也是弥补危机造成的、恢复社会正常生活、生产秩序，重塑政府的公信力和政府形象的重要阶段。

善后管理主要包括：危机事件损失评估、伤亡者家属的安抚及保险理赔、社会救助、宣传教育、责任追究、总结报告等内容。在开展这些善后工作的过程中，必须按照有关要求有条不紊地进行。

1. 各级政府组织有关部门应积极做好灾后的灾情核实、灾害损失统计和上报工作。对危机事件所造成的损失评估，必须估计及时、客观、真实、全面和准确，不得瞒报、少报、多报、虚报。这需要组织专门人员，采用专业相关的专业技术的措施进行科学的测定或计算。

2. 对伤亡者家属的安抚和理赔工作应该按照以人为本的原则，做到及时、真诚和客观公正，尽量减少事故给当事人所造成的损失和痛苦，积极帮助他们恢复正常的生产和生活。

3. 政府部门应以人道主义的思想和精神，建立健全突发公共事件的社会救助制度，积极鼓励和利用社会资源进行灾后救助，组织各种慈善团体和社会机构进行社会救助活动，并由政府的民政部门组织好捐赠款物的分配、调拨和发放。

4. 政府有关部门应在事故灾难结束后，对事故发生的原因进行认真的调查研究，确定事故的责任主体。追求玩忽职守、失职、渎职等行为，或迟报、瞒报、漏报重要情况的有关责任。

5. 灾害处理工作结束后，政府管理部门和其他相关部门应认真总结经验教训，提出今后改进应急管理工作的具体措施或建议，并写出救援总结报告报送上级有关应急管理部门。

二、海洋渔业应急管理的基本任务

（一）人力资源的配备

广东省各应急管理机构首先应建立各类专业人才库，各部门、单位要加强应急救援队伍的业务培训和应急演练定期计划，建立联动协调机制；动员社会团体、企事业单位以及志愿者等各种社会力量参与应急救援工作；同时加强国际间的相互交流与合作。其次是物质资源的配备，要建立健全应急物资监测网络、预警体系和应急物资生产、储备、调拨及紧急配送体系，完善应急工作程序，确保应急所需物资、生活用品的及时供应，并加强对物资储备和监督管理，及时予以补充和更新工作。最后是资金资源的配备，要建立政府应急管理的财政保障体系，加强政府对减灾工作的投入和管理，把减灾经费纳入国家预算体系。而且随着中国经济的发展国家和社会团体及个人收入的增加，要适时增设国家应急基金，建立符合中国国情的灾害保险制度保险，充分利用社会力量分摊风险，并利用保险的自我发展和积累，开展救助与补偿，从而为国家财政分包一部分不可预料的风险损失的社会保障形式。

（二）广东省海洋与渔业总体应急预案要能切实保障各项应急工作的顺利开展

预案中应涉及和规划海洋与渔业应急的各种组织结构、应急机制及各种保障体系。典型的海洋与渔业应急组织结构是由指挥部门、实际操作部门、信息规划部门和后勤保障部门等组成，其中应急指挥结构居于核心位置，负责统一指挥、统一协调各个应急响应机构的行动。海洋与渔业应急组织结构模式可视应急管理的需要加以放大、缩小和补充。① 在实践中随着海洋与渔业的危机管理规模的扩大或升级，管理的应急主体的层级将从现场位置逐步上移，直至上升到中央政府层面（见图 4 - 2）。发达国家的地方政府是应急管理的实施主体，突发应急事件的无边

---

① 广东省人民政府：《广东省突发公共事件总体应急预案》，http：//www. gd. gov. cn/govpub/yjgl/yjya/200612/t20061229_11948. htm. 2006 - 12 - 29。

性和不确定性，发达国家的应急管理强调依靠多方的协作。每当事件所需的资源或事态超出地方政府的能力范围时，就要求上一级政府，直至中央政府的支持，甚至争取联合国、世界卫生组织等国际组织的援助。[①]

海洋与渔业应急机制建设是通过组织整合、资源整合、信息整合和行动整合，而形成统一应对各种海洋与渔业灾害的现代应急组织体系和现代应急行动程序。海洋与渔业总体预案的应急机制建设的主要目标，是建立一整套统一、协调、高效和规范的海洋与渔业突发公共事件应急机制，提高政府及有关部门全面应对海洋与渔业突发公共事件的能力。海洋与渔业保障机制的渠道是多样化的，内容也是多元化的，包括了通讯与信息保障、现场救援和工程抢险保障、应急队伍保障、交通运输保障、医疗卫生保障、治安保障、物资保障、经费保障、社会动员保障、紧急避难场所保障、技术储备与保障，以及其他保障等十二个方面。渔民是弱势群体，应急预案应将渔民也纳入社会保障体制中，建立可靠的政策性保障机制。

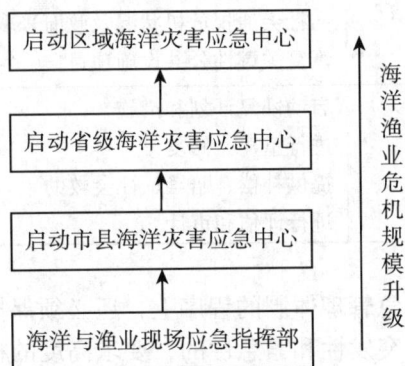

图 4-2 逐级应急响应组织结构

（三）广东省海洋与渔业应急管理工作程序的完备

这种工作程序的完备包括了海洋与渔业应急响应行动的措施、步骤和时限的完备。现代危机管理理论主张对突发事件实施综合性管理，海洋与渔业总体应急预案把危机看做是由危机的预防、准备、响应和恢复四个阶段组成的完整过程，海洋与渔业应急响应行动在不同的阶段应当采取相应的应对措施和步骤（见表4-1）。

---

① 卢立红、商靠定、张学魁：《发达国家突发公共事件应急管理对我国的启示》，载于《武警学院学报》2008年第10期。

表4-1　　　　　　应急行动在不同阶段的应对措施和步骤

预防	纳入经济社会发展规划 加强土地、建筑、工程的标准化管理 组织实施减灾建设项目 进行灾害风险评估 监测监控风险源、排查隐患 进行减灾防灾教育、宣传、培训
准备	发布预测、预警信息 组织应急演习培训 部门之间订立应急计划和预案 准备应急人员、装备、物资等
响应	启动应急预案和措施 实施紧急处置和救援 协调应急组织和行动 向社会通报危机状况及政府采取的措施 恢复关键性公共设施项目
恢复	启动恢复计划和措施 进行重建、修复 提供补偿、赔偿、社会救助 进行评估和审计

广东的海洋与渔业应急管理体制的程序上，还必须保持执行的权威性和行动的统一性。海洋应急多数是突发性和紧急性的，要求高度的权威和命令的统一，才能达到高效协同和快速反应，减少盲目性。同时，预案的程序也是动态的，需要根据海洋环境的新变化及时作出修正和补充完善。

第三节　海洋渔业行政应急管理行动及应急预案编制

应急预案编制与管理是政府应急管理的重要任务之一。自SARS爆发以来，国务院用了很大力量组织制定国家突发公共事件总体应急预案，以及专项应急预案和部门应急预案，国务院第79次常务会议通过了《国家突发公共事件总体应急预案》以及25件专项应急预案，80件部门应急预案，基本覆盖了我国经常发生的突发公共事件的主要方面。应急预案将突发公共事件分为自然灾害、事故灾害、公共卫生事件、社会安全事件四类。按各类突发公共事件的严重程度、可控性和影响范围等因素，分为特别重大（Ⅰ）、重大（Ⅱ）、较大（Ⅲ）和一般（Ⅳ）四级。按照不同的责任主体，预案体系设计为国家总体应急预案、专项应急预案、部门应急预案、地方应急预案和企事业单位应急预案五个层次。海洋与渔业应急管理，是一个由许多复杂要素组成、纵横交错、首尾贯通的复杂系统。从应急管理的横向内容结构上看，海洋与渔业应急管理是由方针、体制、机制、信息组织、资源、计划与方案、实施和运行、绩效评审等若干个内容要素构成的完整体系。从应急管理时间推移顺序上看，海洋与渔业应急管理包括事前管理、事中管理和事后管理三个紧密衔接、依次推进的完整过程，按照应急管理这些横向和纵向的系统结构及其内在联系，运用系统原理对广东海洋与渔业应急管理系统的优化和整合，建立一个科学、完善、高效的海洋与渔业应急管理体系（见图4－3、图4－4、图4－5）。

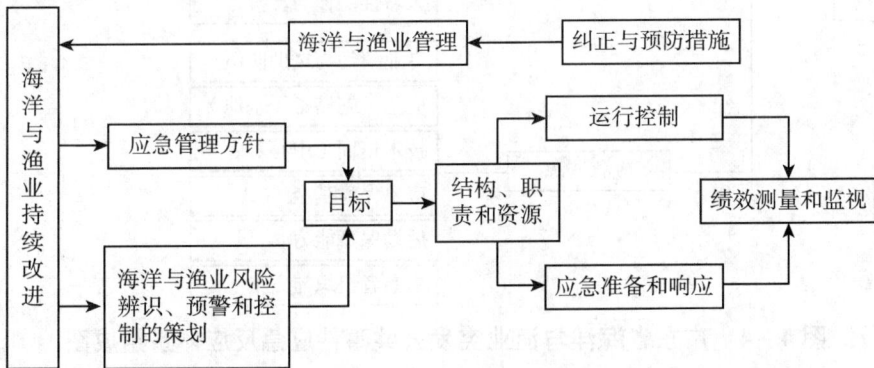

图4－3　海洋与渔业应急管理各要素的系统联系协图

同时，目前广东省各区、市也完成了省、市级总体应急预案编制工作，初步形成了广东省应急预案体系，应急管理体系建设正在加快推进。广东海洋与渔业总体应急预案系统设计的总体思路可以分为灾害源体系、事故体系、层级体系等三个体系。灾害源体系主要是针对有毒有害物质、设施设备等灾害产生源进行分类和预警机制的建立；事故体系是针对海洋与渔业的自然灾害、环境污染、水产事故、灾难事故、行政执法事件等各种事件的分类；广东省海洋与渔业应急管理的层级体系是由省各直属机关部门、地级市各应急管理部门、县区等应急管理机构组成。海洋与渔业应急管理体系是海洋与渔业应急管理的基础。海洋与渔业应急管理体系由"一案、三制、一系统"即应急预案；应急机制、体制、法制；应急保障系统三部分构成。海洋与渔业应急反应体系一般由海洋与渔业的应急组织结构、应急反应程序、应急行动和应急资源四大部分组成。

广东省海洋与渔业应急预案的组织层面则由五大中心组成，包括指挥协调中心、现场处理中心、支持保障中心、媒体中心、信息管理中心等。广东省海洋与渔业总体应急预案是一个庞大的复杂性系统工程，旨在建立一个全方位、多层次的总体应急预案体系，为广东省应对海洋与渔业灾害奠定了坚实基础。

```
                            ┌─────────────┐  ┌──指挥协调机构──┐ ┌──专家顾问组────┐
                        ┌───│ 应急组织机构 │──┤           ├─┤            │
                        │   └─────────────┘  └──决策咨询中心──┘ └──风险分析与评估部门─┘
                        │
                        │   ┌─────────────┐  ┌──具体先进指南────┐
                        ├───│ 应急反应程序 │──┤            │
                        │   └─────────────┘  └──信息传递与联络方式─┘
   ┌──────┐             │
   │ 应  │             │                  ┌──报告与报警────┐
   │ 急  │             │                  │           │
   │ 反  │             │   ┌─────────────┐  ├──监视与监测────┤
   │ 应  │─────────────┼───│  应急行动   │──┤           │
   │ 体  │             │   └─────────────┘  ├──污染控制─────┤
   │ 系  │             │                  └──区域性协作与支援─┘
   └──────┘             │
                        │                  ┌──专业清污与援助队伍─┐
                        │                  ├──应急措施储备（基地）┤
                        │   ┌─────────────┐  ├──技术培训（中心）──┤
                        └───│  应急资源   │──┼──应急保障基金────┤
                            └─────────────┘  ├──后勤保障能力────┤
                                            └──志愿者组织与方案──┘
```

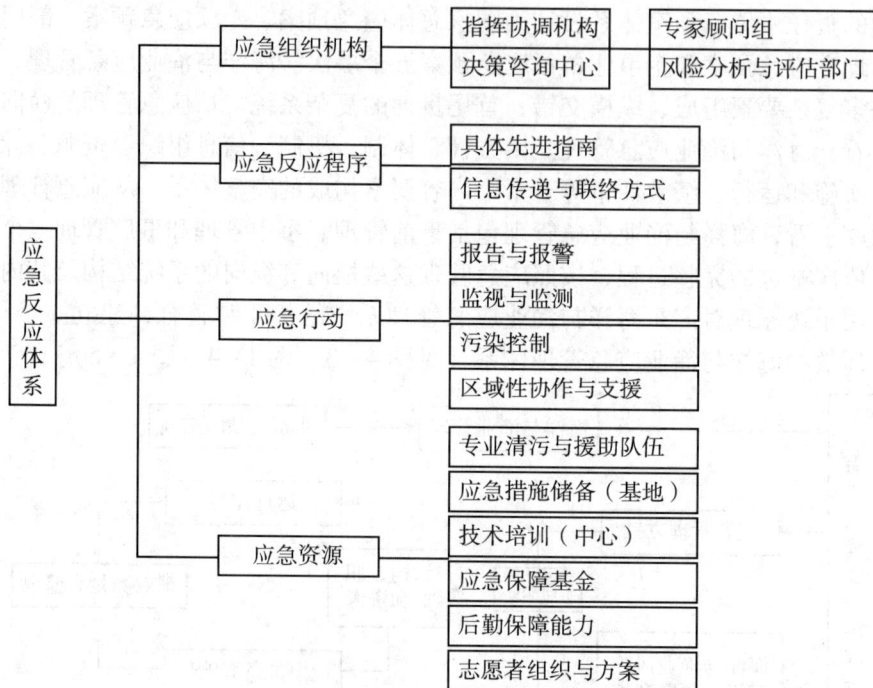

图 4-4　广东省海洋与渔业突发公共事件应急反应体系组成图

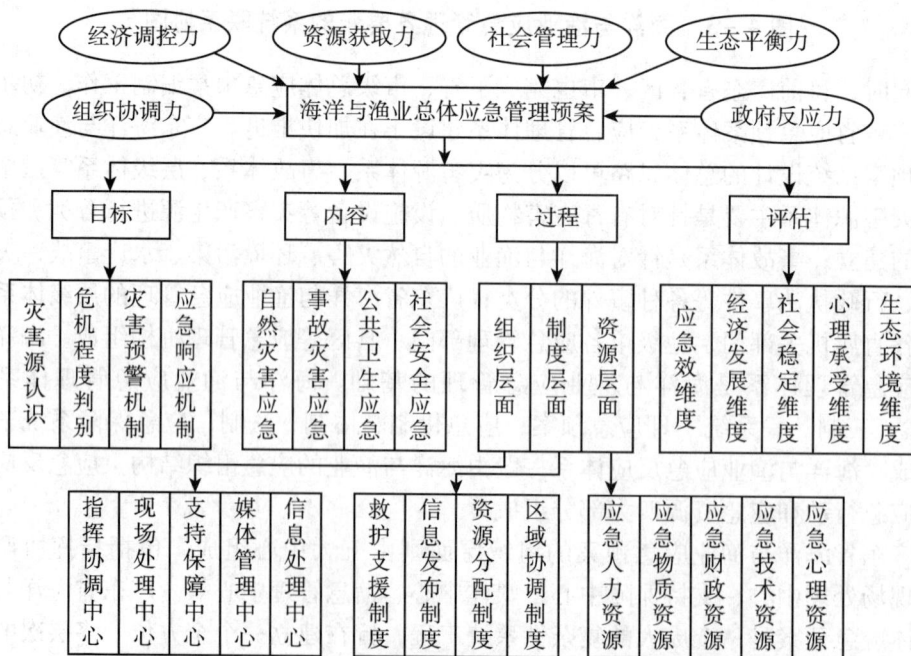

图 4-5　广东省海洋与渔业总体应急预案系统模式

海洋与渔业的突发性危机存在极大的不确定性和不可预知性，这就需要防患于未然，根据经验制定好一套相对完善的总体应急预案。① 广东省海洋与渔业应急预案必须建立一套科学有效的预警机制和完备可行的应急管理计划、建设一个强有力的专门应急管理机构（包括海洋与渔业应急管理的中枢指挥系统和支援后勤保障系统）、制定科学有效的海洋与渔业应急管理法律法规、高度重视和储备海洋与渔业应急管理资源（包括资金资源、生活物质资源、人力资源、技术资源、医疗设备、通讯设备等资源）。确保在发生海洋与渔业突发灾害事件时，能够及时、迅速、高效、有序地开展应急跟踪监测和防灾减灾工作，充分调动各方面的力量，统一组织，专群结合，防控并举，及时发布海洋与渔业突发公共事件信息，构建预防为主、防治结合的长效管理机制和反应快速、措施得力的运行机制，提高快速反应和应急处理能力，努力减轻海洋与渔业突发公共事件造成的损失，维护沿海地区的社会稳定、促进海洋经济持续、健康发展，保障人民身体健康。还有就是要本着以人为本、居安思危、预防为主、减灾避害的基本原则进行统一领导，分级负责，依法加强管理，快速反应，协同应对各种海洋与渔业自然灾害。

第四节　广东海洋渔业自然灾害应急管理

一、广东海洋自然灾害现状

广东地处东南沿海，是环太平洋地区之一。众所周知，太平洋地区是全球海洋自然灾害最严重的地区。因为广东地处热带和亚热带，温度比较高，广东沿海不存在结冰现象，所以广东没有海冰这种海洋自然灾害。广东海洋自然灾害主要是赤潮、风暴潮和台风三种。另外还有咸潮、海平面上升和海啸。

（一）赤潮

赤潮是由海水中某些浮游生物或细菌在一定环境条件下，短时间内爆发性增殖或高度聚集，引起水体变色，影响和危害其他海洋生物正常生存的灾害性海洋生态异常现象。赤潮的覆盖面积从几十平方米到数千平方米不等，持续时间短者数日，长则可达数十日。赤潮的发生给海洋环境、海洋渔业和海水养殖业造成严重的危害和损失，也给人类健康和生命安全带来威胁。赤潮是广东省重要海洋自然灾害之一，广东省几乎每年都有发生。根据广东省海洋与渔业局发布的广东省海洋质量公

---

① 徐志敏：《渔业应急管理能力建设的途径与对策》，http://www.tzshyyyj.gov.cn/zhgl/html/?1192.html，2006－11－13。

报表明，2000 年以来，广东省沿岸海域赤潮次数多（20 世纪 80 年代我国平均每年 10 次），大都在 10 次左右，面积均在 500 平方公里之上，最大的 2006 年达到 1 792 平方公里，2004 年的赤潮给广东造成的直接经济损失为 6.5 亿元。珠江口海域、大鹏湾和深圳湾是多发区，近年汕头和湛江也发生过赤潮。详见表 4 - 2。

表 4 - 2 广东省海域 2002 ~ 2006 年赤潮发生情况

年份	次数	面积（平方公里）	赤潮种类	发生地区或海域
2002	9	500	无毒的海莲藻、中肋骨条藻、无纹环沟藻、夜光藻 有毒的棕囊藻	珠江口、大鹏湾、深圳湾是多发区
2003	15	1 500	无毒的中肋骨条藻、夜光藻、红色中缢虫 有毒的棕囊藻	珠江口、大鹏湾、深圳湾、柘林湾、汕头港外是赤潮多发区
2004	11	506	无毒的中肋骨条藻、夜光藻、红色中缢虫 有毒的棕囊藻	珠江口、大鹏湾、深圳湾、汕头港外是赤潮多发区
2005	6	620	无毒的中肋骨条藻、夜光藻、红色中缢虫 有毒的海洋卡盾藻和锥状斯氏藻赤潮	湛江海域、汕头海域、惠州大亚湾海域、汕尾港湾
2006	9	1 792	无毒的球形棕囊藻 有毒的多环旋沟藻	珠江口海域、汕头海门湾至广澳湾、汕尾港湾、大亚湾

说明：以上数据来自广东省海洋与渔业局公布的 2002 ~ 2006 年广东省海洋环境质量公报。

（二）风暴潮与海浪

风暴潮居海洋自然灾害之首。风暴潮是指有热带气旋、温带气旋、海上暴风等风暴过境所伴随的强风和气压骤变而引起局部海面振荡或非周期性异常升高（降低）现象。风暴潮也是广东省重要的海洋自然灾害之一，因为广东地处东南沿海，易受风暴潮袭击。由于风暴潮来临都伴随有海浪，风暴潮和海浪不好区分，广东省海洋与渔业局在公布海洋自然灾害时把风暴潮和海浪并列，出于这种原因，我们也把风暴潮和海浪并列研究。虽然每年广东省风暴潮仅有三四次，但是带来的影响是巨大的，详见表4-3。

表4-3　　　　　　　　广东省2002~2006年风暴潮和海浪情况

年份	次数	影响范围	损　失
2002	3	沿海7个市	损毁防浪堤220米，受损船只115艘，死亡4人，失踪渔民23名
2003	3	沿海14个市	不完全统计，损毁房屋15 924间，死亡37人，失踪6名，直接经济损失超过10亿元
2004	3	不详	北和、企水两镇海堤决口，400多公顷虾塘损毁，直接经济损失3 000万元，死亡、失踪38人
2005	4	不详	损失8.5亿元，受灾3 000万人，几万间房屋倒塌，冲毁河堤几千公里
2006	3	粤东4个市，其他地方61个县市	1 000多万人受灾，沉损渔船2 000多艘，受淹农田55万公顷，直接经济损失近90亿元

　　说明：表中数据根据广东省海洋与渔业局公布的2002~2006年广东省海洋环境质量公报整理所得。

（三）台风

台风是热带气旋的一种。气象学上，台风专在北太平洋西部（国际日期线以西，包括南中国海）洋面上发生，近中心最大持续风速达到12级及以上（即每秒32.6米以上）的热带气旋。统计资料显示，全世界每年平均有80~100个台风发生。其中绝大部分发生在太平洋及大西洋上，而西太平洋又是台风的主要发源地之一。我国南海的中北部海面是世界四大台风主要集中地之一，而广东正好位于这个地区。广东省的台风具有发生频率高，几乎每年均发生；影响范围广，波及粤东、粤西和珠三角；危害大，每年给广东带来几亿元的损失等特点。

（四）其他海洋自然灾害

广东省海洋自然灾害除了赤潮、风暴潮及海浪和台风外，还有咸潮、海平面上升和海啸等。广东省的咸潮主要发生在潮州市、汕头市、江门市、茂名市和湛江市，这是广东沿海滥采河砂，致使江河下游河床坡度减小，导致的咸潮上溯。据中国海洋局公布的中国海平面公报显示，广东省沿海海平面平均上升速率为2.0毫米/年。近30年来，广东沿海海平面上升55毫米，2006年比常年高76毫米，2007

年，广东沿海海平面比常年高 48 毫米，2008 年，广东沿海海平面比常年高 75 毫米。海平面上升是一种长期的、缓发性灾害。海平面上升直接导致潮位升高，风暴潮致灾程度增强、海水入侵距离和面积加大；海平面上升使潮差和波高增大，加重了海岸侵蚀的强度；海平面上升和淡水资源短缺的共同作用，加剧了河口区的咸潮入侵程度。海啸是一种有海底地震、海底火山爆发，使海岸山体和海底滑坡等产生的特大海洋长波。广东海啸很少发生，在此不再赘述。

二、广东海洋自然灾害行政应急程序

（一）指导思想和基本原则

以广东省海洋与渔业自然灾害监测工作为基础，以监控区海洋与渔业自然灾害监测预警和防灾减灾为重点，充分调动各方面的力量，统一组织，干群结合，防控并举，及时发布海洋与渔业自然灾害信息，构建预防为主、防治结合的长效管理机制和反应快速、措施得力的运行机制，提高快速反应和应急处理能力，努力减轻海洋与渔业自然灾害造成的损失，保障人民群众的生产生活秩序和身体健康，促进海洋经济和广东的协调发展。

1. 预防为主。开展海洋与渔业自然灾害的宣传和普及工作，提高社会公众对海洋与渔业自然灾害的认识和防范意识。加强海洋与渔业自然灾害的常规监测，及时发现海洋与渔业自然灾害，并采取有效的防治措施。

2. 属地负责。海洋与渔业自然灾害防治工作实行属地管理，沿海各市、县（区）海洋与渔业行政主管部门对管辖内的海洋与渔业自然灾害防治工作负总责。

（二）制定应急计划

应急反应是否正确有效，有赖于事前的应急计划和事后的正确分析和判断，做好应急计划工作是海洋与渔业自然灾害应急程序中第一步工作，也是首要工作。为提高政府处理海洋自然灾害的能力，最大程度地预防和减少海洋与渔业自然灾害造成的损失，保障公众的生命财产安全，促进经济社会全面、协调、可持续发展，应制定海洋自然灾害应急计划。在制定行政应急计划时实行分级应急原则，低级别的应急计划针对小规模的灾害；中级别的应急计划针对较大范围的灾害；更高级别的应急计划是针对重大灾害、事故，其规模和影响范围大，可能需要动用区域级、国家级的应急资源，甚至国际协作。

（三）建立与运行应急反应体系

要有效地实施应急计划，提高应急反应的能力，必须建立和完善应急反应体系，并使其高效地运行。不同层次的应急计划形成不同等级的应急反应体系，高层次的应急反应体系重点在全局的组织协调、资源的合理调配、反应行动的调控；低层次的应急反应体系重点在对现场自然灾害的损害控制和清除。

（四）后期处置

1. 损失评估。海洋与渔业自然灾害应急行动结束后，各级海洋与渔业环境监测机构负责对因海洋与渔业自然灾害造成的损失进行评估，并及时向当地政府和上级海洋与渔业行政主管部门报告。

2. 善后处置。政府部门对受海洋与渔业自然灾害严重的地区，给予一定的救济，各级海洋与渔业行政主管部门配合同级政府帮助受损地区尽快恢复生产。

3. 责任追究。对在海洋与渔业自然灾害的预防、通报、报告、调查、控制和处置过程中玩忽职守、失职、渎职等行为，或迟报、瞒报、漏报重要情况的有关责任人，依照有关法律法规追究责任。

4. 总结报告。海洋与渔业自然灾害善后处理工作结束后，应急指挥办公室会同有关部门和事发地海域涉海机构，对损失进行调查评估，总结经验教训，提出改进应急救援工作的建议，完成应急救援总结报告，报送省政府，按规定报送上级应急指挥部办公室，并抄送省级有关部门。为了确保在发生海洋与渔业自然灾害时，能够及时、迅速、高效、有序地开展应急跟踪监测和防灾减灾工作，维护沿海地区的社会稳定、促进海洋经济持续、健康发展，保障人民身体健康，对不同的海洋与渔业自然灾害应该制定不同的海洋与渔业自然灾害应急预案。

三、广东海洋自然灾害应急处理技术和实施措施

（一）海洋与渔业自然灾害的预防措施

1. 建立海洋环境监视网络，加强灾害监视。广东省有大陆海岸线 3 368 公里，占全国 19%，居全国之首，仅凭海洋与渔业局，对海洋进行监视是很难做到的。有必要把涉海的各个行政单位，居民，海上生产部门和社会各方面力量组织起来，开展官民相结合的海洋监视活动，扩大监视海洋的覆盖面，及时获取海洋与渔业自然灾害信息。海洋与渔业自然灾害多发区，近岸水域、海水养殖区和江河入海口水域要进行严密监视，及时获取海洋与渔业自然灾害信息，一旦灾害征兆，监视网络机构可及时通知有关部门，有组织有计划地进行跟踪监视监测，提出应急处理措施，减少因灾害而带来的损失。

2. 加强海洋环境的监测，开展海洋与渔业自然灾害的预报服务。为把海洋与渔业自然灾害控制在最小限度，必须积极开展海洋与渔业自然灾害预报服务。众所

周知，海洋与渔业自然灾害发生涉及生物、化学、水文、气象以及海洋地质等众多因素，目前还没有较完善的预报模式适应于预报服务。因此，应加强海洋与渔业自然灾害预报模式的研究，了解海洋与渔业自然灾害的发生、发展和消衰机理。当有海洋与渔业自然灾害发生时，应对海洋与渔业自然灾害进行跟踪监视监测，及时获取资料。在获得大量资料的基础上，对海洋与渔业自然灾害的形成机制进行研究分析，提出预报模式，开展海洋与渔业自然灾害预报服务。

3. 科学合理地开发利用海洋。为避免和减少海洋与渔业自然灾害的发生，应开展海洋功能区规划工作，从全局出发，科学指导海洋开发和利用。对重点海域要作出开发规划，减少盲目性，做到积极保护、科学管理、全面规划、综合开发。

4. 搞好社会教育和宣传。通过报刊、广播、电视、网络等各种新闻媒介，向全社会广泛宣传；通过宣传教育，增强应急意识。同时呼吁社会各方，在全面开发海洋的同时，高度重视海洋环境的保护，提高全民保护海洋的意识。

（二）海洋与渔业自然灾害的管理对策

1. 建立海洋与渔业自然灾害的监测预测系统，加强地方监测力量。在现有的海洋环境监测系统和网络的基础上，结合海洋观测网和相关部门的调查研究，初步建立海洋与渔业自然灾害监测预测系统，调动沿海渔民、养殖户等志愿者的积极性，对广东近岸海域进行海洋与渔业自然灾害的大范围、高频率的监测；及时掌握海洋与渔业自然灾害发生前后的资料和信息；为及时预警、作出应急决策、采取应急措施等提供依据。拟建专家顾问组，提供技术支持和咨询；开展海洋与渔业自然灾害早期诊断工作，保证海洋与渔业自然灾害信息的全面、可靠和正确。

2. 加强海洋与渔业自然灾害的管理和减灾工作。确立海洋与渔业自然灾害监测体系和信息传输与管理体系；规定海洋与渔业自然灾害信息发布等级和范围；形成海洋与渔业自然灾害报告、信息传输、预测、应急响应、信息发布等制度，对海洋与渔业自然灾害信息采集、信息传输、数据库建设、信息产品制作等实行统一的规范化管理；实施信息资料的精度和质量控制；在信息传输方面，建立海洋与渔业自然灾害信息传输网络体系，保证海洋与渔业自然灾害监测信息和预警预报信息双向传输的可靠性和时效性。

3. 加强对陆源污染物入海的控制。海洋与渔业自然灾害的发生与环境污染尤其是污染物连续不断输入有着直接关系。因此，在海洋与渔业自然灾害多发区，建立以海洋环境容量为基础的污染物入海总量控制标准，合理分配与海洋与渔业自然灾害爆发相关的污染因子的排放总量；制定相关的政策和措施，控制沿海地区和流域的氮、磷施用量和排放；加大污染源的治理和区域污染整治的力度；加速沿海陆域的产业结构调整，通过产业结构性调整，逐步改变近岸海域污染状况。

4. 加强养殖管理，控制养殖自身污染。合理规划沿海海水养殖空间布局和养殖结构；调整养殖种类和规模；改进投喂性养殖的饵料利用效率；开发并推广有机污染物生物降解技术，有效控制养殖自身污染，减少养殖区海洋与渔业自然灾害发生机会。

5. 推进海洋与渔业自然灾害的多学科和综合性研究。在科学研究方面，要进一步研究和海洋与渔业自然灾害有关的海洋学和生态学问题，包括海洋与渔业自然灾害和富营养化的关系、有害海洋与渔业自然灾害生物的生活史及其生态竞争策略、有害海洋与渔业自然灾害爆发及环境关系、有害海洋与渔业自然灾害的分布变化规律、有害海洋与渔业自然灾害的危害及防治机理等；力争在近期内对海洋与渔业自然灾害爆发机理、危害机制和有效防治技术的研究有突破性进展。

（三）应急处理技术

1. 岸基监测。建立市级监测机构网络，沿海各县（市）区也建立海洋与渔业环境监测机构，使之具有获取与海洋与渔业自然灾害相关的海洋环境要素信息的能力，保障海洋与渔业自然灾害应急监测工作顺利进行。

2. 监测船舶。应急监测船舶主要是利用市、县级海监渔政执法船舶。各海监渔政部门在接到应急监测指令4小时内出航。应急监测组，要及时做好监测设备等各项准备工作。

3. 航空遥感。当应急响应需要开展空中监测监视时，应及时报请国家海洋局，请求海监飞机按程序帮助航空遥感监测。

4. 通信。应急状态下，海监渔政船舶现有的语音高频电台基本可以满足指挥调度命令的传达；近岸海域可利用公众通信网络实现数据传输；陆地可使用有线固定电话传送信息。

5. 经费。海洋与渔业自然灾害应急响应经费，按《财政应急保障预案》执行。列入市财政年度预算。

6. 培训和演习。技术培训：市海洋环境监测中心负责具体培训工作。培训内容包括相关的专业知识和操作技能等。应急演习：应急领导小组成员单位每3年举行一次海洋与渔业自然灾害应急联合演习，并由海洋与渔业自然灾害应急领导小组办公室组织实施。

（四）应急保障

为了确保自然灾害应急预案的顺利实施，各项程序严格的运作，全面准确的贯彻，制定完善高效的应急保障措施是必要的。

1. 通信与信息保障。要用现代化通信手段，建立快速、可靠的通信系统，保障应急管理工作的需要。当前应急管理工作中通信，是以公用通信为主，依托公用通信网，合理组建自然灾害应急管理专用通信网。管理单位必须配备通信设施，要做好随时排除故障的准备，必要时启动应急通信预案，保持畅通。

2. 应急支援与装备保障。灾害突发性强，工程设施抗御能力有限，常会发生难以预见的情况。做好应急支援和装备保障，做到有备无患、确保安全十分必要。要做好人力、物力和常用设备的准备，这是应急管理的主要力量和物质基础，是完成自然灾害应急任务的基本保障。同时在自然灾害应急中发挥海监、渔政、电力、交通运输、医疗卫生、公安、海关等业务部门以及社会公众的力量，也是处理自然灾害必不可少的手段。

3. 技术保障。随着科学技术的发展，防灾减灾工作要引进现代化技术装备，积极推进应用新的科研成果，并组织宣传、培训和演习。建成高效的现代化防灾减灾指挥系统。主要是引进微波、卫星、多用途数字网等先进通信手段，实现防灾减灾通信的快速传输和数据、图像、视频等通信功能。采用传感技术实现水情信息监测采集的自动化，提高报汛速度。建立多功能计算机网络系统，实现防灾减灾信息自动交换和共享。

（五）善后工作

1. 善后处置。对遭受海洋与渔业自然灾害影响的地区，各县（市）、区海洋与渔业行政主管部门应密切联系当地卫生等部门，做好受灾群众的医疗救护及恢复生产等善后工作。

2. 损失评估。在海洋与渔业自然灾害消失后，由办公室组织海洋与渔业自然灾害评估工作。评估主要内容包括：直接经济损失和间接经济损失及对海洋生态环境的影响等。

3. 奖惩与责任。对在应急行动中成绩突出的单位和人员给予适当奖励；对于玩忽职守、推诿扯皮，造成不良影响的单位和个人给予行政处分；对不负责任、私吞财产、滥用职权等造成重大损失的当事人应依法追究刑事责任；海洋与渔业自然灾害发生后，海洋与渔业自然灾害海域内的有关人员有义务配合应急响应行动。

第五节 广东海洋渔业事故灾难应急管理

一、广东海洋渔业事故灾难分类

（一）船舶污染

船舶污染是指因船舶操纵、海上事故或经由船舶进行海上倾倒致使各类有害物质进入海洋，产生损害海洋生物资源、危害人体健康、妨碍渔业和其他海上经济活动、损害海水使用质量、破坏环境等有害影响，致使海洋生态系统遭到破坏的特殊环境侵权行为。污染物质进入海洋多是由于人为因素（如洗舱污水、机舱污水未经处理排入海洋），但也有一些是自然因素（如运输有毒液体货物挥发的货物蒸汽）造成的。船舶污染主要包括：船舶油污、散装液体化学品（以下简称散化）污染、压载水携带的外来生物污染和船舶大气污染及船舶垃圾及生活污水的污染。

（二）倾废污染

海洋污染既有人为的因素也有自然现象，而人为的因素又可分为人类有意识的活动造成的和人类无意识的事故造成的，人类有意识的活动造成海洋污染是指人类有意识利用海洋处置、弃置废弃物，我们统称为海洋倾废，由此而形成的污染就是倾废污染。我国 1982 年《海洋环境保护法》第 45 条第 6 款以及其第三至第六章的规定只是将伦敦倾废公约不包括的"向海洋处置由于海底矿物资源的勘探、开发及相关的海上加工所直接产生的或与此有关的废物或其他物质"包含在《海洋倾废管理条例》的范围，2006 年 6 月 29 日第十届全国人民代表大会常务委员会第二十二次会议上亦批准了《〈防止倾倒废物及其他物质污染海洋的公约〉1996 年议定书》。

（三）放射性污染

所谓放射性污染，是指由于人类活动造成物料、人体、场所、环境介质表面或者内部出现超过国家标准的放射性物质或者射线。按照放射性污染是由自然原因还是人为原因造成的，可以将放射性污染分为天然放射性污染与人为放射性污染。天然放射性污染是由自然界中天然存在的辐射源，如来自宇宙的射线或土壤、岩石、水和大气中的放射性核素铀 235、钾 40、镭 229、氡 222 等所引起的放射性污染。人为放射性污染是指由人类活动如核工业、核电站、核试验等排放出的放射性污染物所引起的放射性污染。我国已产生了不少放射性废物，虽然国家有放射性废物处置政策，但是，由于缺乏强制性的法律制度和措施，致使对放射性废物的处置监管不力，在一定程度上对环境和公众健康构成了威胁。因此，为了保证经济、社会的可持续发展，在促进核能、核技术开发利用的过程中，必须完善我国放射性污染防治的制度，加强对放射性污染的防治，保护环境，保障人体健康。

（四）海洋工程污染

海洋工程是指以开发、利用、保护、恢复海洋资源为目的，并且工程主体位于海岸线向海一侧的新建、改建、扩建工程。海洋工程污染是指由于海洋工程的建设、生产、使用和维护活动产生的大量有害物质排入海洋，破坏了海洋环境，使海洋环境不断恶化，从而干扰了人类正常生活条件，对人体的健康产生不利影响的现象。海洋工程污染事故是指在海洋工程的建设、生产、使用和维护过程中由于违反环境保护法律法规的经济、社会活动与行为，以及意外因素的影响或不可抗拒的自然灾害等原因致使海洋环境受到污染，人体健康受到危害，社会经济与人民群众财产受到损失，造成不良社会影响的突发性事故。

（五）违规排污

一般认为，重大违规排污事故是指由于人为的违规排污行为导致的大规模或者较为严重的海洋污染事故。海洋污染，是指由于人类的活动改变了海洋的原来状态，使人类和生物在海洋中的各种活动受到不利的影响。联合国教科文组织下属的政府间海洋学委员会对"海洋污染"的定义为："由于人类活动，直接或间接地把物质或能量引入海洋环境，造成或可能造成损害海洋生物资源、危害人类健康、妨碍捕鱼和其他各种合法活动、损害海水的正常使用价值和降低海洋环境的质量等有害影响。"海洋污染事故是指对海洋的污染造成了较为严重的后果，如导致海洋环境质量大幅度下降，造成或可能造成较大范围的生态环境破坏，人类生命健康遭到严重损害，或者对全国或某一区域的社会正常秩序造成一定威胁的情况。至于是否构成海洋污染事故，主要取决于国家法律法规的界定以及环境保护行政主管部门的认定。

（六）渔船事故

自古以来出海捕鱼都被视为高危行业。海上渔船事故不仅是海上各类事故多发的种类之一，而且搜救成功率较低。这种情况的存在，严重地影响和威胁着渔民们的生命财产安全和渔区稳定的大局，影响着我国渔业经济的健康和持续发展。近年来，我国政府和各级海洋与渔业行政主管部门，对海洋渔船安全生产问题的日益重视并做了大量工作，使渔业安全体系建设逐步完善，各类渔船事故尤其是重特大渔船事故的发生有所降低，渔船事故应急管理工作也有了新的进展。海洋渔船事故现象非常复杂，种类繁多，可从事故的直接表现形式、事故的性质和严重程度以及事故的责任等不同角度对其进行分类。按渔船事故的表现形式不同划分，有渔船风灾事故、渔船火灾事故、渔船碰撞事故、渔船触礁事故、渔船触损事故、渔船搁浅事故、渔船自沉事故等多种类型。按渔船事故的性质和严重程度或等级划分，有特别重大渔船事故、重大渔船事故、较大渔船事故和一般渔船事故等不同类型。按事故的人为责任大小划分，有非责任事故、完全责任事故和部分责任事故。[①]

---

① 杜军：《海洋与渔业应急管理的理论初探》，载于《河北渔业》2008 年第 8 期。

（七）海难

海难是指人命、船舶或其他财产在海上或者与海相通的可航水域由于海浪、暴风雨、浓雾、浅滩等恶劣天气或海况或人为因素造成的海上的危险和意外，即天灾、海上或可航水域风险和意外事故。按照《联合国海洋法公约》第 221 条的规定，海难是指船只碰撞、搁浅或其他航行事故，或船上或船外所发生对船只或船货造成重大损害或重大损害的迫切威胁的其他事故。

二、广东海洋渔业事故灾难应急的建议和对策

（一）明确权责，责任细化

加强一个中心的集中领导，进一步理顺关系，在各部门间要做到权责相符，权责清晰。对各部门的责、权、利进一步细化；进一步完善责任追究制度，加重处罚；进一步完善奖励制度。

（二）完善渔业应急和预警机制及渔业应急监测系统

统一预警符号，进一步完善渔业应急和预警机制，做到一警一预案，做到及时发现和识别潜在或现实的突发事件发生因素，做到有备无患。增加监测密度；提高遥感数据获取和应用能力，建设卫星遥感灾害监测系统；构建包括地面监测、海洋海底观测等自然灾害立体监测体系；推进监测预警基础设施的综合运用与集成开发，加强预警预报模型、模式和高新技术运用，完善灾害预警预报决策支持系统。

（三）完善区域间、国家间协调机制和联合应急机制

海洋与渔业突发事件，可能同时会涉及不同地区和国家。这就要求在处理过程中，各方共享预警信息，联合治理。为此，要建立一个，专门应对海洋和渔业突发事件的多边对话和合作机制，构建一个多边交流的平台。达到联合防治，共同应对渔业灾害，使损失降低到最小的目的。

建立国际区域性巨灾研究中心。开展巨灾防御和应急响应仿真实验、巨灾风险管理模拟实验、重大自然变异模拟实验，建设巨灾应对仿真实验室；开展国际区域巨灾信息交流，收集研究国际区域巨灾基础数据和案例，建立国际区域灾害信息共公平台和网站；开展国际区域巨灾机理研究、减灾政策研究和减灾合作机制研究，制定应对巨灾的战略和政策。

（四）建立应急基金，加强应急物资储备

在政府引导下，发动社会各界，包括民间组织，特别是企业部门，积极捐资，

建立一个全国性、专业性、针对性的应急基金，专门用于处理各类海洋应急管理事件。为危机事件能够及时、有效的得到处理，灾后的恢复等提供强大的财力支持。

（五）建立一个统一、高效、权威的常设国家应急管理机构

目前，在我国国家应急管理工作体系中，国务院是最高行政领导机构，国务院值班室，也是国务院应急管理办公室，作为日常办事机构，履行职守应急，信息汇总和综合协调职责，发挥运转枢纽作用。各部委设相关类别工作机构，地方政府设置地方领导机构。

为了建立健全分类管理、分级负责、条块结合、属地为主的海洋与渔业应急管理体制，形成统一指挥、反应灵敏、协调有序、运转高效的海洋与渔业应急管理机制，有效应对海洋与渔业自然灾害、事故灾难、公共卫生事件、社会安全事件等，提高应急管理和抗风险能力，从全国应急管理机构建设的层面上，建议建立一个统一、高效、权威的常设国家应急管理机构。具体如下：

——立法建议和日常管理中心。依法指挥、协调、运作和管理；负责平时全国应急管理日常工作。

——指挥协调中心。负责预案的制定，事发时的统一指挥。

——监控和情况预测中心。主要是利用信息网络系统负责监控、预测分析和风险评估，为指挥决策提供依据。

——培训和督导中心。主要负责指导各部委及地方专业救援队伍的培训考核、应急知识的宣传教育。

——资源规划与管理中心。负责社会力量动员与组织、物资筹措与储备、灾后恢复与重建等。

（六）建立和完善政策性渔业保险机制

自20世纪80年代以来，我国渔业保险经历了商业性保险的尝试、互助保险的探索和近年政策性渔业保险试点的三个阶段，但至今尚未建立起成熟完善的政策性渔业保险机制，渔业互助保险的开展还面临很多问题。主要表现在渔业互助保险缺少相关的法律和政策支持，渔业保险缺乏资金、税收等方面的扶持，保险费率难以有效降低。渔民一方面对保险有很大需求，另一方面又无力承担保费支出，投保率低。同时由于没有再保险和巨灾补偿政策，一旦遭遇全国性大的灾害，现有的渔业保险体系将难以承受。根据我国保险法、农业法等法律规定，结合我国渔业发展和面临的问题，尽快制定相关政策，明确管理机构和职能，加强监督管理，引导互助保险事业健康发展。同时积极探索渔业保险立法，为渔业政策性保险提供法律保障。

第六节　广东海洋渔业公共卫生事件应急管理

一、公共卫生事件应急管理概况

随着水产养殖生产的发展和水产品贸易的不断扩大，广东省与境外及国内各地区间的水产养殖品种交换日益频繁，养殖生产规模迅速扩大，集约化程度越来越高，水生动物赖以生存的生态环境日趋恶化，为水生动物疫病的发生和传播创造了条件。但是，由于长期以来广东省海洋与渔业公共卫生事件应急管理工作滞后，致使水产养殖疫病频发，流行范围不断扩大，危害程度日趋严重，已严重制约广东省水产养殖业可持续健康发展。

广东省海洋与渔业公共卫生事件应急管理主要包括水产品质量安全事件应急管理，重大水生动物疫情应急管理和水产养殖事故应急管理。

（一）水产品质量安全事件类型

水产品质量安全事件是指水产品中因含有可能损害或威胁人体健康的有毒、有害物质或因素，从而导致消费者急性或慢性毒害或感染疾病、或产生危及消费者及其后代健康的隐患的质量安全事件。其类型主要包括：水产品质量安全事件和水产品食物中毒。

（二）重大水生物疫情的基本类型

按照《动物防疫法》的有关规定，水生动物疫病分为三类：一类疫病，是指对人和动物危害严重、需要采取紧急、严厉的强制预防、控制、扑灭措施的；二类疫病，是指可造成重大经济损失、需要采取严格控制、扑灭措施，防止扩散的；三类疫病是指常见多发、可能造成重大经济损失、需要控制和净化的。

按照水生动物疫情的性质分传染类疫情和寄生虫类疫情。

（三）水产养殖事故的类型

主要分为三类：重大水生动物疫情、渔业污染事故和外来生物入侵。

二、公共卫生事件应急管理现状及存在问题

广东省海洋与渔业应急管理现状令人堪忧。渔业生产者的质量安全意识比较淡薄，企业诚信度不高、市场竞争不够规范，应急管理制度滞后，渔业环境污染严

重，投入品使用不规范，检测手段落后，标准化工作未得到普及等。严重制约广东省海洋与渔业公共卫生事件应急管理的问题主要表现在以下几个方面。

（一）思想观念问题

主要表现为渔业生产者的质量安全意识比较淡薄、企业诚信度不高、市场竞争不够规范。长期以来，广东省水产品生产注重产量与效益，主要是解决菜篮子问题，对质量的要求还不是很高。但这样就造成了渔业生产者质量安全意识淡薄，在生产中只讲产量和效益，而不考虑水质是否可以养鱼、投入品是否安全并造成药物残留，在加工过程中对再次污染考虑得较少。一些养殖生产者和企业诚信度不高，当养殖的水生动物发生病害，为迅速扑灭疫情，减少损失，往往从本企业的利益出发，非法或过量使用药物，而将有关质量控制措施和对质量安全的规定抛掷脑后。广大渔业生产者分散生产，没有开展生产记录的习惯，当发生水产品质量安全问题时难于追索。再者，市场竞争极不规范，优质不能优价，部分渔业生产者认为，生产出来的产品质量好与坏无关紧要。

（二）渔业投入品的问题

总体讲，我国渔业投入品的问题多，管理和使用比较混乱。从种苗、渔用饲料、药物到加工用料的使用都存在不少问题和不规范的地方。

1. 水产种苗质量无保障。由于生产企业对优质水产种苗的生产和开发重视不够、投入不足，造成原种不纯、良种不良；苗种生产不按标准，甚至近亲繁殖，质量无保证，引种育种、开发推广无序等。无质量保障的种苗，在高密度养殖过程中多会疫病爆发，养成的产品品质下降。

2. 渔用饲料缺乏安全。部分渔用饲料厂家不按国家和行业标准生产，致使部分渔用饲料公害严重。具体表现为：由于技术和成本上的困难，导致饲料中添加抗生素等添加剂，造成养殖水产品品质下降、养殖水体污染，部分饲料中甚至含有激素、类激素等，药物通过养殖水产品的富集，对消费者的健康构成威胁。

3. 渔药的问题。一是渔药质量无保障，添加违禁药物，假冒伪劣药物还存在；二是渔业生产者使用渔药不规范，存在乱用滥用渔药的不良行为。虽国家三令五申，但仍存在使用孔雀石绿、氯霉素等违禁药物的现象。

4. 销售和加工环节的问题。不法商贩在销售鲜活水产品的过程中，为保持水产品的体色鲜艳和防止腐败，使用孔雀石绿和甲醛等违禁药物。一些厂家在加工过程中，随意或超量使用食品保鲜剂、着色剂，有的加工产品为延长产品货架期，添加抗生素以达到灭菌的目的。造成水产加工品的污染及其质量的下降，有的甚至危害人类的健康。

（三）检疫检测的问题

由于《动物防疫法》的局限性，使得水生动物防疫检疫工作滞后。全国大部分省、市、县还没有成立水生动物防疫检疫机构，虽然初步建立了一支水生动物防疫检疫员队伍，但这支队伍还远远不能满足开展该项工作的需要。广东省还没有出台水生动物检疫收费标准，地方也难能有突破，检疫成本要由检疫机构承担，在目前的经费状况下，大多数基层检疫机构无力负担，还难能做到全面启动水生动物的检疫工作。缺乏检疫把关，水生动物及其种苗的进出境仍存在非常大的随意性，造成疫病的传播和泛滥。

（四）标准的问题

标准是企业组织生产、提高产品质量的必备技术文献，也是技术监督部门、商品检验部门进行商品检验的法律依据。我国与水产有关的标准分国家标准、行业标准、地方标准和企业标准。农业部现已组织制定了部分水产品的无公害、绿色食品标准，但还远远不能适应多品种养殖生产发展的需要，养殖企业迫切需要实用的标准指导生产。

（五）监管的问题

虽然2006年出台了《中华人民共和国农产品质量安全法》，但相关的配套措施尚未出台。农业行政部门作为农产品质量安全执法主体，县乡级部门执法力量薄弱，还难像工商、技术监督部门那样对违法行为采取强制措施。水产品生产分散，涉及千家万户，监督检查点多面广，也为管理带来麻烦。

（六）市场的问题

首先是对渔业投入品的市场监管乏力，目前广东省的渔药生产、经营归口兽药管理部门跨行业管理，在渔药管理上普遍存在人员少、力量薄弱等问题，所以实际操作中往往心有余而力不足，造成渔药的生产、经营秩序比较混乱，冒号生产、无证经营的现象时有发生，不仅产品质量难以保证，而且一些禁用药物在兽药店里仍有出售，直接或间接地误导了渔民的用药行为；其次是对水产品的市场监管同样乏力，目前只有北京、上海等少数城市建立了水产品市场准入制度，水产品无证无照加工、销售现象非常普遍，滥用保鲜剂，被污染水产品在市场销售，摊贩卫生条件差，商贩未持健康证上岗，水产品质量安全难能保障。

三、公共卫生事件行政应急程序

（一）指导思想与工作目的

广东省海洋与渔业公共卫生事件应急管理的指导思想就是要使全省水产品质量安全、重大水生动物疫情和水产品养殖行政应急程序科学化、规范化、制度化。因为只有这样才能使政府部门和民众在重大的海洋与渔业公共卫生事件突发的紧急状态下也能接受法律的制约，依法办事，才能很好的解决公共利益和个人利益，国家权力和公民权利之间的矛盾冲突，才能使政府紧急权的行使做到在维护公共利益的前提下最大限度的保护个人利益，才能确保在国家紧急权的高效运行时最大限度的保障公民的基本权利。

重大公共卫生事件行政应急的工作目的是为进一步做好广东省水产品质量安全、水生动物疫病预防和控制工作，提高快速反应和应急能力，防止水生动物疫病扩散，最大限度减少疫病造成的影响和损失，确保水产品质量与公共卫生安全，促进水产养殖健康持续发展。

（二）建立应急组织体系

1. 领导机构。省政府是广东省突发水产养殖事故应急管理工作的最高行政领导机构，在省长的领导下，由省政府常务会议和省相关突发水产养殖事故应急指挥机构负责突发水产养殖事故的应急管理工作；必要时，派出省政府工作组指导有关工作。省政府按照"精简、统一、高效"的原则，设立广东省突发水产养殖事故应急委员会（以下简称省应急委员会），作为广东省突发水产养殖事故应急领导机构。

2. 地方机构。各级人民政府是本行政区域内突发水产养殖事故应急管理工作的行政领导机构，负责本行政区域内各类突发水产养殖事故的应对工作。

3. 专家组。省政府和各应急管理机构建立各类专业人才库，根据实际需要聘请有关专家组成专家组，为应急管理提供决策咨询和建议，必要时参加突发水产养殖事故的应急处置工作。

（三）预防和预警机制

1. 疫情逐级上报。县级水产养殖事故预防控制机构发现或接到疫情报告后，应及时逐级上报（县级、地市级、省级，并由省级报农业部水生动物疫病预防控制中心），各级在接到疫情报告后必须在2小时内向上一级部门报告。全国水生动物疫病预防控制中心负责组织对上报疫病的确认和信息处理，提出疫情预警公告建议。

2. 预防预警行动。水产养殖事故应急指挥部依据上报的水生动物疫情和全国水生动物疫病预防控制中心建议的疫情公告，发布疫情控制方案和应急令。

3. 预警支持系统。由省县、地市和省级的水生养殖事故预防控制机构的信息传输系统、疫情地理信息系统、技术支持平台组成，并同全国预警系统相连接。

（四）应急响应

1. Ⅰ级响应。市技术咨询小组根据各县（市、区）上报信息进行分析评估，并作出突发事件1级预警后，上报省应急指挥部，并由省应急指挥部上报农业部应急指挥部决定是否启动1级响应，派出工作组和专家组赴突发事件所在地指导应急处理工作，并及时上报处理情况。突发事件所在县（市、区）政府及有关部门立即启动相应的应急预案，开展应急处理工作。

2. Ⅱ级响应。市级技术咨询小组根据各县（市、区）上报信息进行分析评估，并作出突发事件Ⅱ级预警后，报省应急指挥部并经省应急指挥部决定，报农业部应急指挥部备案，启动相应的应急预案。农业部应急指挥部视情况决定进行支援。突发事件所在县（市）有关部门即启动相应的应急预案，开展应急处理工作。

3. Ⅲ级响应。县级技术咨询小组根据上报信息进行分析评估，并作出突发事件Ⅲ级预警后，经县级应急指挥部决定，报市级应急指挥部和省级应急指挥部备案，启动相应的应急预案。市级应急指挥部和省级应急指挥部视情况决定进行支援。

（五）后期处置

1. 善后处理。人员安置。遭受伤害的群众应由当地政府妥善安置，伤害较重群众要及时送往医院进行治疗抢救。对受到水产品质量安全事件威胁严重地区的群众，要及时给予物资上的资助。

经济赔（补）偿。对能够分清事件责任的，根据有关法律法规，由事故肇事方负责赔偿损失；对不可抗拒原因引起的或无法确定具体肇事者的突发事件，由地方政府和社会各界按政策规定实施救济和救助。

灾后重建。对由于污染突发事件造成渔业减产、绝收的，当地渔业行政主管部门应制定计划，尽快组织灾后重建和生产自救，弥补灾害损失。

污染整治。查明水产品质量安全事件的原因及污染物质后，要组织有关专家会同当地政府制定整治方案，运用多种方法进行治理与修复，使受污染的水体、土壤尽快恢复原有功能。

2. 法律援助。受事件损害严重地区的地方政府，应建立社会救助机制，由民政部门统一负责接收国内外救助机构的援助，接受企业和个人捐助等。首先，资金和物资统一管理，及时发放到受害人，做好登记和监督，严禁将救助资金和物资挪作他用。其次，调动法律援助组织，为受害地区人员提供法律咨询和法律援助，维护受害群众的合法权益。

3. 突发事件调查报告。水产品质量安全事件发生后，渔业行政主管部门要会同有关部门对事件进行调查取证。事件处理后，向上一级渔业行政主管部门提交调查报告。

（六）应急保障

1. 资金保障。处置水产品质量安全事件所需经费，按财政部《突发事件财政应急保障预案》执行。不可抗拒的自然灾害因素所致污染损害的，由各县（市、区）人民政府按政策规定补偿救济资金。

2. 技术保障。逐步建立健全市级水产品质量安全检测系统，各县（市、区）负责本区域的水产品质量安全鉴定、诊断技术指导及污染物质的检测、诊断工作。水产品质量安全检测实验室，必须通过计量认证和农业部的考核评定。

3. 人员保障。县（市、区）人民政府要保证应急工作机构和人员的相对稳定，提高人员素质。发生突发事件时，相关人员应服从指挥机构统一调配。公安、环保、民政部门应依法予以协助。

四、公共卫生事件应急处理的实施措施

1. 提高渔业生产者的素质。采取有效措施，开展广泛的宣传教育和培训，全面提高水产养殖生产者的产品质量安全意识。利用《农产品质量安全法》颁布实施的良好契机，采取多种形式对生产企业、渔民、加工企业和商贩进行普法教育，使他们懂得有法可依、有法必依、执法必严、违法必究。针对水产养殖业千家万户分散生产的特点，且渔民安全用药意识淡薄、缺乏安全合理用药知识的现状，渔业行政主管部门要采取多种形式，开展广泛的宣传和科普教育，组织水产专业技术人员开展健康养殖等有关技术的培训，以提高养殖生产者的科学知识水平和质量安全意识。

2. 加强水产品的质量监管。从源头抓起，建立水产品从池塘到餐桌全过程质量监控制度。首先，生产安全的水产品，必须从原料生产开始，加大对苗种、饲料、鱼药等投入品的质量监督和管理，保证生产过程的各个环节投入品至少达到无公害的质量要求，从而确保最终产品的质量。要建立一个完整的质量保证体系，包括生产的审批、生产记录、疫情和环境质量通报、鱼药使用程序、产品销售等环节。水产品养殖生产要按照《中华人民共和国渔业法》实行生产许可制度，所有养殖水面都应发放养殖证，对受污染的水域严禁开展养殖生产，使生产单位按照有关的法律、法规和标准，生产质量安全的产品。对违反者按有关法律法规进行处

罚。其次，产品上市或进入加工厂前，还应经水生动物防疫机构进行检疫，经质量检验机构进行质量和药物残留检测，合格后才允许上市或进入加工厂，并提供经水产质量检验部门核发的质量证明和产品产地证明，解决产品质量可溯性问题。

3. 全面建立和推进准入制度。一是要推行生产准入制度。渔业行政主管部门要结合养殖证的发放、质量认证以及龙头企业名牌产品申报推荐工作，以水产原良种场、示范基地、龙头企业、商品鱼基地、水产外贸加工企业等单位为突破口，强制实行生产准入制度。对养殖环境和容量开展广泛调查，科学规划，避免用污染水体养殖和因高密度养殖而可能导致的对渔业环境的破坏及水产品质量的下降。二是实施市场准入制度。在水产品流通环节，特别是大型集贸市场和水产品批发市场、配送中心、超市，要加强质量检测和监控，实施市场准入制度和产品质量安全追溯制度，积极推行水产品标明产地、生产单位、生产日期和保质期限。

4. 加强基础科研工作，开发无公害渔药。水产基础科研工作的滞后，也是造成水产品质量不高的一个很重要原因。科研部门在以下几个方面大有作为：抗病水产养殖新品种的培育、无公害饲料和鱼药的开发、无公害保鲜技术和水质净化技术等。目前，应重点研究和开发无公害鱼药，笔者认为可以从以下几个方面做文章。一是筛选新的化学原料做鱼药原料；二是加强鱼药药理学的研究，确保药物的无公害；三是开发新剂型，采用新技术和新工艺，减少药物的负面影响；四是开发窄谱抗生素和水产专用药物。五是开发微生态制剂和生物鱼药。

5. 开展质量认证。以无公害水产品生产基地认定和标识认证为基础，在水产品生产过程中推行 GMP（良好操作规范）、GAP（良好养殖规范）、HACCP（危害分析与关键控制点）、无公害水产品、绿色食品、有机食品等多种形式的质量认证和管理工作，将 HACCP 的推广应用到水产养殖过程中，特别是对工厂化养殖的生产基地，提高我国养殖水产品的质量及在国际上的竞争力。重点是开展 HACCP 认证和无公害水产品、绿色食品、有机食品的认证。

6. 加强水生动物防疫检疫工作。2006 年，全国水生动物疫病专项监测工作座谈会在深圳召开。会议认为，水产养殖病害频发及不规范用药等问题已成为我国水产养殖业持续健康发展的重要制约因素，今后应重点做好以下几个方面工作：一是要高度重视。各级政府、渔业行政主管部门和有关方面要进一步提高对水生动物防疫工作重要性的认识并给予高度重视和大力支持。二是加强法制建设。要以《动物防疫法》修订为契机，进一步加强水生动物防疫法制建设，明确渔业行政部门水生动物防疫的法律地位，尽快建立水生动物官方兽医、执业兽医和用药处方制度等配套法律制度。三是抓好队伍建设。要从卫生监督和疫控机构、人才队伍、技术装备等方面进一步抓好水生动物防疫队伍建设，以适应新时期水生动物防疫工作的需要。四是抓好重点应急防控。要重点抓好重大水生动物疫病监测和应急防控工作，扩大监测种类、规模和范围，研究修改水生动物疫病名录，加快省级应急预案编制，提高防控能力和监管水平。

7. 做好监测工作，为养殖生产提供保障。监测工作要贯穿整个养殖过程，并以最终产品食用安全为标准，根据监测做好关键点的控制。水域环境的监测。水环境的好坏是决定水生生物是否健康、快速生长和正常繁殖的根本条件。根据国家渔业水质标准，做好监测和养殖环境的质量评估工作。对于苗种、饲料、渔用药物投入品的质量监测，要有专门的机构承担、有专业人员负责。病害监测是及时掌握病害情况的有效途径，是切断病原传染途径的最基础性的工作，也是早知早防早治的依据，对搞好养殖生产具有重要的意义。对引种中可能给生产造成危害的重大疾病、疫病、常见多发性疾病实施监测。要重点对苗种场、良繁场、良种场生产的苗和种加强监测。

第七节　广东海洋渔业安全事件应急管理

一、广东涉外渔业应急管理

（一）涉外渔业安全事件的现状

由于国际渔业经济的发展，国际海洋管理制度的变化，世界各国正在加紧对非法捕鱼的管制，对商船、渔船管理的标准越来越多，越来越严，检查越来越细，受检范围也越来越广。随着我国与周边国家签署的渔业协定相继生效，由此引发涉外渔业安全的事件也在不断增加。

近几年来，我国渔民、渔船在从事远洋渔业捕捞时，不时遭遇被国外船只及海事机构抢劫、抓扣等涉外渔业安全事件和惨案并呈上升趋势。在处理这些事件的过程中，尽管我国政府有关部门作出了种种努力，但总的效果仍不能令人满意。这些事件不仅给渔民生命财产造成了严重的损失，同时也扰乱了正常的生产秩序，损害了合法生产渔民的利益，在国际国内造成了严重的不良影响。这一现实告诉我们：我国目前涉外渔业安全管理形势依然十分严峻，它期待着涉外渔业安全事件应急管理有一个重大的突破。[①]

（二）涉外渔业安全事件行政应急程序

在涉外渔业事件突发的紧急情况下，必须迅速启动政府有关部门的渔业管理行

---

① 牛盾副部长在加强渔业船舶安全管理工作电视电话会议上的讲话，http://www.cnfm.gov.cn/info/display.asp? id=32953，2008－8－6。

政权力，实施应急处理和救援行动。海洋与渔业管理行政部门为了有效地处理危机，保护我国渔民的合法利益和维护我国的正常外交关系，在行使渔业涉外事件行政处理权力和实施救援行动时，必须遵循相应的原则、方法、基本步骤等。

1. 成立涉外渔业安全事件指挥领导小组。成员单位：各渔业企业负责人、国外远洋渔业基地负责人、海洋渔业主管部门、各渔业协会负责人。领导小组下设办公室，负责渔业安全事件的日常工作。

2. 建立涉外渔业安全事件预警机制。第一，远洋渔业基地管理人员、外派船员和相关管理部门根据实际情况收集所在国政治、军事、外交、法律法规以及海洋资源变化、海浪情况等信息，不定期向涉外渔业安全事件领导小组和我国驻外使馆报告。第二，渔业领导小组和办公室不定期将企业和境外基地搜集到的信息进行分析、综合、评估，并向广东省委、省政府、农业部等有关部门报告。同时，根据上级综合发布的信息，及时向我国渔业生产单位、渔民及派驻在境外的基地人员发布。

3. 涉外海洋安全事件的处理程序。渔业涉外事件一经发生，本应急处理程序即时启动。

（1）各突发事件的当事人及相关负责人及时将事件概况报告涉外渔业安全事件指导小组，对特别重大涉外突发事件、重大涉外事件、较大涉外事件要及时报告外事部门和上级有关部门，请求启动国家响应处置程序。

（2）远洋渔业安全事件指导小组、办公室，应及时将有关情况通知各相关部门、单位和在同一国家或地区、海域作业的企业，并组织力量进行救援。

（3）涉外渔业安全事件领导小组视具体情况，报省委、省政府，决定是否派工作组到现场处理事件。

（4）协调受害人所在地渔业主管部门，协助受害人家属处理善后事宜。

（5）协助我驻外使馆处理与事发国、地区当局交涉，寻求国际、地区合作与援救事宜。

（6）事件处理完毕，由涉外渔业安全事件领导小组做好总结，及时向有关部门报告，并请示结束应急响应机制。[①]

（三）涉外渔业安全事件应急处理技术和实施措施

1. 加强组织管理，制定统一协调的应急机制。为及时有效地应对突发涉外渔业安全事件，一方面，政府有关部门应建立海洋与渔业涉外安全突发事件应急领导机构。各市、县（市、区）海洋与渔业主管部门相应成立组织协调涉外渔业生产管理的领导机构，加强涉外渔业的组织领导。同时，各级渔政队伍要强化执法力量，加大巡渔护航的执法力度，提高渔政队伍的应急反应能力，保证在国内水域一

且发生涉外事件和纠纷，能及时反馈信息，协调指挥，妥善处理。另一方面，有关政府部门应与周边国家建立海事纠纷处理协调机制，制定和完善有关渔事纠纷处置法规，根据国际法原则，在采取属人法或属地法为准，引据冲突法规范时要本着实事求是的精神，既不能给偷渡、抢劫等违法犯罪分子以可乘之机，又能有助于解决纠纷，保护当事人双方的合法权益。

2. 明确责任，强化管理，及时处理涉外渔业安全事件。涉外渔业要按照部门分工协作、地方政府分级管理、企业和渔船属地政府负责的原则，实行综合管理。国务院渔业、外交、公安（边防）、商务、海事、海关等有关部门要密切配合，及时沟通信息，按职能分工各负其责，妥善处理涉外渔业安全事件，同时要做好远洋渔业的预警工作；地方各级人民政府要加强对涉外渔业工作的领导，做好对渔业企业、渔船所有人及船员的教育和监督管理工作。从事涉外渔业活动的企业和人员必须严格遵守有关法律法规，以及我国缔结或参加的国际条约，减少和避免涉外违规事件的发生。

3. 严格执行渔业管理法规，加大渔业执法力度。涉外渔业安全事件无小事，当前迫切需要各级渔业行政主管部门提高涉外渔业安全管理和执法水平。一方面要从推进服务，提高入渔率和配额完成率入手；另一方面要针对涉外渔业违规事件多发的现状，对涉外违规渔船进行严格处理，以遏制违规的势头，维护国家形象。广东省与多个东南亚国家海域相连，渔船捕捞能力强、作业范围广，涉外渔业纠纷时有发生；特别是北部湾划界以后，涉外渔业管理任务更加艰巨。

二、广东巡航护渔应急管理

（一）我国巡航护渔的现状

近年来，随着国际海洋制度的变化以及我国与周边国家签署的渔业协定相继生效，周边国家普遍加强了所辖水域的管理，特别是一些国家滥用管理手段甚至越界管理，引发渔业涉外事件的因素增加。因此有必要进一步加强巡航护渔力度。

我国的专属经济区巡航护渔工作，在农业部渔业局、渔政指挥中心的组织领导下，在数年时间内，走过了从无到有、从海区到地方、从国内到国外的历程。

第一，建立了专属经济区巡航管理的基本制度。先后制定和颁布了《中华人民共和国管辖海域外国人、外国船舶活动管理暂行办法》、《专属经济区渔政巡航管理规定》以及实施中日、中韩、中越渔业协定的管理办法等规章。第二，组建了专属经济区渔政巡航管理基础队伍。以黄渤海、东海、南海区局所属渔政船作为骨干力量，具体担负专属经济区渔政巡航任务。第三，实施了卓有成效的管理。通过强化专属经济区渔政巡航，开展专项执法行动，实现与相关国家联合巡航执法等，查处了非法作业渔船，打击了外籍渔船侵渔，有效保护渔民合法利益，维护了国家海洋权益。

（二）巡航护渔应急管理程序

为进一步加强涉外渔业管理，减少涉外渔业事件的发生，最大限度地保护渔业企业和渔民的生命财产安全，有必要建立专属经济区水域巡航护渔应急管理程序，制定出台《广东省涉外渔业重大突发事件应急预案》，预案应明确涉外渔业重大突发事件的处理程序。特别是跨省、跨市的渔事纠纷向渔政渔港监督管理局报告，同时通报纠纷发生地、当事渔船船籍港或设施所在地所属的市级渔业行政主管部门；属于涉外海上渔事纠纷的向渔政渔港监督管理局和中国渔政指挥中心报告，并向当事渔船船籍所在地市级渔业行政主管部门通报。

1. 巡航护渔应急报告程序。

（1）报告时间。在遇到以下情形时需及时报告时间：遇有外国渔船非法进入我国专属经济区进行从事非法渔捞作业时；我国渔民在我国专属经济区护渔范围内作业，遭遇外国公务船舶企图登临检查时；在我国专属经济区护渔范围内，巡航护渔机构发现我国渔船从事不法渔业行为或其他非渔业行为时；在我国专属经济区护渔范围内，发生海事（海上作业纠纷、海盗或挟持）案件时；在我国专属经济区护渔范围内，我国渔船发生海难（不可抗力或其他必须紧急救援）案件时；在我国专属经济区护渔范围内，巡航护渔机构发现其他外国船舶发生海事海难事件时。

（2）报告方式。依我国渔业通讯电台通联频率及联系表规定频率，向中国渔政指挥中心报告。中国渔政指挥中心接到报告后，实时研读通报内容后，制作渔船重要报告纪录，通报各相关执行机关据以处理。

（3）报告内容。包括事件发生时间、地点（经纬度）、船名与统一编号、船舶特征、遭遇状况及请求救援事项。报告的具体内容如下：事件发生的时间、地点；船名与统一编号、船舶特征；遇险人数；事件原因、性质；事件水域的海况、水温；已经采取的救助措施和救助要求；事件简要经过；事件报告单位、人员、通信方式。

2. 巡航护渔应急处理程序。

（1）巡航护渔应急指挥机构的处理。巡航护渔应急指挥机构接到报告后，即启动应急指挥作业程序：对企图登临我渔船之外国公务船舶实施监控，以保护我渔船安全，并依实际需要协调部队作战指挥中心派遣机舰协助监控。对越界捕鱼之外国渔船进行取缔搜证，并将搜证资料及查扣或没收船舶移送海洋与渔业局处理。对违规作业的我国渔船进行取缔搜证，并将搜证资料移送海洋与渔业局处理。

（2）执行机关接到报告后即启动应急处理作业程序。首先，海监总队接获我渔船发生海事案件时，即派遣舰船介入调处、押解涉案人船，并依实际需要联系协调公安、海关、检验检疫、海监、渔政、海事、环保等部门提供相关协助,开展调查研究,查清事实真相,形成调查报告,判明各方责任。在坚持自愿的原则上,开展调解工作,纠纷处理完毕后,制作《重大海上渔事纠纷处理结案报告书》,并将调解处理结果通过当事渔船船籍港或设施所在地和纠纷发生地所属的省市级渔业行政主管部门。

其次,国家或地区海上搜救指挥中心接获我渔船发生海难案件时,立即研究案情,设法与报告者随时保持联络,并按渔民生命财产可能遭受威胁的程度,指挥调度飞机或护渔舰船前往救援;对我国飞机或护渔船舰无法前往救援之海域,应协调相关国家的搜救单位派遣飞机或舰船就近救援。

再次,渔业专用(通讯)电台与受难船舶应保持联系,应急处理机构应通知附近作业或航行渔船协助救援,并制作灾害通报单,协调相关配合机关协救。

最后,遇有涉外重大渔业纠纷事故发生,外交部门应立即启动应急机制,及时与相关国家联系,协调驻外机构采取应急措施,防止事态恶化。

3. 后期处置程序。

(1)善后处理。各级政府负责组织涉外重大渔业纠纷事故的善后处理工作,包括人员安置、医疗救助和抚恤等事项。尽快消除事故影响,妥善安置和慰问受害及受影响人员,尽快恢复正常秩序,保障社会稳定。应急指挥和处理机构根据汇总之后的应急处理工作情况报告,向有关部门提出具体处理意见和建议,并对造成涉外渔业事故的有关单位进行整改,及时跟踪处理情况、通报处理结果。

(2)责任追究。对在涉外重大渔业纠纷事故的预防、通报、报告、调查、控制和处置过程中,有玩忽职守、失职、渎职等行为,或迟报、瞒报、漏报重要情况的有关责任人,依照有关法律法规追究责任。

(3)总结报告。涉外重大渔业纠纷事故善后处理工作结束后,应急指挥机构和处理机构会同有关部门和事发地海域涉海机构,对事故进行调查评估,总结经验教训,提出改进应急救援工作的建议,完成应急救援总结报告。

(三) 巡航护渔应急管理技术和实施措施

应明确巡航护渔应急管理技术和实施措施,要求各级海洋与渔业行政主管部门要严格执行 24 小时应急值班制度,健全渔业安全通讯网络及其维护制度,建立渔政船应急巡航备航制度,加强对渔业执法人员涉外渔业法律法规和专业技能的培训,提高应对突发事件的能力,鼓励渔民、渔船积极参加涉外渔业保险,建立渔业涉外风险基金。确定成立广东省渔业涉外重大突发事件应急指挥部,对涉外渔业船舶及生产人员在境外、公海、他国管辖水域、与他国的协议水域、我国传统疆界线内有争议的水域发生的、造成人员伤亡、严重经济损失和引起重大外交影响的事件,进行及时协调处理和督促检查。并落实预防与预警机制,力使涉外事件做到早预防、早发现、早报告、早处理。

三、海洋执法应急管理

（一）海洋执法概述

强化海洋与渔业行政执法，提高执法效能，确保海洋可持续利用，建立合理、规范的海洋开发秩序已经成为一项非常紧迫的任务。我国海上执法队伍的建立和发展，基本上是在新中国成立以后。随着海上交通安全、海洋渔业资源利用与保护、海洋权益和海洋环境保护等方面法律法规的制定和实施，海上执法监督、检查的力量也先后组建，其中中国港监（海事）和中国渔政是较早组建的两支队伍，继后成立了中国海关海上缉私队伍、边防（海上治安）、中国海监三支执法力量。这五支队伍构成目前我国海上执法的主体。它们分别依据有关法律法规，在各自主管机关领导下，在我国管辖海域独立开展海上监督、检查等执法活动。

近年来，随着经济建设的发展，毒、电、炸鱼，采砂、违章捕捞、占用航道、非法用海、非法填海现象比较严重，使海洋资源的可持续利用和可持续发展面临着严峻挑战。管好、保护好海洋资源和海洋环境已经成为海洋渔业部门的一个重要内容。

（二）海洋与渔业行政执法应急管理程序

1. 应急预案的预先制定。在遇到海洋与渔业行政执法突发性事件时，公认的一点就是预防先行。为了在遭遇突发事件时能在最短时间内尽量减小一切财产和人员伤亡的损失，做到未雨绸缪，地方海监渔政部门必须重视提前制定应急预案。

预案制度的内容应当包括：信息收集制度、案件分析制度、暴力抗法行为发生时的应急措施、现场撤离方案、事件处理方案等，要充分考虑到抗法事件的发展可能性。建立完善的暴力抗法预案制度，能使我们的工作有备无患，在暴力抗法行为发生时尽量减少损失，尽快采取应对措施。

2. 紧急决策的作出与实施。在事先制定好应急预案的前提下，结合当前发生的突发事件的具体情况，对应急预案进行完善或者适当变通，在不需要变通时直接根据应急预案确定的程序，作出紧急性决策，并按照应急预案和临时决策要求的程序和步骤予以实施。

除了应急预案的制定外，建议各个地方海域执法部门应尽快成立一个专门的海域执法应急指挥中心，加强该应急指挥中心的应急指挥能力，便于宏观管理和综合性应急指挥。目前我国相关法律法规没有对此作出规定，但在实践中应急指挥中心的成立是非常必要的。目前在大多数地方海域执法部门还没有成立专门的应急指挥中心的情况下，只能由相应的责任人作出决策或决定。

3. 海洋与渔业行政执法的保障程序。安全保障。执法人员应有自我安全意识，每个执法人员应经过海上生存训练，能对海上执法中出现的各种情况，提出对策。执法人员应配备完整的执法装备。海上巡航时，执法人员应着工作服，随身携带执法身份证件。执法船应随时跟踪海洋与渔业行政执法人员，保持和海洋与渔业行政执法人员的联系。

后勤保障。海洋与渔业行政执法装备平时应有专人保养，执法人员应在熟悉设备使用，并进行平时训练。定时检查各执法器材的保养情况，按照保养规定进行定时充电、除湿、除尘、曝晒等。具体制定器材保养办法，并落实专人负责。执法器材保养办法，应列入船员职工守责中。储备一定量的、携带方便的食物和水，执法时要保证食物和水的供应。冬季时检查人员应着保温救生衣。提供必要的海上生存装备，了解执法器材的储存地点。执法器材应放置在便于海洋与渔业行政执法存取的地方，船长应确保随时应执法的需要开启储存点提取器材。

通讯保障。确保每一个执法队成员能使用无线对讲机；驾驶室必须监听执法队的无线信号；定时对对讲机等通讯设备充电，确保执法时电池处于充足状态。

知识保障。对海洋与渔业行政执法人员平时要加强以下几个领域与执法相关的知识培训：包括国际法方面；渔业资源及渔业资源的养护方面；船舶安全方面；通讯信息工程；执法取证设施的使用保养知识。

（三）海洋与渔业行政执法应急管理技术和实施措施

1. 暴力抗拒执法行为的应急管理措施。近年来，有许多逃避或者以暴力抗拒执法的行为不了了之，一方面严重影响了执法者的积极性；另一方面，由于抗拒者不能受到应有的处罚，助长了违法者的嚣张气焰。暴力抗法行为成为海洋与渔业行政执法过程中经常遇到的突发性情况，也是需要紧急应对的事件。

2. 联合执法应急机制的建立。当海洋与渔业行政执法与检查遭遇暴力抗拒时，首先必须建立联合执法应急机制，保证相关法律法规在复杂的情况下得以顺利实施。目前，由于我国联合执法应急机制不够健全，各部门之间缺乏有效的协调和统一的指挥，延误了平息事态发展的最佳时机，造成了一些不良影响。因此，尽快建立联合执法应急机制，建立健全防止暴力抗拒执法行为的预案制度，保持良好的外部执法环境，是海洋与渔业行政执法有效进行的重要保证。

3. 加强与相关部门如公安、工商等之间的密切配合与协作。海洋与渔业行政执法由于执法空间、执法对象的广泛性，所面临的实际情况也是非常复杂的，因此，在紧急情况发生时，必须及时与相关部门取得联系，争取他们的支持和援助。一般情况下，当暴力抗法行为发生后，海洋与渔业行政执法人员应及时向地方政府汇报，并积极与公安、检察等部门取得联系，获得他们的协助或支援，争取在最短的时间内将暴力抗拒执法的人员绳之以法，消除不良影响，保证海洋与渔业行政执法工作顺利、有效地进行。

（四）　执法船舶遭遇装备、人员安全事件的应急管理措施

对于由于恶劣天气或自然灾害引起的执法船舶遭遇装备、人员安全这类突发事件，有关部门同样应做到预防先行，人为失误问题能避免的尽量避免。预防工作主要体现在以下几方面：（1）做好所有可能出现的安全事故的应急预案、方案或计划的制定工作；（2）相关部门应当切实做好海洋与渔业行政执法船舶的装备建设工作，以及船舶的更新和维护保养工作，如装备科；（3）相关部门应当做好执法船舶等执法交通工具的安全监督工作，以及监督海洋与渔业行政执法船船员管理规章的实施；（4）海洋与渔业行政执法人员应当加强船舶驾驶等技术方面的系统培训和实际操作演练，以尽量减少或杜绝任何技术上的失误；（5）采用先进的执法船舶导航监控系统，对执法船舶的位置和安全等各方面实行全方位的实时掌控，以便执法船舶在遭到安全事件时，可以迅速被发现和跟踪，从而在第一时间实施救助，尽量减少人员伤亡和财产损失。

（五）　推广联合执法模式的建议与对策

由于我国目前的海洋与渔业行政执法主体包括了海监、渔政、海事、海关、边防等多个海上执法部门，而且基本上是各司其职、齐抓共管，客观上形成条块分割的现状，但处于组织协调不够、配合不足的状态。在遇到海上突发事件时，通常也涉及这些职能部门。因此，在形成和完善海上突发事件的应急机制和应急体系时，应当加强各个部门之间、国家与地方之间的交流与合作。

1. 加强各个海洋与渔业行政执法部门之间的协调与配合。海洋与渔业行政执法工作实行统一规划与协调，可以有效地实施定时与不定时相结合、联合执法与常规行政执法相结合的海区联动机制，充分发挥各个海洋与渔业行政执法队伍如海监、渔政、海事、海关、边防各自的优势，实现优势互补。客观上讲，海洋资源自身的相互依存性和复杂性也要求多个行业之间相互配合，这就需要有一个专门协调和处理各部门、各机构之间冲突的机制。如果可能的话，可以考虑建立一个专门的应急指挥中心或者协调机构来负责各部门政策之间的协调工作、各种监测数据的资源共享、海洋与渔业行政执法任务的调度以及其他职能等，可以大大加强各个海洋与渔业行政执法部门之间的协调与配合。①

2. 实行联合执法，变分散检查为集中检查。执法过程中，要注重各海监渔政

---

① 孙云潭：《加拿大应急管理体系建设及其对我国渔业应急管理的启示》，载于《中国渔业经济》2009年第2期。

总队、支队与大队之间的协调配合、相互支援，加强国家与地方海洋和渔业行政执法部门之间的联系及协调，共同做好海洋与渔业行政执法工作。其典型合作方式是实行联合执法模式，变分散检查为集中检查。具体做法是：第一，坚持每年初组织召开海区海监总队长工作例会，就海监工作开展情况进行总结交流和实地考察，研讨执法工作中的新情况、新问题，提出年度工作思路和具体安排。第二，通过每年组织联合执法行动，解决海区存在的热点、难点问题，锻炼队伍，提高素质和水平，逐步形成强有力的覆盖整个管辖海域的执法监察、监视网络。第三，充分发挥各省市海监队伍的作用，在巡航监视中就发现的问题、举报网举报的问题责成有关部门处理。

第五章

广东与南海周边国家和地区海洋渔业合作机制研究

在"主权归我、搁置争议、共同开发"的方针指导下，中国与南海周边国家及地区之间的政治、经贸关系日益密切。在中国与东盟建立自由贸易区的大背景下，本章着重分析了广东与南海周边国家及地区海洋渔业合作和发展的内外部环境；从南海周边国家及地区的自然条件及海洋渔业技术、资源的互补性的角度，从南海周边国家及地区的经济文化发展水平及其历史渊源出发，重点阐述广东与南海周边国家及地区海洋渔业合作的意义、条件及难点；凭借已有的机制设计理论、博弈论、系统论和环海洋区域协作开发理论等基础理论，集中论述广东省与南海周边国家及地区海洋渔业合作的理论基础；就广东与南海周边国家及地区海洋渔业合作的基本原则、主要目标和步骤，从广东省与南海周边国家及地区海洋渔业合作的可能性、现实性出发，分析以南海为纽带进行海洋渔业合作的基本要素，进一步研究广东与南海周边国家及地区海洋渔业合作的基本协作模式，并提出促进合作的对策措施。

第一节 广东与南海周边国家及地区海洋渔业合作现状

一、中国与广东省海洋渔业发展现状

（一）中国海洋渔业发展现状

近几十年来，中国海洋产业发展迅猛，海洋产业已成为国民经济发展的新的增长点。20世纪70年代，海洋产业占国民经济的比重仅为1%，80年代增至1.7%，

1995 年又增至 4%，预计到 2020 年将达 20%，使我国进入世界海洋开发的前列。在海洋产业中，海洋生物资源的开发利用位居首位。1998 年，我国海洋水产品总产量达 2 357 万吨，占世界渔业总产量的 1/5，居世界第一位。海洋生物资源开发成为大农业中发展最快、活力最强、经济效益最高的支柱产业之一。

我国领海和管辖海域有着世界上最宽的大陆架东海陆架，浅海面积广阔，生物种类多样性较高，资源相当丰富。1995 年全国渔业总产量已达 2 517 万吨，其中，海洋产品 1 439 万吨（捕捞 1 027 万吨，养殖 421 万吨），淡水产品 1 078 万吨（捕捞 137 万吨，养殖 941 万吨）；2002 年海洋捕捞产量 1 433 万吨，养殖产量 1 213 万吨，海洋产品总产值达 1 463 亿元。目前，我国海洋渔业总产值达 1 500 亿元，约占全国整个海洋产业的 50%。2000 年以来，我国海水养殖生产更是以罕见的速度增长，养殖场地几乎遍及整个近海和沿岸水域，显示了人类控制、改造生物体及其栖息环境的巨大力量。

1. 海洋捕捞。海洋捕捞业缘于原始渔猎，在中国具有悠久的历史，经过世代不断演进，目前已成为一个机械化、电子化水平较高且规模宏大的产业。新中国成立以来，海洋捕捞业发展经历了四个时期：1949～1957 年的恢复和初步发展时期；1958～1969 年的徘徊时期；1970～1984 年的大发展时期；1985 年以来的稳定发展时期。50 多年来中国海洋捕捞业生产的发展状况显示，海洋捕捞产量虽有起伏但总的趋势是不断增长的，20 世纪 50 年代全国海洋捕捞产量 0.536×10^6 吨，60 年代初为 2×10^6 吨，70 年代初超过 3×10^6 吨，1995 年为 1.027×10^7 吨，2000 年为 1.7×10^7 吨，进入 21 世纪海洋捕捞产量略有回落，2006 年为 1.442×10^7 吨。从海水产品的分类组成看，鱼类、头足类所占比重呈下降趋势，而甲壳类、贝类、藻类为上升趋势。强大的捕捞力量已使海洋渔业资源处于过度开发状态，海洋捕捞产品向低质化鱼类增多方向变化，群体组成趋向低龄化、小型化。从 20 世纪 80 年代中后期，中国开始发展远洋捕捞业，至 2004 年底中国远洋捕捞生产经营活动已遍及世界三大洋的 35 个国家和地区，2006 年全国远洋渔业产量达 1.09×10^6 吨，发展前景良好。

2. 海水养殖。中国是世界第一海水养殖大国，海水养殖业在国民经济中占有重要的地位。近半个世纪以来，中国海水养殖业得到长足发展，各地按照"充分利用浅海滩涂、因地制宜养殖增殖、鱼虾贝藻全面发展、加工运销综合经营"的发展方针，把主攻方向放在"巩固提高藻类、积极发展贝类、稳步扩大对虾、重点突破鱼蟹、加速拓展海珍品"上，初步实现了虾贝并举、以贝保藻、以藻养珍的良性循环。1987 年，藻、贝、虾、鱼的养殖总产量已超过 100 万吨（达 110 万吨），占全国海洋渔业总产量的 20%，比 1950 年增长了 100 倍；到 1992 年又迅速增长到 242.4 万吨，比 1987 年翻了 1 番多。1995 年总产量达 412.3 万吨，超过海水养殖世界霸主日本产量的 3 倍，其中，贝类总产量超过 250 万吨，仅扇贝就达

91.6 万吨。贻贝、牡蛎、缢蛏、蛤类也大量增加；对虾养殖年产量在 1988～1992 年期间保持在 20 万吨上下，1993 年起由于病害严重流行而大量减产，直到 2000 年才恢复到以前的最高产量；鱼类养殖发展较慢，1995 年超过 14 万吨；藻类（以海带、紫菜为主）养殖产量早已很高，近年来已超过 70 万吨，按新标准计算 2002 年产量达 130 万吨。全国海水养殖总产量到 2002 年已达 1 212.8 万吨，产品以贝类为主，产量高达 965.1 万吨；而高产值的鱼类却很少，仅产 56 万吨，虾蟹类恢复增长虽很快，也仅有 56.2 万吨。值得重视的是，2003 年对虾养殖产量已增至近 49.3 万吨；再加内陆水域养殖凡纳滨对虾产量 29.6 万吨，其总产量高达 78.9 万吨。尽管如此，鱼虾产量占整个海水养殖产业比例小的局面仍未改变。目前我国海水养殖种类有 50 余种，年产量超过 1.0×10^5 吨的有牡蛎、贻贝、扇贝、蛤、对虾和海带等。2006 年，全国海水养殖产量为 1.446×10^7 吨，海水养殖面积为 1.774×10^6 公顷。

我国海水养殖区主要集中在海湾、滩涂和浅海，但海水增养殖水域开发利用存在两大问题：一是内湾近岸水域增养殖资源开发过度；二是 10～30 米等深线以内水域增养殖资源利用不足，布局不合理。[①] 10 米等深线浅海面积约为 1.1 亿亩，利用率不到 10%；滩涂面积 2 880 万亩，已利用面积 1 200 万亩，利用率为 50%；港湾利用率高达 90% 以上。由于片面追求高产量高产值，忽视了长远生态和环境效益，致使局部海区开发过度，养殖量严重超出养殖容纳量，部分饵料不能被利用而变成对水体有害的污染物；有些养殖区滥用各种抗生素、消毒剂、水质改良剂等，严重影响了水体微生物环境。另外，大量的工业废水和生活污水不经处理排入近海水域，直接造成近岸水域的水质恶化。由于生态环境的恶化，重点养殖水域的养殖品种生长慢、品质下降、死亡率升高已是近年水产养殖业的普遍现象。[②]

3. 资源增殖。自 20 世纪 80 年代中期开始，我国不少海域开展了鱼虾种苗人工培育和放流增殖实验及生产。中国对虾、日本对虾、褐牙鲆、海蜇、刺参、菲律宾蛤仔等，种类不少，尤其是对虾、蛤仔增殖已取得大量增产效果（蛤仔增殖已使胶州湾的年产量增加到 20 万吨以上，贝类增殖产量已计入养殖产量内）。我国对虾放流增殖效果明显，1986～1990 年，黄海海洋岛渔场、胶州湾，东海象山港、东吾洋共放虾苗 35.39 亿尾，捕捞增产 7 666 吨。辽宁省对虾增殖生产获得更大成功，迄今一直继续进行，成绩显著；海蜇和贝类也获得增产。种苗放流增殖利用海域优越自然条件增加鱼虾种群补充量，为海洋渔业的发展开辟了一条重要途径，可取得显著的增产效益。

4. 海洋生物再生资源的开发现状。海洋是生物资源的宝库，但是因为近代航

---

① 邱永松、曾晓光、陈涛等：《南海渔业资源与南海管理》，海洋出版社 2008 年版。

② 麦贤杰：《中国南海海洋渔业》，广东经济出版社 2007 年版。

海、捕捞技术的发展,尤其是进入 20 世纪 60 年代以来,对海洋的捕捞利用发展迅速,使海洋生物资源迅速枯竭,人们将目光转向了生物资源加工的废料——生物再生资源。

我国海洋再生资源种类主要有甲壳类、鱼类、藻类。甲壳类再生资源以虾壳与蟹壳为核心,其可有效利用的成分,宏观上分为几丁质、蛋白质、生物钙三个组成部分。几丁质已经得到最为有效的开发。在许多领域已经获得实际商业化应用,国际上尤其以日本处于领先地位。我国台湾省对几丁质潜在应用价值很重视,1989～1990 年就以相当的财力资助开发研究,包括几丁质合成抑制对蜕皮素单氧化酶活性的研究;可溶性甲壳质对多种食品和多种微生物的抗菌性研究;壳聚糖对不同用途酶的固定化效果和差别性研究;壳聚糖作为食品添加物的研究,探索壳聚糖对低盐腌物的防腐性和作为油料的防腐剂之功效;几丁质食品配料的研究。

(二) 广东海洋渔业发展现状

1. 广东省海洋捕捞业的发展状况。

(1) 广东省海洋捕捞业的产量分析。广东捕捞业发展源远流长,自新中国成立以来,发展取得了巨大成就,是国民经济的重要组成部分;尤其是经过 30 多年的改革开放,生产领域不断扩大,科技、设备不断进步,使渔业产量、产值、出口贸易和渔民收入同步增长,对促进渔区经济繁荣、丰富城乡"菜篮子"做出了重要贡献(见表 5 - 1、图 5 - 1)。

表 5 - 1　　　　1979～2005 年广东水产品总产量和海洋捕捞产量　　单位:万吨

年　份	总产量	海洋捕捞产量	海洋捕捞产量占总产量的比重(%)
1979	81. 1300	70. 8700	87. 35
1980	81. 7900	71. 0000	86. 81
1981	84. 3500	72. 7900	86. 30
1982	87. 6800	74. 0900	84. 50
1983	83. 2500	67. 2500	80. 78
1984	95. 2800	75. 4000	79. 14
1985	104. 8200	79. 4400	75. 79
1986	117. 2100	86. 7900	74. 05
1987	124. 9800	90. 9800	72. 80
1988	128. 2000	91. 9800	71. 75

续表

年 份	总产量	海洋捕捞产量	海洋捕捞产量占总产量的比重（%）
1989	129.2000	91.3700	70.72
1990	138.9800	99.3700	71.50
1991	151.0900	108.3300	71.70
1992	169.7500	122.8600	72.38
1993	189.2900	137.0200	72.39
1994	258.0200	197.6100	76.59
1995	318.0700	247.0200	77.66
1996	342.1400	259.7200	75.91
1997	377.6800	293.0700	77.60
1998	422.7300	326.3100	77.19
1999	442.7300	331.2400	74.82
2000	469.5100	339.5700	72.32
2001	472.8500	329.3100	69.64
2002	480.6800	324.1800	67.44
2003	490.5100	321.2500	65.49
2004	496.3200	315.3000	63.53
2005	501.3200	320.3600	63.90

资料来源：中国渔业年鉴（1980～2006年）。

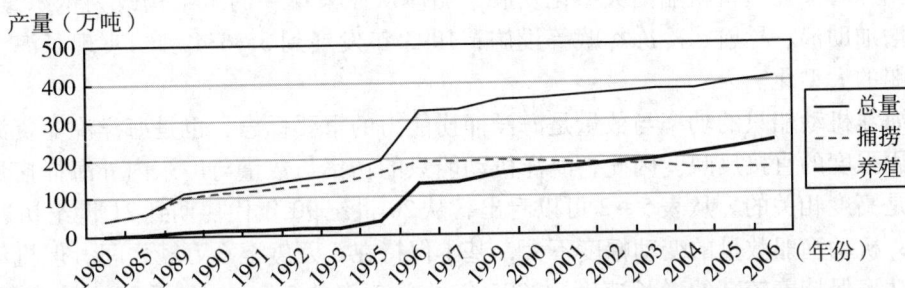

图 5-1　1980～2006 年广东海洋渔业产量

如表 5 – 1 和图 5 – 1 所示，改革开放以来，广东海洋水产品总产量与海水养殖产量呈直线上升趋势；而海洋捕捞产量受海洋渔业资源衰退影响，略有下滑。广东海洋水产品产量的增长主要来源于海水养殖产量的增加。由于渔业科技投入增加和科技的进步，养殖业发展迅速，使得广东海洋水产品总量保持良好的增长态势。而由于渔船数量和功率的迅速增加，导致捕捞能力过于强大，同时管理海洋渔业资源缺乏手段，多年来的滥捕，使渔业资源严重衰退。当前，海洋捕捞渔业的发展正处在十字路口，进一步增长缺乏资源承载能力，简单禁止又使渔民生活水平下降，因为绝大多数捕捞渔民生活在海岛、沿海渔区、地处偏僻，劳动力转移困难，还有外来劳动力进入这一行业，海洋捕捞业承担着沿海渔民生存与生活改善、经济发展与食品安全等诸多负荷，在海洋中还有鱼可捕的情况下，要处理好各种关系十分复杂，在政府出资回收旧船，鼓励渔民转产转业的情况下，有的渔船因捕捞成本过大而放弃生产泊港休渔，而有的地区还有违规造船现象。

（2）广东省海洋捕捞船队规模与结构的变化。新中国成立后，广东海洋捕捞渔船经历了木帆船、机帆渔船和渔轮三个发展时期。从考古发现距今 3000 多年广东沿海渔民使用独木舟到 20 世纪 50 年代，广东海洋捕捞主要是以没有机器动力的木帆船为主，1955 年发明机帆船后，机帆船替代木帆船只经历 20 多年，10 年后又马上进入了渔轮时代，捕捞手段基本实现了现代化。木帆船是以人力、风力作动力的木质渔船的通称。先人们可能是用木桨划着独木舟，在浅海港湾内进行渔猎活动，自那时以来的 3000 多年，木帆船经过漫长的发展过程，一直是广东海洋捕捞渔业的主体。1949 年，广东省有渔船 14 748 艘，新中国建立后，人民政府扶持渔民发展生产，到 1954 年渔船增加了 1 倍，1957 年达到 32 258 艘，为木帆船的历史记录，以后逐渐减少，为更先进渔船所替代，到 2005 年，全省海洋木帆船只有 3 212 艘，主要用于养殖和沿岸捕捞生产。1955 年，广东试验成功机帆船捕鱼，这是海洋捕捞技术革新中的一项重大成就，改变了几千年来传统的群众渔业方式。机帆船能灵活地找捕鱼群，提高产量，增强了抗风能力，一经推广，便得到了渔民的欢迎，到 1978 年发展到 9 433 艘，基本实现了海洋捕捞机械化，80 年代开始，为了开拓外海渔业，机帆船向大型化发展，船体从原来单一的木结构改为钢木结构，船上增加助渔、导航、冷冻冷藏等设施，1993 年发展到 35 634 艘，实现了海洋捕捞渔船的大型化。

海洋机动船只的功率与数量是海洋捕捞能力的重要标志，也是海洋渔业资源开发利用强度的直接反映。因此，海洋机动船只的功率与数量与广东内外海捕捞量的关系是高度相关的。从表 5 – 2 可以看出，从 20 世纪 90 年代初期到 21 世纪初近 20 年间，机动渔船数量的变动幅度不大，基本保持在 5 万艘至 6 万艘之间。但机动渔船总功率保持着较高的增长速度，2005 年的总功率约 2.27×10^6 千瓦，是 1989 年 1.34×10^6 千瓦的 1.7 倍。船只总数量基本稳定，但总功率增长较快，这说明了 20

世纪80年代末和90年代初主要以小吨位、小功率的船只为主，而后逐渐变为以大吨位、大功率的船只为主。过度开发使海洋渔业资源衰退严重，捕捞力量在不断加大，但单位功率捕捞量却不断下降（见图5－2）。近年来，由于采取了伏季休渔等保护措施，海洋渔业资源衰退的趋势有所缓解，2005年单位功率捕捞量略有回升。

表5－2　　　　　　　　　广东海洋渔业机动渔船年末拥有量

年　份	渔船年末拥有量 （艘）	总产量（总吨）	总功率（千瓦）
1989	50 607	582 737	1 342 840
1990	51 693	608 085	1 443 353
1991	52 529	643 265	1 553 524
1992	51 979	670 818	1 619 518
1993	49 949	666 437	1 648 661
2000	57 645	792 214	2 258 358
2001	55 690	785 512	2 280 576
2002	57 798	835 838	2 370 675
2003	59 940	823 354	2 377 168
2004	59 743	804 210	2 336 199
2005	57 885	794 699	2 270 364

　　资料来源：中国渔业统计汇编（1989～1993）、中国渔业统计年鉴（2000～2004）、中国渔业年鉴（2006）。

单位功率捕捞量
（吨/千瓦）

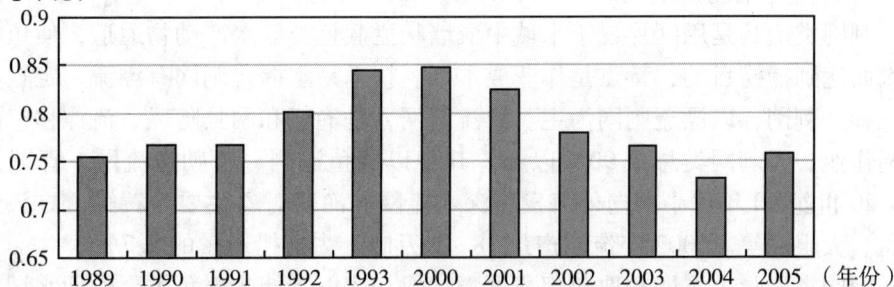

图5－2　广东海洋机动船单位功率捕捞量

到 2005 年末，广东省机动渔船总吨位、功率均为全国第一位，平均单船功率 3 倍于相邻省份，海洋捕捞渔业占广东渔业的份额近 70%，2 倍于邻近省份，产量也居全国前列说明了广东捕捞生产能力的强大。

（3）广东省海洋捕捞作业方式。新中国成立以来，广东海洋捕捞业的作业方式主要有四种，分别是拖网作业、张网作业、刺网作业和围网作业。拖网类渔具是指用渔船拖曳迫使捕捞对象进入网内。底拖网产量从 1980 年占全省捕捞产量的 14.3%，2002 年上升到 42.9%；拖虾作业产量从 1991 年的 16.3%，上升到 2002 年的 20.5%。2002 年底拖网作业和拖虾作业两者产量占全省海洋捕捞产量的 63.4%，成为海洋捕捞生产中最主要的方式。底拖网为了能捕获贴底的鱼类，在拖曳过程中，为了迫使鱼虾入网，同时又要防止鱼类从底纲下面逃逸，必须采用沉重的底纲紧贴海底。根据英格兰学者利用水下录像机对底拖网在海底拖曳过程的摄像观测，底拖网在拖曳过程中，海底的泥沙随曳纲滚动，不仅损害了生长在海底的各种底栖生物，而且破坏了鱼类的栖息场所，也破坏了海底的生态环境。当前，随着专属经济区制度的实施，渔场日趋拥挤，拖网对其他作业也有很大破坏，笼具、延绳钓及流刺网的大量丢失几乎都是拖网作业所致，张网与拖网作业的矛盾也是渔场主要纠纷之一。

张网虽是被动式捕捞渔具，它投资省、能耗少、产量稳，在广东分布面广、数量多，是主要海洋捕捞作业方式之一。张网有定置张网和流动张网两种，张网一般是设置在沿岸鱼虾产卵、育肥及洄游通道上，依靠潮流冲击，迫使其进网而达到捕捞目的。张网一般在水深 35 米内，捕捞对象以中国毛虾为主，还有鱼、虾、海蜇、乌贼、青蟹等水产动物及幼鱼，因此，张网既具有充分利用水产资源的优点，又有损害资源的缺点。为了扩大张网捕捞渔场，自 20 世纪 90 年代初引进国外流动性帆式张网，1998 年投入生产的帆张网作业达到 1 260 艘，成为流动张网作业的主力。因张网作业对渔业资源有损害的一面，所以国家和省实施张网作业禁渔期，部分定置张网限制其发展或转为其他作业，以发挥其有利捕捞和限制其有损渔业资源，2002 年产量占捕捞产量的 18.7%，产量 60.67 万吨。

刺网类渔具是用网片设于水域中成墙状拦截鱼类等水产动物通道，使鱼类刺挂网衣而达到捕捞目的，特点是作业成本低、技术易掌握。刺网有漂流、定置和拖曳等三种。刺网，以漂流刺网为主。漂流刺网，是渔船和网具随风、流漂移，故称为流网作业，占刺网类总数 90% 以上。其中以绍鱼流网、鱼勒鱼流网、青蟹流网为主。20 世纪 90 年代中期向外海发展深水流网，渔获对象主要是黄鲷、方头鱼、金钱鱼、大眼鲷等。2002 年流网产量 18.49 万吨，占捕捞产量的 5.7%。

围网类渔具由翼网和取鱼部或网囊构成，用以围捕集群鱼类，作业水域广，能捕具中的主要渔具，分布于沿海各地，20 世纪 70 年代后期广东机帆船围网作业 2 500 对左右，渔获量占全省捕捞总产量的 70%，最适合捕捞大黄鱼、小黄鱼、带鱼、墨鱼等四大经济鱼类及其他水产资源。以后随着拖网类作业的发展,逐渐淘汰,到 2002 年仅占海洋捕捞产量的 1.6%。

2. 广东省海水养殖业的发展状况。

(1) 广东海水养殖产量、面积变化。新中国成立以来,广东的浅海养殖发展迅猛,海水养殖在广东海洋渔业资源开发领域占有重要地位。截至 2006 年,全省海水养殖产量达 2.42×10^6 吨。表 5 – 3 是 1989 ~ 2005 年广东海水养殖产量、海水养殖面积和海水养殖平均单产的数据。在近 20 年的时间里,广东海水养殖业发展迅速,无论是养殖产量、养殖面积,均保持着较高的增长速度。海水养殖平均单产也在逐年增加,2005 年海水养殖平均单产是 1989 年的近 7.5 倍。养殖类群有鱼类养殖、虾蟹类养殖、贝类养殖和藻类养殖等。贝类养殖是广东海水养殖的主要类群,其次是鱼类养殖和虾蟹类养殖。

表 5 – 3　1989 ~ 2005 年广东海水养殖产量、面积、平均单产的数据

年　份	海水养殖产量 (万吨)	海水养殖面积 (公顷)	海水养殖平均单产 (千克/公顷)
1989	12.1487	89 480	1 358
1990	13.7919	92 360	1 493
1991	15.9207	92 750	1 717
1992	17.5664	93 790	1 873
1993	19.1666	96 000	1 997
1995	35.8000	116 000	3 086
1996	134.5590	138 523	9 714
1997	138.4521	171 003	8 097
1999	160.8533	180 089	8 932
2000	168.9744	194 885	8 670
2001	179.0474	202 792	8 829
2002	189.6366	208 174	9 110
2003	197.3006	216 763	9 102
2004	210.6986	221 247	9 523
2005	225.9057	224 399	10 067

资料来源:中国渔业统计汇编 (1989 ~ 1993)、中国海洋年鉴 (1996 ~ 2000)、中国渔业统计年鉴 (2000 ~ 2004)、中国渔业年鉴 (2006)。

（2）广东海水养殖方式。广东浅海养殖主要有两种方式，鱼堤养殖和池塘养殖。鱼堤养殖是广东传统的养殖方式，产量虽然不高，但投资少，病害少，养殖成本低，因此仍有较大规模的养殖，全省面积约 3.4 万公顷，总产量约10.7 万吨。在鱼温养殖除传统的纳苗方法外，许多地方采取纳苗和投放大规格鱼种结合的养殖方法。在鱼堤内建立标粗池（有些地方采用网围隔开的方法），标粗场地约占鱼垾面积 1/4，每个标粗池 0.2 公顷左右，把 2～5 厘米的鱼苗标粗至 10 厘米以上的鱼种。养殖方式上采用一种鱼为主养鱼类，搭配、混养其他鱼类。

池塘养殖水体小，管理方便，适于密养、混养、施肥、投饵等，有效地提高单位面积产量。20 世纪 90 年代中期，广东省海水鱼塘面积约 0.8 万公顷，产量约 4万吨。

珠江三角洲池塘养殖海水鱼一般投喂全价颗粒饲料，以代替传统的冰冻小杂鱼。主要养殖花妒、尖吻妒、笛绸、绍、拟石首鱼等。池塘采用设置小木桥，定点人工撒喂，绸类、金钱鱼等采用定点放置饲料篮喂养为主，鳍、蓝子鱼等采用遍洒或喷料机定时喷喂。投饲量一般为池塘总鱼体重的 2%～3%，早期幼鱼为 3%～5%，成鱼为 2%。从饵料系来看，颗粒饲料 1.8～2.8，冰鲜小杂鱼 6.5～8.5，两者成本相等，但前者对鱼塘的污染程度相对低些。

二、南海周边国家及地区海洋渔业发展现状

长期以来，开发利用南海渔业资源的国家主要有中国（包括中国的香港、澳门和台湾地区）、越南、菲律宾、马来西亚、印度尼西亚、文莱、泰国和新加坡。这些国家开发利用南海渔业资源的概况如下。

（一）中国

中国开发利用南海中南部渔业资源具有悠久的历史，作业渔场主要分布在西沙、中沙和南沙海域。利用该海域渔业资源的主要是华南沿海的广东、海南、广西以及港、澳特区和台湾省。捕捞作业的方式主要有拖网、围网、刺网和钓等。

1. 华南沿海三省区。近十多年来，华南三省区的海洋捕捞年年增产，1988～2002 年华南沿海三省（区）的海洋捕捞产量如表 5 - 4 所示。

表5－4　　1988～2002年中国华南沿海三省（区）在南海的捕捞产量 单位：万吨

年　份	总产量	广东	广西	海南
1988	116.6900	89.9017	16.1926	10.5957
1989	131.4765	101.3212	17.5236	12.6317
1990	144.8088	110.7413	19.9324	14.1351
1991	158.1417	119.1858	22.2279	16.7280
1992	177.6425	129.8510	26.0625	21.7290
1993	197.2806	139.2885	30.3006	27.6915
1994	221.6231	150.5822	39.6513	31.3896
1995	245.2900	161.4200	49.8192	34.0508
1996	276.2953	169.0457	70.2181	37.0315
1997	310.1057	192.2077	78.2661	39.6319
1998	328.2907	195.4500	88.7829	44.0578
1999	334.4722	194.5157	88.8557	51.1008
2000	340.2051	191.4781	88.8417	59.8853
2001	338.6280	180.2761	89.2895	69.0624
2002	338.1436	173.1780	86.0781	78.8875

说明：包括了中国在南海北部和北部湾的渔获量。

资料来源：中国渔业统计年鉴（1988～2002）。

2. 台湾省。中国台湾的海洋捕捞业由远洋渔业、近海渔业和沿岸渔业三部分组成。近海渔业主要包括围网、中小型拖网，近海金枪鱼延绳钓等。在南海作业的围网作业渔场主要在澎湖列岛、高雄近海，80年代初扩展到台湾浅滩附近海域至东沙群岛南北卫滩200米等深线以内的海域作业；中型底拖网在高雄、澎湖列岛、台湾西岸、东港外以及台湾附近海域作业；近海金枪鱼延绳钓渔业的作业渔场在东港、小流球近海及南海沿岸渔业以定置网和刺网为主，定置网以台湾东海岸为主，产量也大。刺网生产几乎遍及台湾沿岸各县，尤以台南、高雄，台东、澎湖列岛等处的产量最多。

远洋渔业发展迅速，作业渔船遍布三大洋，年产量也呈逐年上升的趋势，由1988年的年产量占海洋渔业总产量的35.9%提高到2001年占海洋渔业总产量的62.0%。随着远洋渔业的发展和东、黄海及南海北部底层鱼类资源的衰退，其近海和沿岸渔业在海洋渔业总产量中所占的比例逐步减少，由1988年占海洋渔业产量的64.1%下降到2001年只占38.2%。在远洋渔业的产量中，其在中西太平洋的渔获量，实际上就是南海中南部的渔获量，约占远洋渔业产量的40%左右。1988～2001年台湾的海洋渔业产量如表5-5和表5-6所示。

表5-5　　　　　　　**1988～2001年台湾的渔业产量**　　　　单位：万吨

年　份	总计	远洋渔业		近海及沿岸渔业	
		产量	占总产量（%）	产量	占总产量（%）
1988	105.6322	37.8828	35.9	67.7497	64.1
1989	111.7972	40.5573	36.2	71.2399	63.7
1990	110.7797	41.8428	37.8	68.9369	62.2
1991	102.1768	42.4874	41.6	59.6894	58.4
1992	106.2381	50.8231	47.8	55.4150	52.2
1993	113.2460	61.0000	53.9	52.2460	46.1
1994	96.6150	56.1116	58.1	40.5034	41.9
1995	100.9326	58.7959	58.3	42.1367	41.7
1996	96.7076	58.1271	60.1	38.5905	39.9
1997	103.7645	64.3384	62.0	39.4261	38.0
1998	109.1768	67.9080	62.2	41.2688	37.8
1999	109.9715	68.9521	62.7	41.0194	37.3
2000	109.3889	67.8211	62.0	41.5668	38.0
2001	100.5199	62.3223	62.0	38.1976	38.2

刘桂茂、张进上：《南海生物资源开发保护战略》（中国专属经济区和大陆架勘测专项子课题）。

资料来源：FAO渔业统计年鉴（1988～2001）。

表5-6　　　　**1988～2001年中国台湾的海洋渔业产量**　　　　单位：万吨

年　份	远洋渔业	在南海的渔获量	占远洋渔业产量（%）
1988	37.8828	13.0293	34.4
1989	40.5573	16.4477	40.6
1990	41.8428	20.5854	49.2
1991	42.4874	19.5384	46.0
1992	50.8231	21.2914	41.9
1993	61.0000	25.4637	41.7

续表

年　份	远洋渔业	在南海的渔获量	占远洋渔业产量（%）
1994	56.1116	29.1599	52.0
1995	58.7959	28.0349	47.7
1996	58.1271	27.9066	48.0
1997	64.3384	26.6740	41.5
1998	67.9080	28.7930	42.4
1999	68.9521	28.7530	41.7
2000	67.8211	29.5700	43.6
2001	62.3223	26.6739	42.8

资料来源：同表 5 - 5。

3. 港、澳特区。香港的渔业发展迅速，作业方式有拖、围、刺、钓等类型，但主要的作业方式为拖网，其产量占海洋捕捞产量的 75%。过去仅在南海北部大陆架和北部湾作业，20 世纪 80 年代末，作业范围不断扩大，北面扩大到东海，南面扩大到南沙群岛海域。1989 年其海洋捕捞产量达到历史的最高水平，为 2.33×10^5 吨。但因其作业方式主要是拖网，随着东海和南海北部底鱼资源数量的减少，其海洋捕捞产量逐年减少，至 2001 年仅为 1.74×10^4 吨。1989 ~ 2001 年香港特区的海洋捕捞产量如表 5 - 7 所示。

表 5 - 7　　　　　1988 ~ 2001 年中国香港的海洋捕捞产量　　　　　单位：吨

年份	1989	1990	1991	1992	1993	1994	1995	1996	1997	1998	1999	2000	2001
产量	232 981	224 237	220 286	220 181	217 544	211 010	194 999	183 856	186 000	180 000	127 780	157 012	173 972

资料来源：同表 5 - 5。

澳门渔业不发达，而且只有海洋渔业，没有淡水渔业。有大小渔船约 1.6×10^3 艘，但产量很低，历史上以 1985 年的产量最高，为 1.24×10^3 吨，1987 ~ 1992 年产量波动于 $2.0 ~ 3.0 \times 10^3$ 吨之间，1993 年以后年产量下降为 1.5×10^3 吨左右。1988 ~ 2001 年澳门特区海洋捕捞的产量如表 5 - 8 所示。

表 5 - 8　　　　　1988 ~ 2001 年中国澳门的海洋捕捞产量　　　　　单位：吨

年份	1988	1989	1990	1991	1992	1993	1994	1995	1996	1997	1998	1999	2000	2001
产量	2 485	3 464	2 583	2 322	2 668	1 898	1 890	1 604	1 418	1 500	1 500	1 500	1 500	1 500

资料来源：同表 5 - 5。

（二）印度尼西亚

据印度尼西亚农业部（1998年印度尼西亚成立海洋事务与渔业部）1989年统计，全国共有渔船3.2×10^6艘，其中，无动力渔船占70%，动力渔船占30%。在30%的动力渔船中，20%为挂机小艇，只有10%为30~60总吨级的渔船，100总吨以上的渔船极少，这些渔船大多数散布在沿岸和近海作业，因而深海的渔业资源尚未充分开发利用，尤其是大型的金枪鱼资源。1991年全国有300多万人从事捕鱼、养殖、加工、零售及渔船的建造。印度尼西亚的海洋渔业产量绝大部分由小型的渔船生产，其产量约占海洋渔业产量的96%。20世纪80年代以来，印度尼西亚海洋渔业的产量一直呈上升的趋势，由1988年的年产2.08×10^6吨提高到2001年的4.2×10^6吨，其中约25%产自印度洋东部水域，75%产自南海。1988~2001年印度尼西亚的渔业产量如表5-9和表5-10所示。

表5-9　　　　　　　**1988~2001年印度尼西亚的渔业产量**　　　单位：万吨

年　份	总计	远洋渔业	
		产量	占总产量（%）
1988	238.0611	208.3596	87.5
1989	250.0509	218.5317	87.4
1990	254.4365	225.0828	88.5
1991	283.4961	254.0484	89.6
1992	288.9046	258.8105	89.6
1993	308.5035	277.6386	90.0
1994	331.5629	297.9488	89.9
1995	350.3769	317.4069	90.6
1996	355.7623	322.1016	90.5
1997	364.1768	330.9890	90.7
1998	396.4897	367.6231	92.7
1999	398.6919	365.9292	91.8
2000	406.9691	376.4479	92.5
2001	420.3830	389.7270	92.7

资料来源：FAO渔业统计年鉴（1988~2001）。

表 5 – 10　1988～2001 年印度尼西亚在南海、印度洋东部的渔获量 单位：万吨

年　份	海洋渔获量	南海		印度洋东部	
		渔获量	占海洋渔获量（%）	渔获量	占海洋渔获量（%）
1988	208. 3596	168. 3609	80. 8	39. 9987	19. 2
1989	218. 5317	176. 4652	80. 8	42. 0665	19. 2
1990	225. 0828	185. 4600	82. 4	39. 6228	17. 6
1991	254. 0484	212. 3603	83. 4	41. 6881	16. 6
1992	258. 8105	214. 6513	82. 9	44. 1592	17. 1
1993	277. 6386	227. 3313	81. 9	50. 3073	18. 1
1994	297. 9488	245. 7162	82. 5	52. 2326	17. 5
1995	317. 4069	261. 6042	82. 4	55. 8027	17. 6
1996	322. 1016	263. 0669	81. 7	59. 1247	18. 3
1997	330. 9890	267. 7080	80. 9	63. 2810	19. 1
1998	367. 6231	264. 6364	72. 0	102. 9867	28. 0
1999	365. 9292	274. 1141	74. 9	91. 8151	25. 1
2000	376. 4479	285. 1227	75. 7	91. 3252	24. 3
2001	389. 7270	294. 9590	75. 7	94. 7680	24. 3

资料来源：FAO 渔业统计年鉴（1988～2001）。

（三）泰国

泰国沿海有 23 个府，均从事海洋渔业捕捞。一些渔业发达的府，渔业产值占全国总产值的 30% ～ 40%。1989 年泰国拥有渔船 2.1×10^6 艘，其中，拖网渔船 1.3×10^6 艘，围网渔船 1.4×10^6 艘，流网渔船 3.2×10^6 艘，延绳钓渔船 50 艘，其他渔船约 3.15×10^6 艘。泰国海洋渔业的作业方式主要有拖网、围网、流刺网和延绳钓等。20 世纪 80 年代末以后，泰国海洋渔业年产量在 $2.3 \sim 2.9 \times 10^6$ 吨之间波动，其中约 30% 捕自印度洋东部，约 70% 捕自南海。1988～2001 年泰国的渔业产量如表 5 – 11 和表 5 – 12 所示。

表5-11　　　　　　　　1988～2001年泰国的渔业产量　　　　　　单位：万吨

年　份	总　计	远洋渔业	
		产　量	占总产量（%）
1988	243.0850	233.5551	96.1
1989	244.3885	232.4563	95.1
1990	249.8234	236.2777	94.6
1991	261.8746	248.0625	94.7
1992	287.5456	274.0217	95.3
1993	292.7689	275.2549	94.1
1994	301.2256	281.8338	93.6
1995	301.3268	282.6603	93.8
1996	296.3399	275.2101	92.9
1997	291.2203	268.3305	92.9
1998	293.0354	272.9639	93.2
1999	295.2008	274.5468	93.0
2000	291.1173	271.0073	93.1
2001	288.1316	267.1339	92.7

资料来源：FAO渔业统计年鉴（1988～2001）。

表5-12　　　　　1988～2001年泰国在南海、印度洋东部的渔获量　　　　单位：万吨

年　份	海洋渔获量	南　海		印度洋东部	
		渔获量	占海洋渔获量（%）	渔获量	占海洋渔获量（%）
1988	233.5551	199.9348	85.6	33.6203	14.4
1989	232.4563	191.7627	82.5	40.6936	17.5
1990	236.2777	192.0558	81.3	44.2219	18.7
1991	248.0625	182.2001	73.4	65.8624	26.6
1992	274.0217	208.4045	90.7	65.6172	9.3
1993	275.2549	192.8853	70.0	82.3696	30.0
1994	281.8338	204.7704	72.7	77.0634	27.3

续表

年 份	海洋渔获量	南 海		印度洋东部	
		渔获量	占海洋渔获量（%）	渔获量	占海洋渔获量（%）
1995	282.6603	201.0518	71.1	81.6085	28.9
1996	275.2101	195.7409	71.1	79.4692	28.9
1997	268.3305	190.7477	71.1	77.5828	28.9
1998	272.9639	182.0022	66.7	90.9617	33.3
1999	274.5468	193.7211	70.6	80.8257	29.4
2000	271.0073	191.0976	70.5	79.9097	29.5
2001	267.1339	188.1642	70.4	78.9697	29.6

资料来源：FAO渔业统计年鉴（1988～2001）。

（四）越南

1991年底，越南有动力渔船4.0×10^4余艘、7.3×10^6马力，其中45马力以下的小功率渔船占80%以上。渔业专职人员约100万人，约70%渔民受过初中教育。到1993年，全国渔船总数增至7.6×10^4艘，其中4.4×10^4艘为动力渔船。越南北方的渔船主要在北部湾海域作业，渔具有围网、拖网、底曳网、流刺网、定置网、敷网和延绳钓等。渔船主要为25～30吨级的双拖船和流刺网船，主要在离岸25～50海里、水深25～55米的海域作业。越南中部和南部海域，除底拖网作业外，也进行中上层渔业捕捞，渔具主要有围网、流刺网、光敷网和定置渔具等，主要捕捞对象为小沙丁鱼、竹荚鱼、圆港、金枪鱼等。20世纪80年代末以来，越南的海洋捕捞年产量一直稳步上升，从1988年的6.23×10^5吨上升到2001年的1.32×10^6吨。1988～2001年越南的渔业产量如表5-13所示。

表5-13　　　　　1988～2001年越南的渔业产量　　　　单位：万吨

年 份	总 计	南 海	
		产量	占总产量（%）
1988	75.8440	62.3400	82.2
1989	75.7832	62.6832	82.7
1990	75.2465	64.1465	85.2

续表

年 份	总 计	南 海	
		产量	占总产量（%）
1991	80.0403	69.9403	87.4
1992	78.7147	69.6647	88.5
1993	87.8557	79.8057	90.8
1994	96.0498	88.9998	92.7
1995	99.9860	92.8860	92.9
1996	102.8500	96.2500	93.6
1997	106.6000	100.0000	93.8
1998	129.3954	115.5154	89.3
1999	138.6300	121.7193	87.8
2000	145.0590	128.0590	88.3
2001	149.1123	132.1123	88.6

资料来源：FAO 渔业统计年鉴（1988～2001）。

（五）菲律宾

菲律宾沿海渔业资源丰富，已发现的鱼类有 2 400 种，其中，经济价值高的有 60 余种。70 年代初，渔获量仅为 9.18×10^4 吨，至 1981 年增加到 1.69×10^4 吨，跃居世界渔获量的第十一位，成为东南亚中仅次于泰国和印度尼西亚而居第三位的国家。

20 世纪 80 年代末以来，菲律宾的海洋渔业产量呈缓慢上升的趋势，由 1988 年约 1.4×10^4 吨上升到 2001 年约 1.8×10^4 吨，增长 28.6%。1988～2001 年菲律宾的渔业产量如表 5-14 所示，其中其海洋渔业的产量约 50% 产自南海。

表 5-14　　　　　1988～2001 年菲律宾的渔业产量　　　　单位：万吨

年 份	总产量	海洋渔业	
		产量	占总产量（%）
1988	166.7304	143.5475	86.1
1989	173.8163	151.5886	87.2
1990	182.8883	159.2057	87.1

续表

年 份	总产量	海洋渔业	
		产量	占总产量（%）
1991	190. 3179	166. 9938	87. 7
1992	188. 5041	165. 5368	87. 8
1993	183. 4323	162. 3548	88. 5
1994	184. 5331	164. 1008	88. 9
1995	186. 0491	167. 4485	90. 0
1996	178. 3593	160. 6238	90. 0
1997	180. 5806	164. 6692	91. 2
1998	183. 3380	168. 2862	91. 8
1999	187. 2818	172. 0879	91. 9
2000	189. 3017	173. 7883	91. 8
2001	194. 5217	180. 7341	92. 9

资料来源：FAO 渔业统计年鉴（1988～2001）。

（六）马来西亚

1981 年马来西亚有登记渔船约 3.0×10^4 艘，其中动力渔船 2.6×10^4 艘，无动力渔船约 4.0×10^4 艘，两者分别占渔船总数的 79.8% 和 20.2%，渔船的数量在东南亚仅次于印度尼西亚和菲律宾而居第三位，渔船的动力化程度仅次于泰国。渔具约有 70 多种，以拖网、围网和流刺网为主，主要在沿岸作业。

20 世纪 80 年代末以来，马来西亚的渔业产量一直呈上升的趋势，其中海洋渔业产量从 1988 年的 8.26×10^5 吨提高到 2001 年的 1.23×10^6 吨，增长了 49.0%。其海洋渔业的产量中，大约有 45% 左右是捕自印度洋东部海域，约 55% 产自南海。1988～2001 年马来西亚的渔业产量如表 5－15 和表 5－16 所示。

表 5－15　　　　　1988～2001 年马来西亚的渔业产量　　　　单位：万吨

年 份	总产量	海洋渔业	
		产 量	占总产量（%）
1988	82. 6627	82. 5631	99. 9
1989	88. 3571	88. 2492	99. 9
1990	95. 2581	95. 1305	99. 9

续表

年 份	总产量	海洋渔业	
		产 量	占总产量（%）
1991	91.3391	91.1933	99.8
1992	102.5289	102.3516	99.8
1993	104.9321	104.7350	99.8
1994	106.7650	106.5586	99.8
1995	111.2375	110.8436	99.8
1996	113.0689	112.6689	99.6
1997	117.2922	116.8973	99.7
1998	115.3719	114.9093	99.6
1999	125.1768	124.8402	99.7
2000	128.9245	128.5696	99.7
2001	123.4733	123.1287	99.7

资料来源：FAO渔业统计年鉴（1988~2001）。

表5-16　　1988~2001年马来西亚在南海、印度洋东部的渔获量　单位：万吨

年 份	海洋渔获量	南 海		印度洋东部	
		渔获量	占海洋渔获量（%）	渔获量	占海洋渔获量（%）
1988	82.5631	39.5443	47.9	43.0188	52.1
1989	88.2492	39.3158	44.6	48.9334	55.4
1990	95.1305	44.0834	46.3	51.0471	53.7
1991	91.1933	51.0033	55.9	41.0900	44.1
1992	102.3516	54.9521	53.7	47.3995	46.3
1993	104.7356	60.0835	57.4	44.6515	42.6
1994	106.5586	62.6245	58.8	43.9341	41.2
1995	110.8436	60.4368	54.5	50.4068	45.5
1996	112.6689	63.2598	56.1	49.4091	43.9
1997	116.8973	66.9685	57.3	49.9288	42.7

续表

年　份	海洋渔获量	南　海		印度洋东部	
		渔获量	占海洋渔获量（%）	渔获量	占海洋渔获量（%）
1998	114. 9093	64. 0965	55. 8	50. 8128	44. 2
1999	124. 8402	76. 2661	61. 1	48. 5741	38. 9
2000	128. 5696	76. 5911	59. 6	51. 9785	40. 4
2001	123. 1287	75. 5933	61. 4	47. 5354	38. 6

资料来源：FAO 渔业统计年鉴（1988～2001）。

（七）柬埔寨

柬埔寨的渔业主要是淡水渔业，海洋渔业所占的比例很小。全国有渔船 2.65×10^4 艘，有渔民 4.5×10^4 人。海洋捕捞作业方式主要有拖网、围网和流网三种。1988～2001 年柬埔寨的渔业产量如表 5－17 所示。

表 5－17　　　　　　　　1988～2001 年柬埔寨的渔业产量　　　　　　单位：万吨

年　份	总产量	海洋渔业	
		产　量	占总产量（%）
1988	8. 2200	2. 1000	25. 5
1989	7. 6550	2. 6050	34. 0
1990	10. 5000	3. 9900	38. 0
1991	11. 1100	3. 6400	32. 8
1992	10. 2600	3. 3700	32. 8
1993	10. 1000	3. 3100	32. 8
1994	9. 5000	3. 0000	31. 6
1995	10. 2999	3. 0500	29. 6
1996	9. 4710	3. 1200	32. 9
1997	10. 2800	2. 9800	29. 0
1998	10. 7900	3. 2200	29. 8
1999	26. 9156	3. 8100	14. 2
2000	28. 4368	3. 6000	12. 7
2001	39. 7200	3. 6000	9. 1

资料来源：FAO 渔业统计年鉴（1988～2001）。

（八）新 加 坡

新加坡四面环海，但渔业资源并不丰富，渔业也不发达，以海洋渔业为主。20世纪70年代以1974年产量最高，为1.9×10^4吨。20世纪80年代以1984年产量最高，也只不过2.6×10^4吨。1988～2001年新加坡的渔业产量如表5-18所示。

表5-18　　　　　　　1988～2001年新加坡的渔业产量　　　　单位：万吨

年　份	总产量	南　海	
		产　量	占总产量（%）
1988	1.3281	1.3151	99.0
1989	1.0668	1.0586	99.2
1990	1.1491	1.1431	99.5
1991	1.1099	1.1067	99.7
1992	0.9201	0.9177	99.7
1993	0.9304	0.9279	99.7
1994	1.1301	1.1278	99.8
1995	1.0102	1.0102	100.0
1996	0.9943	0.9943	100.0
1997	0.9250	0.9250	100.0
1998	0.7733	0.7733	100.0
1999	0.6489	0.6489	100.0
2000	0.5371	0.5371	100.0
2001	0.3342	0.3342	100.0

资料来源：FAO渔业统计年鉴（1988～2001）。

此外，日本经常也有调查船和渔船到南海中南部进行调查和作探捕性生产，因其调查和生产的情况都是一些零星的报道，缺乏具体的生产统计资料，很难说明其对南海中南部渔业资源的利用情况。

综上所述，长期以来，南海周边国家和地区开发利用南海渔业资源的产量依次为：中国、印度尼西亚、泰国、越南、菲律宾、马来西亚、中国台湾、中国香港、柬埔寨、新加坡、文莱和中国澳门。2001年南海周边国家和地区在南海的渔获量，中国（包括中国台湾、香港和澳门）、印度尼西亚、泰国、越南、菲律宾和马来西亚的渔获量分别占周边国家和地区在南海总渔获量的32.8%、25.3%、16.1%、

11.3%、7.7%和6.5%。由此可见，南海渔业资源绝大多数被这些国家所利用，因而他们在养护南海渔业资源方面理应承担更大的责任与义务。

三、南海海域海洋渔业资源现状

人口、资源和环境是可持续发展三大制约因素。南海区渔业资源种类繁多，其种类多样性在我国乃至世界各海域中居于首位。但是，就海洋渔业来说，仍存在明显的人口、资源和环境的问题。由于人多，资源和渔场有限，导致了"船多鱼少"的矛盾在短期内无法妥善解决，并且随着200海里专属经济区的实施和《中越北部湾渔业合作协定》的签订而更加突出；传统的渔业资源受到破坏或波动、衰退后，短期内将不会明显好转；优质资源利用潜力不大，并且渔业管理难度较大，世界上一些先进的渔业管理模式尚不适宜实施；沿岸渔场和养殖水域环境污染日趋严重，已经威胁到渔业资源的正常繁殖、生产以及人们食物的安全。因此，合理开发利用和科学管理渔场和渔业资源，降低捕捞强度，走可持续发展战略的道路是南海区渔业资源管理的主要方向。

（一）渔业现状

1. 渔获效益明显下降。南海区渔业发展迅速，渔船数量及功率不断增长，据资料统计，至1997年已发展到73 997艘，$306×10^4$千瓦，其中90%以上的渔船集中在南海北部沿岸和近海渔场捕捞。小型渔船比例攀升较快，多为底拖网作业，使得南海区渔业资源总体上处于严重的过度捕捞状态，捕捞总产逐年上升，但资源密度、捕捞渔船单产和渔获质量不断下降。1983～1992年间，国营渔业公司渔轮在南海北部大陆架拖网渔获率从每小时251千克下降到每小时105千克，下降了58%；东莞底拖网渔获率从1987年的每小时550千克下降到1997年的每小时222千克，下降了约60%。主要鱼种大眼鲷的渔获率从每小时12.8千克下降到每小时4.0千克，蛇鲻从每小时20.7千克下降到每小时12.3千克。海洋捕捞效益不断下降，目前南海北部沿海三省（区）约有过半渔船亏损。[①]

2. 渔业资源正在衰退。渔业资源的衰退以沿岸海域最为严重，而外海尚有一定潜力，底层及近底层资源特别是传统资源利用过度而且衰退，而中上层鱼类、虾类、头足类（主要是鱿鱼和枪乌贼）及小型鱼虾资源还有较大的开发潜力。过度捕捞已使渔业资源呈日益衰退的趋势，多数经济种群主要由1龄以内的幼鱼所组成。据费鸿年等报告，优、劣渔获物之比20世纪50年代为8∶2，60年代为6∶4，

---

① 陈作志、邱永松：《南海区海洋渔业资源现状和可持续利用对策》，载于《湖北农学院学报》2002年第6期。

70 年代为 4∶6，80 年代为 2∶8。目前，南海区捕捞业每年的幼鱼和其他低值鱼渔获量占总渔获量的 70% 左右，最高达 80%。

（二）存在的问题

1. 捕捞压力大，资源结构遭到一定程度的破坏。过度捕捞是南海区渔业资源衰退的主要因素，超强的捕捞压力使一些原已破坏的资源无法恢复，一些品种出现种群退化迹象，也使生物群落的生存空间移位，出现汛期混乱，渔获物质量朝着不利于人类利用的方向发展，许多著名的传统渔场（如涠洲、白马井、莺歌海等）基本消失，已经没有明显渔汛期。

2. 渔获物趋向小型化，幼鱼比例增加。有些种类产量中半数以上均为当年生幼鱼；而新开发种类多数为单世代或短生命周期的资源，均可能会受到捕捞或自然资源环境因素变动而引起资源剧烈波动，具有明显的资源不稳定性。其中以二长棘鲷最为典型，在 1984～1992 年间，最高年份曾为总渔获量的 10.7%，最低年份为 0.3%。

3. 海洋捕捞效益下降。在改革开放初期的 20 世纪 80 年代，由于国民经济的快速发展，对水产品的需求日益增加，而当时海洋捕捞业的效益相对较高，是沿海地区投资开发的重点，但 90 年代以来，海洋捕捞业效益呈下降趋势，近年来南海北部沿海三省区约有过半渔船亏损，捕捞渔船每吨燃油的渔获量下降至 90 年代初的 50%，加之近年来随着养殖产品的丰富，包括捕捞产品在内的各种水产品价格均呈下降趋势，使得海洋捕捞效益明显下降。

4. 作业结构调整步伐缓慢，资源利用不平衡。南海区的捕捞作业历来集中在沿海，20 世纪 80 年代以来虽然开发了近海及外海渔业资源，但是捕捞格局并没有改观，绝大多数渔船仍在沿海作业。由于 80 年代期间沿海小型渔船大量增加，这些小型渔船只能在浅海作业，致使早已捕捞过度的沿海渔业资源面临枯竭的境地。另外，底拖网为南海区的主要渔具，在南海北部其所占比例曾超过 79%，90 年代以来虽有下降趋势，但目前仍超过 50%，长期以来造成底层资源捕捞过度而衰退，外海优质小宗资源（金枪鱼、鱿鱼等）少有利用而浪费。

5. 渔具渔法选择性差，禁渔区违规现象严重。由于资源衰退引起鱼类的小型化，渔民普遍使用小网目的渔具进行捕捞，进一步损害了渔业资源。为了保护经济鱼类的幼鱼，渔业管理部门在沿岸设立了许多禁渔区，并大致沿 40 米等深线划定了沿海机轮底拖网禁渔区线。但由于执法力量薄弱，沿海地区的渔民在禁渔区、禁渔期内违规捕捞屡禁不止，在每年休渔期结束后，有大量的底拖网渔船集中在机轮底拖网禁渔区内违规作业，渔获物以幼鱼为主，在很大程度上破坏了休渔所取得的成果。近年来使用电、毒、炸等破坏性方法进行捕捞的现象有所抬头。

6. 海域划界使渔场范围缩小。中越北部湾划界对我国在该海域的渔业将造成重大影响。《中越北部湾渔业合作协定》已于 2000 年 12 月生效，我国大量的渔船从北部湾西部海域退出，捕捞能力过剩的问题更加突出，如果不能有效地减少或转移这部分捕捞能力，势必将增加东部海域的捕捞能力，使业已过度利用的渔业资源面临枯竭的危险。

四、南海渔业资源区域合作管理的必要性

（一）养护南海渔业资源的需要

长期以来，中国（包括中国的香港、澳门和台湾地区）、越南、菲律宾、马来西亚、印度尼西亚、文莱、泰国和新加坡共同开发和利用南海（北部湾除外）渔业资源，依照有关国际法的规定，这些国家理应负有合作管理和共同养护该海域渔业资源的义务。

据农业部南海区渔政渔港监督管理局组织的调查，南海北部的渔业资源总体上出现严重衰退，这说明有必要加强对南海北部渔业资源的养护与管理，减少对渔业资源的开发力度。南海北部渔业资源长期以来主要为中、越两国所利用，因而两国有义务共同采取必要的养护与管理措施。南海是太平洋西部一个最大的边缘海，地处欧亚、印澳和太平洋三大板块的汇聚带。南海的北界为华南大陆，西界为中南半岛，东界和南界为一系列岛弧围绕。该岛弧北起台湾岛，往南和西南方向及主要岛屿有吕宋岛、民都洛岛、巴拉望岛、加里曼丹岛及苏门答腊岛等，构成南海外缘的自然边界，使南海成为半封闭的边缘海。南海作为一个半封闭海域，海区内环境和生物资源具有较大的独立性和封闭性，资源量的多寡很大程度上取决于本海区初级生产力的大小，资源遭到破坏后很难从其他海域得到补充。此外，南海渔业资源具有热带暖水性海洋生物的特点，同黄海、渤海和东海显著不同在于：资源种类组成繁多，各个种群相互混栖，每一种群的群体数量较少，缺乏外海大洋性种类，大部分单一鱼种的数量不足总渔获量的 1%。这些特点决定了南海渔业资源状况的好坏完全取决于周边国家和地区的合理开发利用与养护。同时，由于一部分鱼类在南海洄游，所以要养护与管理好鱼类这种流动性的资源，需周边国家和地区共同参与。

（二）合作管理与共同养护渔业资源是国际社会的普遍实践

20 世纪 60 年代以来，由于全球性渔业资源的衰退，以及各沿海国纷纷扩大海洋或渔业管辖权的实践，国际社会开始越来越重视渔业资源的可持续开发与利用，[①]一些国家之间纷纷通过签订区域性渔业合作管理与共同养护协定（公约）来

---

① 郭文路、黄硕琳著：《南海争端与南海渔业资源区域合作管理研究》，海洋出版社 2007 年版。

开展渔业资源合理开发利用、养护与管理方面的合作。这些合作主要是通过建立区域的、分区域的或全球性的合作管理机制来实现，并已成为国际渔业管理的主要发展趋势之一。目前，世界各大洋、各主要海洋区域基本上都成立了全球性的、区域性的或次区域性的渔业合作管理组织。这些组织既有民间的，也有政府间的；既有双边的，也有多边的。

截至 2004 年 6 月底，据 FAO 的统计，全球已经签订了近 50 个有关渔业合作管理的协定（公约）。这些协定（公约）既有区域性的，如养护大西洋金枪鱼国际公约、养护印度洋金枪鱼国际公约，也有全球性的，如《执行 1982 年 12 月 10 日〈联合国海洋法公约〉有关养护和管理跨界鱼类种群和高度洄游鱼类种群的规定的协定》、《负责任渔业行为守则》，涉及渔业生产、渔业资源的养护与管理、渔业的执法与监督、渔业科学研究等诸多方面，而且，有些国际渔业协定（公约）是有一定强制力的，要求各国（地区）遵守或执行。根据这些渔业协定（公约），一般都相应地成立了区域性（全球性）的渔业合作组织，以执行协定（公约）的有关规定。

目前全球已成立的近 50 个区域性渔业合作组织，按照性质和职能可划分区域性渔业管理组织，即成员国（地区）共同制定渔业管理措施并共同执行的组织；区域性渔业顾问组织，即向其成员提供科学研究和管理措施咨询与建议的组织；以及区域性渔业科学研究组织，即主要为开展大型科学研究、调查而成立的团体，为其成员提供科学研究、调查和信息方面的服务。

长期以来，南海周边国家和地区共同开发及利用南海渔业资源，目前南海部分渔业资源已出现衰退，依照《联合国海洋法公约》、《执行 1982 年 12 月 10 日〈联合国海洋法公约〉养护和管理跨界鱼类种群和高度洄游鱼类种群的规定的协定》、《负责任渔业行为守则》和《全球可持续发展峰会执行计划》，这些国家理所当然负有养护和管理南海渔业资源的责任与义务。而且，要养护与管理好鱼类这种流动性的资源，需南海周边国家和地区共同参与，这也是有关国际公约、协定、决议的要求。

对于争议海域的自然资源，国际社会一般实行共同开发与合作管理。而对于渔业资源，国际社会主要实行合作管理与共同养护，一般是通过建立区域的、分区域的或全球性的合作管理机制来实现，并已成为国际社会的普遍实践。在东、黄海、北部湾，中国已分别与日本、韩国、越南开展了有关渔业资源的合作管理与共同养护，日本与韩国也就两国专属经济区的渔业生产与管理实现合作。这些均是对有关国际公约、协定和决议的具体实践。当然也可以为南海渔业资源的区域合作管理与共同养护提供一定参考。

虽然目前国际社会的区域性多边渔业协定（公约）大多数是为养护与管理公海渔业资源的，如南极海洋生物资源保护公约、美洲热带金枪鱼养护国际公约等，但也有一些是针对非公海渔业的，如地中海渔业一般委员会条约、几内亚湾区域渔业发展公约等。这些渔业协定（公约）的组织机制、运作方式，特别是其实施的共同渔业养护和管理措施及统一执法等，为研究南海渔业资源的区域合作管理与共同养护具有一定参考意义。

五、南海渔业资源区域合作管理面临的主要问题

（一）岛礁的法律地位问题

《联合国海洋法公约》（以下简称《公约》）第 121 条第 1 款规定，"岛屿是四面环水并在高潮时高于水面的自然形成的陆地区域"。这就是说，岛屿必须在高潮时露出水面，即"高潮高地"。但是，一年四季的潮位大小不尽相同，高潮时水面所达到的高度也有差异。究竟是指哪一种高潮时露出水面的陆地。《公约》第 121 条第 2 和第 3 款规定，岛屿可以拥有自己的领海、毗连区、专属经济区和大陆架。但"不能维持人类居住或其本身的经济生活的岩礁，不应有专属经济区或大陆架"，不得享有岛屿的同等地位。然而，所谓"人类居住"和"本身的经济生活"，也含糊不清。"人类居住"是指可以维持人类居住，还是必须有人类居住。曾经有过人类居住而现在是无人的岩礁，或者荒无人烟而后来又有人居住的岩礁应如何处理。"经济生活"是指岩礁的生物资源或非生物资源，岩礁周围海域中的自然资源能否算做其"本身的经济生活"，是否可用科学或工程方法予以改变。海洋中的岛屿按其形成的原因可分为大陆岛、火山岛和珊瑚岛，但是，岛屿是否不得含有任何人工因素。

就南沙群岛而言，其岛礁面积都不大，海拔高度也不高，最大的太平岛面积仅 0.43 平方千米，最高的鸿麻岛海拔仅 6.2 米，许多是干礁或干出礁，还有一些礁、滩高潮时被淹没，或本来就在水下。因此，这就使得南沙众多岛礁是否拥有领海、专属经济区或大陆架难以确定，也就是无法界定它们在海域划界中是全效力、半（部分）效力还是无（零）效力。目前有关南海周边国家占据南沙岛礁，藉以《公约》主张 12 海里领海、24 海里毗连区和 200 海里专属经济区与大陆架，并宣称拥有该海域自然资源的权利。以此来限制并对抗中国的南沙群岛主权及其海域管辖权。这就使得南海争端更加复杂，有关国家都不愿意放弃自己的既得利益。从而，给南海渔业资源的区域合作管理与共同养护带来困难。

（二）中国传统弧界线（U 形线）的内涵与性质问题

要弄清"U 形线"的内涵与性质，需了解"U 形线"的由来与产生的背景。1946 年 12 月当时的中国内政部方域司和广东省地政局派遣测绘人员至南沙群岛和

西沙群岛测绘《南海南沙群岛图》、《南沙群岛之太平岛图》、《西沙群岛图》、《永兴岛及石岛图》等地图。1947 年当时的中国内政部公布南海诸岛 170 多个岛、礁、沙、滩的名称。1947 年 10 月又公布《中国四沙地点及其经纬度、中国与各邻国之境界线的名称与迄地点》。1947 年 12 月由当时的中国内政部方域司绘制，1948 年 2 月出版的《南海诸岛位置图》，在南海诸岛周围明确标绘出十一条断续疆界线，以断续线明确标出中国南海的领土范围，此一地图由当时的中国政府正式对外公告。当时南海周边有关国家未提出任何异议，以后也曾长期为他们所承认。①

1947 年当时的中国政府将南海诸岛划归广东省管辖，1947 年 4 月当时的内政部在致广东省政府的公函中，指明西沙、南沙群岛范围及主权的确定与公布。同年 4 月 14 日，当时的内政部会同有关部门，讨论《西、南沙范围及主权的确定与公布案》，会议决定：（1）"南海领土范围为最南至曾母暗沙"；（2）"西、南沙群岛主权的公布，由内政部公告全国周知。在公布前，由海军总司令部将各该群岛所属各岛，尽可能予以进驻"；（3）"西、南沙群岛渔汛瞬届，前往各群岛渔民由海军总司令部及广东省政府予以保护及运输通信等便利"。这些均明确表明了中国在西沙、南沙群岛的领土主权范围及行使主权和管辖的具体措施。1949 年新中国成立后，各种民间和官方出版地图，均以"U 形线"明确标出中国在南海的疆土范围。②

关于南海传统疆界线（"U 形线"）的含义与性质。目前包括台湾在内的一些中国学者认为"U 形线"只是一条"岛屿归属线"，③ 线内的岛屿为中国所有，线外则为邻国所有；但绝大多数中国学者认为"U 形线"不仅仅是"岛屿归属线"，即线内的岛屿、岩礁及低潮高地，均为中国的领土，线内的水域为中国的历史性水域，代表的学者有赵理海川、赵国材等。

但是，关于"U 形线"的内涵与性质存在以下问题有待思考：

1. 虽然"U 形线"从地图上看几乎是南海诸岛与越南、菲律宾、马来西亚、印度尼西亚和文莱间的"中间线"，但至今没有确切的地理位置。

2. 虽然 1993 年 4 月 13 日中国台湾当局明确宣示："南海历史性水域界线内的海域为中国管辖的海域，中国拥有一切权益。"同年 8 月 7 日"行政院研究发展考核委员会"进一步具体指出：依据"内政部"发行《南海诸岛位置图》，以疆界线形式标出南海 U 形疆界，此疆界线属中国在南海的历史性水域。但据查，迄今为止，中华人民共和国政府并没有正式表明过"U 形线"的内涵与性质。1998 年颁布的《中华人民共和国专属经济区和大陆架法》第十四条仅规定"本法的规定不

① 贾宇：《南海"断续线"的法律地位》，载于《中国边疆史地研究》2005 年第 2 期。
② 吴士存：《南海争端的起源与发展》，载于《中国经济出版社》2010 年版。
③ 李金明：《中国南海断续线：产生的背景及其效用》，载于《东南亚研究》2011 年第 1 期。

影响中华人民共和国享有的历史性权利。"但没有明确指出中国在"U形线"内的历史性权利。

3. "U形线"产生的当时国际背景是东南亚各国处于被西方国家的殖民统治之下，没有获得独立。

4. 1982年签署的《公约》确立的专属经济区制度和有关大陆架的规定，无疑会给"U形线"的法律地位带来一定冲击。

（三）　渔业矛盾突出

近年来，有关国家在南沙海域干扰、袭击、抓扣其他国家生产渔船的行动不断升级。主要表现在：

1. 抓扣手段凶狠。20世纪90年代以前，有关国家对别国渔船、渔民一般采取驱赶、鸣枪警告或拦截抓扣的办法；但之后，他们对别国渔船、渔民动辄直接开枪、开炮，武力抓扣，甚至直接撞沉渔船。

2. 袭击海域扩大。20世纪90年代以前，有关国家袭击、抓扣别国渔船、渔民一般只在其所占岛礁或石油平台的3海里以内；但之后，他们袭击、抓扣别国渔船、渔民的海域不断扩大，几乎遍及整个南沙。

3. 追袭时间延长。以前有关国家追袭别国渔船、渔民时，如果两三个小时不能抓到就放弃，但近几年来，他们追袭别国渔船、渔民的时间越来越长，有的达十多个小时还不放弃。

4. 处罚越来越严厉。以前有关国家对抓获的别国渔船、渔民一般处以没收渔获或渔船的处罚，但近几年来，除处以没收渔获或渔船外，他们还追加高额的罚款并对渔民、船长予以判刑。

据农业部南海区渔政渔港监督管理局统计，1989～2003年有关南海周边国家采取武力，在南沙袭击、抓扣中国渔船、渔民事件共195宗，涉及渔船344艘、渔民6 367人；其中，没收渔船51艘，打死和造成渔民失踪21人，伤12人；造成直接经济损失约 1.5×10^8 元。

（四）　对南海渔业资源的状况认识不足

有关南海渔业资源，20世纪六七十年代联合国粮农组织（FAO）曾组织过调查与研究，以后有关国家也对南海的渔业资源进行过调查与研究。但是，这些调查与研究均不系统，仅限于局部海域或针对某些鱼种。有关南海初级生产力的水平与分布、底层和上层鱼类的现存量和可捕量、头足类和虾类资源等，特别是南海中部和南沙诸岛周围海域渔业资源的资源量状况、种群的洄游分布规律等，周边国家都了解不多。目前仍在使用的有关渔业资源调查数据也是几十年前的，无法准确反映南海渔业资源的现状。

此外，周边国家相互之间也未曾就渔业资源的调查与研究进行过合作，未全面探讨过南海渔业资源的开发和养护问题。对南海渔业资源既没有统一的认识，更没有采取共同的养护与管理措施。

第二节 广东与南海周边国家及地区海洋渔业合作的必要性、条件及难点

一、广东与南海周边国家及地区的海洋渔业合作的必要性

（一）增强地方经济实力，要求实现南海资源开发的区域战略合作

濒临南海的省区集中了我国的主要特区，是我国经济发展最活跃的地区之一，也是内联内地外接东盟的桥头堡，更是我国海洋强国的重要基地。然而，这些省区可持续发展能力不足，主要面临的问题是：资源严重匮乏，可持续发展面临很大的困难，这些省区要培植发展后劲，实现可持续发展，必须解决资源短缺问题，其途径是发展海洋经济，实现海洋强省，做到这些，必须在南海资源开发利用上实现战略合作。濒临南海的省区经济发展战略各不相同，优势劣势也有差别，但实现经济发展战略面临的问题却是共同的，解决这些共同问题依靠单个省区是无能为力的，必须通过合作（包括区域外合作）才能实现优势互补和合作共赢，通过合作利用丰富的海洋资源发展食品、能源、矿产，提高水资源的保障能力，利用濒临海洋的优势推动陆地生产力布局向海转移，利用广阔的海域空间建立海上和海底生活资料来源基地，以达到实现可持续发展的目的，进而实现海洋强省、海洋强国的目标。

（二）加快南海资源开发的步伐，要求区域技术合作

濒临南海的省区能源短缺严重，不仅石油完全依赖外部，煤炭和电力也绝大部分依靠外部，北煤南运的状况始终没有改变，电荒也时有发生。因此，解决资源匮乏和能源短缺，只有面向南海，这样，可以通过自力更生解决部分问题，避免因外部环境变化而导致能源供应的中断。

南海资源的开发因地理环境复杂气候变化异常需要先进的高精尖技术，而我国海洋资源开发技术虽然获得了发展，但由于种种因素的影响，资源开发技术远远落后于发达国家的水平，同时南海资源的开发，关系到我国经济社会的可持续发展，经济效益政治效益意义特别巨大，必须解决技术上的难题，单靠一个地方的技术力量远远不够，必须采取区域合作的方式，包括采取多渠道、多层次、全方位的科技合作，甚至包括国际合作。近年来我国在南海资源开发上也采取了一系列措施，但

效果不佳，其根本原因在于缺乏合作。因此采取最广泛的区域技术合作机制，集中区域内、国内、甚至国际上最先进的技术资源最大限度地开发利用南海资源。在可再生资源的技术合作方面，当前最急需解决的是利用风能（波浪能）和海洋热能发电，南海区域辽阔，风能（波浪能）发电潜力较大，广东南澳岛已进行了成功的尝试，可以考虑通过技术合作扩大范围；南海在北纬 20 度以南、水深大于 500 米的海域约 154 万平方公里，其海面吸收热量每天每平方厘米约 80 卡，温差 18℃~20℃，根据国外的海水温差发电装置试验提供的经验，温差在 17℃ 以上的海区，都可以进行海水温差发电，南海的温差能蕴藏最大每年 18.99×10^{20} 焦耳，约合 600 亿千瓦，如开发利用 1%，可开发功率 6 亿千瓦。通过技术合作，攻克技术难关，可以大大缓解南方的用电压力，减轻南方能源的外部依赖。在不可再生资源方面，当前重点是油气资源开发，我国在南海的油气资源开发虽然进行了几十年，但规模不大，产量偏低，其主要原因是技术水平差，通过区域技术合作，加大开发规模，提高油气产量势在必行。这样不仅可以提高我国能源的自给能力，还有利于保障我国能源的安全。同时技术合作要强调以国内合作为主，国内技术不能解决的，实行技术引进。

（三）化解南海资源开发的投资风险，要求区域资金合作

南海是一个巨大的聚宝盆，资源开发不仅技术难度大，而且还需要巨大的资金投入，存在着很大的风险，要求区域之间进行资金合作。（1）化解投资风险，需要多元的融资机制。加快南海资源的开发，需要巨额的投资，能否开发成功难以准确把握，依靠一个地区或一个企业的资金不堪胜任，必须通过资金合作，建立多元的融资机制才能化解投资风险，否则，只能坐失良机，坐视宝贵资源流失。（2）化解市场风险，需要合理的分摊机制。南海资源的合作开发还面临成本补偿问题，由于国际市场的影响因素错综复杂，成本补偿的形势也非常严峻，如石油价格受国际政治影响很大，价格落差也很大，而这一市场风险一个地区一个企业是承担不了的，必须通过区域合作，建立一个合理的分摊机制，分散市场风险，成功实现资源开发。（3）若与外资合作，还存在自然资源过度开采和掠夺的风险，需要区域合作，加强监督。一个国家的不可再生资源是经济发展不可缺少的，在一国经济自求平衡发展的条件下，可以实现综合协调平衡利用，在外资参与的情况下，外资为了高回报早收回投资，采取粗放式开采，或为了掠夺稀有资源恶意开采。因此，为了保护我国的稀有资源，要求区域加强合作，建立一种监督机制。

（四）进一步加强与东盟国家的友好往来，要求南海资源开发的国际合作

进入 21 世纪后，经济全球化和区域经济一体化的步伐进一步加快。2001 年 11

月，在第五次东盟—中国"10+1"领导人会议上，中国与东盟作出重要决策，一致同意在10年内建立中国—东盟自由贸易区。2002年11月，中国和东盟10国领导人在柬埔寨金边共同签署了《中国与东盟全面经济合作框架协议》，标志着中国—东盟自由贸易区建设正式启动。可以想象，中国与东盟的经济合作将进一步加强。泛珠江三角洲是中国—东盟自由贸易区的经济腹地和共同市场，是中国与东盟合作的交汇点，合作的领域和前景更加宽广，南海资源开发方面的合作将是重要内容。

近年来在政府政策指导下，中国各大石油公司正在东南亚开展油气合作，先后在印度尼西亚、泰国、缅甸、菲律宾等开展不同形式的油气勘探开发，已取得初步成果，并参与进口LNG的资源开发项目。特别值得一提的是，由于高层外交的推动，在菲律宾总统阿罗约访华期间，菲律宾国家石油公司与中国国家海洋石油公司签订了协议，决定共同在南海地区进行海底地震勘测，从而实现了南海合作上的关键性突破，是南海资源开发的一个成功案例，是一个双赢的合作协议，以此为契机，扩大与南海周边国家的利益交换，并通过南海资源的合作开发寻求共同利益，同时在外交上，中国信守承诺积极负责，继续倡导新安全观，致力于缔造南海地区的共同安全，遵循"以邻为善、以邻为伴"的方针，通过睦邻、安邻、富邻的务实外交，致力于促进与南海周边国家在开发资源方面更深层次的合作，中国—东盟自由贸易区的建立，为南海资源合作开发奠定了良好的基础。①

我国应该加大与东盟在南海资源开发方面的合作力度，尤其是在油气勘探的合作上，我国海洋研究的权威部门指出，当前合作的重点是：（1）加大在勘探开发上的投资，重点是印度尼西亚、马来西亚、越南、文莱，以增进份额油，缩短运输距离，避免过分依赖马六甲海峡；（2）积极在泰国、缅甸进行风险勘探和开发作业，泰缅与我国西南相连接，有利于陆上运输；（3）参与东南亚重大油气跨国项目合作，研究东南亚输气管网进入我国西南地区的可行性；（4）加紧研究与东南亚、日韩合作开辟第二海上输送或与泰缅合作研究开辟经中国西南的陆上通道的可能性；（5）积极加强南海深水区的勘探，积极研究尽快实施南海有争议区油气资源共同开发的具体方案。

二、广东与南海周边国家及地区海洋渔业合作的条件

（一）南海周边国家间的政治互信增强，并建立了多方位、多层次的合作框架

印度尼西亚、泰国、菲律宾、越南、马来西亚、柬埔寨、新加坡和文莱都是东

---

① 朱坚真：《南中国海周边国家和地区产业协作系统问题研究》，载于《海洋开发与管理》2001年第1期。

南亚国家联盟（简称东盟）的成员国。自东盟成立以来，各成员国之间在政治、经济、社会和文化等领域进行了卓有成效的合作。《东南亚友好合作条约》是1976 年由东盟五个创始成员国在巴厘岛签署的，是东盟成立以来通过的第一个具有法律约束力的文件，被视为东盟国家相互关系的行为准则。该条约宗旨是"促进该地区各国人民间的永久和平、友好和合作，以加强他们的实力、团结和密切关系"。①

此外，随着 20 世纪 90 年代以后中国与东盟关系的不断发展，双方合作机制也不断建立和完善，形成了以下多方位、多层次的合作框架。

1. 领导人会议。自 1997 年始，中国和东盟领导人每年召开 10 + 3 （东盟加中国、日本和韩国）和 10 + 1 （东盟加中国）领导人非正式会议。

2. 外长会议。自 1991 年起，中国与东盟各国的外长每年均举行会议，就中国与东盟关系以及其他双方感兴趣的问题交换意见。1997 年起，外长会议还为中国与东盟领导人会议作准备。

3. 工作机制。经过多年的共同努力，中国与东盟合作逐渐形成了以下六个工作机制：中国—东盟经贸联委会、中国—东盟科技联委会、中国—东盟高官磋商、东盟北京委员会、中国—东盟联合合作委员会、中国—东盟商务理事会。

综上所述，十多年来中国与东盟关系得到了很好的发展，进入了全面快速发展的新阶段，并建立了多方位、多层次的合作框架。双方在各领域的合作也都取得了新的进展。这些必将为南海周边国家开展渔业资源的区域合作管理与共同养护奠定良好的政治基础。

（二）在开发和保护海洋资源方面，周边国家间已开展一定合作

目前，南海周边国家在海洋资源的开发和保护方面已经进行了一定的合作，如2004 年 9 月菲律宾总统阿罗约访华时，中菲两国就签署了共同勘探南海石油的协议，以 3 年时间合作研究南海石油资源，这是《南海各方行为宣言》的第一个具体措施。有关这方面的合作，除了国与国之间的双边合作外，还通过参加或建立一些区域性国际海洋资源保护组织来进行多边的合作。这些国际海洋资源保护组织主要有：亚太经合组织海洋资源保护工作组、东盟海洋与海洋环境工作组、东盟环境高级官员组织自然保护工作组、东盟食品农林委员会项目工作组、东盟科技委员会海洋学与气候学环境项目工作组、东盟渔业协调组、东南亚渔业发展中心和太平洋经济合作会议等。有关这些组织的简要介绍如下：

1. 亚太经合组织海洋资源保护工作组，参加这个工作组的成员国和地区有澳

---

① 朱坚真、张庆霖、师银燕：《北部湾地区海洋渔业合作的探讨》，载于《海洋与渔业》2010 年第4 期。

大利亚、文莱、加拿大、中国、中国香港、印度尼西亚、日本、韩国、马来西亚、墨西哥、新西兰、巴布亚新几内亚、菲律宾、新加坡、中国台湾、泰国、美国。其主要活动：在亚太经合组织所涉及的地区内制订有关海洋环境的政策和计划；通过对环境质量与资源产地的维护来开展海洋资源的保护；目前还进行有害海藻繁殖、沿海区域管理以及执行 1992 年联合国"21 世纪议程"中有关海洋一章的条文。

2. 东盟海洋与海洋环境工作组成立于 1967 年，创始国为印度尼西亚、马来西亚、菲律宾、新加坡和泰国，1986 年文莱加入，现已扩大到整个东南亚地区的 10 个国家。其职责是贯彻可持续发展的方针，焦点是放在保护东盟公共资源与环境的政策上。

3. 东盟渔业协调组，其成员为东盟各成员国，主要活动是为有关渔业问题的讨论提供一个讲坛，由东盟成员国渔业负责人组成的一个委员会负责。

4. 太平洋经济合作会议，其成员有澳大利亚、文莱、加拿大、智利、中国、中国香港、印度尼西亚、日本、韩国、马来西亚、墨西哥、新西兰、菲律宾、俄罗斯、新加坡、中国台湾、泰国、美国，以及太平洋的岛国，主要活动是：在与渔业相关问题的评估方面，开展渔业的发展与合作，并制定合作的措施，加强渔业资源的开发与管理。

5. 东南亚渔业发展中心，其成员国有日本、马来西亚、菲律宾、新加坡和泰国，其下设有四个分中心，分别位于马来西亚、菲律宾、新加坡和泰国，它们为东南亚水域的渔业部门提供支持。其主要活动是通过成员国间的相互合作及与国际组织和非成员国政府间的协作，推进东南亚的渔业发展。具体来说，包括以下几个方面：作为向专属经济区成员国提供渔业资源的适度开发和管理的指南和中心存在；监控海洋渔业资源和这些资源开发的状况；为海洋渔业资源的开发管理提供科学基础；作为有关管理和研究的问题进行磋商的地区论坛；进行各项计划的协调和实施，以便增强成员国在渔业资源的开发、管理和保护方面的能力。

由此可见，这些组织虽然有的是政府间的，多数是民间的，但在有关海洋资源的开发与养护方面已发挥了一定作用，为南海周边国家进行渔业资源的区域合作管理与共同养护奠定了一定基础。

（三）周边国家在渔业领域已开展一定合作，并已实施一些相同或相似的渔业管理政策与措施

南海周边国家之间在渔业方面也有一定的合作基础。在中越方面，从 1954 年越南民主共和国独立到 1975 年越南南北统一，中越两国曾先后三次签订中越北部湾渔业协定，在提供作业渔场、渔事纠纷、提供避风港、相互救助和渔业资源的调查等方面进行了良好的合作。1975 年后，两国关系一度恶化。但近年来，两国关系有了明显的改善。2000 年 12 月，中越两国根据《公约》的有关规定，对北部湾

水域的专属经济区和大陆架签订了《中越北部湾划界协定》和《中越北部湾渔业合作协定》，并于 2004 年 6 月 30 日正式生效。

中国同印度尼西亚于 2001 年 4 月签订了《中华人民共和国农业部和印度尼西亚共和国海洋事务与渔业部关于渔业合作的谅解备忘录》，在渔业领域中就捕捞、加工、教育、渔港和渔船等进行广泛的合作。2004 年 7 月 16 日中国农业部与印度尼西亚海洋事务与渔业部就《利用印度尼西亚专属经济区部分总可捕量的双边安排》达成协议。

中国与菲律宾在南沙部分岛礁归属问题上存在分歧，1995 年以来，双方经过多轮磋商，同意通过双边友好协商寻求解决分歧的办法。1996 年 11 月，前中国国家主席江泽民和菲律宾前总统拉莫斯就南海问题"搁置争议，共同开发"达成共识。双方在南海地区探讨合作的磋商机制，包括渔业合作、海洋环保和建立信任措施三个工作组。2001 年 4 月，双方在马尼拉举行了第三次建立信任措施工作组会议。双方承诺不让双边分歧影响中菲关系发展的大局，同意不在本地区采取可能使事态复杂化和扩大化的行动，并将加强双方在渔业、军事、科研等各领域的合作。另据报道，在 1999 年的东盟外长会议上，菲律宾外长西亚松阐明了与中国在南海海域缔结渔业条约的设想，并主张将该条约发展成南海周边国家和地区间的条约，渔业条约以保护渔业资源为目的，不与南海主权问题挂钩。2004 年 9 月 1 日，菲律宾总统阿罗约访华时，两国签署了双边渔业合作备忘录。2005 年 3 月 30 日至 4 月 2 日，在马尼拉举行了中菲渔业联合委员会第一次会议，就渔业捕捞、水产养殖、水产品加工和渔业科技交流等方面充分交换了意见。

同样，东南亚国家之间在渔业生产、渔业科技等领域也进行了有关合作。如 2003 年越南和印度尼西亚签署了渔业及水产养殖协定，以加强两国在渔业生产、水产品加工和渔业管理等方面的合作。1982 年《公约》签署以后，南海周边国家都分别采取了一系列措施以加强其海洋渔业资源的养护和管理。中国从 20 世纪 80 年代以后，为合理开发和保护周边海域生物资源，采取一系列重大措施，主要有：（1）调整国家的渔业发展方针，1985 年中国将其渔业发展方针调整为："以养殖为主，养殖、捕捞、加工并举，因地制宜，各有侧重"。"九五"期间，中国再次明确了"加速发展养殖，养护和合理利用近海资源"的指导思想；（2）健全渔业法规，2000 年修订后重新颁布的《中华人民共和国渔业法》首次规定对近海捕捞实行捕捞限额制度，并进一步明确捕捞许可制度、填写渔捞日志、禁渔期、禁渔区、最低可捕标准限制和最小网目尺寸限制等渔业资源的保护措施；（3）实施机动渔船船数和主机功率的控制指标；（4）1995 年开始在东、黄海实施伏季休渔，并于 1999 年在 120 平方千米以北的南海包括北部湾海域实施伏季休渔；（5）实施海洋捕捞产量的"零增长"制度；（6）开展人工增殖渔业资源等。

越南 1987 年颁布了保护水产资源的法令，强调渔业资源的合理开发与养护，如规定了捕捞许可、规定禁捕鱼种、作业报告等。同时调整政府主管渔业的行政机构，1991年越南水产部增设了水产资源环境保护局，在岘港和胡志明市设立了2个分局，并在各沿海省份设立分站。

菲律宾于1998年颁布并实施渔业法，对中央渔业管理机构作适当的调整，设立了资源保护机构，突出了渔业资源保护的职能。在实施捕捞许可、渔具渔法限制等措施的基础上，对一些鱼种实行渔获量控制。

马来西亚1984年颁布并实施渔业法。1985年制定了渔业发展政策，并于1992年作了修改，以加强对渔业资源的养护与管理。实施的渔业管理措施主要有：捕捞许可、渔具渔法限制、规定禁捕鱼种等。印度尼西亚1985年颁布实施渔业法，1998年组建海洋事务与渔业部，目的之一就是加强对海洋渔业资源的合理开发利用与养护。实施的渔业管理措施主要有：捕捞许可，渔具渔法、渔获数量、渔获品种以及可捕尺寸的限制，规定渔场、渔区、作业时间和渔期等。

泰国、文莱、新加坡和中国台湾省也相应地对其渔业资源的开发利用政策进行了调整，加强了资源的养护。

南海周边国家共同开发利用南海渔业资源具有悠久的历史，各国间开展渔业资源的区域合作管理与共同养护已具备一定条件。共同开发与合作管理争议海域的资源也是国际社会的普遍实践，中国与日本、韩国等周边国家东、黄海海域划界未完成之前，已实现了渔业资源的共同开发与合作管理，这为我国与南海周边国家间开展渔业资源的共同开发与合作管理提供了一个很好的范例。周边国家在渔业资源的开发利用和养护方面开展合作，既能促进南海渔业资源的合理开发利用，实现各国最大的经济利益，又是促进落实各国间要求建立国家间的相互信任、缓解南海地区的紧张局势的具体实践之一。而且，这也符合《联合国海洋法公约》、《执行1982年12月10日〈联合国海洋法公约〉养护和管理跨界鱼类种群和高度洄游鱼类种群的规定的协定》和《负责任渔业行为守则》等有关国际公约、协定和决议的要求。目前，中国与东盟之间的关系已进入快速发展的新阶段，双方建立了多方位、多层次的合作框架。在保护海洋资源包括渔业资源方面，中国与有关东盟国家间已开展一定合作。而且在保护渔业资源方面，已实施一些相同或相似的渔业管理政策与措施。因此，有关南海周边国家就南海渔业资源的养护与管理开展区域合作是必要的、可行的。

三、广东与南海周边国家及地区海洋渔业合作的难点

南海周边国家及地区在国际经济科技全球化趋势下，呈现出总体缓和的投资环境。但潜在的和现实的矛盾依然存在，21世纪该区域产业协作的主要难点表现在以下几方面：

（一）海洋主权问题

在 20 世纪 60 年代以前，南海周边只有个别国家对中国在南沙的主权提出过异议。当时英、美、法、日、前苏联《世界地图集》都将南沙群岛及其附近海域，明确标入中国南海的传统海疆线之内。60 年代南海海域被探明蕴藏有丰富的油气资源之后，南海便成为各国争议面积最大、多国交叉争议最为激烈的一个海域。1970 年，菲律宾侵入南沙。不久，越南、马来西亚也相继侵占南沙岛礁。目前，南沙群岛除中国控制 9 个礁（含太平岛）外，共有 38 个岛、礁、滩被周边国家侵占。其中，越南侵占着西部和西南部的部分岛礁，菲律宾侵占着东北部的部分岛礁，马来西亚侵占了南部的部分岛礁，印度尼西亚、文莱虽未侵占岛礁，但其划定的大陆架边界分别侵入中国传统海域约 5 万平方公里和 3 000 平方公里。1995 年越南在万安滩、西卫滩、李准滩、人骏滩和广雅滩等 5 个礁滩上，建立了 10 座永久性高脚屋。至此，中国南沙海域万安滩一带已被越南全部控制。现在的南沙群岛主要岛屿已分别为四国五方所控制，而海域已分别为六国七方所分割。

菲律宾侵占中国南沙群岛，提出主权要求是以该群岛不属于任何国家管辖的"无主地"、"自由岛"为由，实行所谓"占领就是决定因素、占领就是控制"的政策。1978 年 6 月，菲律宾总统发布 1586 号令，宣布南沙海域 6 个经纬度点范围，面积达 24 万平方千米，包括大部分南沙岛礁在内的所谓"卡拉延群岛"为菲律宾领海。菲律宾高级官员曾多次称，南沙争端不仅只是中、菲两国的双边问题，而且是所有关注南海和整个东亚长期稳定的国家所关心的多边问题。菲律宾一再表态，要通过外交途径解决这一问题，包括从东盟外长会议到东盟地区论坛，乃至联合国安理会。菲律宾外长和菲参院外交委员会主席多次提出要将南沙领土争端诉诸国际法院。美济礁事件发生后，菲律宾建议举行大使级紧急会议、划界外长会议专门讨论南沙问题。

马来西亚从 1977 年开始涉足南沙群岛，考察南沙南部部分岛礁。1977 年马来西亚发布了一份领海及大陆架新地图，以大陆架为理由把中国的柏礁、司令礁、南海礁、弹丸礁、南通礁等纳入其版图，并且为了强化对所占岛礁的实际控制，马来西亚海军在弹丸礁上建成了长 1 100 米的钢筋水泥机场跑道。

（二）南海权益冲突问题

南海区域潜伏着一些突出的重大问题有待解决，如渔业管辖水域问题，跨越两国以上的海洋产业合作开发问题，海洋资源环境保护问题等，必须按《联合国海洋法公约》的规定，在海洋法公约的基础上加以协商解决。

1. 渔业管辖水域问题。濒临南海的各国，由于政治因素与渔业利益关系交织在一起，争夺海域和资源的矛盾突出，渔事纠纷、渔业涉外事件不断发生。① 如北部湾海域和南沙海域是中国南海沿岸数百万渔民赖以生存的主要渔场。三十多年来，在国际海洋开发、海洋权益斗争的新形势下，北部湾海域和南沙海域又成为中国和周边国家之间海洋权益斗争的焦点和热点。南海的渔业冲突主要集中在这两个海域。北部湾是中越两国共享的海湾，湾内的渔业资源历来为中越两国的渔民共同利用，是中越两国渔船传统的作业渔场。中越两国政府对北部湾渔业资源的管理和开发，有过友好合作的关系。为合理利用北部湾的水产资源，发展双方的海洋渔业，加强两国人民的友好合作，在互相尊重领土主权和平等互利的原则下，双方曾签订渔业协定，进行北部湾水域划界谈判等。20 世纪 70 年代中期，中越关系恶化，双方友好的渔业关系随之中止。越南当时出于反华的需要，对中国在北部湾生产的渔船采取敌对态度，不断抓扣中国渔船强逼渔民承认侵犯越南领海，并要渔民提供中国各方面的情报。严重地影响我国渔船在北部湾的渔业生产和渔民的生命财产安全。为了减少、避免涉外事件发生，保障广大渔民生命财产的安全，中国采取主动控制中方渔船不进入越南 25 海里范围内捕鱼的措施，由于中国的海域管理力量薄弱，从 20 世纪 70 年代至今越方抓扣、抢劫中国在北部湾生产的渔船事件经常发生。1991 年 11 月中越关系正常化后，越南为了扩大其对北部湾的实际控制，在与中国进行北部湾划界谈判的同时，加强了对海域的控制，越方的军警、舰艇经常到东经 108°线附近抓、抢、枪击中国在北部湾作业的渔船，抢夺中国在北部湾的中、西部海域传统捕鱼权，迫使中国渔民放弃进入长期以来越方坚持的东经 108°03′13″"分界线"以西的海域。

南沙群岛海域位于中国的最南端，海域面积约 80 万平方公里，是中国的最大热带渔场，也是中国渔业资源丰富、范围宽广而又尚待开发的海域。中国南海沿岸和海南岛渔民在南沙群岛海域捕鱼的历史由来已久。南沙群岛是中国人民最早发现、最早开发并进行管辖的海域。由于南沙海域在军事、经济、外交上的地位越来越重要，周边国家纷纷派兵侵占中国岛礁。周边的越南、马来西亚、菲律宾等国，为了巩固其既得利益，除加强已侵占的岛礁、海域的防务建设外，还不断以暴力手段对中国从事正当生产的渔船实施抓扣、枪击等骚扰。在这种情况下，中国南沙渔业生产受阻，作业渔船的数量下降。② 与此相反，越南等国则大力发展其渔业生产，如越南政府多年来，采取的各种鼓励措施和优惠政策，包括供应低价柴油、免征税收、提供低息贷款、加强海军护渔等，促使其渔船与我国争夺渔场。在越南政府的大力扶植下，越南在南沙的作业渔船迅速增加，目前中国在南沙西部渔场已基本丧失。马来西亚、菲律宾也采取类似行动，菲律宾的渔船更经常深入到南沙中部海区生产。由于涉及国家领

① 车斌、熊涛：《南海争端对我国南海渔业的影响和对策》，载于《农业现代化研究》2009 年第 7 期。
② 张锦峰：《南海渔业资源合作开发法律机制研究》，海南大学硕士毕业论文，2011 年。

土主权的斗争，中国与南沙周边各国尚没有建立渔业合作关系。

2. 南海油气开发问题。南沙争端是一个很复杂的问题。从目前形势看，多国控制的格局将会继续维持下去，发生大规模武装冲突的可能性不大，越南、菲律宾、马来西亚、印度尼西亚、文莱等国将以此为契机，加紧掠夺南海南沙油气资源，扩大与国际间的经济开发合作，使南沙问题国际化。

南沙海域的油气勘探表明，油气资源富集的几个主要盆地为曾母盆地、万安盆地、文莱—沙巴盆地和巴拉望盆地等，它们皆跨越传统海疆线的两侧。如果放弃传统海疆线，也就等于放弃了中国在南沙海域的资源权益。坚持以传统海疆线作为中国南海的管辖范围，符合历史事实、法律依据以及南海诸岛本身的地理地质特点，可根据《联合国海洋法公约》对这条线作出解释，并加以完善，使其相当于中国南海大陆架或专属经济区的外部界线。贯彻中央关于解决南沙问题的方针，"主权在我，搁置争议，共同开发"，即在坚持中国拥有南沙主权，暂时搁置争议的情况下，以"合情合理，和平方式，共同开发，区别对待"为指导思想来处理解决南沙争端，与有关国家共同开发争议海域是促进地区稳定与合作并最终解决中国南沙主权的一种途径。建立协调机构，统一处理有关事宜。无论是外交、政治、经济和军事斗争，还是实施海洋管理、开发海洋、发展海洋经济，以及海洋科学研究等，都急需根据国际法有关条款提出最佳的划界方案，及早划定南沙海区的疆界，以保证我国人民在南沙海域活动的安全，有效地维护我国的海洋权益。经过 1985～1995 年的南沙群岛及其邻近海区综合科学考察，从油气资源、生物资源到海洋环境的要素等，进行了深入详细的调查研究，并取得了丰富的成果资料，掌握了与南沙划界有关的历史、地理、环境和资源等要素，掌握了适用于南沙划界的国际法基本原则，为开展南沙划界优先方案研究奠定了基础。

针对当前面临的形势，对南沙群岛及海域历史、地理特征、资源、环境特点、海域边界划分的国际法依据、地理战略态度变动等，提出海域边界划分和共同开发、区域合作方案，为国家制定捍卫南沙群岛领土主权、维护南沙海域海洋权益和开发南沙资源等决策提供科学依据和法律依据。增大南沙海域油气勘探和开发的力度。因为石油和天然气是一种不可再生资源，南海周边国家掠夺石油和天然气的行为不被制止的话，再过 30～40 年的时间，中国在南沙海域的油气资源将被掠夺殆尽。因此，在南沙海域进行油气勘探和开发的任何迟缓行动，必将导致这一海域油气资源的丧失。

（三）因产业结构和经济结构不同而形成的不同合作层面问题

南海周边国家及地区近年都将扩大对外交流与合作，作为发展区域经济、科技、文化的基本政策，逐步形成了不同层面的经济协作体系。如建立于 20 世纪 70 年代的东盟各国，不断加强内部协作形成了大东盟。但因各国和地区经济发育水平、经济结构、产业结构及自然地理条件等存在差异，南海周边国家及地区产业经济协作系统呈现出多层面的特点。这种格局在一定程度上有利于南海区域经济集团化发展，但与整个区域经济一体化目标尚存在很大差距。另外，南海周边国家及地区的产业结构性矛盾突出，不少国家和地区的工农业、支柱产业迭合度高，产业结构趋同化程度高，限制了该区域产业经济协作的深度与广度。进入 21 世纪，中国与东盟内部产业发展与经济增长呈现四个不同层次：处在最高层次的是新兴工业化国家和地区，如新加坡、中国香港和台湾地区等；处在第二层次的是东盟国家中的泰国、马来西亚及中国的华南区域；处于第三层次的是印度尼西亚、菲律宾、越南；处于第四层次的是老挝、柬埔寨、缅甸等，尚处于经济发展和工业化的初级阶段。在经济结构、产业结构和资源结构上，南海区域各方面临着如下困难。

1. 海洋产业开发的广度和深度相对落后。以海洋渔业、海洋生物制造业、海洋化工、海洋运输业、海洋油气、滨海旅游业为主要内容的海洋产业体系，在南海周边国家及地区还没有形成一个完整的协调合理的开发格局，海洋产业在国民经济中的地位和作用还很小。在海洋渔业资源开发利用方面，海水养殖业比较落后，养殖面积不到滩涂面积的 30%，不到 20 米水深以内浅海面积的 5%，沿岸和近海捕捞的比重和中下层海产资源捕捞强度过大，内海捕捞产量比值高达 90% 以上，而外海捕捞产量比值不到 10%，不利于沿岸和近海水产资源的保护。在海洋运输和港口建设方面，运输船只数量少，吨位小，尤其是远洋货运能力低，没有发挥海上通道的作用。沿海港口开发程度低，现有港口的基础设施不配套，后方的集疏条件差，港口与腹地间的交通不畅，港口专业化和自动化装卸技术落后，港口吞吐能力没有充分发挥。海产品加工和海洋生物的海产品加工业基础薄弱，规模小，综合利用技术水平低，加工的海产品不到总产量的 20%，加工产品多为低层次的，精加工产品占的比例很小，缺乏开拓国际市场的高档产品。在滨海矿产资源利用方面，缺乏大型采矿场，开发规模小，开采方法简陋，多为农民自采，缺乏统一管理，矿产的综合回收率低，资源浪费严重，造成较严重的环境水质污染。在制盐及盐化方面，制盐业的整体技术水平低，自然灾害严重，制盐企业亏损不少，技术更新跟不上，产品质量差，成本高、品种少，缺乏竞争能力，盐产品深加工和盐化工档次较低。在滨海旅游方面，缺乏发展资金，许多旅游景点无法开发利用，旅游景点的交通、通信、供水、供电等基础设施建设严重滞后，功能不配套，满足不了旅游业快速发展的需要。在环境保护方面，随着沿海城市工业和乡镇企业的发展，港口建设规模扩大，向海洋倾倒垃圾、废物，排放废水和有害物增加，尤其是一些地方不合理的围垦滥采，使大片红树林、珊瑚礁遭到破坏，沿海生态环境不断恶化。在海洋科技方面，人才缺，经费少，装备差，从事海洋开发的力量薄弱。在海洋教育、职业人才培养方面，教育尚不能适应当前海洋开发对人才的需要。在海洋管理方面，海洋管理混乱，综合协调管理能力不强，各海洋开发产业条块分割严重，各方缺乏相互间的协调。

2. 开发资金短缺的影响。南海区域缺少投资是一个普遍的现象。按照"贫困的陷阱"模型，资本的缺乏可能是两个方面的原因：一个是本身的资本短缺，投入的能力有限；另一个是市场狭小，市场盈利率低，吸引区外资金困难。南海区域近年来的实践证明：资金缺乏是开发行动迟缓的一个重要原因，要克服资金瓶颈，必须走出资本缺乏的循环，形成一个强大的引资外力。这个外力可以是各方政府的投入，也可以是引入的区外投资，但都需要一种政策上的设计，以政策的力量推动经济运行，吸引资金，造就一种新的发展动力。

3. 生态环境的影响。由于南海区域开发程度低，各方急于发展自身经济，往往不择手段地开发资源，搞经济建设较少考虑对海洋及生态环境的破坏。南海区域开发要考虑环境影响的两种情况：其一是本身的环境较好，现代社会尚未对这里的环境产生过多影响，优美的环境成为当地的一笔可观的财富，区域开发就必须要考虑如何保护现有的环境，在项目选择上以不破坏环境为前提。其二是本身的环境比较恶劣，如区域的一些岛屿，环境恶劣，在这样的条件下环境治理是第一位的，开发建设要与治理环境同步而行。在现代社会，环境要素已经成为区域开发的重要因素，不能不顾及环境效益而盲目进行区域开发。南海区域属于第一种情况，环境财富是发展海洋产业的基础，应努力保持好。

第三节 广东与南海周边国家及地区海洋渔业合作的理论基础

一、机制设计理论

(一) 机制设计理论的基本思想

1. 机制设计理论的中心思想。按照亚当·斯密的设想，市场这只看不见的手在理想情境中能够有效配置资源。但现实世界是不理想的，总存在各种各样的约束，使得市场作用不能充分发挥，即市场总是容易失灵的。像在不完全竞争、不完全信息、外部性、公共物品、规模报酬递增以及不可分商品等情况下，市场机制就不能自动实现资源的有效配置。

既然市场机制并不天然就是完美无瑕的，那么是否存在其他机制能够替代或改进市场机制，以保证资源的有效配置。或者更一般地，对于给定的经济环境，是否存在一个或多个机制来保证既定社会目标（通常是资源配置实现帕累托最优）的达成。如果存在，那么什么样的机制能够用更少的信息或更低的成本实现既定目标。

机制设计理论研究，集中在如何才能制定出能处理非对称信息下不同激励及控制问题的契约和制度。① 在外生信息不对称的情况下，决策者通过设计一个激励合同或契约，以获得真实、有用的信息，诱导他人"讲真话"；在内生信息不对称的情况下，决策者通过设计一个激励机制，以诱使另一方当事人采取正确的行为，形成"不偷懒"。这使我们能更好的理解保险市场、信用市场、拍卖、公司内部组织、工资结构、税收系统、社会保障、竞争条件、政治制度等问题。信息经济学研究信息与激励的一个基本结论是，任何一种制度安排或政策，只有满足个人的"激励相容约束"才是可行的。

那么，我们可以得到机制设计的一个基本的思想：对于任意给定的一个经济或社会目标，在自由选择、自愿交换、信息不完全等分散化决策条件下，能否设计以及怎样设计出一个经济机制，使经济活动参与者的个人利益和设计者既定的目标一致。

从研究路径和方法来看，与传统经济学在研究方法把市场机制作为已知，研究它能导致什么样的配置有所不同，机制设计理论把社会目标作为已知，试图寻找实现既定社会目标的经济机制。即通过设计博弈的具体形式，在满足参与者各自条件约束的情况下，使参与者在自利行为下选择的策略的相互作用能够让配置结果与预期目标相一致。

2. 机制设计理论的核心内容。经济机制理论包括信息理论和激励理论，并用经济模型给出了令人信服的说明。经济机制理论的模型由四部分组成：经济环境；自利行为描述；想要得到的社会目标；配置机制（包括信息空间和配置规则）。

机制设计理论主要解决两个问题：一是信息效率问题，即所设计的机制需要较少的关于消费者、生产者以及其他经济活动参与者的信息和信息（运行）成本。任何一个经济机制的设计和执行都需要信息传递，而信息传递是需要花费成本的，因此，对于制度设计者来说，自然是信息空间的维数越小越好。② 二是机制的激励相容问题，激励相容是赫尔维茨1972年提出的一个核心概念，他将其定义为，在所设计的机制下，使得各个参与者在追求个人利益的同时能够达到设计者所设定的目标。

3. 基于委托—代理的机制设计基本分析框架。机制设计理论的重要的分析框架就是委托—代理理论。经济学上的委托—代理关系泛指任何一种涉及非对称信息的交易。所谓非对称信息是指一方拥有另一方所没有的信息。信息不对称可以从时间和内容上来划分。从发生的时间看，非对称可能发生在当事人签约之前，也可能发生在签约之后，分别称为事前非对称和事后非对称。事前非对称信息引起逆向选择问题，而事后非对称信息则引起道德风险问题。从内容上看，非对称可以是某些参与人的行动，也可能指某些参与人的信息或知识。隐藏行动模型研究不可观测行动，隐藏知识模型或隐藏信息模型研究不可观测知识。委托—代理理论习惯上是

①② 赫尔维茨·瑞特：《经济机制设计》，上海格致出版社2009年版。

"隐藏行动道德风险模型"的别称，在委托—代理关系中，拥有私人信息的参与人称为代理人，不拥有私人信息的参与人称为委托人。

委托—代理理论试图模型化下一类的问题：委托人试图确保代理人按委托人意志行事，其基本原理是委托人想使代理人按照自己的利益行动，但由于信息的不对称性，委托人并不能直接观测到代理人的具体行为，能观测到的只是一些变量，这些变量由代理人的行动和其他外生的随机因素共同决定，因而充其量只是代理人行动的不完全信息。委托人的问题是如何根据这些观测到的信息来激励代理人，促使其选择对委托人最有利的行动。[①]

（二）南海渔业合作机制设计

对于共用资源来说，仅仅通过取得这种物品就可以确定所有权，个人将会理性的相信如果不尽快占有该物品，其他人就会占有，他们拥有的机会也会随之丧失，这种理念如果被社会中的每一个人实施，将会导致资源过度侵蚀。从现实来说，中国南海区域的公共渔场正是这样一种共用资源，存在有极大的争端。

1. 不合作情况下的渔业开发分析。如果渔业资源开采的双方均采取不合作的方式，那么渔业资源可视为所有权没有确定的共同产权资源，且缺乏管制。

就渔业开发的参与者之间的相互博弈来看，假定博弈双方的战略集中只有两种战略选择（合作，不合作）的情况下，可能的支付有四种，双方都合作时的支付MC（Mutual Cooperation），单方面背叛的UD（Unilateral Defection），单方面合作的支付UC（Unilateral Cooperation）和双方都不合作的支付MD（Mutual Defection）。以囚徒困境为例，因为UD > MC，这就使得博弈双方都有了从合作中背叛的动机，而且MD > UC这一条件又使得博弈双方都害怕会被对方欺骗带来更大的损失。在这种情况下，集体理性和个人理性的不统一使得博弈的唯一结果是不合作。

假设，每年从渔场开采的渔业资源数量 y，y 主要依赖于该渔场渔业资源的储量 s 和开采船只数量 x（x 和开采国家数量成正比），很显然 s 和 x 均和 y 成正比，且 x 为边际产量递减的生产要素，即 $y=f(s, x)$，$\frac{\partial y}{\partial s}>0, \frac{\partial y}{\partial x}>0, \frac{\partial^2 y}{\partial x^2}<0$。当 s 固定的情况下，$f: x \to y$ 为严格的凹函数。

渔业资源开采并不是免费的，假设每派出一艘渔船成本为 π，则开采总成本 c 可以表示为下式：$c=\pi x$。成本 π 表示相对价格，以开采的资源数量来表示，即要弥补一艘船的成本必须开采 π 的渔业资源。

在缺乏有效管制的情况下，每个国家（每艘船）都独立的决定是否去开采渔业资源，是否开采的基本原则是：如果估计利润为正，那么就去开采；否则不开

①　陈国富：《委托—代理与机制设计—激励理论前沿专题》，南开大学出版社2003年版。

采。此时，利润为 $r = y - c = y - \pi x$。当 $r > 0$ 时，$y > \pi x$，即开采原则可表述为：当 $y > \pi x$ 时，开采；$y < \pi x$ 时，不开采。可以预见的是，这个原则下渔船的均衡数量 x_0 是利润恰好为 0 的数量：

$$f(s, \ x_0) = \pi x_0 \qquad\qquad (5-1)$$

当这个条件被满足时，所有市场参与者都没有改变自己想法的动力：开采的船只继续开采，不开采的船只仍然不开采，市场达到一种稳定的均衡。

从均衡的基本原则式（5-1）来看，很显然，在均衡中的利润为 0。即任何的开采者均没有从现有的渔场获得任何收益，获得的渔业资源的价值恰好等于为了获得它们而付出的资源的价值。在竞争条件下，开采者为了使开采的资源价值大于消耗的资源价值，从渔场中获利，从而在缺乏管制的情况下，必然会导致过度开采、捕捞的问题。

2. 渔业合作机制分析。

（1）渔业合作框架下的委托—代理关系。为了使渔业资源能得到有效而合理的利用，使参与者能自发合作，首先必须满足条件 MC > 0，当 MC ≤ 0 时，合作都是不稳定的；其次，尽管 MC > 0 是维持有效合作稳定的必要条件，但这并不能保证所有 MC > 0 的合作都是稳定的，因为当 UD > MC 时，博弈双方都可能从投机行为中得到更大的收益，在这种情况下必须通过建立惩罚或者补偿机制降低投机带来的收益或者提高合作的收益，可见 UD < MC 或 UD = MC 是合作稳定的另一个必要条件。所以在支付函数的确定过程中保持集体理性和个人理性的统一才能促进合作，这也是下面分析的一个限定条件。

假设渔场在某个特定的机构（国家）的控制之下，该机构追求净收益的最大化，即渔业利润的最大化。

在有管制的合作框架下，管制机构的行为为共同知识，而被管制的参与者的行为为不确定因素，双方的信息处于不对称状态，从而构成了委托—代理关系，管理机构（国家）为委托人，而被管理者（其他国家）为代理人。管理者出于自身利益最大化的动机，来促使整个渔场的利益最大化时，需要其他参与者的配合与协作。由于不可能通过行政命令来指挥其他参与者的行动，管理者只能通过契约来寻求其他参与者的支持，并约束它们的行为。

（2）委托—代理模型的建立。在渔场这种特殊的资源下（产权不确定或存在争议），如何安排最优委托权，设计合理机制，长期实现渔场生产的"稳态"均衡是我们拟解决的主要问题。

假设渔场的开发仅有两个参与者，一个是管理者（用 M 表示）；另一个为开发者（用 D 表示）。就一般意义上来说，管理者和开发者是无差异的。为了简便讨论问题，假设两个参与者均为风险中性的，则效用函数为：

$$U_i(y_i, a_i) = y_i - C_i(a_i) \qquad (5-2)$$

这里，y_i 表示货币收入，a_i 表示努力水平。进一步假设，$C_i(a_i) = ba_i^2$，b 为努力成本系数，b 越大，同样的努力 a_i 带来的负效用越大。

则整个渔场的总效用为 $Y - \sum C_i(a)$，其中，Y 为渔场的总产出。

假设，渔场的生产函数用下式表示：

$$Y = \varphi(a_M, a_D) + \varepsilon = a_M^\alpha a_D^{1-\alpha} + \varepsilon \qquad (5-3)$$

其中，ε 为均值为 0 的随机变量。因此，期望产出为 $\varphi(a_M, a_D) = a_M^\alpha a_D^{1-\alpha}$。该柯布—道格拉斯生产函数反映了生产的特征：每个成员努力的边际生产率都是另一个成员努力的递增函数。α 为产出对努力的弹性系数，α 和 $1-\alpha$ 可以解释为对应成员的相对重要性。

假定产出的分配采用如下的线性形式：

$$Y_M = \omega_M + \beta(Y - \omega_M - \omega_D) = (1-\beta)\omega_M + \beta(Y - \omega_D)$$
$$Y_D = \omega_D + (1-\beta)(Y - \omega_M - \omega_D) = \beta\omega_M + (1-\beta)(Y - \omega_M) \qquad (5-4)$$

ω_M 和 ω_D 分别表示管理者和开发者的固定补偿收入，这里，$0 < \beta < 1$，β 和 $1-\beta$ 分别表示管理者和开发者的剩余份额，每个成员的总收入为固定补偿和剩余索取的加权平均值。剩余索取权是委托权（控制权）的基本内涵，如何确定 β 的大小，使得委托人和代理人都有充分的动力履行契约，是合作机制设计合理与否的关键。

假设委托人的工作努力起到两种作用，一是直接用于生产；二是监督代理人的行动。令 a_i^s 为自我努力，a_i^b 为被监督的工作努力。则 $a_i \in \{a_i^s, a_i^b\}$。a_i 的水平和 x_i 呈函数关系：$g: x_i \to a_i$，且 g 是严格的凸函数。由于监督是防止过度开发的举措，所以可以得知在存在监督的情况下，渔场的总产出小于不存在监督的情况下的总产出，假设：

$$\rho Y^s = Y^b$$
$$\rho (a_M^s)^\alpha (a_D^s)^{1-\alpha} = (a_M^b)^\alpha (a_D^b)^{1-\alpha} \qquad (5-5)$$

这里，$0 < \rho < 1$，表示存在监督时的总产出系数，即监督（也可表现为惩罚等手段）将会减少开发的数量。ρ 越小则表示监督导致的总产出水平越低，若 $\rho = 1$ 则表示监督在技术上的完全不可行。

由式（5-5）可以得到：$a_M^b = \rho a_M^s \left(\dfrac{a_D^s}{a_D^b}\right)^{\frac{1-\alpha}{\alpha}}$，$a_D^b = \rho a_D^s \left(\dfrac{a_M^s}{a_M^b}\right)^{\frac{\alpha}{1-\alpha}}$

假设，固定收入 ω_i 不影响努力水平 a_i，因此，最优的 β 总是最大化总福利 W

的，则总福利 W 等于总期望产出减总努力成本，即 $W = EY - C_M(a_M) - C_D(a_D)$，则最优委托权安排的问题可以表述如下：

$$\max_{\beta} = a_M^{\alpha} a_D^{1-\alpha} - ba_M^2 - ba_D^2 \qquad (5-6)$$

$$\text{s. t. } a_M \in \underset{a_M}{\mathrm{argmax}}\left[(1-\beta)\omega_M + \beta(a_M^{\alpha} a_D^{1-\alpha} - \omega_D) - ba_M^2\right] \qquad (5-7)$$

$$\text{s. t. } a_M \geqslant a_M^b$$

$$a_D \in \underset{a_D}{\mathrm{argmax}}\left[\beta\omega_D + (1-\beta)(a_M^{\alpha} a_D^{1-\alpha} - \omega_M) - ba_D^2\right] \qquad (5-8)$$

$$\text{s. t. } a_D \geqslant a_D^b$$

3. 最优剩余索取权安排。考虑监督在技术上可行的情况下，即 $0 < \rho < 1$，对上述最优化问题求解。首先给定 β，两个成员最优化的两个一阶条件给出如下两个反应函数：

$$a_M = \max\left\{\frac{(\beta\alpha)^{\frac{1}{2-\alpha}} a_D^{\frac{1-\alpha}{2-\alpha}}}{2b}, \rho a_M^s \left(\frac{a_D^s}{a_D^b}\right)^{\frac{1-\alpha}{\alpha}}\right\}$$

$$a_D = \max\left\{\frac{[(1-\alpha)(1-\beta)]^{\frac{1}{1+\alpha}} a_M^{\frac{\alpha}{1+\alpha}}}{2b}, \rho a_D^s \left(\frac{a_M^s}{a_M^b}\right)^{\frac{\alpha}{1-\alpha}}\right\} \qquad (5-9)$$

其中，括号中的第一项表示自我努力，第二项表示在监督下的努力。即是说，如果 i 的自我努力大于监督技术的努力，i 的实际努力水平等于自我努力，否则等于监督下的努力。

很显然，当 $\beta = 0$ 时，管理者 M 不可能有积极性监督开发者 D，但开发者 D 有积极性监督管理者 M；类似的，当 $\beta = 1$ 时，开发者 D 不可能有积极性监督管理者 M，但管理者 M 有积极性监督开发者 D。从反应函数（5-9）中我们同样可以看到，M 的努力水平 a_M 是 β 的单调增函数，而 D 的努力水平 a_D 是 β 的单调减函数，因此一定存在一个临界值 β_M 使得当 $\beta > \beta_M$ 时，M 开始有积极性监督 D，同样的，也一定存在另一个临界值 β_D 使得当 $\beta > \beta_D$ 时，D 不再有积极性监督 M，当然，$\beta_M > \beta_D$。

为讨论简单起见，假设 $b = 0.5$。

（1）当 $0 < \beta \leqslant \beta_D$ 时，M 没有积极性监督 D，则由 D 监督 M：

$$a_M = a_M^b = \rho a_M^s \left(\frac{a_D^s}{a_D^b}\right)^{\frac{1-\alpha}{\alpha}} = \rho a_M^s \left(\frac{a_D^s}{a_D}\right)^{\frac{1-\alpha}{\alpha}},$$

$$a_D = a_D^s = \frac{[(1-\alpha)(1-\beta)]^{\frac{1}{1+\alpha}} a_M^{\frac{\alpha}{1+\alpha}}}{2b} \qquad (5-10)$$

解式（5－10），可得到：

$$a_M = \rho^{\frac{(1+\alpha)(2-\alpha)}{2}} (\beta\alpha)^{\frac{1+\alpha}{2}} \left[(1-\alpha)(1-\beta)\right]^{\frac{1-\alpha}{2}}$$

$$a_D = \rho^{\frac{\alpha(2-\alpha)}{2}} (\beta\alpha)^{\frac{\alpha}{2}} \left[(1-\alpha)(1-\beta)\right]^{\frac{\alpha(1-\alpha)}{2(1+\alpha)^2}}$$

很显然 a_D 是 β 的减函数。也就是说，开发者占有的剩余份额越大，在开发中越重要，他的监督就越有效，积极性就越高。

（2）当 $\beta \in (\beta_D, \beta_M)$ 时，监督不可行。在不存在监督时，解式（5－8）得到纳什均衡的最优努力水平为：

$$a_M = (\beta\alpha)^{\frac{1+\alpha}{2}} \left[(1-\beta)(1-\alpha)\right]^{\frac{1-\alpha}{2}}$$

$$a_D = (\beta\alpha)^{\frac{\alpha}{2}} \left[(1-\beta)(1-\alpha)\right]^{\frac{2-\alpha}{2}} \tag{5－11}$$

（3）$\beta \geqslant \beta_M$ 时，D 没有积极性监督 M，M 监督 D：

$$a_M = a_M^s = (\beta\alpha)^{\frac{1}{2-\alpha}} a_D^{\frac{1-\alpha}{2-\alpha}}$$

$$a_D = a_D^b = \rho a_D^s \left(\frac{a_M^s}{a_M^b}\right)^{\frac{\alpha}{1-\alpha}} \tag{5－12}$$

解式（5－12）得：

$$a_M = \rho^{\frac{1-\alpha^2}{2}} (\beta\alpha)^{\frac{\alpha(1-\alpha)}{2(2-\alpha)^2}} \left[(1-\alpha)(1-\beta)\right]^{\frac{1-\alpha}{2}}$$

$$a_D = \rho^{\frac{(2-\alpha)(1+\alpha)}{2}} (\beta\alpha)^{\frac{\alpha}{2}} \left[(1-\alpha)(1-\beta)\right]^{\frac{2-\alpha}{2}}$$

类似的，可得到 a_M 是 β 的增函数，即管理者 M 占有的剩余份额越大，在开发中的地位越重要，监督越有效。

同时，β_D 和 β_M 分别满足下面两个条件：

$\beta_D: a_D^b = a_D^s$

$$\Rightarrow \rho^{\frac{\alpha(2-\alpha)}{2}} (\beta\alpha)^{\frac{\alpha}{2}} \left[(1-\alpha)(1-\beta)\right]^{\frac{\alpha(1-\alpha)}{2(1+\alpha)^2}} = (\beta\alpha)^{\frac{\alpha}{2}} \left[(1-\beta)(1-\alpha)\right]^{\frac{2-\alpha}{2}}$$

解得：

$$\beta_D = 1 - \frac{\rho}{(1-\alpha)^{1+\alpha}} \tag{5－13}$$

$\beta_M: a_M^b = a_M^s$

$$\Rightarrow \rho^{\frac{1-\alpha^2}{2}} (\beta\alpha)^{\frac{\alpha(1-\alpha)}{2(2-\alpha)^2}} \left[(1-\alpha)(1-\beta)\right]^{\frac{1-\alpha}{2}} = (\beta\alpha)^{\frac{1+\alpha}{2}} \left[(1-\beta)(1-\alpha)\right]^{\frac{1-\alpha}{2}}$$

解得：

$$\beta_M = \frac{\rho^{\frac{1}{4-\alpha}}}{\alpha} \tag{5－14}$$

从式（5－13）、（5－14）可以看到，β 和 α 成反比关系，即 β 越大则 α 越小，

即 M 在开发中（或者说是在制造更多产品方面）所起的作用越小，意味着 M 为了获得更多的剩余索取权，将会用更多的精力去监督 D，而不是用于开发中；同样，当 β 值较小的时候，D 会花更多的精力去监督 M。并且 β 和 ρ 成正比，表示剩余索取权越多，即 β 越大，M 期望开发总产出水平越高，很显然，以上的两个关系是符合人性的基本假设的。然而每一个参与者的努力水平是有限的，既期望通过监督对方，避免过度开发，并获得更高的剩余索取权，又希望整体开发水平提高，两者存在着相互制约、矛盾的关系，矛盾的最终归宿会所形成"稳态"均衡，使得整个开发既能保持在一个较高的水平，又能有效的遏制过度开发的情况（见图 5-3）。

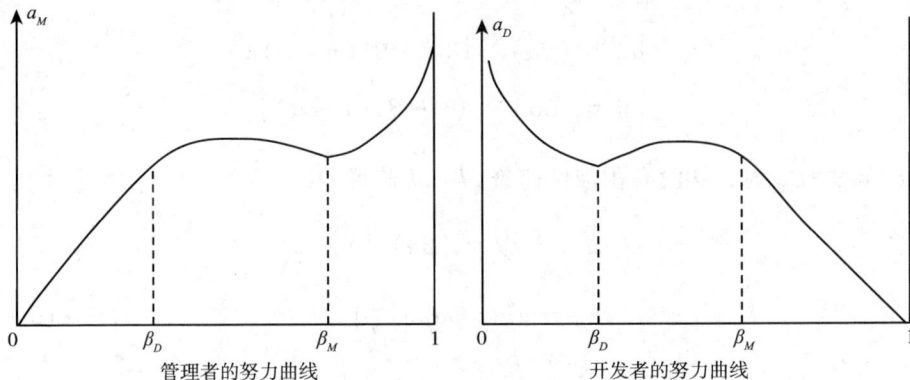

图 5-3　管理者与开发者努力曲线

4. 结论。对于南海渔场这种准公共物品，本身存在有产权不确定等问题，若在开发的过程中没有管制，则每个开发者都会从自身利益最大化的角度出发，从而导致过度捕捞等问题，损害整个渔场的可持续发展。对于存在管制的渔场，可以通过对剩余索取权的合理安排，来激励开发双方的努力，有效避免过度开发问题，并且有效地提升共同开发效率。从可实现的制度安排上来看，可由南海周边国家搁置争议，共同开发。开发时由各国轮值作为管理者（监督者），其余国家作为开发者，并按照可实现的剩余索取权分配方式来进行监管，这样既可实现资源共享，也可实现信息、技术互通，最终实现争议区域渔业资源合理的、可持续的开发。

二、系统论

（一）系统论的概念

系统论是研究系统的一般模式，结构和规律的学问，它研究各种系统的共同特征，用数学方法定量地描述其功能，寻求并确立适用于一切系统的原理、原则和数学模型，是具有逻辑和数学性质的一门新兴的科学。

（二）系统论的基本思想

系统论认为系统是由相互联系的各个部分和要素构成的，具有一定结构和功能的有机整体。其基本思想有两点：一是把研究和处理的对象都看成是一个系统，从整体上考虑问题；二是特别注意各个子系统之间的有机联系以及系统与外部环境之间的相互联系和相互制约。[1]

系统论的基本特征有：整体性、时序性、层次性、结构性、功能性和环境关联性等。而且也是系统方法的基本原则，表现了系统论不仅是反映客观规律的科学理论，而且还具有科学方法论的含义，这也正是系统论这门科学的特点。贝塔朗菲对此曾作过说明，英语 System Approach 直译为系统方法，也可译成系统论，因为它既可代表概念、观点、模型，又可表示数学方法。他说，我们故意用 Approach 这样一个不太严格的词，正好表明这门学科的性质特点。

其中整体性是系统的核心观念，整体性价值观要求以系统整体的优化发展为最高价值准则。贝塔朗菲强调，任何系统都是一个有机的整体，它不是各个部分的机械组合或简单相加，系统的整体功能是各要素在孤立状态下所没有的新质。他用亚里士多德的"整体大于部分之和"的名言来说明系统的整体性，反对那种认为要素性能好，整体性能一定好，以局部说明整体的机械论的观点。同时认为，系统中各要素不是孤立地存在着，每个要素在系统中都处于一定的位置上，起着特定的作用。要素之间相互关联，构成了一个不可分割的整体。要素是整体中的要素，如果将要素从系统整体中割离出来，它将失去要素的作用。正像人手在人体中它是劳动的器官，一旦将手从人体中砍下来，那时它将不再是劳动的器官了一样。系统中的每个子系统或每个要素的生存和发展都依赖于系统的整体状况，单个系统和要素的结构形成和变化发展要受到整个系统的制约。这就要求我们在区域旅游实践过程中不仅要确立整体性的价值观，而且也要遵循整体性规律。在一个具有多层次、多方面关系的综合系统中，不仅要重视各个层次、各个方面的价值关系，更要重视这些价值关系相互作用后的整体结果，整体结果的价值大小才是衡量我们实践效果的最终根据。

系统论的基本思想方法，就是把所研究和处理的对象，当做一个系统，分析系统的结构和功能，研究系统、要素、环境三者的相互关系和变动的规律性，并优化系统观点看问题，世界上任何事物都可以看成是一个系统，系统是普遍存在的。大至渺茫的宇宙，小至微观的原子，一粒种子、一群蜜蜂、一台机器、一个工厂、一个学会团体……都是系统，整个世界就是系统的集合。

---

① 魏宏森：《系统论》，世界图书出版社 2009 年版。

三、环海洋区域协作开发理论

区域协作是指以不同的规模、不同层次的企业和地区为主体所进行的经济技术协作的总称。这种协作有区域之间的整体协作，也有区域间不同产业、不同行业的协作，通过协作获得可观的利益，通过分工来互通有无。区域协作的实质是区域分工的深化，各个企业和地区将生产要素整合起来，并集中到该地区生产效率最高的生产部门生产，获得最大化的利润，从而形成合理的产业结构、产品结构和企业组织结构。当然，这样的协作并不是无条件的，前提条件是生产要素在各区域之间能够自由流动并互为市场，相反地，如果区域实行封锁或者是发生冲突，则会阻碍这种协作。区域协作是以政府和企业为主体的经济发展的联合行动，希望通过经济的、行政的手段，最终实现产业的有效集群，政府从事宏观层面的行动，包括区域经济关系的协调、开发和协作环境的构筑，基础设施的建设，生态环境的保护等；企业则从事微观层面上的行动，包括相互之间的贸易、产业的分工、产品的交换、技术的交流以及相互投资等。只有企业和政府共同参与，两种协作才能顺利进行。

南海周边国家和地区的开发，从某种意义上讲，是一个环海洋区域协作开发的典型，应在归纳已有的实践经验的基础上，形成环海洋开发模式。环海洋区域开发模式主张，依据海洋沿岸及海域内自然状况、资源条件、社会经济等因素，按照自然规律、技术规律、生态规律及经济规律的客观要求，制定出海洋资源开发利用、海洋开发整治为中心的海洋经济发展总体策略。其主要任务是：对海洋沿岸及海域内海洋资源开发利用、海洋经济发展进行综合研究，协调好海洋资源开发利用、海洋产业经济发展与海洋环境保护等关系。①

第四节　广东与南海周边国家及地区海洋渔业合作的可能性

一、广东与南海周边国家及地区海洋渔业资源的互补性

广东与南海周边国家及地区在地域上属于一个自然地理综合体，海陆相连，交通十分便利，为渔业合作提供了基础。从地理区位上看，南海周边国家和地区都与海洋相接，多数国家由多个岛屿、海湾、滩涂等构成，有广阔的海域，蕴藏了丰富的鱼类和水产资源。在渔业方面，南海周边国家和地区基本上处于亚热带和热带地

---

① 朱坚真：《环北部湾区域经济合作的模式、方向与建议》，载于《创新》2008 年第 4 期。

区，而广东大部分地区处于温带、亚热带地区，双方主要的渔业产品种类不同，存在较强的互补性。正是这种渔业资源上的互补性，使得广东与南海周边国家及地区的渔业合作成为可能。如从石斑鱼的角度来看，中国和印度尼西亚就具有极强的互补性。印度尼西亚石斑鱼 2004 年的产量达到 6 552 吨，而在 2006 年达到 1.2 万吨。中国是石斑鱼的消费大国，对石斑鱼的需求没有限额，而且中国对石斑鱼的需求不只限于鲜鱼，还包括已加工的石斑鱼。

二、广东与南海周边国家及地区海洋渔业技术的互补性

（一）广东与南海周边国家及地区海洋渔业捕捞技术的互补性

海洋水域占整个地球面积的 70.6%。在辽阔的海洋里，生活着近 2 万种鱼类。海洋捕捞业的发展为人类提供了生活所需的大量鱼类和各种工业原料，促进了世界经济发展。因此，不仅一些濒临海洋的国家致力于发展海洋捕捞业，甚至连一些内陆国家也涉足其中。中国海洋捕捞业非常发达，近年来每年的捕捞量在 1 500 万吨左右，其产值占中国海洋经济总产值的 54%。广东与南海周边国家及地区近年来交往频繁，双边经贸合作前景广阔。南海周边海域辽阔，渔业资源丰富。而广东深海捕捞技术较好，与南海周边国家及地区在海洋渔业捕捞领域的互补性强，合作潜力大。

2007 年马来西亚有 500 余艘泰籍深海捕捞船只在该国海域开展渔业生产，而我国却只有不足 100 艘深海作业船只。广东省海洋渔业企业拥有成熟的深海捕捞技术和较强的实力，广东省海洋渔业企业与马来西亚海洋渔业企业合作得到两国政府的支持，合作前景十分看好。

文莱虽然海洋渔业资源丰富，但是其海洋捕捞技术不发达，特别是深海捕捞技术相当匮乏。文莱现有 1 226 名全职渔民，4 362 名兼职渔民，大多为岸边手工作业或舢板作业。文莱全国有约 25 艘较小作业渔船，吨位在 30～60 吨，其中有拖网船 14 艘，围网船 5 艘，延绳钓船 1 艘，多数集中在 20 海里内作业。2005 年文莱渔业总产量为 17 258 吨，其中捕捞量为 16 060 吨，水产养殖量为 540 吨，加工量为 657 吨。2005 年文莱渔业捕捞、养殖和水产加工等总收入达到了 8 640 万文元（约 5 400 万美元）。据文莱渔业局统计，文莱人口 38 万人，年均消费海产品 17 100 吨，人均消费量为 45 千克。目前文莱水产品需求约有 50% 的缺口，需要通过进口解决。为了促进渔业的更快发展，文莱政府制定了一系列的优惠政策来鼓励开发商业渔场和海水养殖场，鼓励外资与文莱本地公司开展渔业合作，希望凭借得天独厚的地理位置，通过积极实施外向带动发展战略，不断提升渔业综合竞争力，特别希望加强与中国的合作。2007 年 6 月底到 7 月初，应中国农业部的邀请，文莱渔业

代表团访问我国东南沿海一些渔业发达的地区，双方希望在远洋捕捞、水产养殖、水产品加工和质量控制等方面加强合作，作为海洋渔业强省的广东省与文莱在海洋捕捞技术上的合作空间非常广阔。

我国香港有逾 9 000 名船民以捕鱼为生。因污染、填海、过度捕捞，过去十年，香港渔获下跌逾半，鱼苗产量更大减九成。据加拿大英属哥伦比亚大学于 1997 年的报告指，香港 17 种具价值的渔获中，12 种已被过度捕捞。面对渔获日少，香港的近海捕捞渔业濒临死亡边缘，急需发展远洋捕捞技术，广东作为我国的远洋捕捞大省，与香港在这方面存在互补性。

（二）广东与南海周边国家及地区渔业养殖与渔业深加工技术的互补性

广东与南海周边国家及地区渔业发展的差异性和互补性，决定了相互之间贸易和合作领域的发展前景。从渔业资源开发角度来看，广东作为中国的第一人口大省，拥有丰富的人力资源和自然资源丰富，但人均资源拥有量相对稀缺，渔业资源相对有限，但广东的海水养殖与渔业深加工技术相对成熟。近年来，我国在国内外举办了中国与东盟、与马来西亚等国际性渔业商务论坛，为广东与南海周边国家和地区的渔业合作与交流提供了平台，对建立广东与南海周边国家和地区的渔业合作机制起了推动作用。

20 世纪 80 年代初以来，中国从各种渔业科技合作中取得了良好效果。陆续从外国引进水产养殖和鲜活饵料生物品种百余种，通过研究、繁育、试养，约 20% 的品种已在全国适宜地区逐步推广。罗非鱼、虹鳟鱼、罗氏沼虾、海湾扇贝、太平洋牡蛎、加州鲈鱼、德国镜鲤等都已形成一定的生产规模。同时，中国也向其他国家提供了中国特有的青鱼、草鱼、鳞鱼、鳊鱼等鱼种的种鱼和鱼苗以及海带、紫菜等苗种，并向这些国家传授淡水养殖和人工繁育技术，使这些品种在不少国家安家落户，成为当地的主要养殖品种。2006 年，中菲渔业合作项目正式启动，广东省与菲律宾渔业合作进入实质性阶段，目前，在菲律宾塔克罗班岛海域建设的深水网箱养殖示范基地已经启动；2006 年广东省成功主办了"泛珠三角区域渔业经济合作论坛"第一次年会，有力地推动了泛珠三角渔业的合作与交流。

养殖渔业是马来西农业重要的一部分，并且是带领该国经济增长的第三大产业。据马来西亚渔业部估计到 2010 年时马来西亚养殖渔业产量将可达 60 万吨，产值则可达 52.8 亿马币。届时，虾类将为该国养殖渔业的主力产品，其中海水虾将成为主要养殖水产品，年产量将达 15 万吨，产值将达 37.5 亿马币；然而当前的国际市场"绿色壁垒"日益森严，许多国家在不断提高对虾等水产品的准入门槛：美国与欧洲对于抗生素的检验日趋严格，澳大利亚颁布了禁止进口生虾的法规，加拿大则要求产品进行逐柜检测，这种国际市场的准入门槛越来越高的情形使得虾类养殖技术的要求越来越高，广东湛江是全国重要的对虾种苗繁育基地，现有对虾种苗场 430 家，年培育虾苗 600 多亿尾，不仅满足本地养殖需要，甚至可以出口到南海周边国家和地区。此外，湛江还在虾类加工、饲料、交易等技术环节上也有创新，形成了育苗、养殖、流通、加工、出口一条龙的产业链，年创造产值 90 亿元，创造就业岗位 40 万个，涉及人口 100 万人。湛江养虾业呈现出健康持续发展的良好局面，对虾产量以每年 30% 的速度增长。2006 年全市对虾产量达到 15 万吨，占广东全省对虾产量的 60%、占全国对虾产量的 20%。这些都得益于湛江始终把对虾质量安全管理摆在对虾产业的首位，在检验检疫部门大力支持下，从种苗、养殖、加工、流通各个环节全面推行标准化养殖，应用 HACCP 管理模式，建立规范化的质量安全管理体系的操作规程，确保质量安全，使湛江对虾成为可以放心食用的绿色食品。2005 年以来，欧盟、美国 FDA、美国卫生与人类服务部、韩国海洋水产部等有关组织先后 5 次到湛江考察，对湛江对虾产业实施全程质量安全管理给予高度评价。毫无疑问，广东湛江的虾类养殖及深加工技术与马来西亚的虾类养殖具有良好的合作前景与基础。

新加坡养殖观赏鱼已有五六十年的历史了，目前共有 126 家养鱼场，养殖面积为 165 公顷，养殖的鱼种超过 200 种，除了龙鱼为体型较大者外，多为鲤科、鲶科等小型的淡水观赏鱼，观赏鱼的产值为 3 220 万新币。新加坡是世界最大的观赏鱼输出国，1999 年观赏鱼的出口值达 1.2 亿新币，占世界总出口值 1/3。外销市场遍布世界各地，分别为美国 25.3%、日本 19.9%、英国 11.4%、德国 8.7%、法国 7.9%、其他 26.8%。近几年也基本稳定在这一水平。龙鱼产业虽然在新加坡观赏鱼养殖业的产值中，龙鱼所占的比例并不大，但龙鱼却是该国最具特色的产业之一。龙鱼的人工繁殖最早是在 1981 年，由新加坡原产局（现称农兽局）的淡水鱼中心率先掌握的。到 20 世纪 80 年代中期，许多从业者已能成功地繁殖出龙鱼。因此，在观赏鱼的养殖方面广东可以借鉴新加坡的成功经验。

越南政府为了鼓励水产行业发展，出台了一系列吸引投资的优惠政策，广东的水产养殖技术在国内外得到了广泛的认可，可以鼓励相关企业和个人带资金、带技术到越南投资从事水产养殖，既可充分发挥广东的技术优势，也可以利用越南优惠的产业政策及丰富的水产资源和廉价劳动力，从事较大规模的海水养殖。同时可以带动相关行业的发展，如越南鱼虾饲料每年需求量达 30 万吨，但本国现有的生产量仅有 8 万吨，周边的菲律宾、印度尼西亚、马来西亚每个国家的缺口也各在 10 万吨以上。广东省特别是湛江水产饲料行业发展较快，还有专门的虾饲料生产厂，可以鼓励饲料厂家"走出去"到越南发展，或将产品出口到越南。

海水养殖业是文莱渔业中发展较快的行业之一。由于文莱气候温和，海水无污染，比较适合发展海水养殖业。文莱利用水池养虾始于 1994 年，至今有 13 家企业投资养虾业，文莱全国现共有 50 个鱼虾养殖场，养殖著名的虎虾和蓝虾，总面积

230 公顷。2005 年文莱养虾业总产量 788 吨，价值 300 万文元，除本地销售外，还出口到美国、中国台湾、日本、马来西亚和新加坡。随着全球市场对虾需求的增加，文莱工业及初级资源部已开始研究引进国外投资和技术，增加养虾产量，现已在都东县规划 459 公顷新地作为海水养殖专用。文莱海产品加工业规模较小，目前有 66 家国内企业和 1 家合资企业从事海产品食品加工，都为中小型企业，产品主要是虾片和鱼干类，主要在本国销售。广东可以与文莱在海水养殖技术方面进行高层次的合作。

（三）广东与南海周边国家及地区其他海洋渔业技术的互补性

近海渔场由于酷渔滥捕，某些经济鱼类越来越少，质量下降，因此加强对海洋水产资源增殖保护和合理利用，已成为当务之急。人工鱼礁的建设和人工增殖放流就是保护资源的重要技术措施。从建造人工鱼礁的实践来看，自 20 世纪 60 年代 ~ 80 年代初，日本把濑呼内海水产品产量从年均 25 万吨提高到年均 70 万吨；美国从 1964 年开始到 80 年代末，把原来水质贫瘠，资源贫乏的东部海区渔业产量推进到年均 180 万吨。原因是他们都投放了人工鱼礁。我国利用人工鱼礁最早是在 1976 年，山东、辽宁是当时搞得最多、最好的省份，实践证明，建造投放鱼礁进行增殖是非常成功的。

2001 年，广东省人大审议通过《关于建设人工鱼礁保护海洋资源环境的议案》，该议案要求从 2002 年起，用 10 年时间，各级政府投入 8 亿元（其中省财政投入 5 亿元），建设 100 座人工鱼礁。目前已建成和在建礁区共 26 座，累计投放报废渔船 88 艘，混凝土礁体 1.2 万个、42 万立方米。议案实施 5 年来，经对礁区海底渔业资源观测，人工鱼礁区鱼类种类明显增多，许多珍稀濒临灭绝水生物种再现，局部区域渔业资源产量成倍增加。马来西亚、泰国、菲律宾等国在人工鱼礁建设方面的投入资金不多，投礁数量也不多，他们大部分是将废弃旧船、废轮胎等材料建造鱼礁，只有少量的钢筋混凝土鱼礁，有的渔礁甚至是用竹、木、石块来搭建的，造成其使用寿命不长。广东自 1985 年至今长期持续开展资源增殖放流活动，每年组织开展从海洋到内陆的渔业资源增殖放流活动。多年来，广东每年增加放流资金、放流品种，不断探索放流形式，至 2008 年 8 月底，累计放流淡水鱼苗 25 亿尾、罗氏沼虾 2 970 万尾，中华绒螯蟹苗 1 227 千克，海水鱼苗 7 286.7 万尾、海水虾苗 23.7 亿尾，贝类 3 122 吨，主要品种达十几种。

南海是水生生物的重要栖息地和重要渔场。南海丰富的海洋生物资源，维系着区域的生态平衡和沿边国家无数渔民的生计。多年来，为养护南海海洋生物资源和生态环境，促进南海海域渔业资源的健康发展，我国中央政府及广东、广西海南等地方政府实施了捕捞强度控制、建立保护区、海洋伏季休渔等一系列政策措施，我国各级政府、渔业部门及广大渔民群众为合理保护和利用南海渔业资源、保证与相关国家的渔业协定的顺利实施做了大量工作。近几年来又组织实施大规模的增殖放流，使南海的渔业资源得到有效养护，受到渔民及社会各界的拥护和欢迎。海洋渔业资源增殖放流是一项公益性活动，这就要求南海周边国家和地区的主管部门积极采取各种措施，积极筹措增殖放流经费，不断增大增殖放流活动规模，需要南海周边国家和地区的通力合作，才能使南海成为真正的蓝色海洋牧场，使南海周边国家和地区的渔民世代受益。

此外，广东省有着悠久的渔船渔具制造历史，在渔船和渔具制造技术方面具有雄厚的实力，可以为南海周边国家和地区提供渔船和渔具制造技术方面的支持。鉴于越南与广东有着相同的海洋捕捞产业结构和方式，而且越南政府也希望提高渔船制造能力，积极努力探求与其他国家合作，因此，广东的渔船渔具行业可利用这个机会到越南发展，实行优势互补。

三、广东与南海周边国家及地区海洋渔业市场的互补性

广东与南海周边国家和地区的经济发展水平不一致。从经济发展水平看，区域内有些国家和地区经济发展水平比广东低，如越南；有些国家和地区经济社会发展程度比广东高，如文莱。2006 年文莱人均 GDP 已达到 31 000 美元。区域内经济社会发展的不平衡状态决定了广东与南海周边国家及地区海洋渔业市场具有极大的互补性。随着广东经济的发展和居民生活水平的提高，水产品的消费结构也将趋于优质化、多样化。垂钓和观赏渔业将成为城镇居民休闲娱乐的重要方式，农村市场的开拓也将拉动常规水产品的消费市场，广东与南海周边国家及地区海洋渔业市场的互补性将越来越强。

以中国和文莱为例。从产业结构看，文莱主要是以开采石油和天然气为主的产业结构，渔业生产不发达。文莱政府针对产业结构单纯的问题，提出要加大实施经济多元化战略，争取到 2023 年文莱渔业产值达 4 亿文元。中国在三次产业的层面上与文莱存在着一定互补，在与海洋捕捞和海水养殖有关的层面上可以提供各种技术服务，这给文莱在发展海洋产业方面提供了合作的领域和空间。而广阔的中国内地市场，更可以使中国与文莱结成垂直贸易及合作的紧密伙伴关系。

2007 年及未来几年是我国全面建设现代渔业的关键时期，加快渔业经济增长方式转变，实现渔业持续、健康发展是历史赋予的重任。总的来说，"十二五"时期我国渔业发展既有难得的机遇，也面临严峻的挑战。我国渔业发展的总体目标是：主要水产品供给平稳增长，渔业科技自主创新和转化应用能力不断增强，渔业结构和区域布局进一步优化，渔业灾害防控和质量安全监管能力进一步提升，渔业生产组织化进程进一步加快，资源养护水平进一步提高，渔民收入稳步增加，现代渔业建设稳步推进。渔业经济水产品总产量达到 6 000 万吨、年均增长 3.3%；人

均水产品占有量44千克、人均水产品消费量12千克；养殖产量达到4 550万吨，养捕产量之比达到76：24；渔业总产值5 700亿元，年均增长6.4%；增加值3 200亿元。联合国粮农组织在一份报告中预测，今后中国消费的水产品有望增长80%。在未来几年，中国渔业生产难以满足自身需求，需要大量进口。正是由于中国渔业产品进口持续增长，菲律宾渔业产品生产商正试图进入中国市场，把中国作为长期出口对象。菲律宾水产品销售咨询公司SeaFare集团的总裁彼得·雷德梅因说，水产品现已成为中国10亿多人口饮食的重要组成部分。菲律宾很重视中国水产品需求增长这个大好机会。广东可以抓住这个机会，扩大与菲律宾的渔业贸易。

四、中国—东盟自由贸易区建设对广东与南海周边国家及地区海洋渔业合作的推动性

南海周边的许多国家和地区是中国—东盟自由贸易区的重要成员，中国—东盟自由贸易区建设对广东与南海周边国家及地区海洋渔业合作具有重要的推动作用。2002年11月，中国和东盟领导人签署了《中国—东盟全面经济合作框架协议》，确定了农业、人力资源开发、信息技术、投资和湄公河流域开发等五个优先合作的部门。该协议下的"货物贸易协议"和"服务贸易协议"对加强中国与东盟各国的渔业合作具有重要意义。渔业是农业的重要构成部分，加强广东与包括南海周边国家和地区在内的东盟各国的渔业合作，兴办独资、合资、合作渔业企业，落实中国—东盟自由贸易区有关协议，对促进中国—东盟自由贸易区顺利建成，更快地促进区域内渔业的发展，提高区域内水产品在国际市场上的竞争能力具有重要意义。反过来，中国—东盟自由贸易区的建设对南海渔业争端具有积极意义，随着区域一体化进程的加快，南海渔业争端有可能得到缓和，广东可以在"自贸区"的制度框架和机制保障下，争取分别和南海周边国家及地区签署渔业合作协定，以扩大广东渔民的捕捞区域，就近解决渔业产品的销售和补给问题，进而实现南海渔业的区域合作，为广东海洋渔业的发展开辟新天地。具体来说，中国—东盟自由贸易区建设对广东与南海周边国家及地区海洋渔业合作的推动性表现在以下几个方面：

1. 良好的政治氛围有利于渔业合作。中国与东盟签署了《关于非传统安全领域合作联合宣言》、《南海各方行为宣言》以及中国加入《东南亚友好合作条约》等协议，为中国—东盟自由贸易区的建立扫清了政治和安全方面的障碍，为中国—东盟的经济发展创造了良好的政治环境。2002年11月，中国与东盟签署的《中国—东盟农业合作的谅解备忘录》，决定把杂交水稻、捕鱼业、水产养殖、生物工程、农场产品和机械等方面作为农业中长期合作的重点。在这些农业协议中，有关捕捞业、水产养殖等方面的合作原则和意向构成了中国—东盟渔业合作的基础，对广东与相关东盟国家的合作就有推动性。

2. 区域内农业资源的互补性有利于渔业合作。在中国和东盟的多数国家中，农业都是很重要的经济支柱。但农业发展的差异性和互补性，决定了双方渔业贸易和合作领域的发展前景。从渔业资源开发角度来看，中国是一个人口大国，拥有丰富的人力资源；自然资源丰富，但人均资源拥有量就相对稀缺；渔业资源相对有限，但沿海渔业养殖技术相对成熟。东盟各国种植业、养殖业及热带生物资源十分丰富，对中国这个农业大国来说十分重要。在农业方面，东盟国家基本上处于热带地区，而中国大部分地区处于温带，双方主要的农产品种类不同，存在较强的互补性。正是这种农业资源上的互补性，使得广东和东盟的渔业合作成为可能。

3. 区域内经济发展水平的差异性有利于渔业合作。从经济发展水平看，中国与东盟各国的经济发展水平不一致，大体可以分为三个不同层次：第一层次是新加坡、文莱；第二层次是马来西亚、泰国、菲律宾、印度尼西亚；第三层次包括越南、老挝、柬埔寨、缅甸四个东盟新成员国。2002 年新加坡的人均国内生产总值达到 20 515 美元，是世界上最富裕的国家之一。而缅甸的人均国内生产总值仅 104 美元，相差几乎将近 200 倍之多。从产业结构看，东盟可分成四个层次：第一层次是经济发达的新加坡；第二层次包括泰国、马来西亚、菲律宾和印度尼西亚，它们的第一产业在 10% ~ 19% 之间，第二产业和第三产业比较发达；第三层次是越南，第一产业尚占国内生产总值的 25%；第四层次是属于农业国性质的柬埔寨、老挝和缅甸，它们的第一产业在国内生产总值中的比重高达 50% 以上，农业是支撑经济的最主要部门。中国在三次产业的层面上属于东盟国家的第二层次与第四层次的过渡，存在着一定互补。中国的第一产业发展优先于东盟国家的第四层次，而第三产业的发展则落后于东盟国家的第一、第二层次。这就给中国和东盟各国在产业发展方面提供了合作的领域和空间，如中国可以与越南、柬埔寨、老挝、文莱、缅甸等农业性质的国家，结成垂直贸易与合作的伙伴关系。这种区域内经济发展水平的差异性有利于广东与南海周边国家和地区渔业合作。

4. 区域内日益降低的关税有利于渔业合作。根据中国—东盟自由贸易区"早期收获"计划，农产品关税从 2004 年开始下调，2006 年约 600 项农产品的关税将降为零，其中也包括水产品。中国与东盟的市场放开之后，贸易双方都存在巨大的市场发展潜力。东盟作为距离中国最近的贸易伙伴，它的重要地位凸显出来，水产品市场也不例外。2004 年，中国出口东盟国家水产品总量 15.1 万吨，增长 51.75%，总额 3.53 亿美元，增长 140.63%。2004 年东盟市场成为中国出口水产品的国际第六大市场，虽然排名在日、韩、美、欧盟和我国香港之后，但增长率却排名第一位。区域内日益降低的关税对广东与南海周边国家和地区在渔产品进出口、渔船建造维修、水产养殖业、渔产品加工业、水产品保鲜仓储实施和渔业工程投资等方面创造了广泛合作空间。

第五节　广东与南海周边国家及地区
海洋渔业合作的目标与步骤

广东海洋渔业实施"走出去"战略，进一步扩大对外开放，既是中国加入世界贸易组织、对外开放进入新阶段的必然要求，也是广东海洋渔业发展实现新突破的必由之路。推进国际和区域合作，充分利用"两个市场，两种资源"，不断拓展广东海洋渔业的发展空间，也是广东省海洋渔业顺应经济全球化潮流和继续当好排头兵的必然选择。要以全球视野来积极开展与南海周边国家及地区的海洋渔业合作，提高广东海洋渔业国际竞争力；通过加强国际合作，积极引进国外资金、科学技术和管理经验；重点引进能够代表世界海洋渔业发展方向的关键技术；继续改善投资环境，提高利用外资质量，重点吸引外资进入水产品精深加工领域，促进广东省海洋水产品加工业的发展；通过加强与南海周边国家及地区的交流和合作，形成协调的经济贸易往来关系，推动广东海洋渔业经济对外贸易进一步发展，加速广东海洋渔业现代化进程，进而带动广东省海洋产业结构的优化升级和海洋经济的整体进步。

一、广东与南海周边国家及地区海洋渔业合作的主要目标

2008年11月，广东省在第六次海洋工作会议中提出：至"十二五"期末，全省渔业经济总产值要达到1 650亿元；海洋渔业协调发展，并建成现代海洋渔业经济体系；海洋渔业达到国内领先水平，在国际区域范围内竞争力进一步提高；高新技术产业占相当比重；形成一批渔港经济区，建成一批外向型水产品加工基地，形成了一批有较强辐射作用的区域性水产技术推广中心和海洋与渔业高科技园；建成和完善渔业资源环境监测与水产品质量监测网络；实现海洋资源持续高效利用。实现这些目标，广东省必须要立足于海洋渔业经济的国际化和一体化，严格按照世贸组织的规则组织生产经营，参与世界海洋渔业经济的大循环，实现互利、双赢、共荣。要凭借资源和区位优势以及良好的基础设施及投资环境，加快渔业对外开放，大力发展外向型海洋渔业；要抢抓机遇，积极开展区际间、国际间双边和多边海洋渔业合作，拓展发展空间；要以科学的发展观为指导，明确目标，把握广东与南海周边国家及地区海洋渔业合作重点。具体来说，（1）要建立发展海洋渔业的产业政策协作系统；（2）要形成南海远洋渔业资源共同开发的合作机制；（3）建立区域性的海洋渔业科技交流与合作机制；（4）建立区域性的海洋渔业水产品贸易和水产品质量管理交流与合作系统；（5）建立以海洋文化交流为依托的海洋休闲渔

业发展合作机制。[①]

（一）建立发展海洋渔业的政策协作系统

1. 建立和完善区域性海洋渔业协作政策。在借鉴世界主要发达国家和地区海洋渔业发展经验的基础上，研究提出广东和南海周边国家及地区区域性海洋渔业协作与发展的基本政策。近期主要建立以下政策：促进海洋渔业结构优化的政策；创建联合群体为主的组织政策；发展渔业新技术为主的海洋渔业技术政策；促进对外渔业经济合作发展的政策；区域海洋产业布局政策。相应的配套措施：理顺市场供求关系，增强海洋渔业自我发展能力；健全完善渔业发展与渔业资源保护的相关法制，实施法制管理；依靠科技进步，提高从业人员素质；强化海洋环境执法工作，健全海洋法制，加强海洋综合管理，重视生态环境保护，实现开发与保护同步发展。加强海洋监测和防灾减灾系统建设，减轻海洋灾害对海洋渔业的破坏；发展海洋科技和教育事业，提高研究、开发和保护海洋的能力。

2. 实行分区开发与共同开发相结合的海洋渔业发展策略。一方面，大多数南海周边国家及地区仍处于发展中阶段，都面临着迫切发展的要求。对他们来说，发展是第一位。但因技术、资金等条件限制，又没有能力对其海洋资源进行全面开发。在南海渔业资源开发利用问题上，各方可以根据资源现状和生产技术能力等，实施分区开发战略。另一方面，为了保持南海周边地区和平与稳定的地区局势，减少海洋渔业资源利用冲突，各方需要树立全局观念，共同发展区域性产业体系，组建区域性产业集团。具体来说，就是联合开发利用南海渔业资源，共同保护海洋生态环境。就公海建立一系列双边及多边的海洋生物资源保护协议，在传统疆界线跨界海域开展双边或多边海洋产业协作；创造条件，实施由远及近、先远海后近海、先公海后沿海大陆架海域的开发序列。以此作为互惠互利的基本条件和实施范围，实行海洋资源的共同开发与保护。

3. 从保护海洋资源出发改造传统海洋渔业。着力保护和恢复近海渔业资源，加大渔业资源增殖力度。重点实施"振兴近海渔业资源行动"，大规模开展人工增殖放流和人工渔礁建设，促进近海渔业资源逐步得以恢复；严格禁渔区、禁渔期等休渔制度，改进捕捞作业方式，进一步减轻近海渔业资源捕捞强度；推广先进养殖技术与设施，加强选择育种、遗传育种研究，建设一批海上高新养殖示范区，促进传统养殖业升级；主攻水产品精深加工，建设若干海水产品精深加工、出口基地，以加工业拉动和提升养殖业，增强国内外市场竞争力；配合国家大洋性远洋渔业项目建设，大力拓展远洋渔业；继续采取扶持政策，建设一批高标准、配套设施完善的中心渔港和渔港经济特色区块；积极培育新兴渔业，使之成为海洋渔业经济发展

---

① 同春芬：《海洋开发中沿海渔民转产转业问题研究》，载于《海洋开发与管理》2008 年第 1 期。

的新亮点，拓宽捕捞渔民转产转业渠道，促进渔区经济全面发展；加大渔乡渔村改造整治力度，改善渔民生活质量。

（二）建立与南海周边国家及地区远洋渔业资源开发合作机制

南海周边国家和地区渔业资源丰富，个别国家和地区资源的开发利用潜力较大，但囿于资金、技术和人力，无力单独开发其资源，迫切需要国际合作。以马来西亚为例，其渔业资源丰富，年可持续捕量为 119 万吨。目前，马来西亚有 500 余艘泰籍深海捕捞船只在该国海域开展渔业生产，而该国却只有不足 100 艘深海作业船只，而中国企业却拥有成熟的渔业生产技术和较强的实力。由此可见，中、马两方在开展海洋渔业合作方面互补优势明显。之外，双方合作得到两国政府的大力支持，有着合作的成功经验。国家及其他沿海省份也都重视远洋渔业的发展，远洋渔业发展前景十分看好。2007 年 7 月，河北通过立法鼓励发展远洋渔业。2008 年 1 月，中共中央、国务院 2008 年发布一号文件，再次提出支持发展远洋渔业。2007 年 5 月，广西北海市远洋渔业发展有限公司同马来西亚安格渔业发展有限公司共同合作，在马来西亚海域进行渔业生产活动；2007 年 11 月，浙江乐清市天祥远洋渔业开发有限公司和马来西亚兴发集团，合资开发马来西亚东马海域远洋渔业暨渔业加工园区建设项目；温州近几年也在筹集大批大马力钢质渔轮，赴马来西亚东马海域从事捕捞作业。

探讨或建立与南海周边国家及地区海洋远洋渔业发展合作机制，加强与南海周边各国及地区海洋渔业交流合作，互惠、共利地开发海洋渔业资源，是广东推动海洋渔业自身发展的必然要求。一方面，随着南海近海捕捞资源的日趋衰退以及与南海周边国家海洋权益的划分，广东海洋捕捞业正面临渔场缩小、产量下降、效益滑坡的严峻形势，冲出国门发展远洋渔业已经成为实现广东海洋渔业可持续发展的当务之急；另一方面，广东发展远洋渔业是争取海洋渔业权益、参与国际渔业资源分配的需要，也是优化广东渔业结构，带动加工、贸易、运输、渔需物资等相关产业发展，加速广东现代海洋渔业进程的必然选择。再者，广东作为中国经济大省和改革开发的前沿阵地，市场要素相对充裕和活跃，具有国际经济合作的基础。因此，在当前南海周边及地区海洋渔业发展的形势下，广东可以出台专门措施，扶持远洋渔业发展，如对远洋渔业企业建造远洋渔船给予一定投资补助，加大远洋渔业科技投入，优化远洋渔业产业结构等，在巩固国有企业的基础上，积极引导并扶持民营、股份制企业加入发展远洋渔业的行列，提高远洋渔业龙头企业的辐射带动能力，重点开拓大洋性远洋渔业项目，增强广东省远洋渔业发展后劲，并以此促进广东海洋渔业"走出去"战略的实施。

（三）建立区域性海洋渔业科技交流与合作机制

广东是一个海洋渔业、海洋水产业资源较为丰富的地区，广东的海洋渔业企业应该走出去，扩大与国内外的交流及合作，把中国的技术、设备、产品推向海内外，创造合作机会，寻找合作项目，以提高广东海洋渔业方面的外向型经济成分，增强广东省海洋渔业经济的竞争力。同时，通过与南海周边国家及地区开展渔业科技交流和合作，引进国内外先进的养殖技术、工艺和设备，依靠内化吸收并进行创新，把广东海洋渔业、海洋水产精深加工业提高到一个新的层次，努力缩小与国际先进水平的差距，在满足我国日益增长的国内需求的同时，开辟和拓展新的国际市场空间。

建立广东与南海周边国家及地区区域性海洋渔业科技交流与合作机制，首先要充分发挥广东省内企业"走出去"的积极性，鼓励并扶持养殖企业、远洋渔业和水产品原料加工企业到越南、文莱、印度尼西亚、马来西亚和菲律宾等国家建立远洋基地、养殖基地、加工基地，从而促进广东与马来西亚、文莱等国家的海洋渔业技术交流与合作。其次，作为中国渔业大省，广东可以定期或不定期地组织水产企业在国外参展，在周边国家及地区举办形式多样的展览会、推介会，展览会应积极吸引广东省内主要的水产品养殖企业、水产品加工商、机械制造商、贸易商、与渔业相关的组织机构、贸易组织、专业媒体和政府部门的参与；展出内容可涉及海（淡）水养殖技术、品种和设备（施）、水产饲料、疫病防治、水质处理和监控、渔船、通讯、海洋捕捞、绳索网具、水产品冷冻、储运、加工、保鲜技术与设备等方面。最后，可以在广东举办南海周边国家及地区水产养殖技术培训班，举办广东与南海周边国家及地区区域性的海洋渔业科技学术论坛；充分发挥广东省内涉海高校及科研院所作为渔业科技交流主体的积极性，从而更进一步地推动广东与南海周边国家及地区海洋渔业科技的交流和合作。

（四）建立区域性海洋渔业水产品贸易和水产品质量安全管理交流与合作机制

加强与南海周边国家及地区海洋渔业水产品贸易往来，积极促进水产品加工和对外贸易健康发展，是广东海洋渔业发展的战略需要，也是拓展产业发展空间、增加渔民就业和收入的需要。2005 年，广东海水产品对外贸易达 78.92 万吨。2006年，达 32.59 吨，水产品出口占全国 60%，稳居全国榜首。2007 年水产品出口总量 44.1 万吨，出口创汇 15.3 亿美元，分别较上年增长了 35.3% 和 14.1%。广东与南海周边国家及地区资源禀赋相异，各有特色和专长，加强南海周边国家及地区水产品贸易交流，建立水产品贸易沟通协调机制，有利于南海周边各方做到优势互补。广东在稳定现有优势出口品种的同时，要培育发展新的符合国际市场需求的精深加工产品，开发新的出口市场，有效化解出口风险。要加快优势水产品出口产业带建设，推动养殖、加工、出口形成完整产业链，加快加工示范园区和品牌渔业建设，提高水产品国际市场竞争力。要加强与越南、马来西亚和菲律宾等有关国家水产品自由贸易区研究和建设工作，在推动水产品出口的同时，根据国内市场需求鼓励适度进口，发展来料加工，使广东水产品国际贸易继续保持平稳较快发展。

在当代国际经济贸易交往中，水产品质量问题逐渐受到重视，不管是发达国家还是发展中国家对出口水产品的药残检控都逐渐严格，出口水产品及加工品因农（渔）药残留超标被拒收、扣留、退货、索赔、终止合同、停止贸易交往的现象时有发生。

随着海洋渔业发展进入新阶段，中国水产养殖产品的质量安全问题日益突出，已经成为制约我国水产养殖业健康发展的瓶颈。由于水产养殖各环节缺乏相应的制度规范，鱼药、鱼饲料、苗种等养殖投入品不合理使用，导致养殖水产品污染比较严重，严重影响了消费者信心，对行业发展造成了重大损害。因此，加强广东与南海周边国家及地区水产品质量安全管理的交流和合作，不但重要而且必要。广东与南海周边各沿海城市政府之间可以形成一个水产品质量安全管理的交流机制，各方达成共识并建立一个长期稳定的沟通协调方式，如可以在南海周边沿海城市和地区轮流举办渔业合作论坛或水产品质量安全管理交流会议，并针对海洋渔业发展、水产品质量监管及水产品质量快速检测技术等问题可以相互磋商，共同提出有效对策，共享成功经验；当然，也可以由高等院校科研单位或其他相关等组织以举办学术会议的形式进行交流，最终形成一个由政府、企业、科研单位及其他组织参与的多层次、全方位的区域性海洋渔业水产品质量安全管理交流与合作机制。

（五）建立以海洋文化交流为依托的海洋休闲渔业发展合作机制

随着经济社会的发展，人们生活水平得到大幅度提升，对生活质量的要求也逐渐提高。人们在满足物资需要的同时，越来越注重精神文化享受。于是，休闲行业悄然兴起并得到蓬勃发展。休闲渔业是一种以传统海洋渔业为依托、适应人民群众物质文化消费需求、跨行业发展的新兴产业，一般是以休闲娱乐为目的，利用渔船和渔场，提供参观、体验渔业生产和渔民生活等服务的商业经营行为。由于独特的人文、历史及海岸、岛屿类型结合，南海周边各国及地区形成了与众不同的海洋渔业文化系统。广东与南海周边国家及地区地理位置相近，经济联系密切，人文交流频繁，在文化上有共同之处，有条件加强和南海周边国家及地区开展海洋休闲渔业交流与合作。

建立广东与南海周边国家及地区海洋休闲渔业发展合作机制，发展广东海洋休闲渔业，具有重要的经济和社会意义：一是有利于更好推进渔业产业结构调整，可以在一定程度上缓解沿海捕捞渔民转产转业问题。由于休闲、观赏渔业的内容丰富，其相关联的产业也很多，并且多为劳动密集型产业，因此可以为渔（农）民提供大量的就业空间，缓解渔业生产和渔区社会经济生活中的一些矛盾。二是有利于资源的合理开发、利用和保护。把一些符合条件的渔船，通过拆解、去污、灌注等措施，改建为近岸人工渔礁；或把一些符合条件的渔船，通过增设必需的安全、娱乐设施，改造成休闲游钓鱼船。这样既有利于开发新的旅游资源，更有利于减轻近海捕捞强度，增殖水生生物资源，保护渔业生态环境。三是有利于扩大水产品出口，既能增加渔（农）民收入，又能创汇。观赏渔业是一个庞大的家族，其中包括观赏鱼类、植物类、龟类等，这些观赏性的水生动、植物不仅可供国内消费，增加渔民收入，还是出口创汇的重要力量。

因此，广东要大力加强与南海周边国家及地区的双边或多边旅游协作，共同建设具有区域影响的南海休闲旅游带，促进南海区域休闲渔业共同发展，就必须要整合滨海旅游资源，积极开展海滨度假游、海岛观光游和涉海专项游；有条件的沿海地方要结合自身资源特色，打造海洋生态和海洋文化特色突出的滨海旅游品牌；发展渔业观光旅游、渔区风情旅游和游钓业等休闲渔业项目；也可以开展多种形式的渔业文化活动，举办南海国际开渔节。之外，广东要结合内地与香港、澳门关于建立更紧密经贸关系的实施安排，加快推进广东与香港、澳门等地区的海洋休闲旅游合作。

二、广东与南海周边国家及地区海洋渔业合作的主要步骤

随着 21 世纪国际经济政治格局变化，世界范围内区域化、集团化经济发展趋势进一步加强，南海周边国家及地区不断扩大改革开放力度，积极参与国际经济交流和产业合作。新加坡、印度尼西亚、马来西亚、菲律宾、越南、泰国、文莱等东南亚国家致力于亚太经济合作体系框架的构建，近几年与中国不断举行高层互访和高层次经济合作论坛会。各方政府、企业界、民间团体等不断增进交流，加强合作，取得了不少新成果。与此同时，在中国—东盟全面经济合作框架协议下，广东与南海周边国家及地区海洋渔业合作领域也进一步扩展并趋向深入，在诸多方面签订了双边或多边协议，在渔业资源开发和相关产业的协作方面取得了积极的成果。为巩固合作成果，扩大南海周边各合作方利益，广东与南海周边国家及地区的海洋渔业合作空间仍需继续拓展。在当前世界经济发展趋势下，根据未来较长一段时期内区域经济发展的方向，可以粗略地把广东与南海周边国家及地区的海洋渔业合作大致化分为三个阶段：

（一）海洋渔业合作初步发展阶段（2010 年左右）

建立区域水产品贸易信息交流机制，建设水产品贸易"绿色通道"。争取建立

区域内渔业龙头企业对接机制，促进水产品生产、加工、销售企业扩大交流、深化合作；积极构建区域内渔业信息交流平台，实现渔业信息网络的互联互通。健全信息服务功能，优化信息服务方式，提高渔业信息的收集、加工、贮存和传递水平，为区域内渔业生产、经营及合作提供便利；适应渔业区域合作的需要，整合区域内渔业科技力量，针对涉及共同发展的重大问题组织联合攻关。建立渔业科技成果的交流机制，提高渔业科技成果在区域内的扩散速度；南海周边国家及地区水域相连，资源环境保护工作面临着许多共同问题。有关各方应共同研究加强渔业资源环境保护的措施，探讨采取共同行动，提高渔业资源养护水平的途径，为实现渔业可持续发展注入新动力。

（二）海洋渔业合作稳固发展阶段（2020年左右）

在中国—东盟自由贸易区经济协议框架下，促进海洋渔业发展进一步开放，区域内水产品贸易逐步走向自由化，实现在多领域、多层次的国际化合作。跨国及地区企业成为推动海洋渔业合作的主体力量。以提高海洋渔业竞争力和现代化水平为核心，形成以下五大合作体系：（1）科技兴渔、外向带动、区域协调、可持续发展战略体系；（2）海洋基础设施建设体系；（3）海洋科技创新和技术推广体系；（4）海洋资源环境保护体系；（5）海洋综合管理和水产品质量安全管理合作体系。

（三）海洋渔业合作全面发展阶段（2030年左右）

广东与南海周边国家及地区海洋渔业合作程度已经较高，达到了多层次、多角度、全方位的一体化合作；南海周边国家及地区自由经济贸易区建成并得到完善；海洋渔业可持续发展战略得到充分实施；渔业投入资金充足，渔业基础设施完善；外商投资环境完善；具有协调的海洋渔业联合执法体制；顺畅的渔业科技交流合作机制；形成完善的联席会议制度，制定区域性水产品质量标准；渔业社会化服务体系完备；建成现代化的渔业产业体系。

第六节 广东与南海周边国家及地区海洋渔业合作的基本模式

一、政府主导型的海洋渔业合作模式

（一）充分发挥政府的政策引导作用

中央领导，地方参加，国际协作，公众参与。根据海区的自然特点和管理需

求，采取中央部门组织领导，涉界地方政府参加，临近国家协作的"1＋X＋X"区域管理模式。第一，南海北部的"1＋2＋1"模式：把南海北部作为一个区域，国家海洋局（或南海分局）领导，广东省、海南省两个省区参加，与台湾开展管理协作。第二，北部湾的"1＋2＋1"模式：把北部湾作为一个区域，国家海洋局（或南海分局）领导，广东省、广西壮族自治区、海南省三个省区参加，与越南开展管理协作。

　　企业技术创新是以现代科技知识为核心，具有高投入、高风险、高附加值、高收益、技术衍生能力强、市场竞争激烈、产品复制速度快等特征的技术进步过程。它受到自身组织架构、决策方式、信息处理能力和资源配置运作程序等的约束，区域各国政府要从政策或法律的角度来规范企业技术创新活动，克服转轨时期市场经济不成熟所带来的弊端；必须在发展生产要素市场的同时，进一步推进以技术市场为主体的技术成果转让机制，努力扩大技术市场的范围和规模，进一步发展技术中介和咨询、仲裁机构，加强法规建设和理论研究，实现技术成果的商品化、产业化、市场化。沿海地区政府一方面加大对海洋科技尤其是海洋高科技的投入，同时积极引导企业与科研院所、大学建立联系，使其以投资的方式参与高新技术的研究与开发；另一方面要鼓励企业建立自己的技术开发机构，确立企业在技术创新中的主体地位，改变政府直接以投资人身份参与技术创新的做法。

　　针对目前有关知识产权界定、交易及保护等方面存在的问题，区域各方政府要制定相应的企业进行技术创新活动的市场规则，规范市场行为，保护技术创新和高新技术成果产业化、商品化中各方的正当权益：在知识产权交易、知识或科技成果参与企业分配方面，制定相应法规和政策，形成科技与经济结合的新机制，推动高新技术成果的产业化和商业化。

　　区域各方政府要加强对技术创新工作的领导，加速科技成果向现实生产力的转化。推进有利于技术创新的制度创新，沟通高新技术研究开发与生产之间的信息，使高新技术成果转化更加规范化。成立区域性技术生产促进中心、科技成果交易中心、无形资产评估中心、技术经纪行、专利代理服务网、知识产权服务中心、技术合同仲裁委员会、知识产权审判庭等机构。这些机构主要是为企业开展技术创新活动而建立的，它们与人才市场、会计事务所、法律事务所等中介机构一起，共同组成技术创新活动中的技术交易、中介、咨询、评估、仲裁和审判相互配套的市场服务体系。在解决技术创新人才短缺方面，各方政府要重点建立符合市场规则要求的人才机制，积极探索建立高新技术风险投资模式，设立科技投资基金，逐步从直接投资者的位置退出，运用财政手段创办高新技术投资服务公司，以市场化方式为高新技术企业向银行贷款提供担保。

（二）依靠政府的直接支持

实践证明，单纯依靠市场进行技术创新发展现代高新技术产业的力量不够，政府对企业技术创新的直接支持是必不可少的。特别是对经济不发达和处于转轨时期的国家与地区，区域性共同市场尚处在发育阶段，所能发挥的作用还有限，政府对幼小的高新技术产业进行支持就显得重要和必不可少。各方政府在培育市场、依靠市场推动技术创新的同时，应努力运用政府手中的资源给技术创新以尽可能多的直接支持。在充分运用市场机制的基础上，正确发挥政府的宏观调控作用，统筹规划，突出重点，优选一批重大项目，集中力量、协同攻关，取得突破，突出高新技术产业。

区域各方要及时把技术创新纳入到区域产业协作的总体框架中，制定一系列规划、计划、政策，支持以高新技术产业为重点的技术创新活动。在推进联合技术创新过程中，发挥政府的中介和调控作用，特别是在产业协作系统建设初期，在各方中小企业占绝对优势的情况下政府的调控作用必不可少。由于中小企业缺乏单独拥有研究队伍的能力，政府需投入资金、人才为中小企业技术创新提供条件。通过组织专业科研院所、大学及大型企业的有关技术力量，重点进行应用和开发研究，其成果供全行业使用，在联合运行机制建设方面发挥纽带作用，重点建设多层次的行业技术开发中心，开发具备国际先进水平的新产品、新工艺供全行业企业使用，为企业提供最新技术、产品信息，把行业内有限分散的技术力量协调组织起来，联合进行技术项目攻关，或组织本行业有关企业联合开发，成果共享。通过政府组织建立区域性技术创业中心。重点为高新技术产业化、市场化、工程化提供较好的软硬环境，为区域企业提供先进适用技术和成熟技术。

在高新技术成果的获取与创新方面，政府充分发挥桥梁作用，采取优惠措施，鼓励科研机构和个人创办企业或技术入股等方式进行技术成果转化，促进企业与科研机构、大学建立多种形式的科技合作，通过提供良好的外部条件，积极推动和参与跨国公司、科研机构共同建立研究开发机构，为高新技术产业发展构建可靠的技术创新基础。

各方政府要重视营造高质量的投资大环境，为发展高新技术产业提供强有力的支持。尤其是沿海中心城市，在基础设施建设方面，应坚持高标准建设供水、供电、通信、海港、机场、铁路和公路等基础设施，美化市容市貌。在社会环境建设方面，努力营造以现代文明为主导，有利于人才成长，社会氛围宽松，充满活力的现代化城市形象，大力倡导和培养尊重知识、尊重人才、学习科学、积极向上的良好风气。

二、民间主导型的海洋渔业合作模式

近年来，中国与其邻海国家高层官方互访及高层论坛，加深了相互的信任与理解，推动区域产业协作关系制度化建设，促进了工商企业界的广泛参与。该区域各方从中央到地方，相互提供各种投资贸易保证和便利条件，从而为建立该区域产业协作的正常化秩序，扩大全方位多层次的产业协作催化作用。

（一）正视周边国家及地区的政治现实，处理好政治与经济的关系

以市场经济为取向，避免将意识形态的东西作为区域产业协作关系制度化建设标准，尤其注意不用差异较大的政治制度模式去套用产业协作模式。正视周边国家及地区的政治现实，处理好政治与经济的关系，各个国家及地区政治意识形态差异是客观存在的事实，在推动海洋产业区域协作时必须首先正视这一点。大陆与港澳台地区之间，中国与日本、中国与东盟之间都必然存在政治制度差异，产业协作必须淡化这方面的因素。以中日关系来说，中日政治上的冲突一直存在，但中日经贸关系是互补的。再如中国海峡两岸，双方的政治主张与目标差异虽然不小，政治问题的最终解决可能还需要一个较长的过程，但两岸没有理由不进行产业合作。如处理不好，可能会产生复杂的政治反应，引起国际社会特别是东盟国家不必要的误解及其他消极反应。区域各方可采取"求同存异"及"非政治化"的办法，进行产业协作，有关各方在制定协作办法时，不要附加对方难以接受的政治条件，应本着互利、互补、平等的原则各自发挥优势，促进共同繁荣及获取更大利益，为减少阻力，产业协作可由民间机构推动，以非政治化方式促成这种由低到高、由浅到深、由小到大、由分散到集中的产业协作。总之，只有淡化政治制度差异，才能为该区域产业协作系统的形成创造一个良好的国际环境。

（二）周边国家及地区海洋产业协作系统应建成一种开放性结构

该区域产业协作关系制度化建设的最终目标，应是各周边国家及地区产业协作关系的规范化或正常化，而不是集团化。各周边国家及地区的产业发展，都与美、欧市场有着密切的联系，甚至是结构性的关系，这一特性决定了该区域国家及地区不宜搞排他性、封闭性的经济集团。各周边国家及地区在加强产业协作时，必须考虑美、欧、俄及大洋洲各国的反应，必须清楚地传达这么一个信息：该区域国家及地区只是根据其内部经济发展需要进行某种程度的产业协作，这样做是不针对任何国家或集团的，不会损害任何国家或集团的利益。

（三）不断改善系统内部海洋产业协作的双边、多边关系

以消除障碍，扩大交流，丰富合作领域，提升协作层次为主要内容，通过系统内部产业协作的双边，多边关系的不断深化，促进协作系统整体的协调发展，建立一个在产业上顺畅的区域。[①] 如大陆与香港地区应简化边境手续，改善香港与澳粤之间的基础设施。共同建立一个在产业上通行无阻的边境，以减少人、车和货物的交通阻塞现象。但产业上通行无阻的边境并非完全开放边境，政府仍须对人、货及资金的流通维持管制。大陆与香港地区有关部门应及时沟通，定期举行工作会议。再如中国海峡两岸产业协作，必须在进一步增加沟通、谅解、共同解决双方经贸关系中存在的问题，尤其是两地间人民和工商界人士的相互信任，促使台湾地区当局调整大陆政策。大陆应保持对台政策的稳定性、连贯性和合理性，不断改善投资环境，在与台商从事经贸往来中，讲信誉，守合同，对台商在大陆遇到的问题设法加以解决，保障台商的合法权益。在国际经济活动中大陆协助台商解决面临的问题，争取应有的权益等。台湾当局应正视两岸直接三通的趋势，开放两岸直接、双向的经贸交流，善用海基会及海协会等沟通通道，在进行事务性商谈的同时进一步进行实质性的经贸会谈，以利经济交流合作的发展。在适当时候双方应提升接触的层次，推动经贸官员的互访，彻底克服各种产业协作的障碍。各周边国家及地区应协调行动，打击贪污腐败风气和不道德的商业行为，加强反走私斗争的协作，以保证正常的区域产业协作。

区域内的国家和地区在拟定产业政策时，除了考虑自身的比较利益、资源优化配置、国民经济平衡与产业发展方向外，还应考虑其他协作方的利益，减少摩擦，维护长期的繁荣稳定。从目前现实条件看，成立一个官方或半官方的组织，对各周边国家及地区海洋产业协作进行指导与规划是有困难的。现在，由各方决策层、工商界等成立公共的、非政治化的、民间的海洋产业协作促进会，是较为现实的选择。海洋产业协作会的主要职能是对各方产业协作关系进行理论探讨与方案设计，及时向各方决策层提出政策建议。此外，要积极开展多种形式的文化、教育、学术、体育、旅游等方面的产业协作，促进彼此间的沟通与理解，为海洋产业协作系统的发展提供良好的社会文化环境。

三、高新海洋科技导向型的海洋渔业合作模式

要建设海洋经济强势区域，必须走海洋经济的综合开发路子。必须从传统的海洋渔业、盐业、交通运输业转变到综合开发的轨道上来。必须依靠科技进步，提高

---

① 彭荣胜：《区域经济协调发展的内涵、机制与评价研究》，河南大学，2007 年。

海洋经济的综合开发整体水平，下功夫提高海洋产业的开发效益。因此，要全面启动和大力实施"科技兴海"计划，提高科技进步对海洋经济发展的贡献率。

（一）切实转变企业经营战略

当代技术进步方式发生了根本性变革，在高度科学化和高度社会化发展进程中呈现产业化发展的态势：技术创新产业化是 21 世纪最具有划时代意义的一种变革，现代技术的研究与开发。创新再生产能力的创造，正在从新产业革命连锁传统产业脱胎换骨的改造过程中，分化发育出一个具有独立存在形态的产业体系。跨国公司、大型企业集团中，专设试验研究机构或技术中心，广泛分布的产业技术研究与服务机构，各具特色的工业设计院所，国家倾力支持的科研型战略工程，适应新形势要求的现代科技园区，多种形式的产学研联合体，技术创新孵化器和技术创新工程，高新技术开发区的蓬勃发展，工业化试产基地与新技术推广服务中心等的深入扩展，正汇集成推动社会经济结构和产业结构大幅度变革的一股洪流，技术创新产业化发展的威力正在当代市场经济的充分发展中显露出来。

各沿海地区的涉海企业应不失时机地利用技术创新和知识经济，抓住技术创新产业化发展这条主线，适应区域经济发展与产业协作的要求，促进产业结构、产品结构调整升级，将推动以企业为主体的技术进步战略思想落到实处。企业管理人员要密切注意技术环境的发展变化，了解技术环境和知识经济对企业生存发展的影响。及时学习和采用新技术，改造旧产品，开发新产品。根据市场需要，从旧行业转入新行业。企业在经营范围、资源配置、竞争核心力等战略要素方面，要加大技术创新含量，制定有效的企业技术进步目标，改善企业战略管理过程，把技术创新过程与产品生命周期理论、经营价值链有机地结合起来，促进企业的技术环境变革，促进科技与经营相结合；改革不适应市场经济需要的教育培训机制，逐步建立有利于企业技术创新和技术进步的学习机制。采取请进来、走出去的办法，引进知识、技术和管理经验，培养大批技术素质较高的劳动者，与大学、科研机构和大型企业合作，开展专用技术培训，并适当吸收科技人才，在企业内部，逐步建立长期稳定的专业化工作机制和内部竞争机制；通过有组织的学习，保证企业技术信息来源的多样化，提高技术信息的可靠性。通过相互之间的观察与学习，突破个人学习和摸索的局限性，通过群体活动和合理化建议，使各种思想产生碰撞，产生出更多的技术开发思想和创造性的新奇见解。通过行业、企业之间的合作交流活动，提高学习效率和企业核心竞争力。企业要拓宽国际市场，逐步走上国际化经营的发展道路。以产品创新为中心，树立起经营战略的价值体系，促使企业组织整体高效地运营，实现技术创新与企业经营的有机结合，提高资源的配置效率。要以沿海中心城市的海洋产业为重点，在进行产品经营的同时开展品牌经营和资本经营，以少量的投入推动大量的资本，逐步实现低成本扩张，扩大企业生产规模，降低生产成本，提高产品附加值。

（二）积极推进企业间科技协作

协作各方应以优势企业为龙头，以资本为纽带，组建企业集团，向科技领域延伸，实现资本与科技结合，提高产品的科技含量和附加值，尽快从粗放型经营向集约型经营转变。

通过企业联合，加强各方技术开发领域合作，共同研究开发新技术、新产品、新工艺、新设备，以减少研究开发投入，降低经营风险，促进企业间技术资源的集中与优化配置，形成技术资源的规模经济。在企业技术结构的调整升级方面，结合企业经营方式转变，逐步实现企业向集约化、科技效益型方向发展，提高企业整体技术水平，完成由量的扩张向质的提高转变、以开发新技术，新产品为纽带，组建新型的技术研究开发实体。依托大中型企业，成立高新技术产业投资企业，建立风险投资资金，研究开发关键或有共性的高新技术项目，以项目和优势产品为纽带，积极主动进行合资嫁接，用市场换技术，用资金换技术，促进产业升级。创造条件发展国际型企业，尤其是发展能源、新型材料、机电、环保、生物、海洋等高新技术产品出口企业，提高出口产品质量和新技术含量，建设一批具有国际竞争的高新技术产品出口生产基地。

（三）健全社会支撑体系

市场化是技术创新的关键，市场是技术创新的导向力量，社会支撑体系建设是技术创新的重要基础，技术创新的市场化，主要体现在企业是技术创新的主体，技术创新要素的配置方式必须市场化。技术创新，需要建立以促进高新技术信息传递，高新技术成果商品化和产业化，以及知识产权界定、评估、交易和保护为中心的社会中介服务体系，保证技术创新在比较规范、有序和高效的市场框架中顺利地发展。也必须注意到，高新技术产业市场是一个发育中的初级市场，市场对高新产业发展的作用在范围和力度等方面都有一定的限度，推进技术创新市场化是政府的重要职能，政府在这方面的重要作用是：确立企业技术创新的主体地位，制定有利于技术创新的新的市场规则，利用政府在制度创新方面的特殊优势，率先进行有利于高新技术产业发展方面的制度创新，建立服务于技术创新的新型市场服务组织。

在推进市场化进程中，政府和社会都要大力支持企业技术创新，弥补市场发育不足。通过制定技术创新计划，发挥政府政策和社会的导向作用，引导社会资源向高新技术产业集聚。政府应重视技术创新工程，为技术创新工作提供高效服务，运用可支配的物质资源和政府的无形资产，解决企业发展中遇到的困难，增强企业的发展能力。营造高质量的投资大环境，为企业技术创新提供有力的支撑。以高新技术产业化作为形成和发展新兴产业的背景，促进社会政府和企业之间成关联互动的循环演进关系。各方政府要积极抓好软环境建设，大力发展技术中介服务机构，强化科技成果转化的中间环节，为企业技术创新和产品开发提供技术、信息、人才、财务、法律等方面的服务，不断培育和发展技术市场。

四、信息化导向型的海洋渔业合作模式

根据构建产业协作系统的总体目标与要求，适应 21 世纪知识经济发展形势，迎接国际科技竞争的挑战，各方应充分利用全球范围内的经济结构、产业结构、技术结构、企业结构调整的机遇，加快系统内工业化和信息化步伐，以信息化带动工业化，全面改造和提升传统产业。作为以工业化水平较低、信息化水平更低的发展中国家为主的区域，周边国家和地区面临着相当艰巨的双重任务，既要完成沉重的工业化使命，又要承担从农业社会、工业社会向信息化过渡的重任。

（一）积极实施以信息化带动工业化的发展战略

进入 21 世纪，经济、科技、信息全球化的趋势日益明显，以信息技术革命为中心的当代科技革命正在全球兴起，信息技术正对全球经济、社会产生巨大影响。国民经济信息化，已成为各国及地区增强综合竞争力，实现后发优势及赶超战略的关键，对提高经济运行效率、调整产业结构及发展新兴产业具有重要作用，对改变人们的工作、生活、娱乐方式已产生重大影响。

信息化带动工业化近期主要目标是，企业信息化和电子商务建设带动各个产业领域的发展，把信息基础设施作为社会基础设施建设的必要组成部分，通过网络化的教育培训提高全体人民的文化水平和整体素质，通过电子政务促进上层建筑和生产关系的调整，通过网络化服务的试点探索加快社会发展、提高生活水平的新路径。

信息化带动战略的实质是实现信息化与工业化的融合互动，在实践中要注重以下三个方面。首先，政府信息化问题。没有充分的政府信息化，就不可能有真正的社会信息化。推进政府信息化及电子政务发展要坚持四个原则：以公众为中心原则、公开性和全面性原则、高效性和协调性原则、安全性原则。其次，企业信息化问题。企业信息化是深入实施信息化带动战略的关键和重点。现代企业信息化要坚持经济原则、因地制宜原则、全员参加原则和领导推动原则。全面规划，有重点、分步骤地实施。最后，对重点产业即战略性海洋产业逐步构造完整的信息化支撑体系，从装备、技术、市场、管理、运行机制到人员培养等各个方面努力缩小与国际先进水平的差距，为这些行业的内部结构调整和产业升级创造良好的信息化环境。大力发展信息技术含量较高的装备制造，满足各行各业对信息技术装备的需求，加快发展各行各业信息化建设急需的中间件和应用软件，实现装备业向智能化、柔性

化、网络化、精密化、绿色化和全球化的方向发展。

此外，也要注意用信息化改造、提升传统海洋产业是信息化带动工业化。信息化对传统海洋产业改造包括生产方式、竞争方式、部门关系、组织结构、战略管理等多方面的综合改造。加快服务业，特别是金融和商业流通业的信息化进程，在电子商务、因特网发展的基础上，建设地区、国家的服务于企业和产业发展的综合数字化、网络化环境，形成适合未来企业发展需要的信息基础设施。

（二）积极实现海洋产业信息化

实现海洋的信息化和"透明化"，不仅为我们深入认识海洋、开发海洋、管理海洋开辟了广阔的途径，提供了有效的手段，而且对于未来高科技条件下更好地维护国家海洋权益和安全具有重大而深远的战略意义。当前，中国大陆和东南亚绝大部分国家及地区仍处于工业化的初期，在知识经济时代到来之际，必须具有强烈的时代紧迫感，千方百计在某些领域、某些发展阶段实现跨越式发展战略，创造条件，积极推广应用各类信息技术，突出运用信息技术改造传统产业，以先进适用技术装备传统产业，逐步实现产业信息化。为此，中国、东盟、韩国、日本要在现有的基础上，充分借鉴国内外信息化建设的经验，完善建设近海"数字海洋"信息基础。建设近海海洋信息基础平台、海洋综合管理信息系统和"数字海洋"原型系统；逐步完成"数字海洋"空间数据基础设施的构建，基本满足全国中比例尺（局部区域大比例尺）海洋空间数据的获取、交换、配准、集成、维护与更新要求；重点突破"数字海洋"建设所急需的支撑技术；完成"数字海洋"原型系统的开发，实现试运行，并开展应用示范研究，开发出一批可视化程度高的新型海洋信息应用产品。在各国"数字海洋"空间数据基础设施完善的基础上，逐步推进区域"数字海洋"的建设。

（三）发展信息产业，调整优化产业结构

在大力提高企业的信息汇集、处理及信息产品生产能力的基础上，找准由区域信息技术之差所形成的产业转移方向，把握自己的后发优势，发展具有本地特色的信息技术产业，以此作为调整和优化区域产业结构和产品结构的切入点。要以沿海城市为重点区域，采取优惠政策、加快电信设备、微电子、计算机软硬件等行业发展，并带动相关产品与服务的发展，形成新兴的以微电子技术、通信技术，计算机技术及网络技术为核心的信息化企业和城市。大力发展计算机辅助设计、计算机辅助制造、计算机集成制造系统等先进制造技术，逐步改变传统工业面貌。大力发展电子数据交换，企业信息系统集成、电子商务、管理信息系统等商贸自动化技术，逐步提高企业的市场竞争力、大力发展遥感技术，地理信息系统和全球定位系统等信息获取与处理技术，逐步提高利用太空、地理资源及勘探勘测与产业的开发能

力。大力发展消费电子技术，拓展消费市场的时间与空间，加快社会信息化进程。大力发展面向个人、家庭的多样化的信息技术产品、多媒体技术、各种新的智能化应用系统和服务软件以及现代信息服务，创造大量新的产业发展机会。由此改变传统产业和产品技术，调整产业结构和产品结构，促进产业结构优化升级和整体国民经济素质的提高。

（四）积极发展高新技术产业，特别是海洋高新技术产业

展望 21 世纪，世界正走向知识经济时代，传统的工业化道路和模式已很难取得技术创新的后发优势，发展高新技术产业已成为各国及地区获得竞争优势的重要源泉和手段，环中国海区域尤其是中国及东盟，应将促进高新技术产业，尤其是海洋高新技术产业发展，作为支撑区域经济与社会发展的战略性产业和新的经济增长点。不断培育和壮大高新技术产业及企业，不断扩大其数量与规模。以结构调整为主线，以高新技术为核心，积极组建区域性大型企业集团，逐步改变以中小企业为主的企业组织结构。以资本为纽带，突破条块分割，实现跨国界、跨部门、跨地区、跨省区、跨行业的国际化经营，逐步形成经济共同体。通过体制改革和机制转换，逐步增强企业竞争力。提高在国际市场的占有率和占有量。

第七节　广东与南海周边国家及地区海洋渔业合作的对策措施

一、促进一体化进程，加强渔业贸易与投资合作

由于中国—东盟自由贸易区建设对广东与南海周边国家及地区的海洋渔业合作具有推动性，根据 WTO 规则，中国—东盟自由贸易区的目标及协议，在市场准入方面，中国与东盟自由贸易区成员相互给予的待遇，比双方在最惠国待遇基础上给予其他 WTO 成员的条件更加优惠。与此目标保持协调或同步，渔业贸易与投资会逐渐开放水产品市场和投资领域，最终实现自由化贸易。根据中国—东盟自由贸易区"早期收获"计划，农产品关税从 2004 年初开始下调，2006 年约 600 项农产品的关税将降为零，这给广东与南海周边国家及地区提供了贸易机会。

2002 年 11 月中国与东盟签署《农业合作谅解备忘录》后，先后与印度尼西亚签署《渔业合作协定》，与菲律宾签署了《渔业合作谅解备忘录》，与越南签署了《北部湾渔业合作协定》，与东盟各国的渔业合作热不断升温。中国与东盟各国在渔业捕捞、水产技术交流、海洋生物资源开发与养护以及水产品贸易等方面的合作不断增强。

广东与南海周边国家及地区各方应加强在渔业结构、投资优势、主要的水产养殖业务投资回报率等具体细节方面的相互沟通，并促进政府之间在渔业规划、基础设施建设、税收等政策支持方面的相互联系。可以在渔产品进出口、渔船建造和维修、水产养殖业投资、渔产品加工业投资、水产品保鲜仓储设施、渔业工程投资等方面展开合作，这些产业在广东与南海周边国家及地区各国之间差异比较大，合作机会也比较多，能多方面与越南、柬埔寨、老挝、文莱、缅甸等国家结成全面垂直贸易合作伙伴。

而南亚各国多是临海的海洋国家，他们地处环中国南海地区，与中国海疆相邻，在渔业生产和贸易上广东省与其有很大合作的空间。广东省下一步与南海周边国家及地区海洋渔业合作，应借鉴渔业发达国家的做法，注意分不同情况采取具体措施，合作方式也可多样化。

1. 对新加坡、马来西亚、泰国、文莱、印度尼西亚、菲律宾等有较多海洋渔业的国家，主要在海洋捕捞、海洋渔业资源保护和调查，取得捕捞配额许可，岛屿、海湾、滩涂、人工渔礁和渔港建设，渔船建设和维修，水产品保鲜和仓储设施，渔业工程投资，进口水产品关税调整等方面进行双边开发和合作。

2. 对越南、老挝、柬埔寨、缅甸等陆地国家推进以发展养殖业为主的政策，通过推广繁育水产品来促进合作发展。

3. 双方合作的方式应该多种多样，包括资金投入、技术参股、工程建设、科技交流、人才与技术培训和贸易合作等。

二、拓展海洋渔业资源开发合作区域，注重双边、多边及次区域合作

广东与南海周边国家及地区渔业资源开发的合作必须从合作区域上入手，使双边、多边与次区域合作结合，采取灵活策略、循序渐进、积极创造条件。双方合作的深入水平，很大程度上取决于环南海地区国家政治经济环境，双方通过深入的合作最终解决南海争议问题。首先，中国与环南海周边国家贸易的不断增加，政治和军事上的信任及合作，促使双方各个领域开始开展广泛的双边合作；其次，积极与越南、老挝、缅甸等三个陆地接壤国家开展多边渔业合作，积极引导澜沧江—湄公河流域次区域渔业合作；最后，寻求机会开展南海周边国家次区域渔业合作。1997年 12 月，中国和东盟领导人非正式会议发表了联合声明，提出了"搁置争议，共同开发"的主张；1999 年，东盟同意采取菲律宾和越南提出的"南中国海（南海）行为准则草案"，希望以此为基础确定与中国谈判的共同立场。但菲律宾、越南、马来西亚等东盟国家在准则的适用范围上存在严重分歧。因此，中国与东盟就南海的共同开发问题，还要积极寻求一致意见。

相似的地缘因素和自然条件使广东省具备了与南海周边国家及地区开展渔业合作的条件。广东早在 1998 年就与马来西亚签订了远洋渔业合作协议，今后双方应继续开展远洋捕捞和渔船修造业、水产养殖和加工等方面的合作。2007 年 1 月，广东省海洋与渔业局与菲律宾农业部共同签署了渔业合作备忘录。《备忘录》的签署，将进一步促进和深化广东省与菲律宾在渔业领域的广泛合作。2008 年 9 月，广东省海洋与渔业局和文莱工业与初级资源部渔业局签署了渔业合作谅解备忘录，根据备忘录，广东省与文莱将在推进企业合作、网箱养鱼、赤潮研究、技术培训等领域开展交流与投资合作。2008 年 6 月，来自海峡两岸水产企业界、科教学术界等 60 余名企业家、专家学者，经过深入交流探讨，以及实地考察达成了合作意向，并在上海正式签订了《海峡两岸水产业发展交流合作备忘录》（以下简称《备忘录》）。

广东省与菲律宾农业部签署的《备忘录》确定：双方为两岸水产品市场对接提供服务，合作建立两岸水产品共同批发市场，帮助进入对方的水产品市场，促进两岸水产品流通；双方在水产品贸易、加工技术、品牌营销策略等方面结成战略联盟，互通信息，共同探讨合作方案，推进两岸水产业健康有序发展。《备忘录》还确定：双方采取每年轮流办会制，在台湾和大陆轮流主办"海峡两岸水产发展论坛"，共同努力将该论坛办成两岸水产交流的盛会；双方达成互访友好制度，定期组织两岸水产企业进行互访，为对方提供更广阔的商业合作平台。《备忘录》的签订，将为进一步促进海峡两岸水产业合作，建立顺畅的两岸水产品流通渠道，以及改善两岸的关系起到积极的作用。

三、利用 WTO 的知识产权制度，促进海洋渔业高新技术的跨境跨地区流动

WTO 框架中与渔业及其贸易相关的主要协定包括《货物与贸易总协定》、《补贴与反补贴协定》、《反倾销协定》、《技术性贸易壁垒协定》、《动植物卫生检疫协定》、《进口许可证协定》及《原产地规则协定》等。

中国—东盟各国的渔业技术差异比较大，其合作空间较大。可以在捕捞技术、养殖技术以及加工技术等方面开展广泛合作，采取技术投资或股权参与、技术咨询、技术培训、人才培养与交流、专家互访、科研联合等灵活多样的合作方式。实际上，中国从各种渔业科技合作中已经取得了良好效果。20 世纪 80 年代初以来，陆续从外国引进罗非鱼、罗氏沼虾、海湾扇贝、太平洋牡蛎、加州鲈鱼等水产品种、一鲜活饵料生物品种等；同时，我国也向其他国家提供了我国特有的青鱼、草鱼、鳞鱼、编鱼等鱼种的种鱼和鱼苗以及海带、紫菜等苗种，并向这些国家传授淡水养殖和人工繁育技术，使这些品种在不少国家安家落户，成为当地的主要养殖品种。广东省与南海周边国家及地区也可参照这种合作模式，促进海洋渔业高新技术

的跨境跨地区流动。

（一）加强基础科学研究

海洋环境保护科学本身是一门新兴的、应用性很强的科学。目前在业务化的海洋环境保护工作中所采用的一些分析方法，是已经沿用多年的老方法，很大程度上降低了海洋保护本身应发挥的作用。我们应加强海洋环境保护基础理论的研究，探讨新的方法和结论，特别是有关海洋生态环境、海洋灾害评估、海洋环境质量动态监测等指标体系、检测分析方法和评估模型的研究和应用等。[1]

（二）推进关键应用技术的开发研究

广东海洋科技具有一定优势力量，要通过市场机制和政策引导，把科研队伍组织起来，围绕当前海洋科技面临的重大问题，组织海洋科技人员进行科技攻关，有重点地解决海洋资源开发利用中的关键技术，提高海洋科技产业化程度和对海洋环境的保护能力。要开展海岸带资源利用技术研究，特别是加强对养殖容量与优化技术、海岸带环境污染监测技术研究，进一步提高海岸带资源可持续利用的能力。针对海水养殖品种单一、品种退化及病害较重的现状，积极发展细胞工程、基因工程育种育苗技术、海洋活性物质提取技术，促进海洋养殖业向高新技术产业转化，提高海洋生物的开发深度。进行遥感和自动监测等高新技术的研究，大面、高效、长期、连续获取海洋环境资料，科学、有针对地分析海洋生态环境状况。[2]

（三）加速科技成果转化和应用

当前，国际上海洋环境保护技术发展迅速，中国的海洋环境保护技术在近年内也取得较大的进展，但是如何将新技术纳入到业务化的海洋环境保护工作之中，需要我们进行认真研究和探讨。近年来，国家科技攻关计划、高技术计划、高技术应用发展计划等均列有海洋环境保护各方面的技术方法和产品开发，而且取得了大量成果。中国的高技术计划中的主题之一是海洋环境监测技术，其重点在于开发监测的高技术产品，包括各种自动探测系统、新型软件系统、快速测量系统等，在"九五"期间已有大批产品试样可以进行推广。中国的科技攻关计划，在"九五"期间完成了"海岸带资源环境利用关键技术"，在近岸海域污染监测技术、污染预测技术、突发性海洋环境污损事件应急监测技术以及生物学、生化响应监测技术等方面取得了重大突破。在"十五"规划中又开展了海洋环境预报业务化关键技术攻关研究，涉及主要海洋灾害的预报技术及赤潮预测预报技术等。但是通常情况

---

① 夏章英：《渔业生产与经济管理》，海洋出版社 2011 年版。
② 韩立民：《渔业经济前沿问题探索》，海洋出版社 2007 年版。

下，这些成果一经结题，往往"刀枪入库、马放南山"，没有迅速转化成为可供业务化运行的海洋监测技术，在一定程度上造成了浪费，也难以迅速提升海洋环境保护的技术水平和科技含量。

因此，广东与南海周边国家及地区在推进海洋环境监测工作发展的同时，需要有一个明确的思路，注意吸收国家技术成果转化的经验成果，确定监测技术开发和能力建设的规划，同时确定业务转化基地，以尽快将已有的成果转化成生产力，形成科研和业务有机结合、科研成果迅速转化进入业务化应用的机制。借海洋环境保护技术业务化促科技成果的形成，同时，依靠科技成果的转化促业务化水平的提高。要建立各种形式的海洋科技市场，健全科研成果转化的中介机构，提高海洋科技成果的转化率。

（四）加强区域内海洋科技合作

总体来说，广东海洋科技同发达国家相比还有相当大的差距。尤其是海上调查研究花费巨大，但还处于发展中阶段，经费问题也一直是制约区域内海洋科技发展的一个重要因素。通过对外交流与合作，我们能够学到各个国家和地区先进的海洋管理经验，引进先进的海洋技术设备，获得大量宝贵的海洋资料和信息来弥补区域内海洋科技发展的不足。

四、强化海洋渔业环境监测的合作

广东与南海周边国家及地区共同拥有一片海洋，其环境监测的合作对各方都十分有利。海洋是个多变的系统，海洋渔业资源的开发需要以可靠的信息为前提，需要实时的监控和及时的预警为安全保障。海洋资源开发既要充分利用各国已建立的海洋基础信息、海洋预警预报、海洋环境监测及海洋防灾救灾等系统信息，又应在此基础上，开发建设具有广东海域特征和生物资源特性的兼具海洋基础信息、海洋生物信息、海洋预警预报、海洋生物系统预警预报、海洋环境立体监测系统、港湾海洋环境实时监测和信息服务系统及海洋救灾防灾等功能的综合信息系统。

（一）联合南海周边国家及海南、广西、香港、澳门，建立南海海洋生物立体监测和信息服务中心

充分利用广东的经济技术及在南海的区位优势，建立"海洋环境立体监测和信息服务系统广东示范区"，建设海洋生物信息、海洋生物系统预警预报、海洋生物环境监测及海洋救灾防灾综合信息系统，并接入国家海洋信息中心，作为国家海洋信息中心系统的一个子系统，实现信息资源共享。监测网络由卫星及布设于相关国家、省区的海面浮标、海上平台、沿岸海洋站、雷达、水下监测仪器等装备联合

组成。

(二) 实行海洋生物资源的多价值、一体化管理

依靠"南海海洋生物立体监测和信息服务中心",实行海洋生物资源的多价值、一体化管理是为了实现海洋生物资源的充分有效利用。多价值管理的目标不是以损害海洋资源的自然价值而实现其人文价值,也不是以减少海洋资源的人文价值的同时保护其自然价值,而是既尊重海洋资源自然价值无限多样性的需求,又满足其人文价值需求为人类发展作出牺牲的特征。一体化管理,就是在海洋生物资源开发利用、环境保护和区域经济规划等方面进行综合考虑与协调,在管理上打破行政界限,实行建立在自然系统基础上的统一调度和操作实施,以确保海洋生物资源开发的程度、方法与其所依赖的自然体系的可持续性利用能力和存活能力之间的动态平衡。

(三) 建设南海海洋生物信息系统

人们在长期的海洋生物调查研究中,已积累了丰富的数据,对数据的查询利用是调查研究的目的,为实现此目的,就需对海量的原始数据予以处理。对海量数据进行存储、分析和应用的有效工具是地理信息系统(GIS)。GIS 是一种由硬件、软件、数据和用户组成的以研究地理数据的数字化采集、存储、管理、分析和表达的计算机支持系统。因此,应用 GIS 技术,建立一个南海海洋生物查询分析系统,使数据与图形界面挂钩,具有重要的实用价值。

因此,需要建立一南海海洋生物管理信息系统,用于海洋生物管理及其相关海洋信息的采集、存储、检索、分析和集成等过程,并用于辅助决策。

(四) 建立健全防灾减灾体系

进一步加强海洋预报工作,依托省海洋预报台,配套完善卫星遥感、航空遥感、船舶、岸站、浮标组成的海洋监测网络,加强海浪、海流、海洋温、盐、声的分析,预报和风暴潮、海啸等海洋灾害性天气的预警等专业海洋预报服务,加强海洋灾害的实时与跟踪监测,有效开展海洋灾害的监测预警和防灾减灾工作。

加快建立广东海洋抗灾救灾中心,采用现代信息技术,尤其是现代卫星通讯技术和计算机技术,整合军队、气象、环保、渔政、交通、地震等各类信息资源,实现海洋信息资源共享,提高海洋灾害的诊断、分析和处理能力,制定可操作的应急和防范措施,形成有效的防灾减灾工作机制。加强海洋安全搜救体系建设,充分利用现有军队和民用船只,配备适宜海上救援作业的拖航船、救护船、打捞船、疏浚船、漏油回收船以及消防船等,组建紧急救援队伍。合理布局搜救网点,完善海上救助通讯网络,采取先进的卫星导航定位系统,强化以直升机、搭载型巡逻艇和各

种船只为骨干的海空联合搜救体系建设，提高广东省海洋救护能力。加强海洋减灾基础设施建设，继续搞好沿海防潮堤工程建设，重点加强沿海城市、经济开发区、旅游景点及低平海岸地带等重点区域的防护能力，在重要入海河口地段修建防潮闸，逐步建成和完善风暴潮防御工程体系，使沿海城市及重要地段防护能力达50年一遇；加快沿海防护林体系建设，建立风蚀、水蚀防治结合，林种、树种合理搭配的沿海基干防护林带，形成沟、路、渠、堤、岸及农田防护林网于一体的综合防护林体系。

五、注重投资措施多元化，提升海洋渔业基础设施和工程

南海周围海岸带曲折，港湾、渔场众多，投放人工渔礁、建立渔港条件优越，广东与南海周边国家及地区可以开展人工渔礁、渔港建设及航道整治、海上通信、陆地交通等工程的合作，还可以就堤岸设施、能源设施、仓储及保鲜设施、交易市场等海岸工程进行合作。其合作方式可以采取管理合约、交钥匙工程承包合约、技术咨询合约等。通过联合与协作，各方应重点建设区域性交通、通讯、能源、港口码头、远洋运输等基础设施，完善基础设施结构，确保区域内沿海城市网络畅通。随着区域经济的进一步发展和第三产业的迅速崛起，与南中国海区域产业协作现实和发展需要之间的矛盾突出，投资商特别是区域外部投资商对南中国海区域环境愈来愈注重。南中国海周围海岸线曲折，拥有众多的天然港群和港湾水道，比较大的国际性港口就有30多个，可供发展1万吨级以上深水码头的海湾及岸段还有120多处，可建1万吨级以上的深水泊位500多个，而且沿海港湾水深、不冻、淤积少，掩护条件好，具有建国际深港的良好条件，开发利用潜力很大。

（一）制定和实施"非均衡、逐级递进、突出重点、兼顾一般"的开发政策，引导投资者向目标区域重点产业进行重点投资开发

通过政策引导，处理好区域产业发展中的重点建设与一般建设关系。在区域内资金投入有限的情况下，应重点发展能源、交通、通信等基础产业，以适应区域联合开放开发的需要。在区域内部，选择那些区位优越、交通便利、基础雄厚、科技发达及劳动者素质较高的地段；选择那些能带动区域经济发展，并对其他产业开发起较强连带影响作用的一组产业，进行适度倾斜，重点突破，优先发展，尽快形成聚集效应和辐射带动能力。

（二）实施突出各方沿海港口城市的功能特点以构筑多层次、全方位开放扇面的开发政策

充分利用该区域各沿海港口城市的现有优势，进一步发挥各类经济自由区和中

国大陆的经济特区、经济技术开发区、试验区功能，尽快向国际自由贸易区、自由港、出口加工区方向发展。随着海洋经济的不断拓展，21世纪该区域沿海港口城市产业结构必须调整升级，迅速向一体化市场和跨国区域经济发展目标迈进。从现在起，就要根据区域内各方的发展现状和区域城市体系合理布局原则，对该区域的主要港口城市发展规划进行科学论证，突出各自的功能特点，形成不同重点但有紧密联系的产业开发格局。

（三）实施联合调整产业布局、组织结构以形成合理的产业组群结构的开发政策

目前南中国海区域产业布局不合理，产业组织结构水平较低，技术密集型和资金密集型产业少，除第一产业中的种植、养殖业，第二产业中的食品、饮料、水产品加工、石化、炼油、造船、纺织以外，其他行业均较落后。产业组织规模小，数量少，产业关联效应低，组群结构不合理。要改变这种现状，必须营造先导型非制造业和成长型制造业，在继续发挥水产品、矿产、热带亚热带农林产品等资源加工业的同时，大力发展生产技术先进、加工程度较高、产业关联度强且对其他行业具有明显带动作用的高新技术产业、现代制造业，如海洋生物、海洋化工、海洋制药、海水增养、海水淡化、光机电一体化、电子信息、办公自动化设备等产业，新型材料、新型能源、高效农业及农产品加工业等。由于高新技术产业、现代制造业的成长需要大规模的投资铸就，该区域大多数国家目前尚不具备这种经济实力，因此必须借助外引内联的方式来发展高新技术产业、现代制造业。为了避免产业结构趋同，构造合理的产业结构，各方应依照科学的产业政策对国际资本投资的地区和产业等进行引导，不断优化投资结构、生产结构和流通结构等，形成区域内协调有序的产业组群结构。

（四）实施优先发展第三产业的开发政策

该区域产业成长需要大量资金投资，除通过外引内联多渠道筹措建设资金外，近期应重点发展资金积累率高的海洋运输、仓储、对外贸易、滨海旅游等行业。第三产业在促进区域一体化方面具有重要作用，应大力拓宽第三产业的活动空间，为区域产业经济成长提供资金积累，促进第一、第二产业的进一步发展。该区域有加快发展第三产业的条件，具有分布合理、功能齐全、多层次、多元化的资源结构，应按信息化、产业化、社会化的潮流发展第三产业，充分调动区域内各方面的积极性，推进区域经济一体化发展，逐步形成海洋产业突出的区域经济发展格局，建立较完善的现代化海洋开发管理服务体系、较为合理的海洋产业结构和海洋高新技术产业体系。

（五）联合实施有利于产业技术进步的科技政策

通过实施有利于产业技术进步的科技政策，较大幅度地提高海洋开发的技术水平和科技水平，努力将该区域的沿海中心城市引导为具有较强综合经济实力、社会环境状况良好的海滨产业经济中心城市，使之成为南中国海区域产业发展和国际经济合作的重要增长极。争取用20年左右的时间，努力将该区域沿海中心城市引导为经济繁荣、海洋高新技术产业发达、环境优美宜人的海洋经济产业区，让海洋资源得到充分合理的开发利用，产业结构得到优化，区域经济走上良性循环的轨道。借助区位和港口优势，诱导中国大陆及台港澳地区，东南亚以及亚太地区等三个不同扇面的资源、技术、资金、人才向南中国海区域聚结，形成临海大工业、出口加工、转口贸易、滨海旅游为主体的国际性综合产业基地，建成以沿海城市为中轴线的海洋经济产业带。

六、认同可持续发展观，重视海域渔业资源开发与保护

首先，随着南中国海区域周边国家及地区工业化、城市化的不断发展，海洋产业集聚程度提高，海洋污染问题日益严重，已出现了渔业资源衰退；海域污染情况日趋严重；赤潮频频；近海生态环境恶化等问题，严重影响和制约海区内的健康发展。其次，无节制的海洋水产捕捞大大超出了海洋资源所能承受的限度。此外，海洋资源开发使用与管理权限模糊，技术落后，经营粗放，也使海洋产业和海洋经济发展面临困境。因此，认同可持续发展观，重视海域渔业资源开发与保护海洋生态环境是摆在广东省和南海周边国家及地区刻不容缓的重要任务。

渔业资源与环境要以绿色、环保和可持续发展为主线，把资源利用与环境保护协调起来。广东省和南海周边国家及地区必须适应全球经济社会可持续发展战略的要求，建立健全南中国海海洋环境保护的科学基础与技术体系，重点建设区域海洋环境立体监测系统、港湾海洋环境实时监测和信息服务系统、海洋渔业生态监测与服务系统，发展海洋环境预报技术、海洋环境保护及修复技术、海洋生物资源持续开发利用技术、海洋渔业资源可持续开发与高效利用技术、海水资源综合利用技术、海洋信息技术等，提供满足目前和未来解决南中国海海洋生态环境问题、促进海洋产业发展的科技条件。

区域内各方要加强协调，以1982年《联合国海洋法公约》为基准，制定和实施区域性海洋生态环境保护法规及细则，为南中国海区域资源的有序开发利用与保护提供法律依据。不断健全海洋环境执法监察体系，形成覆盖南中国海区域海域的执法监察监视网络，认真履行对海洋工程、海岸工程、海洋倾废、海洋生态保护等的监督管理职能。按照分区分级管理原则，及时发布海洋环境信息，搞好海洋环境

保护。加大对海洋环境监测监视的投入，不断提高宏观管理能力。

健全渔业情况通报制度，加强渔业资源、渔业水域环境的管理。开展渔业政策法规交流研讨；调整重要经济鱼类的捕捞量，把捕捞量压缩到小于其种群的增长量。强化禁渔区、禁渔期的有效管理，开展常规性资源调查评估，保证可持续利用。进一步查清海区生物资源的数量、分布、大洋性经济鱼种的洄游规律及渔业资源的数量变动规律，对暂定措施水域及出现在南海区域内专属经济区的共同渔业种群和高度洄游鱼种，共同确定总可捕量并实施捕捞配额管理，对捕捞配额实行共同发放。调查形式采取专业科研调查与群众生产渔情监测相结合，生产、管理与科研部门相结合，以大宗鱼类、优质品种的生物资源调查为主，先外后内，以外海区、争议区、重叠区为重点，以定期与不定期、定性与定量相结合的办法进行调查，广东与南海周边国家及地区可以考虑共同设立南海渔业资源养护与管理基金，定期开展投放人工渔礁、培育和放流优质苗种等渔业增殖活动，修复渔业资源数量。此外，各方应就可获得的科学情报、渔获量和渔捞努力量统计以及其他有关鱼类种群养护的资料，经常进行交换和交流，健全区域性渔业资源动态监测站网，联合开展随船监测与岛礁建站相结合的机制，逐步在各渔场建立渔业监测与管理补给基地，实现渔业生产的可持续发展。

具体来说，还可以从以下四个方面进行广东省与南海周边国家及地区渔业资源开发和保护。

（一）进一步发挥科技在海洋生态保护中的作用

目前需要重点解决的关键问题有：研究南海区生物资源的变化规律，评估生物资源的可用量，为渔业资源的可持续利用提供理论基础和科学依据；通过对南海水域生态特点、养殖对象营养物质的需求以及养殖活动对环境的影响的研究，测算主要养殖品种的海区养殖容量，为建立高效集约式的养殖和生态模式提供理论依据；进行红树林引种栽培和造林技术研究，为红树林资源恢复工程提供技术支持；研究不同海区赤潮发生的机制与规律，探讨赤潮的综合防治应用技术；探讨养殖池有机污染生物降解技术及生物降解菌大规模培养技术；研究开发清洁的原料、能源、生产工艺，彻底解决由陆源排污带来的海洋环境污染问题。

（二）实行科学养殖方式，大力发展生态型渔业

发展海水养殖生产与改善环境有机的结合起来，实现养殖生产、生态与环境效益协调发展。首先提倡适度养殖，根据海域的养殖容量和养殖现状，科学规划、合理安排养殖品种、数量及布局，使养殖过程中排放的污染物总量不超过近岸水域的自净能力；其次应推广立体化多元生态养殖模式，由于藻类的生长需要吸收大量的氮、磷、贝类则能滤食水体中的浮游生物，因此在鱼、虾、蟹池塘养殖中，选择江

蓠、裙带菜以及杂色蛤、扇贝等进行混养，对水质的净化和改善有积极作用；另外投放净水微生物对水质改善或净化也是行之有效的方法之一。同时针对目前网箱养殖大都是浅水港湾浮排式网箱的实际，今后应重点发展可沉降式水网箱养殖模式，这样不但可以减免风浪、水面污染及赤潮等自然灾害的影响，而且由于养殖海域水深流急、水体自净能力强，又能有效解决网箱养殖所存在的自身污染问题，遏制因环境污染所引发病害的流行。

（三）调整海洋产业结构，大力发展海洋旅游业

世界海洋旅游业年收入高达 2 000 亿美元，而南海周边国家区域内大量海洋旅游资源尚未得到充分利用和开发。随着人民生活水平的提高，假日休闲消费持续增长，发展海洋旅游业成为新的热点，特别是目前南海渔业资源严重衰退、捕捞生产举步维艰，发展海洋旅游和休闲渔业尤为迫切。建议借鉴国外和台湾省的经验，高速发展海洋产业，促进旅游业和海洋渔业的结合，鼓励和引导部分渔船、渔民转产、转业，用之于发展休闲渔业、海洋旅游业。南海海岸带自然景观优美，地质、地貌类型千姿百态，天然浴场白沙如练，海底世界五彩缤纷，发展海洋旅游业得天独厚的优势，应充分利用这些资源，建设若干具有海洋特色的滨海旅游体系，包括海鲜大食街、观光渔园、水上人家、海上垂钓、海底潜水、帆板冲浪运动、海洋科普教育、航海俱乐部等游乐景点和娱乐设施。并在沿岸水深处投放人工渔礁，诱集鱼类、作为游钓资源。这样既为困境中的捕捞业开辟了新的领域，也有利于生态环境的保护。

（四）建设"数字海洋"，完善海洋综合管理信息系统

21 世纪信息化建设是国民经济和社会发展的重要内容，也是提高海洋的管理和控制能力，确保资源可持续利用的现代化手段，因此利用先进信息技术，建设我国南海区"数字海洋"，已成为海洋管理中当务之急。其重点是完成我国海洋信息元数据库及网络服务工程建设，建立海洋环境监测预报系统；海洋资源监测、调查及管理信息系统；海洋观测、勘察系统。从而对海洋环境质量状况进行全面、有效、动态地监测和监控，也为海洋资源管理和开发提供相关的数据资料。

（五）建立自然保护区体系及规章制度，保护南海海洋生态系统

由于红树林、珊瑚礁、海岸湿地等生态系统屡遭到破坏，因此保护和恢复工作已刻不容缓，建立自然保护区，确保区内红树林、珊瑚礁以及栖息动物种群的多样性和稳定性，是最有效的方法和措施之一。红树林是许多海洋动物繁殖、栖息和觅食的主要场所，并且对氮、磷、重金属、有机氯农药有较强的积累、吸收和净化的功能，是维持自然生态平衡的重要一环。所以目前最迫切的工作是建立红树林自然

保护区的同时，实施红树林资源的移植、栽培工程，增加和扩大红树林的面积，恢复受破坏的红树林湿地生态系统，以此改善近海生态环境。在水生动植物的集中分布区、主要栖息地和繁殖地、代表不同自然地带的典型生态系统的区域等建立重点保护区或者禁渔区，加强珊瑚、海草、软底湿地及红树林群落等海洋生态环境保护区的建立和保护合作，加强自然生态环境和生物多样性保护方面的合作。在共同海域开展渔业资源保护的合作，可以借鉴中越两国"共同渔区"、"过渡性水域"设立一个"过渡性安排"，由双方渔业主管部门确定每年进入作业的渔船数量，控制捕捞船只、减少捕捞强度等。还可以联合开展渔业增养殖、人工渔礁建设和投放，以保护渔业资源。在澜沧江——湄公河流域开展次区域渔业资源开发与保护行动，与周边国家合作建立自然保护区网络。

参考文献

［1］张敦富、覃成林：《中国区域经济差异与协调发展》，中国轻工业出版社 2001 年版。

［2］杨开忠：《中国区域经济差异变动研究》，载于《经济研究》1994 年第 12 期。

［3］林毅夫、蔡昉、李周：《中国经济转型时期的地区差距分析》，载于《经济研究》1998 年第 6 期。

［4］吴殿廷：《中国三大地带经济增长差异的系统分析》，载于《地域研究与开发》2001 年第 2 期。

［5］高志刚：《中国区域经济发展及区域经济差异研究述评》，载于《当代财经》2002 年第 5 期。

［6］贺灿飞、梁进社：《中国区域经济差异的时空变化：市场化、全球化与城市化》，载于《管理世界》2004 年第 8 期。

［7］陈耀：《京津冀经济圈与长三角、珠三角比较分析》，载于《前线》2005 年第 11 期。

［8］张争胜、周永章、张林英：《中国三大半岛经济发展的区域差异研究》，载于《学术研究》2007 年第 2 期。

［9］朱坚真、高世昌：《论西部出海出边通道建设的若干关系》，载于《开发研究》2003 年第 5 期。

［10］高洪深：《区域经济学》，中国人民大学出版社 2002 年版。

［11］高世昌、朱坚真：《粤西经济发展的重点突破与区域推进》，中央民族大学学报 2002 年第 4 期。

［12］朱坚真：《中国西部开发论》，华文出版社 2001 年版。

［13］厉以宁：《区域发展新思路》，经济日报出版社 2000 年版。

［14］朱坚真：《南海周边国家及地区产业协作系统问题研究——兼论中国—东盟自由贸易区产业协作模式》，海洋出版社 2003 年版。

［15］朱坚真：《环北部湾区域经济合作的模式、方向与建议》，载于《创新》2008 年第 4 期。

［16］张瑞梅：《环北部湾旅游产品一体化研究》，载于《学术论坛》2011 年

第 4 期。

[17] 姚余雪：《环北部湾经济圈的合作开发研究》，中国地质大学硕士毕业论文 2006 年。

[18] 朱坚真、师银燕、贺赞：《大力发展环北部湾海洋经济主导产业的思路与建议》，载于《经济研究参考》2008 年第 11 期。

[19] 周映萍、朱坚真：《北部湾滨海生态旅游业发展战略探讨》，载于《海洋开发与管理》2009 年第 7 期。

[20] 朱坚真、乔俊果、师银燕：《环北部湾滨海旅游产业发展与滨海旅游体系建设研究》，载于《桂海论丛》2008 年第 2 期。

[21] 朱坚真、周映萍、刘集众：《环北部湾滨海旅游资源开发与保护初探》，载于《中央民族大学学报（哲学社会科学版）》2009 年第 3 期。

[22] 朱坚真、周映萍：《我国东部向中部地区产业转移的态势、问题与建议》，载于《江南大学学报（人文社会科学版）》2009 年第 6 期。

[23] 朱坚真、乔俊果、师银燕、张庆霖：《南海开发与中国东中西产业转移的大致构想》，载于《海洋开发与管理》2008 年第 1 期。

[24] 朱坚真、师银燕：《北部湾渔民转产转业的政策分析》，载于《太平洋学报》2009 年第 8 期。

[25] 朱寿育：《我国北部湾地区生态环境建设存在的问题和解决思路》，载于《前进论坛》2009 年第 7 期。

[26] 周义龙：《环北部湾地区旅游发展的整合与协作》，载于《南宁职业技术学院学报》2009 年第 4 期。

[27] 周丹、苏腾：《辐射理论在广西北部湾经济区经济发展中应用的思考》，载于《广西大学学报（哲学社会科学版）》2010 年第 1 期。

[28] 彭荣胜：《区域经济协调发展的内涵、机制与评价研究》，河南大学硕士毕业论文 2007 年。

[29] 周超：《环北部湾区域经济合作与开发的制度供求分析》，载于《经济与社会发展》2009 年第 9 期。

[30] 黎东梅：《环北部湾区域经济合作模式研究》，广东海洋大学硕士毕业论文 2010 年。

[31] 周映萍：《科学发展观视野下的环北部湾海陆统筹问题研究》，广东海洋大学硕士毕业论文 2010 年。

[32] 朱坚真著：《南海周边国家及地区产业协作系统研究》，海洋出版社 2003 年版。

[33] 芮明杰：《产业经济学》，上海财经大学出版社 2005 年版。

[34] 安虎森：《区域经济学通论》，经济科学出版社 2004 年版。

［35］王淑荣、吴显悦、郭光虎：《系统科学与成功管理》，中国物资出版社1993年版。

［36］罗伯特·吉本斯：《博弈论基础》，中国社会科学出版社1999年版。

［37］黎鹏：《区域经济协同发展研究》，经济管理出版社2003年版。

［38］刘再兴：《区域经济理论与方法》，中国物价出版社1996年版。

［39］李清：《日本渔业发展"新计划"分析及对我国渔业发展的借鉴意义》，载于《中国水产》2008年第1期。

［40］韩兴勇：《战后日本渔业人口过剩问题及对策》，载于《中国渔业经济》2002年第4期。

［41］何群益：《日本的渔业发展对我国的启示》，载于《中国渔业经济研究》2000年第2期。

［42］杨宝瑞：《韩国渔业发展现状与对策》，载于《中国水产》1998年第5期。

［43］郝艳萍译：《韩国以养为主的渔业政策》，载于《现代渔业信息》2003年第2期。

［44］易林：《韩国的渔业发展与环境保护》，载于《中国渔业经济研究》1995年第5期。

［45］孙吉亭、孟庆武：《中国渔业剩余劳动力转移成因分析及对策研究》，载于《中国渔业经济》2008年第1期。

［46］殷文伟、李隆华、陈静娜：《沿海渔业劳动力转移困难的症结及对策》，载于《浙江海洋学院学报（人文科学版）》2007年第9期。

［47］鎏夔、支伟、李隆华：《舟山渔业剩余劳动力转移困难的症结和对策研究》，载于《海洋开发与管理》2006年第6期。

［48］吴树敬、林传平：《浅析捕捞渔民转产转业的难点及对策》，载于《渔业经济研究》2006年第6期。

［49］高健、平瑛：《制约我国海洋捕捞渔业人力资源流动因素的探讨》，载于《中国渔业经济》2002年第5期。

［50］程建平：《新农村建设背景下农村劳动力转移途径分析》，载于《郑州大学学报（哲学社会科学版）》2008年第5期。

［51］马克继：《日本经验与我国农村劳动力的转移途径》，载于《农村经济》2004年第11期。

［52］宋立清：《中国沿海渔民转产转业问题研究》，中国海洋大学硕士毕业论文2007年。

［53］韩青动、袁春营、边会林、赵凤梅：《河北省沿海渔业劳动力转移的对策与思考》，载于《河北渔业》2007年第3期。

[54] 同春芬:《海洋开发中沿海渔民转产转业问题研究》,载于《海洋开发与管理》2008 年第 1 期。

[55] 程慧荣:《中国渔民收入问题研究》,中国海洋大学硕士毕业论文 2005 年。

[56] 杨子江:《论促进我国沿海渔民转产转业的政策框架》,载于《中国渔业经济》2002 年第 5 期。

[57] 杨林:《资源与环境约束下中国渔业经济发展潜力研究》,载于《水产科学》2004 年第 8 期。

[58] 殷文伟:《近海渔业减船政策的经济学分析》,浙江大学,2006 年。

[59] 张晓鸥:《对渔民社会保障的法律思考》,华东政法学院,2004 年。

[60] 殷文伟、李隆华、戎其跃:《舟山渔业剩余劳动力转移困难的症结和对策研究》,载于《海洋开发与管理》2006 年第 4 期。

[61] 张义浩:《关于建立捕捞渔民基本生活保障体系的探讨》,载于《中国渔业经济》2006 年第 4 期。

[62] 高健、平瑛:《制约我国海洋捕捞渔业人力资源流动因素的探讨》,载于《中国渔业经济》2002 年第 5 期。

[63] 刘根荣:《阻力模型:农村剩余劳动力逆向流动的微观经济学分析》,载于《经济评论》2006 年第 6 期。

[64] 郭勇:《农村剩余劳动力转移受阻的原因分析》,载于《农业经济问题》2004 年第 6 期。

[65] 宋立清:《我国沿海渔民转产转业的成本收益模型分析》,载于《中国渔业经济》2006 年第 2 期。

[66] 郑卫东、娄小波、李欣:《中国沿海渔民转产转业的进展综述》,载于《中国渔业经济》2006 年第 2 期。

[67] 翟周、张岳恒、陈万灵:《湛江沿海渔民转产转业问题及对策》,载于《广东海洋大学学报》2007 年第 4 期。

[68] 韩兴勇:《渔民就地转产转业问题与思考》,载于《太平洋学报》2006 年第 5 期。

[69] 陈鹏、黄硕琳、陈锦辉:《沿海捕捞渔民转产转业政策的分析》,载于《上海水产大学学报》2005 年第 12 期。

[70] 忻佩忠:《沿海捕捞渔民转产转业的实证分析与政策研究》,浙江大学硕士学位论文 2005 年。

[71] 宋立清:《我国沿海渔民转产转业问题的成因分析》,载于《中国渔业经济》2005 年第 5 期。

[72] 朴英爱:《关于韩国海洋渔业的减船政策分析》,载于《中国渔业经济》

2003 年第 4 期。

[73] 朱明远、吉儒宝：《中国和韩国渔业现状》，载于《黄渤海海洋》1998 年第 1 期。

[74] 陈忠尧、吴祥明：《美国渔业及其管理简介》，载于《中国渔业经济》2004 年第 5 期。

[75] Cullen, Choices: The Magazine of Food [J]. Ross. Fisheries Management (Farm & Resource Issues), 1996, 11 (3): 29.

[76] Bruce Arai. Policy and Practice in the Atlantic Fisheries: Problems of Regulatory Enforcement [J]. Canadian Public Policy, 1994, 20 (4): 353.

[77] 薛澜、张强、钟开斌著：《危机管理》，清华大学出版社 2003 年版。

[78] 李珠江、朱坚真：《海洋与渔业应急管理》，海洋出版社 2007 年版。

[79] [澳] 罗伯特·希斯：《危机管理》，中信出版社 2001 年版。

[80] 薛澜、张强、钟开斌：《危机管理：转型期中国面临的挑战》，清华大学出版社 2003 年版。

[81] 朱德武：《危机管理——面对突发事件的抉择》，广东经济出版社 2002 年版。

[82] 张成福主编：《危机状态下的政府管理》，中国人民大学出版社 1998 年版。

[83] 计雷著：《突发事件应急管理》，高等教育出版社 2006 年版。

[84] Steven Fink. Crisis. Management: Planning for the Invisible. New York: American Management Association, 1986.

[85] Mitroff, I. I. Crisis management and environmentalism: A natural fit. California Management Review, 1994. 36 (2): 101–113.

[86] [美] 诺曼·R·奥古斯丁：《公司战略—哈佛商业评论精粹译丛》，中国人民大学出版社 2001 年版。

[87] 刘珂：《论信息化时代的公共危机管理》，载于《四川大学学报（哲学社会科学版）》2004 年第 4 期。

[88] 王茂涛：《公共危机管理中的政府公信力重塑》，载于《行政论坛》2005 年第 6 期。

[89] 王满仓、赵守国：《财政透明化背景下的政府治理变革》，载于《经济学家》2005 年第 4 期。

[90] 王光、秦立强、张明：《试论政府应急管理的社会合作机制》，载于《中国人民公安大学学报社会科学版》2004 年第 5 期。

[91] 刘霞：《强化公共危机管理》，载于《山东省经济管理干部学院学报》2005 年第 5 期。

[92] 段晓竣、李静：《新形势下我国政府危机管理能力的思考》，载于《昆明大学学报》2006 年第 3 期。

[93] 麻宝斌、王郅强：《政府危机管理理论与对策研究》，吉林大学出版社 2008 年版。

[94] 万军：《社会建设与社会管理创新》，国家行政学院出版社 2003 年版。

[95] 夏琼：《建立公共危机应急管理体系的思考》，载于《长江大学学报社会科学版》2005 年第 5 期。

[96] 李竹林：《完善应急管理体制提高应对风险能力》，载于《秘书工作》2007 年第 5 期。

[97] 齐平：《我国海洋灾害应急管理研究》，载于《海洋环境科学》2006 年第 4 期。

[98] 杜军：《海洋与渔业应急管理的理论初探》，载于《河北渔业》2008 年第 2 期。

[99] 陈文河：《海洋渔业管理体制建议的初步分析》，载于《海洋开发与管理》2009 年第 3 期。

[100] 于召祥：《突发海洋环境污染事件应急机制法律问题研究》，中国海洋大学，2009 年。

[101] [美] 戴维·奥斯本：《政府改革》，译文出版社 2006 年版。

[102] 张成福：《公共危机管理理论与实务》，中国人民大学出版社 2009 年版。

[103] 广东省人民政府：《广东省突发公共事件总体应急预案》 [N/OL]. http://www. gd. gov. cn/govpub/yjgl/yjya/200612/t20061229_11948. htm,2006 – 12 – 29。

[104] 卢立红、商靠定、张学魁：《发达国家突发公共事件应急管理对我国的启示》，载于《武警学院学报》2008 年第 10 期。

[105] 徐志敏：《渔业应急管理能力建设的途径与对策》 [N/OL]. http://www. tzshyyyj. gov. cn/zhgl/html/？1192. html，2006 – 11 – 13。

[106] 陈作志、邱永松：《南海区海洋渔业资源现状和可持续利用对策》，载于《湖北农学院学报》2002 年第 6 期。

[107] 郭文路、黄硕琳著：《南海争端与南海渔业资源区域合作管理研究》，海洋出版社 2007 年版。

[108] 周运源、王文娟、林志锴：《新经济与区域合作——中华经济协作系统第六届国际研讨会述评》，载于《学术研究》2001 年第 3 期。

[109] 朱坚真：《南中国海周边国家和地区产业协作系统问题研究》，载于《海洋开发与管理》2001 年第 1 期。

[110] 朱坚真、张庆霖、师银燕：《北部湾地区海洋渔业合作的探讨》，载于

《海洋与渔业》2010 年第 4 期。

[111] 陈国富主编：《委托—代理与机制设计—激励理论前沿专题》，南开大学出版社 2003 年。

[112] Davis, M. D. Game Theory: A Nontechnical Introduction. Dover Publications, 1997.

[113] 魏宏森著：《系统论》，世界图书出版公司 2009 年版。

[114] 夏泽义：《广西北部湾经济区产业空间结构研究》，西南财经大学硕士毕业论文，2011 年。

[115] 金娟：《北部湾经济区生态文明建设的社会学研究》，中国海洋大学硕士毕业论文，2011 年。

[116] 廖有明：《加快建设北部湾经济区现代银行体系的思路及建议——与建设广西北部湾沿海地区经济发展新一极相适应》，载于《广西金融研究》2008 年第 6 期。

[117] 黄爱莲：《北部湾区域旅游合作创新研究》，中央民族大学硕士毕业论文，2010 年。

[118] 贺剑武、袁琳：《泛北部湾经济合作区旅游合作发展与对策研究》，载于《特区经济》2010 年第 8 期。

[119] 朱坚真、师银燕：《北部湾渔民转产转业的政策分析》，载于《太平洋学报》2009 年第 8 期。

[120] 宋立清：《中国沿海渔民转产转业问题研究》，中国海洋大学硕士毕业论文，2007 年。

[121] 吴彩莲：《中越海上划界背景下广西北部湾渔民的现状与出路》，载于《桂海论坛》2007 年第 11 期。

[122] 孙鹏：《中国渔民转产转业问题研究综述》，载于《河北渔业》2009 年第 10 期。

[123] 张培刚、张建华：《发展经济学》，北京大学出版社 2009 年版。

[124] 麦贤杰、乔俊果：《我国渔民转产转业的经济学分析》，载于《中国渔业经济》2006 年第 8 期。

[125] 闫玉科：《我国海洋渔业资源可持续利用研究——基于海洋渔业资源衰退现象的经济学解析》，载于《农业经济问题》2009 年第 8 期。

[126] 郭小青：《完善广东省海洋渔业总体应急预案研究》，广东海洋大学硕士毕业论文，2011 年。

[127] 孙云潭：《加拿大应急管理体系建设及其对我国渔业应急管理的启示》，载于《中国渔业经济》2009 年第 2 期。

[128] 邱永松、曾晓光、陈涛等：《南海渔业资源与南海管理》，海洋出版社

2008 年版。

　　[129] 麦贤杰：《中国南海海洋渔业》，广东经济出版社 2007 年版。

　　[130] 吴士存：《南海争端的起源与发展》，中国经济出版社 2010 年版。

　　[131] 李金明：《中国南海断续线：产生的背景及其效用》，载于《东南亚研究》2011 年第 1 期。

　　[132] 贾宇：《南海"断续线"的法律地位》，载于《中国边疆史地研究》2005 年第 2 期。

　　[133] 郑泽民：《南海问题中的大国因素：美日印俄与南海问题》，世界知识出版社 2010 年版。

　　[134] 郭渊：《地缘政治与南海争端》，中国社会科学出版社 2011 年版。

　　[135] 王晓娟：《东南亚地区的非传统海洋安全及国际合作》，中国海洋大学硕士毕业论文，2007 年。

　　[136] 王道伟、赵长德：《简论国家安全利益在海洋空间的拓展》，载于《海洋开发与管理》2009 年第 6 期。

　　[137] 车斌、熊涛：《南海争端对我国南海渔业的影响和对策》，载于《农业现代化研究》2009 年第 7 期。

　　[138] 张锦峰：《南海渔业资源合作开发法律机制研究》，海南大学硕士毕业论文，2011 年。

　　[139] 肯·宾默尔：《博弈论教材》，上海三联书店 2010 年版。

　　[140] 夏章英：《浅谈南海渔业管理对策》，载于《湛江海洋大学学报》2005 年第 4 期。

　　[141] 全红霞：《南海渔业资源合作开发法律机制探讨》，载于《理论月刊》2010 年第 10 期。

　　[142] 夏章英：《渔业生产与经济管理》，海洋出版社 2011 年版。

　　[143] 韩立民：《渔业经济前沿问题探索》，海洋出版社 2007 年版。

　　[144] 戴桂林、王雪：《我国海洋资源产权界定问题探索》，载于《中国海洋大学学报（社会科学版）》2005 年第 4 期。

　　[145] 韩立民、陈艳：《共有财产资源的产权特点与海域资源产权制度的构建》，载于《中国海洋大学学报（社会科学版）》2004 年第 6 期。

　　[146] 陈艳、韩立民：《海域资源产权初始配置模式探讨》，载于《中国渔业经济》2005 年第 6 期。

　　[147] 陈艳、文艳：《海域资源产权的流转机制探讨》，载于《海洋开发与管理》2006 年第 1 期。

　　[148] 潘淑清：《工业企业经济效益综合评价研究》，载于《当代财经》2003 年第 6 期。

［149］宋德星、程芬：《世界领导者与海洋秩序——基于长周期理论的分析》，载于《世界经济与政治论坛》2007 年第 5 期。

［150］蔡学廉：《中国休闲渔业的现状与前景》，载于《渔业现代化》2005 年第 1 期。

［151］刘雅丹：《休闲渔业发展与管理》，载于《世界农业》2006 年第 1 期。

［152］蔡学廉：《中国休闲渔业的现状与前景》，载于《渔业现代化》2005 年第 1 期。

［153］房成义：《划分海岸带管理范围的探讨》，载于《海洋开发与管理》1996 年第 3 期。

［154］冯文勇、吴攀升：《中国海岸带经济特征分析》，载于《沂州师范学院学报》2003 年第 8 期。

［155］王联珠、李晓川、路世勇等：《中国水产品质量标准体系现状及采用国际标准研究》，载于《中国水产》2005 年第 12 期。

［156］赵应宗：《中国入世后的海产品贸易问题与对策》，载于《国际贸易问题》2002 年第 5 期。

［157］王诗成：《实施海洋信息产业化工程》，载于《海洋信息》1998 年第 7 期。

［158］郑贵斌、孙吉亭：《中国海域使用权的流转问题初探》，载于《东岳论丛》1998 年第 5 期。

［159］孙书贤：《探索海域使用权招标拍卖方式　依法推进海域使用权市场机制建设》，载于《海洋开发与管理》2004 年第 4 期。

［160］马英杰、胡增祥、解新英：《海洋综合管理的理论与实践》，载于《海洋开发与管理》2001 年第 2 期。

［161］刘世禄：《中国海洋捕捞业发展趋向与结构调整分析研究》，载于《浙江海洋学院学报（自然科学版）》2004 年第 2 期。

［162］刘培哲、潘家华、周宏春：《可持续发展理论与中国 21 世纪议程》，气象出版社 2001 年版。

［163］杨殿荣：《海洋学》，高等教育出版社 1996 年版。

［164］国家海洋局海洋发展战略研究所课题组：《中国海洋发展战略报告》，海洋出版社 2007 年版。

［165］李京文、郑友敬：《技术进步与产业结构》，经济科学出版社 1988 年版。

［166］何广顺：《海洋经济核算体系与核算方法研究》，中国海洋大学出版社 2006 年版。

［167］朱坚真：《海洋国防经济学》，经济科学出版社 2010 年版。

［168］朱坚真：《海洋环境经济学》，经济科学出版社 2010 年版。

［169］朱坚真：《海洋经济学》，高等教育出版社 2010 年版。

［170］狄乾斌：《海洋经济可持续发展的理论、方法与实证研究》，辽宁师范大学出版社 2007 年版。

［171］马中：《环境与自然资源经济学概况》，高等教育出版社 2006 年版。